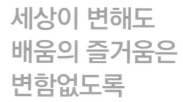

세상이 변해도
배움의 즐거움은
변함없도록

시대는 빠르게 변해도
배움의 즐거움은
변함없어야 하기에

어제의 비상은
남다른 교재부터
결이 다른 콘텐츠
전에 없던 교육 플랫폼까지

변함없는 혁신으로
교육 문화 환경의 새로운 전형을
실현해왔습니다.

비상은 오늘, 다시 한번
새로운 교육 문화 환경을 실현하기 위한
또 하나의 혁신을 시작합니다.

오늘의 내가 어제의 나를 초월하고
오늘의 교육이 어제의 교육을 초월하여
배움의 즐거움을 지속하는 혁신,

바로, 메타인지 기반 완전 학습을.

상상을 실현하는 교육 문화 기업 비상

메타인지 기반 완전 학습

초월을 뜻하는 meta와 생각을 뜻하는 인지가 결합한 메타인지는
자신이 알고 모르는 것을 스스로 구분하고 학습계획을 세우도록 하는
궁극의 학습 능력입니다. 비상의 메타인지 기반 완전 학습 시스템은
잠들어 있는 메타인지를 깨워 공부를 100% 내 것으로 만들도록 합니다.

한 권 으 로 끝 내 기

한끌

중등 사회 ①-1

구성과 특징

진도 교재

단원별 **내용** 학습

1 교과 내용 정리
사회 교과서에서 다루는 내용을 상세하고 이해하기 쉽게 정리하였습니다.

2 생생 자료
교과서 자료들을 철저하게 분석하여 시험 출제 가능성이 높은 지도, 사진, 도표 등 중요 자료만 콕콕 찍어 알기 쉽게 설명하였습니다.

3 쏙쏙 용어
교과서에 등장하는 주요 용어를 읽기만 해도 쉽게 이해할 수 있도록 친절하게 설명하였습니다.

문제로 **실력** 쌓기

1 꼼꼼 개념 문제
중단원에서 학습한 내용을 간단한 문제를 통해 확인해 보세요. '대표 자료로 확인하기 / 한눈에 정리하기'로 주요 학습 요소를 잘 이해했는지 점검할 수 있습니다.

2 탄탄 시험 문제
학교 시험에 꼭 나오는 핵심 문제들을 엄선하여 구성하였습니다. 다양한 유형의 문제로 여러분의 실력을 탄탄하게 다져 보세요.

3 학교 시험에 잘 나오는 서술형 문제
학교 시험에 자주 출제되는 유형의 서술형 문제를 선별하여 구성하였습니다.

대단원 마무리

1 표와 자료로 정리하는 대단원
대단원별 학습 내용을 체계적으로 정리하고 학습 목표에 따라 주요 개념을 잘 이해했는지 점검할 수 있습니다.

2 쏙쏙 마무리 문제
단원 통합형 문제를 확실히 대비할 수 있도록 다양한 문제 유형을 제공하였습니다.

시험 대비 교재

정답과 해설

시험 대비 문제집

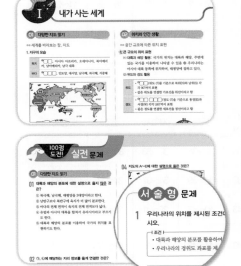

시험 전 한끝

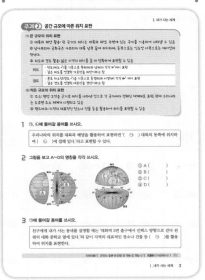

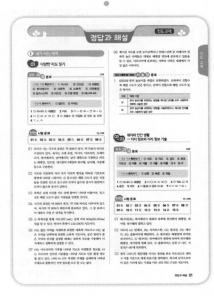

1 핵심 정리
단원별 핵심 내용을 콕 집어 정리한 시험 대비 문제집으로 개념을 익혀 보세요. 아무리 시험 범위가 많아도 쉽고 빠르게 학습할 수 있습니다.

2 100점 도전 실전 문제
학교 시험 기출 문제를 철저하게 분석하여 빈출 유형의 문제들로 구성하였습니다. 실전 문제로 실력을 키워 학교 시험 100점에 도전해 보세요.

3 서술형 문제
빈출 유형의 서술형 문제로 실력을 쌓으면, 학교 시험에서도 자신 있게 답안을 작성할 수 있습니다.

● 시험에 자주 나오는 주제를 빠짐없이 정리하였습니다. 단원별 핵심 내용을 익히고 문제를 풀며 시험 직전 소중한 시간을 알차게 사용해 보세요.

● 한끝에 수록된 모든 문제에 대한 답과 상세한 풀이가 담겨 있습니다. 해설을 꼼꼼히 읽으면 오답의 이유에 대해서도 정확하게 이해할 수 있습니다.

한끝과 내 교과서
단원 비교하기

	단원명	한끝	비상교육	미래엔	천재교육	천재교과서	동아	지학사	금성	박영사
I 내가 사는 세계	01 다양한 지도 읽기	10~13	10~13	12~15	12~15	12~17	12~15	12~15	12~15	10~13
	02 위치와 인간 생활~ 03 지리 정보와 지리 정보 기술	14~19	14~23	16~25	16~25	18~27	16~27	16~25	16~25	14~23

	단원명	한끝	비상교육	미래엔	천재교육	천재교과서	동아	지학사	금성	박영사
II 우리와 다른 기후, 다른 생활	01 세계 기후 지역	28~33	28~33	30~33	30~33	32~35	32~35	30~33	30~33	28~33
	02 열대 우림 지역 생활	34~37	34~37	34~37	34~37	36~39	36~39	34~37	34~37	34~38
	03 온대 지역 생활	38~43	38~41	38~41	38~43	40~43	40~43	38~41	38~41	39~42
	04 건조 지역 생활과 툰드라 지역 생활	44~49	42~47	42~47	44~47	44~49	44~49	42~45	42~47	43~47

	단원명	한끝	비상교육	미래엔	천재교육	천재교과서	동아	지학사	금성	박영사
III 자연으로 떠나는 여행	01 산지 지형의 형성	60~63	52~57	54~57	52~55	54~57	54~61	50~53	52~55	52~55
	02 해안 지형의 형성	64~69	58~63	58~61	56~59	58~61	62~65	54~59	56~59	56~59
	03 우리나라의 매력 적인 자연 경관	70~75	64~69	62~67	62~67	64~67	66~69	60~65	60~65	60~65

이 책의
차례

I

내가 사는 세계

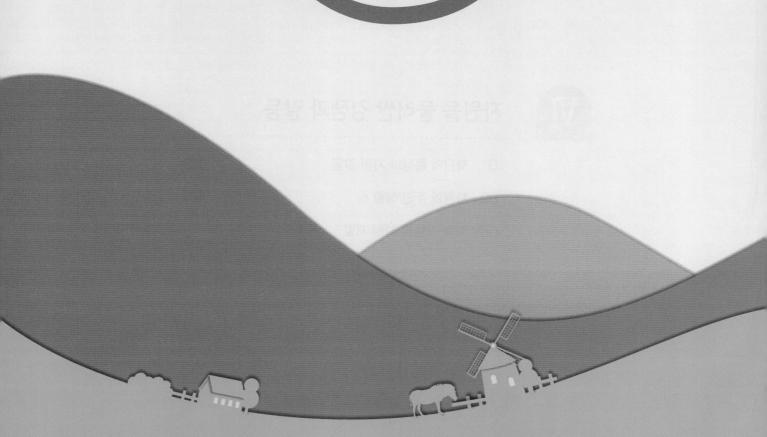

01 다양한 지도 읽기

●● 세계를 바라보는 창, 지도

1. 지구의 모습 자료①
(1) 육지: 유럽, 아시아, 아프리카, 오세아니아, 북아메리카, 남아메리카, 남극 대륙
(2) 바다: 태평양, 인도양, 대서양, 북극해, 남극해, 지중해 등

2. 지도의 원리
(1) **지도**: 지표면의 여러 가지 지리적 현상을 약속된 기호로써 평면에 나타낸 그림으로 실제 공간을 일정한 비율로 줄여서 나타냄
(2) **지도의 구성 요소**

① **축척**: 실제 거리를 지도 상에 줄여 나타낸 비율 예 1:50,000 지도에서 지도 상의 1cm는 실제 거리 50,000cm(500m)
② **방위**: 동서남북 방향 표시, 방위 표시가 없으면 지도의 위쪽이 북쪽
③ **기호**: 지표면의 여러 가지 현상을 지도에 간단히 표현하는 약속
④ **등고선**: *해발 고도가 같은 지점을 연결한 선, 등고선 간격이 넓으면 경사가 완만하고 간격이 좁으면 경사가 급함

●● 다양한 정보를 담은 지도

1. 지도에 표현된 정보
(1) **자연환경**: 지형(산과 산맥, 강과 호수, 사막, 평야 등), 기후, 식생 등
(2) ***인문 환경**: 인구, 도시, 산업, 교통, 문화, 종교 등

2. 지도의 종류
(1) **축척에 따른 구분**: 좁은 지역을 자세하게 표현한 대축척 지도와 넓은 지역을 간략하게 표현한 소축척 지도 자료②
(2) **사용 목적에 따른 구분** 자료③

일반도	지표면의 형태와 그 위에 분포하는 일반적인 사항들을 종합적으로 표현한 지도 예 세계 전도, 우리나라 전도, 지세도 등
주제도	특별한 목적에 따라 필요한 내용만 상세하게 나타낸 지도 예 기후도, 인구분포도 등

 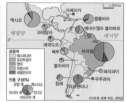
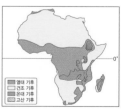 

대표 자료 확인하기

◆ 주요 대륙과 해양의 위치

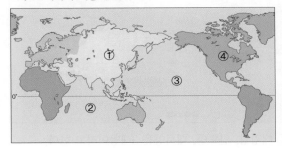

- ① (   )
- ② (   )
- ③ (   )
- ④ (   )

◆ 지도의 종류

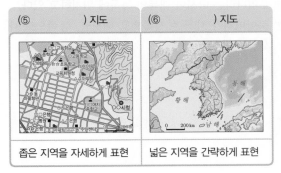

(⑤) 지도	(⑥) 지도
좁은 지역을 자세하게 표현	넓은 지역을 간략하게 표현

◆ 다양한 정보를 담은 지도

 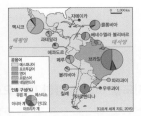

↑ 유럽의 지형   ↑ 라틴 아메리카의 인종·언어

유럽의 지형	• (⑦) 정보를 담고 있음 • (⑧)과 (⑨) 등의 위치를 확인할 수 있음
라틴 아메리카의 인종·언어	• (⑩) 정보를 담고 있음 • 대부분의 나라에서 (⑪) 를 공용어로 사용함을 알 수 있음

한눈에 정리하기

◆ 사용 목적에 따른 지도의 구분

(①)	지표면의 형태와 그 위에 분포하는 일반 적인 사항들을 종합적으로 표현한 지도
(②)	특별한 목적에 따라 필요한 내용만 상 세하게 나타낸 지도

---

1 지구의 육지는 유럽, (㉠   ), 아프리카, 오세아니아, 북아메리카, 남아메리카, 남극 대륙으로 구분하며 바다는 (㉡   ), 인도양, 대서양의 3대양과 북극해, 남극해 등으로 구분한다.

2 (   )란 지표면의 여러 가지 지리적 현상을 약속된 기호로써 평면에 나타낸 그림이다.

3 지도를 구성하는 요소와 그에 대한 설명을 옳게 연결하시오.
(1) 축척 •   • ㉠ 동서남북의 방향을 표시한 것
(2) 방위 •   • ㉡ 해발 고도가 같은 지점들을 연결한 선
(3) 등고선 •   • ㉢ 실제 거리를 지도 상에 줄여 나타낸 비율

4 다음 설명이 맞으면 ○표, 틀리면 ✕표를 하시오.
(1) 방위 표시가 없을 경우 지도의 위쪽을 북쪽으로 본다.
                                          (   )
(2) 대축척 지도는 넓은 지역을 간략하게 표현한 지도를 말한다.
                                          (   )
(3) 특별한 목적에 따라 필요한 내용만을 상세하게 나타낸 지도를 주제도라고 한다.   (   )

5 지도에 표시된 ①~④에 해당하는 국가의 이름을 쓰시오.

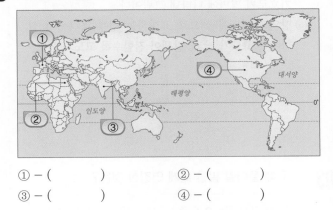

① – (   )   ② – (   )
③ – (   )   ④ – (   )

6 지도에 표현되는 정보 중 자연환경과 관련된 것만을 〈보기〉에서 있는 대로 골라 기호를 쓰시오.

┌ 보기 ┐
ㄱ. 산맥   ㄴ. 하천   ㄷ. 언어
ㄹ. 인구   ㅁ. 기후   ㅂ. 종교
└─────────────────────────┘

탄탄 시험 문제

01 선생님의 질문에 적절하게 대답한 학생만을 있는 대로 고른 것은?

- 선생님: 지구의 모습에 대해 이야기해 볼까요?
- 가영: 우리가 사는 지구의 표면은 약 70%가 육지, 약 30%가 바다로 구성되어 있습니다.
- 나영: 육지는 크게 유럽, 아시아, 아프리카, 오세아니아, 북아메리카, 남아메리카, 남극 대륙으로 구분할 수 있습니다.
- 다영: 바다는 태평양, 인도양, 대서양의 3대양과 북극해, 남극해, 지중해 등으로 구분할 수 있습니다.

① 가영   ② 가영, 나영   ③ 가영, 다영
④ 나영, 다영   ⑤ 가영, 나영, 다영

중요해

02 지도에 대한 설명으로 옳지 않은 것은?

① 방위 표시가 없으면 지도의 위쪽이 북쪽이다.
② 지도를 통해 자연환경과 인문 환경에 대한 정보를 알 수 있다.
③ 등고선의 간격이 넓으면 경사가 급하고 등고선의 간격이 좁으면 경사가 완만하다.
④ 지도란 지표면의 여러 가지 지리적 현상을 약속된 기호로써 평면에 나타낸 그림이다.
⑤ 땅의 높낮이를 색으로 표현하는 경우 초록색이 진할수록 고도가 낮고, 갈색이 진할수록 고도가 높다.

03 ㉠, ㉡에 들어갈 말을 옳게 연결한 것은?

지도를 구성하는 요소 중 (㉠)은/는 실제 거리를 지도 상에 줄여서 나타낸 비율이다. (㉡)은/는 해발 고도가 같은 지점들을 연결한 선을 말한다.

	㉠	㉡		㉠	㉡
①	축척	기호	②	축척	등고선
③	방위	축척	④	방위	기호
⑤	등고선	방위			

이 문제에서 나올 수 있는 선택지는 다~!

04 지도를 보고 설명한 내용으로 옳지 않은 것은?

① 태평양, 인도양, 대서양을 3대양이라고 한다.
② 유럽과 아시아를 합쳐 유라시아라고도 부른다.
③ 북반구보다 남반구에 대륙이 더 많이 분포한다.
④ 면적이 가장 작은 대륙은 오세아니아 대륙이다.
⑤ 우리나라는 아시아 대륙의 동쪽에 위치하고 있다.
⑥ 북아메리카 대륙은 서쪽으로 태평양, 동쪽으로 대서양에 접해 있다.

05 지도를 보고 설명한 내용으로 옳지 않은 것은?

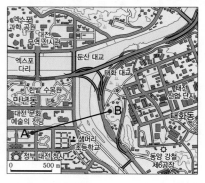

① 지도의 축척은 1:5,000이다.
② 대전 산업 단지는 동쪽에 위치한다.
③ 엑스포 과학 공원은 북서쪽에 위치한다.
④ A─B의 지도 상의 거리가 2㎝이므로 실제 거리는 1㎞이다.
⑤ 방위를 나타내는 표시가 없으므로 지도의 위쪽이 북쪽이 된다.

06 (가), (나) 지도에 대한 설명으로 옳은 것은?

(가)

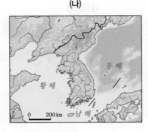
(나)

① 두 지도 모두 방위 표시가 되어 있다.
② 같은 크기의 종이에서 더 넓은 공간 범위를 표현할 수 있는 것은 (가) 지도이다.
③ 건물의 위치나 도로망 등이 더 잘 표현되어 있는 지도는 (나) 지도이다.
④ (가) 지도는 (나) 지도에 비해 좁은 지역을 상세하게 표현하고 있다.
⑤ (가) 지도보다 (나) 지도를 활용해야 내가 살고 있는 집의 위치를 자세하고 정확하게 설명할 수 있다.

중요해
07 (가), (나) 지도에 대한 설명으로 옳은 것을 〈보기〉에서 고른 것은?

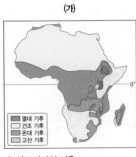
(가)

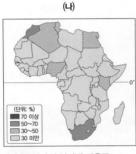
(나)

↑ 아프리카의 기후

↑ 아프리카의 인터넷 사용률

┤ 보기 ├
ㄱ. (가)는 인문 환경 정보, (나)는 자연환경 정보를 담고 있다.
ㄴ. (가) 지도에서 아프리카 적도 주변은 주로 열대 기후가 나타난다.
ㄷ. (나) 지도를 보면 아프리카의 모든 나라는 인터넷 사용률이 70% 미만이다.
ㄹ. (가)와 (나) 지도를 통해 아프리카의 지형, 기후, 식생, 인구 등 지역에 대한 종합적인 정보를 모두 알 수 있다.

① ㄱ, ㄴ   ② ㄱ, ㄷ   ③ ㄴ, ㄷ
④ ㄴ, ㄹ   ⑤ ㄷ, ㄹ

08 지도를 참고하여 다음 ㉠, ㉡에 들어갈 말을 옳게 연결한 것은?

• 지도를 보면 아메리카 대륙의 높은 산맥들은 서쪽에 위치하고 있으며 주로 (㉠) 연안에 분포하고 있음을 알 수 있다.
• 세계에서 가장 넓은 사막은 아프리카에 분포하는 (㉡) 사막이다.

	㉠	㉡		㉠	㉡
①	인도양	사하라	②	태평양	고비
③	태평양	사하라	④	대서양	고비
⑤	대서양	칼라하리			

학교 시험에 잘 나오는 **서술형** 문제

1 지도는 유럽의 지형을 나타낸 것이다. 땅의 높낮이를 표현한 방법을 제시된 단어를 사용하여 서술하시오.

• 갈색	• 초록색	• 해발 고도

02~03 위치와 인간 생활
~지리 정보와 지리 정보 기술

●● 공간 규모에 따른 위치 표현

1. 큰 규모의 위치 표현 자료①

(1) **대륙과 해양 활용**: 한 국가의 위치는 대륙과 해양, 주변에 있는 국가를 이용하여 나타낼 수 있음 예 남아프리카 공화국은 아프리카 대륙 남쪽 끝에 위치하며, 동쪽으로는 인도양 서쪽으로는 대서양과 만난다.

(2) **위도와 경도 활용** 자료②

위도	적도(위도 0°)를 기준으로 북위(N)와 남위(S) 각각 0°~90°로 표현, 같은 위도를 연결한 가로선을 위선이라고 함
경도	*본초 자오선(경도 0°)을 기준으로 동경(E)과 서경(W) 각각 0°~180°로 표현, 같은 경도를 연결한 세로선을 경선이라고 함

서술형 단골 우리나라의 위치를 대륙과 해양의 분포나 경위도 좌표를 활용해 표현하는 문제가 자주 출제돼.

2. 작은 규모의 위치 표현

(1) **주소**: 행정 구역을 근거로 위치를 나타낸 것으로 각 국가마다 정해진 체계대로 표현, 현재 우리나라는 도로명 주소 체계가 시행되고 있음

(2) ***랜드마크**: 지역의 대표적인 장소나 건물 등을 활용하여 위치를 표현 예 백화점, 병원, 극장 등

●● 위도와 인간 생활

1. 위도에 따른 기온 차이

(1) **발생 원인**: 지구가 둥글기 때문에 지역에 따라 햇볕을 받는 양(일사량)에 차이가 발생

(2) **위도와 기온 분포**: 의식주 및 생활 양식, 산업 등 인간 생활에 영향

저위도 지역	햇볕이 수직으로 닿아 기온이 높음, 적도 부근
중위도 지역	비교적 온화한 기후가 나타남
고위도 지역	햇볕이 비스듬히 닿아 기온이 낮음, 극지방

⬆ 위도에 따른 일사량의 차이

2. 위도에 따른 계절 차이 자료③

(1) **발생 원인**: 지구의 자전축이 23.5° 기울어진 채 공전하기 때문

(2) **지역별 계절 차이**

① **중위도 지역**: 사계절의 변화가 나타남

구분	6~8월	12~2월
북반구	태양과 가장 가까워짐 → 여름	태양과 가장 멀어짐 → 겨울
남반구	태양과 가장 멀어짐 → 겨울	태양과 가장 가까워짐 → 여름

② **적도 부근 저위도 지역**: 일 년 내내 태양열을 많이 받아 기온이 높음

③ **극지방**: 일 년 내내 태양열을 적게 받아 기온이 낮으며 *백야와 *극야 현상이 발생함

생생 자료

자료① 우리나라의 위치

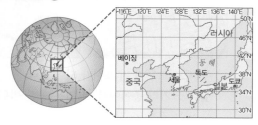

우리나라의 위치를 대륙과 해양을 활용하여 표현하면 '아시아 대륙의 동쪽에 위치하며 태평양에 접해 있다.'라고 표현할 수 있다. 또한 위도와 경도를 활용하여 표현하면 '북위 33°~43°, 동경 124°~132°에 위치한다.'라고 표현할 수 있다.

자료② 위도와 경도

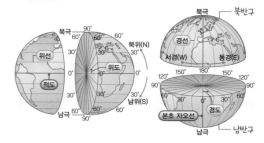

위도와 경도는 지구 상의 주소와 같아서 경위도 좌표를 활용하면 넓은 지역의 위치를 정확하게 표현할 수 있다.

자료③ 지구의 공전과 계절 변화

북반구와 남반구의 중위도 지역은 계절이 서로 반대로 나타난다.

쏙쏙 용어

* **본초 자오선** 영국의 그리니치 천문대를 지나는 선으로 경도 0°에 해당한다.

* **랜드마크(land mark)** 어떤 곳을 대표하는 건물이나 조형물

* **백야** 고위도 지방에서 여름철에 해가 지지 않고 밤에도 어두워지지 않는 현상

* **극야** 고위도 지방에서 겨울철에 해가 뜨지 않고 낮에도 어둠이 지속되는 현상

3. 계절 차이에 따른 인간 생활

가옥	북반구에서는 주로 남향집, 남반구에서는 주로 북향집을 선호함
농업	남반구와 북반구의 계절이 반대이기 때문에 농작물의 수확 시기가 다름 → 이를 이용하여 농산물의 국제 교역이 활발함
관광	남반구와 북반구의 계절 차이를 이용한 관광 산업 발달

•• 경도와 인간 생활

1. 경도에 따른 시간 차이

(1) **시차의 발생 원인**: 지구가 하루에 한 바퀴씩 서쪽에서 동쪽으로 자전하기 때문 → 경도 15°마다 1시간의 차이 발생

(2) **표준시**: 각 국가나 지방에서 사용하는 통일된 표준 시각 〈자료 4〉

세계	본초 자오선을 기준으로 함 → 동쪽으로 갈수록 빨라지고 서쪽으로 갈수록 늦어짐
우리나라	동경 135°선을 기준으로 함 → 세계 표준시(영국 런던)보다 9시간 빠름

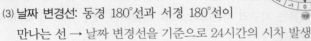

(3) **날짜 변경선**: 동경 180°선과 서경 180°선이 만나는 선 → 날짜 변경선을 기준으로 24시간의 시차 발생

2. 시간 차이와 인간 생활 〈자료 5〉

(1) **시차가 생활에 미치는 영향**: 비행기 도착 시간 및 국제 경기의 생중계 시간이 다름, 국제 대회를 앞둔 운동선수들의 시차 적응 훈련 등

(2) **시차를 활용한 협력**: 시차가 큰 두 지역에서 인터넷을 이용해 24시간 업무가 가능 ⓔ 미국 서부와 인도의 *소프트웨어 업체 협업

•• 지리 정보와 지리 정보 기술

1. 지리 정보 기술의 발달

(1) **지리 정보**: 우리가 살아가는 공간 및 지역과 관련된 지식과 정보

(2) **지리 정보 기술의 사례**

원격 탐사	인공위성이나 항공기를 통해 직접 접촉하지 않고도 멀리 떨어진 곳의 정보를 수집하는 방법
지리 정보 시스템 (GIS)	지리 정보를 컴퓨터에 입력·저장하고 다양한 방법으로 분석·종합하여 사용자에게 제공하는 종합적 관리 체계
위성 위치 확인 시스템(GPS)	인공위성을 활용하여 사용자의 위치를 경위도 좌표로 알려 주는 기술

2. 지리 정보 기술의 활용 〈자료 6〉

(1) **일상생활 속 활용**: 내비게이션, 스마트폰을 통한 특정 장소의 위치 검색, 교통 안내 서비스 등

(2) **공공 부문의 활용**: 각종 시설의 입지 선정, 도시 계획 수립, 교통·환경·재해 관리 등

자료 4 세계의 표준시

날짜 변경선의 동쪽에서 서쪽으로 갈 때는 하루를 더하고, 서쪽에서 동쪽으로 갈 때는 하루를 빼야 해.

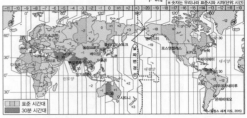

국토가 가로로 긴 국가는 여러 개의 경선이 국토를 지나기 때문에 한 국가 내에서 시차가 발생한다. 러시아, 캐나다, 미국, 오스트레일리아 등은 여러 개의 표준시를 사용하지만, **중국은 여러 개의 경선이 지나감에도 불구하고 수도 베이징을 기준으로 하는 하나의 표준시만 사용한다.**

자료 5 시차를 이용한 산업

미국의 서부 캘리포니아 주의 실리콘밸리와 인도 벵갈루루는 약 12시간의 시차가 발생하여 양쪽의 밤낮이 반대가 되기 때문에 이를 활용하면 연속으로 일을 할 수 있다. ── 시차뿐만 아니라 인도에서 영어가 공용어로 쓰이는 것도 미국과 협력하기에 유리한 조건이 되었어.

자료 6 지리 정보의 수집과 활용

↑ 종이 지도　　↑ 인터넷 전자 지도 ─┐

과거에는 종이 지도를 주로 이용했으나, 최근에는 인터넷 전자 지도, 위성 영상 자료 등의 도구를 활용하여 손쉽게 지리 정보를 얻을 수 있다. 또한 컴퓨터, 인터넷, 스마트폰, 내비게이션 등의 기기 발달로 지리 정보를 훨씬 더 쉽고 다양하게 활용할 수 있게 되었다. 인터넷 전자 지도는 확대와 축소가 자유롭고 원하는 정보만 선택하여 볼 수 있다는 장점이 있어. 또 다양한 형태로 저장하거나 출력할 수도 있지.

★ **소프트웨어** 컴퓨터 프로그램 및 그와 관련된 문서

★ **내비게이션(Navigation)** 위성 위치 확인 시스템(GPS)과 지리 정보 시스템(GIS) 기술이 결합한 것으로, 지도를 보여주거나 지름길을 찾아주어 자동차 운전을 도와주는 장치나 프로그램

대표 자료 확인하기

◆ 위도와 경도

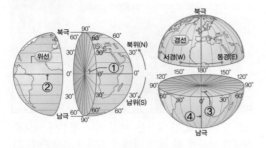

(①)	(②)를 기준으로 북위(N)와 남위(S) 각각 90°까지 표현
(③)	(④)을 기준으로 동경(E)과 서경(W) 각각 180°까지 표현

◆ 지구의 공전과 계절 변화

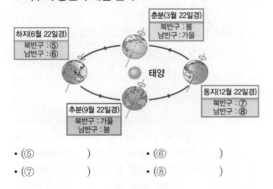

- (⑤   )   • (⑥   )
- (⑦   )   • (⑧   )

◆ 세계의 시간대

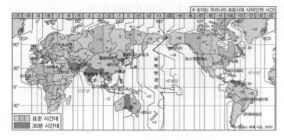

- 서울은 런던보다 (⑨   )시간 빠르다.
- 리우데자네이루는 서울보다 (⑩   )시간 느리다.

한눈에 정리하기

◆ 계절 차이에 따른 인간 생활

가옥	북반구에서는 (①)집 선호, 남반구에서는 (②)집 선호
농업	남반구와 북반구의 (③)이 반대 → 농작물 수확 시기가 달라 국제 교역 활발

꼼꼼 개념 문제

• 정답과 해설 01쪽

1 우리나라는 (㉠   ) 대륙 동쪽에 위치하며, (㉡   )에 접하고 있다.

2 다음 설명이 맞으면 ○표, 틀리면 ×표를 하시오.

(1) 대륙과 해양의 분포를 통해 한 국가나 지역의 대략적인 위치를 표현할 수 있다. ( )

(2) 대륙과 해양을 이용해 위치를 표현하는 것이 경도와 위도를 이용해 위치를 표현하는 것보다 정확하다. ( )

(3) 주소는 행정 구역을 근거로 위치를 표현하는 것으로 우리나라는 현재 도로명 주소 체계가 시행되고 있다. ( )

3 지구는 둥글기 때문에 저위도의 (㉠   ) 부근은 햇볕이 수직으로 닿아 기온이 가장 높고, 고위도의 (㉡   )지방은 햇볕이 비스듬히 닿아 기온이 가장 낮다.

4 북반구와 남반구 중위도 지역의 계절이 서로 반대로 나타나는 이유는 지구의 자전축이 23.5° 기울어진 채 (   )하기 때문이다.

5 경도에 따른 시간 차이가 발생하는 이유는 지구가 하루에 한 바퀴씩 서쪽에서 동쪽으로 (   )하기 때문이다.

6 다음 괄호 안의 내용 중 알맞은 말에 ○표를 하시오.

(1) 우리나라는 (동경, 서경) 135°선의 시각을 표준시로 사용한다.

(2) 본초 자오선은 (위도, 경도) 0°선으로, 영국 그리니치 천문대를 지나는 경선을 본초 자오선으로 정하였다.

(3) 날짜 변경선은 동경 180°선과 서경 180°선이 만나는 선으로, 이 선을 기준으로 (12, 24) 시간의 시차가 발생한다.

7 다음에서 설명하는 용어를 〈보기〉에서 골라 기호를 쓰시오.

┌ 보기 ┐
ㄱ. 원격 탐사   ㄴ. 지리 정보 시스템
ㄷ. 위성 위치 확인 시스템
└────────────┘

(1) 인공위성을 활용하여 사용자의 위치를 경위도 좌표로 알려주는 기술 ( )

(2) 인공위성이나 항공기를 통해 직접 접촉하지 않고도 멀리 떨어진 곳의 정보를 수집 ( )

(3) 지리 정보를 컴퓨터에 입력·저장하고 분석·종합하여 사용자에게 제공하는 종합적 관리 체계 ( )

[01~02] 지도를 보고 물음에 답하시오.

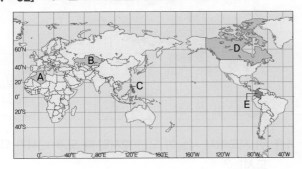

01 다음에서 설명하는 국가를 지도에서 고른 것은?

> 북아메리카 대륙의 북쪽에 위치하며 서쪽으로 태평양, 동쪽으로 대서양과 접하고 있고 북쪽으로 북극해에 접한다.

① A　　② B　　③ C　　④ D　　⑤ E

02 지도의 A~E 위치를 표현한 것으로 옳은 것은?

① A는 동경 10°~서경 10°에 있다.
② B는 인도양과 지중해에 접해 있다.
③ C는 대서양의 서쪽에 위치한 섬나라이다.
④ D는 북극 대륙에 속하며 태평양에 접해 있다.
⑤ E는 남위 0°~20°, 동경 60°~80°에 위치한다.

03 (가), (나)에서 설명하는 용어를 옳게 연결한 것은?

> (가) 영국 런던의 그리니치 천문대를 지나는 경도 0°선을 말한다.
> (나) 북극과 남극으로부터 같은 거리에 있는 지점을 이은 선으로 위도 0°를 나타낸다.

	(가)	(나)
①	적도	날짜 변경선
②	적도	본초 자오선
③	본초 자오선	적도
④	본초 자오선	날짜 변경선
⑤	날짜 변경선	적도

04 지도를 통해 알 수 있는 우리나라의 위치에 대한 설명으로 옳은 것을 〈보기〉에서 고른 것은?

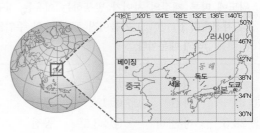

> **보기**
> ㄱ. 남반구의 중위도에 위치한다.
> ㄴ. 인도양과 대서양에 접해 있다.
> ㄷ. 아시아 대륙의 동쪽에 위치한다.
> ㄹ. 북위 33°~43°, 동경 124°~132°에 위치한다.

① ㄱ, ㄴ　　② ㄱ, ㄷ　　③ ㄴ, ㄷ
④ ㄴ, ㄹ　　⑤ ㄷ, ㄹ

05 중요해

친구를 집에 초대하려고 할 때 우리집의 위치를 설명하는 적절한 방법을 〈보기〉에서 고른 것은?

> **보기**
> ㄱ. 주소를 알려 준다.
> ㄴ. 경위도 좌표를 알려 준다.
> ㄷ. 대륙과 해양의 분포를 활용하여 설명한다.
> ㄹ. 눈에 잘 띄는 건물과 도로명 등을 이용해 약도를 그려준다.

① ㄱ, ㄴ　　② ㄱ, ㄹ　　③ ㄴ, ㄷ
④ ㄴ, ㄹ　　⑤ ㄷ, ㄹ

이 문제에서 나올 수 있는 선택지는 다~!

06 위도와 기온 차이에 대한 설명으로 옳지 <u>않은</u> 것은?

① 중위도 지역은 비교적 온화한 기후가 나타난다.
② 적도에서 극지방으로 갈수록 일사량이 줄어든다.
③ 연평균 기온은 저위도에서 고위도 지역으로 갈수록 높아진다.
④ 지구가 둥글기 때문에 위도에 따라 일사량의 차이가 발생한다.
⑤ 햇볕이 수직으로 닿는 적도 부근은 일 년 내내 기온이 높은 편이다.
⑥ 위도에 따라 달라지는 기후는 의식주 및 생활 양식에 영향을 미친다.

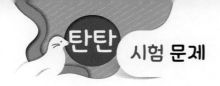
07 ㉠, ㉡에 들어갈 말을 옳게 연결한 것은?

> 위도에 따른 계절의 차이가 발생하는 이유는 지구의 자전축이 (㉠) 기울어진 채 태양의 주위를 (㉡)하기 때문이다.

	㉠	㉡		㉠	㉡
①	15°	자전	②	15°	공전
③	23.5°	자전	④	23.5°	공전
⑤	37.5°	자전			

08 그림에 대한 설명으로 옳은 것을 〈보기〉에서 고른 것은?

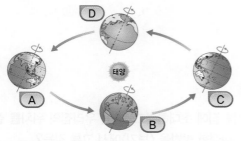

> **보기**
> ㄱ. A 시기에 북반구 중위도는 여름, 남반구 중위도는 겨울이다.
> ㄴ. B 시기에 남반구는 태양과의 거리가 가장 가까워진다.
> ㄷ. C 시기에 우리나라는 스키장 이용이 많아진다.
> ㄹ. D 시기에 오스트레일리아에서는 크리스마스 축제가 열린다.

① ㄱ, ㄴ   ② ㄱ, ㄷ   ③ ㄴ, ㄷ
④ ㄴ, ㄹ   ⑤ ㄷ, ㄹ

09 계절 차이에 따른 생활 모습에 대한 설명으로 옳지 않은 것은?

① 북반구에서는 북향집보다 남향집을 선호한다.
② 남반구와 북반구는 농산물의 수확 시기가 달라 농산물 교역이 활발하다.
③ 남반구와 북반구의 중위도 지역은 계절이 반대로 나타나 생활 모습이 다르다.
④ 북극 지방에서는 겨울철에 하루 종일 해가 지지 않는 백야 현상이 나타나기도 한다.
⑤ 적도 부근의 저위도 지역은 일 년 내내 태양열을 많이 받아 덥고 계절의 변화가 뚜렷하지 않다.

[10~11] 지도를 보고 물음에 답하시오.

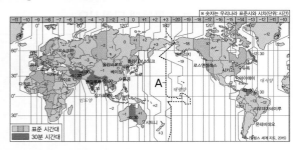

10 위 지도에서 서울이 오전 12시일 때 오후 12시가 되는 도시는?

① 런던   ② 뉴욕   ③ 시드니
④ 모스크바   ⑤ 리우데자네이루

11 위 지도의 A 선에 대한 설명으로 옳은 것은?

① 그리니치 천문대를 지나는 선이다.
② 경도 0°선으로 세계 표준시의 기준이다.
③ A 선에서는 12시간의 시차가 발생한다.
④ 동경 180°선과 서경 180°선이 만나는 지점이다.
⑤ A선을 기준으로 동쪽에서 서쪽으로 갈 때는 하루를 빼고, 서쪽에서 동쪽으로 갈 때는 하루를 더한다.

12 ㉠에 들어갈 시간으로 옳은 것은?

> • 아빠: 비상아, 잘 있니? 아빠는 지금 막 런던에 도착했단다.
> • 비상: 잘 도착하셨어요? 지금 서울은 비가 내리고 있어요.
> • 아빠: 여기는 비가 안 와. 지금 런던 시간이 오전 9시니까, 서울은 (㉠)겠구나.
> • 비상: 네, 맞아요. 엄마랑 잘 지내고 있을 테니, 아빠도 출장 잘 다녀오세요.

① 오전 9시   ② 오전 11시   ③ 오후 1시
④ 오후 6시   ⑤ 오후 9시

13 밑줄 친 부분에 해당하는 국가는?

> 국토가 가로로 긴 국가는 여러 개의 경선이 지나기 때문에 한 국가 내에서 여러 개의 표준시를 사용하는 경우가 많다. 하지만, 이런 경우 지역 간 시간이 달라 불편한 점이 있어 <u>영토가 넓은데도 시차를 적용하지 않고 단일 표준시를 사용하는 국가</u>도 있다.

① 미국　　　　② 중국　　　　③ 러시아
④ 캐나다　　　⑤ 오스트레일리아

14 지리 정보에 대한 설명으로 옳지 <u>않은</u> 것은?

① 우리가 살아가는 공간 및 지역에 대한 지식과 정보를 말한다.
② 지리 정보 시스템은 대부분 공공 부문에서만 활용되는 편이다.
③ 인터넷, 휴대 전화 등을 통해 일상생활에서 쉽게 활용할 수 있다.
④ 원격 탐사를 통해 인간이 접근하기 어려운 곳들의 지리 정보를 수집할 수 있게 되었다.
⑤ 최근 컴퓨터와 인터넷 등 정보 통신 기술의 발달로 지리 정보를 수집하는 기술 수준이 향상되었다.

15 지리 정보 시스템에 대한 설명으로 옳은 것을 〈보기〉에서 고른 것은?

> ┤보기├
> ㄱ. 정보를 획득하고 가공하기 까다로워 널리 이용되기는 어렵다.
> ㄴ. 인공위성을 통해 사용자의 위치를 알려 주는 시스템을 의미한다.
> ㄷ. 홍수나 태풍 등 자연재해 상황을 파악하거나 대비하는 데 활용되기도 한다.
> ㄹ. 수집한 정보를 컴퓨터에 저장하고 분석·종합하여 사용자에게 제공하는 시스템이다.

① ㄱ, ㄴ　　　② ㄱ, ㄷ　　　③ ㄴ, ㄷ
④ ㄴ, ㄹ　　　⑤ ㄷ, ㄹ

학교 시험에 잘 나오는 서술형 문제

1 자료를 보고 물음에 답하시오.

> • 선생님: 지도를 통해 우리나라의 위치를 확인해 볼까요?
> • 학생: 우리나라는 (㉠) 33°~43°, (㉡) 124°~132°에 위치하고 있어요.
> • 선생님: 맞아요. 그렇다면 우리나라의 위치를 대륙과 해양을 이용하여 설명해 볼까요?
> • 학생: ＿＿＿＿＿＿＿＿＿＿＿＿＿＿＿＿

(1) ㉠, ㉡에 들어갈 알맞은 말을 쓰시오.

＿＿＿＿＿＿＿＿＿＿＿＿＿＿＿＿＿＿＿

(2) 위 글의 밑줄 친 부분에 들어갈 학생의 대답을 서술하시오.

＿＿＿＿＿＿＿＿＿＿＿＿＿＿＿＿＿＿＿
＿＿＿＿＿＿＿＿＿＿＿＿＿＿＿＿＿＿＿
＿＿＿＿＿＿＿＿＿＿＿＿＿＿＿＿＿＿＿

2 그림의 A~C 지역 중 태양 에너지를 가장 많이 받는 지역과 가장 적게 받는 지역을 쓰고, 그 이유를 서술하시오.

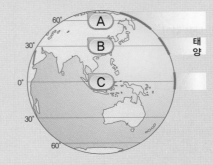

• 태양 에너지를 가장 많이 받는 지역: ＿＿＿＿＿
• 태양 에너지를 가장 적게 받는 지역: ＿＿＿＿＿
• 이유: ＿＿＿＿＿＿＿＿＿＿＿＿＿＿＿＿＿
＿＿＿＿＿＿＿＿＿＿＿＿＿＿＿＿＿＿＿＿＿
＿＿＿＿＿＿＿＿＿＿＿＿＿＿＿＿＿＿＿＿＿

❶ 주요 대륙과 해양의 위치

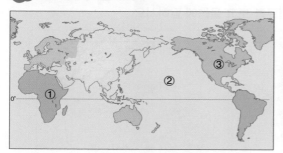

① ⬜⬜⬜⬜   ② ⬜⬜⬜

③ ⬜⬜⬜⬜⬜

정답 | ① 아시아 ② 태평양 ③ 북아메리카

---

❷ 우리나라의 위치 표현

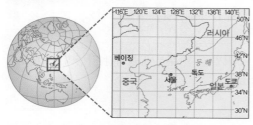

• 우리나라는 ① ⬜⬜⬜ 대륙의 동쪽, ② ⬜⬜⬜ 의 북서쪽에 위치한다.

• 우리나라는 동경 ③ ⬜⬜⬜°~ ④ ⬜⬜⬜°, 북위 33°~43°에 위치한다.

정답 | ① 아시아 ② 태평양 ③ 124 ④ 132

---

❸ 위도에 따른 일사량 차이

태양이 비스듬하게 비추어 넓은 지역에 열이 분산된다.

태양

태양이 수직으로 비추어 좁은 지역에 열이 집중된다.

• 저위도의 적도 부근은 태양빛이 수직으로 비추기 때문에 기온이 가장 ① ⬜⬜.

• 고위도의 극지방은 태양빛이 비스듬하게 비추기 때문에 기온이 가장 ② ⬜⬜.

정답 | ① 높다 ② 낮다

---

01 다양한 지도 읽기

지구의 모습

❶ 육지	유럽, (①), 아프리카, 오세아니아, 북아메리카, 남아메리카, 남극 대륙
바다	(②), 인도양, 대서양의 3대양과 남극해, 북극해 등

지도의 구성

축척	실제 거리를 지도 상에 줄여서 나타낸 비율
방위	동서남북 방향 표시, 방위 표시가 없으면 위쪽이 (③)쪽
기호	지표면에 나타나는 현상을 지도에 간단히 표현하는 약속
등고선	해발 고도가 같은 지점들을 연결한 선

지도의 종류

축척에 따라	대축척 지도	좁은 지역을 자세하게 표현한 지도
	소축척 지도	넓은 지역을 간략하게 표현한 지도
사용 목적에 따라	일반도	지표면의 일반적인 사항을 종합적으로 표현
	(④)	특별한 목적에 따라 필요한 내용만 상세하게 표현

02 위치와 인간 생활

위치의 표현

❷ 넓은 지역	대륙과 해양의 분포	국가와 같이 매우 넓은 지역의 대략적인 위치 표현에 이용
	위도와 경도	• 위도: (⑤) 기준, 북위·남위 0°~90°로 표현 • 경도: 본초 자오선 기준, 동경·서경 0°~180°로 표현
좁은 지역	주소	행정 구역을 근거로 위치를 나타낸 것
	(⑥)	지역의 대표적인 장소, 건물 등을 활용해 위치를 표현

위도에 따른 기온 차이

원인	지구가 (⑦) 때문에 지역에 따라 일사량의 차이가 발생	
❸ 기온 분포	저위도	햇볕이 수직으로 닿아 기온이 높음, 적도 부근
	중위도	비교적 온화한 기후가 나타남
	고위도	햇볕이 비스듬히 닿아 기온이 낮음, 극지방

정답 | ① 아시아 ② 태평양 ③ 북 ④ 주제도 ⑤ 적도 ⑥ 랜드마크 ⑦ 둥글기

위도에 따른 계절 차이

원인	지구의 자전축이 23.5° 기울어진 채 (⑧)하기 때문	
지역별 계절 차이	중위도	• 사계절의 변화가 나타남 • 6~8월: 북반구는 여름, 남반구는 겨울 • 12~2월: 북반구는 (⑨), 남반구는 여름
	적도 주변	일 년 내내 여름과 같이 기온이 높음
	극지방	일 년 내내 겨울과 같이 기온이 낮음
주민 생활	• 농업: 남반구와 북반구는 농작물의 수확 시기가 달라 교역이 활발히 일어남 • 관광: 남반구와 북반구의 계절 차를 이용한 관광 산업 발달 • 가옥: 북반구는 (⑩), 남반구는 북향집 선호	

경도에 따른 시간 차이

원인	지구가 하루에 한 바퀴씩 자전하기 때문에 지역에 따라 시차 발생 → 경도 (⑪)마다 1시간씩 차이 발생	
표준시와 날짜 변경선	표준시	(⑫)을 기준으로 동쪽으로 갈수록 빨라지고, 서쪽으로 갈수록 늦어짐
	날짜 변경선	동경 180°와 서경 180°이 만나는 선 → 날짜 변경선의 서쪽에서 동쪽으로 이동할 때 하루가 늦어짐
시차와 인간 생활	• 비행기 도착 시간 및 국제 경기의 생중계 시간이 다름 • 시차를 이용한 지역 간 산업 협력	

03 지리 정보와 지리 정보 기술

지리 정보와 지리 정보 기술

지리 정보	우리가 살아가는 공간 및 지역과 관련된 모든 지식과 정보	
지리 정보 기술	원격 탐사	인공위성이나 항공기를 통해 직접 접촉하지 않고도 멀리 떨어진 곳의 정보를 수집하는 방법
	지리 정보 시스템(GIS)	지리 정보를 컴퓨터에 입력·저장하고 다양한 방법으로 분석하여 사용자에게 제공하는 종합 관리 체계
	(⑬)	인공위성을 활용하여 사용자의 위치를 경위도 좌표로 알려 주는 시스템

지리 정보 기술의 활용

일상생활	내비게이션이나 스마트폰을 통한 위치 검색 및 길 찾기, 버스 도착 알림 시스템 등
공공 부문	도시 계획 수립, 각종 시설의 입지 선정, 재해·환경·교통 관리 등

④ 지구의 공전과 계절 변화

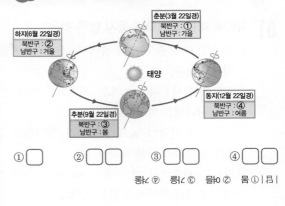

① ☐ ② ☐ ③ ☐ ④ ☐

| 정답 | ① 봄 ② 여름 ⓒ 기울 ④ 기울

⑤ 세계의 시간대

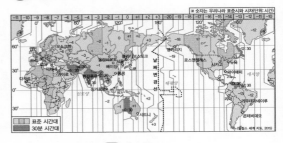

• 서울은 런던보다 ① ☐ 시간 빠르다.
• ② ☐☐은 영토가 넓은데도 시차를 적용하지 않고 단일 표준시를 사용한다.

| 정답 | ① 9 ② 중국

⑥ 표준시와 시차

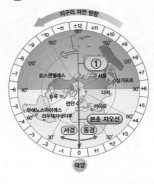

① ☐☐☐☐☐은 동경 180°선과 서경 180°선이 만나는 곳으로, 이 선을 기준으로 ② ☐☐시간의 시차가 발생한다.

| 정답 | ① 날짜 변경선 ② 24

01 다양한 지도 읽기

01 지도에 대한 설명으로 옳지 <u>않은</u> 것은?

① 실제 거리를 지도 상에 줄여서 나타낸 비율을 축척이라고 한다.

② 지도에서 사용하는 기호는 지표면의 여러 가지 현상을 나타내는 약속이다.

③ 등고선의 간격이 넓으면 경사가 완만하고 간격이 좁으면 경사가 급한 것이다.

④ 지도는 지표면의 여러 가지 지리적 현상을 정해진 약속에 따라 평면에 표현한 것이다.

⑤ 우리나라 전도, 세계 전도와 같이 지표면의 형태와 일반적인 사항들을 종합적으로 표현한 다목적 지도를 주제도라고 한다.

02 (가), (나) 지도에 대한 설명으로 옳은 것을 〈보기〉에서 고른 것은?

(가)   (나)

| 보기 |

ㄱ. (가) 지도의 A에 해당하는 산맥은 히말라야산맥이다.

ㄴ. (가) 지도의 B에 해당하는 강은 아마존강이다.

ㄷ. (나) 지도에서 고산 기후는 주로 해발 고도가 높은 지역에서 나타난다.

ㄹ. (가), (나) 지도는 모두 인문 환경 정보를 주로 담고 있다.

① ㄱ, ㄴ   ② ㄱ, ㄷ   ③ ㄴ, ㄷ
④ ㄴ, ㄹ   ⑤ ㄷ, ㄹ

03 (가), (나) 지도에 대한 설명으로 옳지 <u>않은</u> 것은?

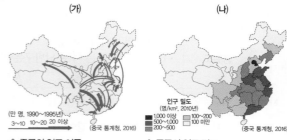

(가)   (나)

(만 명, 1990~1995년)
3~10 10~20 20 이상
⬆ 중국의 인구 이동
〈중국 통계청, 2016〉

인구 밀도
(명/km², 2010년)
1,000 이상   100~200
500~1,000   100 미만
200~500
⬆ 중국의 인구 밀도
〈중국 통계청, 2016〉

① (가) 지도는 중국의 인구 이동을 선으로 표현한 것이다.

② (나) 지도에서 색이 진할수록 인구 밀도가 높은 지역이다.

③ (가)는 주제도, (나)는 일반도에 해당한다.

④ (가), (나) 지도는 모두 인문 환경 정보를 담고 있다.

⑤ (가), (나) 지도를 통해 중국의 인구가 동부와 남부 해안가에 집중되어 있음을 알 수 있다.

04 다음에서 설명하는 산맥의 명칭과 위치를 지도에서 찾아 옳게 짝지은 것은?

'세계의 지붕'이라 불리는 이 산맥은 동서 방향으로 길이가 2,400㎞에 달하며 인도와 파키스탄, 중국, 네팔, 부탄 등 여러 나라에 걸쳐 있는 세계에서 가장 높은 산맥이다. 사람들이 접근하기 힘든 자연환경으로 남극, 북극과 함께 세계 3대 극지로 불리기도 한다. 2015년에는 이 산맥 등반을 소재로 만든 영화가 개봉되어 관심이 더욱 커지기도 했다.

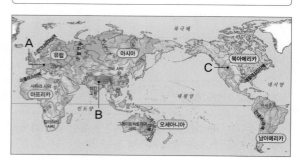

① A – 알프스산맥   ② A – 히말라야산맥
③ B – 로키산맥   ④ B – 히말라야산맥
⑤ C – 알프스산맥

02 위치와 인간 생활

[05~06] 지도를 보고 물음에 답하시오.

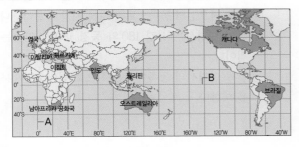

05 A, B 선의 명칭을 옳게 연결한 것은?

	A	B
①	적도	날짜 변경선
②	적도	본초 자오선
③	본초 자오선	적도
④	본초 자오선	날짜 변경선
⑤	날짜 변경선	적도

06 지도를 보고 국가의 위치를 표현한 내용으로 옳지 않은 것은?

① 영국은 북위 40°~60°, 서경 0°~20°에 위치한다.

② 인도는 아시아 대륙에 속하며 인도양에 접한다.

③ 캐나다는 북아메리카 대륙에 위치하며 북극해와 접한다.

④ 남아프리카 공화국은 아프리카 대륙의 가장 남쪽에 있다.

⑤ 오스트레일리아는 북위 10°~50°, 서경 110°~160°에 위치한다.

07 랜드마크에 대한 설명으로 옳지 않은 것은?

① 지역의 대표적인 건물이나 조형물 등을 말한다.

② 백화점, 대학 병원, 극장 등은 랜드마크의 예이다.

③ 국가와 같이 큰 규모의 위치를 나타낼 때 주로 활용된다.

④ 일상생활과 밀접한 관련이 있어서 위치를 설명할 때 많이 사용한다.

⑤ 지하철 역이나 높은 건물을 랜드마크로 설정하면 거리와 방향을 표현하기 쉽다.

08 다음과 같은 현상이 나타나는 근본적인 원인으로 옳은 것은?

> • 적도 부근에서 극지방으로 갈수록 일사량이 줄어든다.
> • 적도 주변의 저위도 지역에서는 주로 열대 기후가 나타나고, 중위도 지역은 주로 온화한 기후가 나타나며, 극 주변의 고위도 지역에서는 주로 한대 기후가 나타난다.

① 태양이 지구의 주위를 공전하기 때문이다.

② 지구가 하루에 한 바퀴씩 자전하기 때문이다.

③ 해양과 육지의 비열 차이가 발생하기 때문이다.

④ 지구의 자전축이 23.5° 기울어져 있기 때문이다.

⑤ 지구가 둥근 모양이어서 위도에 따라 일사량이 다르기 때문이다.

[09~10] 그림을 보고 물음에 답하시오.

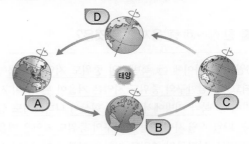

09 위 그림의 A~D 시기에 대한 설명으로 옳은 것은?

① A 시기에 북반구 중위도 지역은 가을이다.

② B 시기에 북극 지방에서는 극야 현상이 나타난다.

③ C 시기에 남반구 중위도 지역은 여름이다.

④ D 시기에 북반구 중위도 지역은 태양과의 거리가 가장 멀어진다.

⑤ 북반구와 남반구의 중위도 지역은 계절이 비슷하게 나타난다.

10 오스트레일리아 시드니에서 크리스마스를 맞이하는 시기와 관련 모습을 옳게 연결한 것은?

① A – 가족과 스키 여행을 떠난 에이미

② B – 눈사람을 만드는 베키

③ C – 낙엽을 밟으며 가을 분위기를 느끼는 세레나

④ C – 해변에서 파도타기를 하는 찰스

⑤ D – 추위를 덜기 위해 양털 코트를 입고 외출하는 엘리

11 그림은 주요 밀 수출 국가의 수확 시기를 나타낸 것이다. 이에 대한 설명으로 옳지 <u>않은</u> 것은?

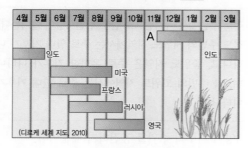

① A 국가는 북반구와 계절이 반대이다.
② A 국가는 우리나라와 밀 수확 시기가 비슷하다.
③ 미국과 프랑스는 비슷한 시기에 밀을 수확한다.
④ A 국가는 오스트레일리아, 아르헨티나가 대표적인 예이다.
⑤ A 국가는 위치적 장점으로 인해 상대적으로 높은 가격에 밀을 수출할 수 있다.

12 밑줄 친 ㉠~㉤ 중 옳지 <u>않은</u> 것은?

> 6월~8월 사이에 ㉠ 북반구의 중위도 지역은 여름이 되고, ㉡ 남반구의 중위도 지역은 겨울이 된다. 이 시기에 ㉢ 북극 지방에서는 백야 현상이 나타나기도 한다. 12월~2월 사이에 ㉣ 북반구의 중위도 지역은 겨울이 되고, 남반구의 중위도 지역은 여름이 된다. 이 시기에 ㉤ 남극 지방에서는 낮에도 해가 뜨지 않고 밤이 지속되는 현상이 나타나기도 한다.

① ㉠   ② ㉡   ③ ㉢   ④ ㉣   ⑤ ㉤

13 위도에 따른 계절 차이와 인간 생활에 대한 설명으로 옳은 것을 〈보기〉에서 고른 것은?

> ┤보기├
> ㄱ. 남반구에서는 주로 남향집을 선호한다.
> ㄴ. 남반구와 북반구는 농작물 수확 시기가 달라 교역이 활발하게 이루어진다.
> ㄷ. 6월~8월에 우리나라에서 이탈리아로 여행을 간다면 두꺼운 겨울 외투를 챙겨야 한다.
> ㄹ. 우리나라 사람들은 겨울철에 추위를 피하기 위해 오스트레일리아로 여행을 떠나기도 한다.

① ㄱ, ㄴ   ② ㄱ, ㄷ   ③ ㄴ, ㄷ
④ ㄴ, ㄹ   ⑤ ㄷ, ㄹ

14 경도와 시간 차이에 대한 설명으로 옳지 <u>않은</u> 것은?

① 경도 15°마다 1시간의 시차가 발생한다.
② 본초 자오선을 기준으로 세계의 표준시를 정한다.
③ 본초 자오선의 동쪽으로 갈수록 시간이 빨라진다.
④ 날짜 변경선은 서경 180°와 동경 180°가 만나는 지점이다.
⑤ 날짜 변경선의 동쪽에서 서쪽으로 넘어오면 12시간을 더한다.

15 지도를 통해 알 수 있는 내용으로 옳은 것은?

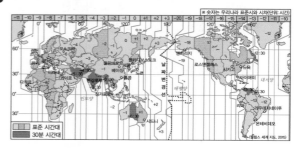

① 서울은 런던보다 9시간이 더 느리다.
② 일본과 우리나라는 1시간의 시차가 발생한다.
③ 서울과 리우데자네이루는 낮과 밤이 정반대이다.
④ 서울과 로스앤젤레스는 12시간의 시차가 발생한다.
⑤ 중국은 국토가 가로로 길어서 여러 개의 표준시를 사용한다.

16 선생님의 질문에 대한 학생의 대답으로 가장 적절한 것은?

> • 선생님: 지도를 보면 지역마다 시간이 서로 다르다는 사실을 확인할 수 있어요. 이처럼 지역마다 시간 차이가 발생하는 이유는 무엇일까요?
> • 학생: _____

① 지구가 둥글기 때문입니다.
② 지구가 태양의 주위를 공전하기 때문입니다.
③ 지구가 하루에 한 바퀴씩 자전하기 때문입니다.
④ 저위도와 고위도의 일사량이 다르기 때문입니다.
⑤ 지구의 자전축이 23.5° 기울어져 있기 때문입니다.

17 다음은 『80일간의 세계 일주』라는 책의 내용 중 일부이다. ㉠에 대한 설명으로 옳은 것은?

포그는 1872년 10월 2일 오후 8시 45분에 출발해서 12월 21일 오후 8시 50분에 런던에 도착했다고 착각했다. 세계 일주를 성공했지만 약속했던 시간보다 5분 늦었기 때문에 내기에서 졌다고 생각했다. 하지만 그것은 포그의 착각이었고 내기에서 이겨 2만 파운드를 받았다. 포그가 날짜를 12월 20일이 아니라 21일이라고 착각한 것은 태평양을 건널 때 (㉠)을/를 지났는데 그것을 계산하지 않았기 때문이다.

① 본초 자오선에 해당한다.
② 계절의 차이를 발생시키는 선이다.
③ 동경 180°과 서경 180°이 만나는 지점이다.
④ 그리니치 천문대를 지나는 선으로 경선의 기준이다.
⑤ ㉠의 동쪽에서 서쪽으로 갈 때는 하루를 빼고 서쪽에서 동쪽으로 갈 때는 하루를 더한다.

18 시차로 인해 나타나는 생활 모습으로 옳은 것을 〈보기〉에서 고른 것은?

┤보기├
ㄱ. 우리나라 야구 구단들은 겨울에 일본 오키나와로 전지 훈련을 떠난다.
ㄴ. 해외에서 열리는 각종 스포츠 경기가 우리나라에서 새벽에 생중계되기도 한다.
ㄷ. 우리나라와 오스트레일리아는 밀 수확 시기가 달라 농산물 교역이 활발하게 이루어진다.
ㄹ. 인도와 미국의 실리콘밸리 산업 단지는 밤낮이 서로 반대라는 점을 이용하여 끊임없이 작업을 하며 협력한다.

① ㄱ, ㄴ   ② ㄱ, ㄷ   ③ ㄴ, ㄷ
④ ㄴ, ㄹ   ⑤ ㄷ, ㄹ

03 지리 정보와 지리 정보 기술

19 ⑺ 지도에 비해 ⑴ 지도가 갖는 특징으로 옳지 않은 것은?

⑺   ⑴

① 확대와 축소가 자유로운 편이다.
② 거리나 면적 측정이 ⑺에 비해 어렵다.
③ 원하는 정보만 선택하여 표시할 수 있다.
④ 다양한 형태로 저장하거나 출력할 수 있다.
⑤ 특정 장소의 위치를 검색하여 찾을 수 있다.

20 ㉠에 들어갈 말로 옳은 것은?

(㉠)은/는 다양한 지리 정보를 수집하여 수치화한 후 컴퓨터에 입력·저장하고, 이를 사용자의 요구에 맞도록 다양한 방법으로 분석하여 사용자에게 제공하는 종합적인 관리 체계를 말한다. 오늘날은 여러 가지 정보 기술과 결합하여 다방면에 활용된다.

① 인공위성   ② 원격 탐사
③ 인터넷 전자 지도   ④ 지리 정보 시스템
⑤ 위성 위치 확인 시스템

21 지리 정보 기술의 활용에 대한 설명으로 옳지 않은 것은?

① 각종 사업체의 위치 선정에 활용된다.
② 지능형 교통 체계로 교통 상황을 관리할 수 있다.
③ 자연재해를 예측하고 대비하는 데 활용하기도 한다.
④ 길 찾기 프로그램이나 버스 도착 알림 서비스에도 활용된다.
⑤ 지리 정보 시스템은 국가가 관리하고 있어 개인적인 사용은 적은 편이다.

Ⅱ

우리와 다른 기후,
다른 생활

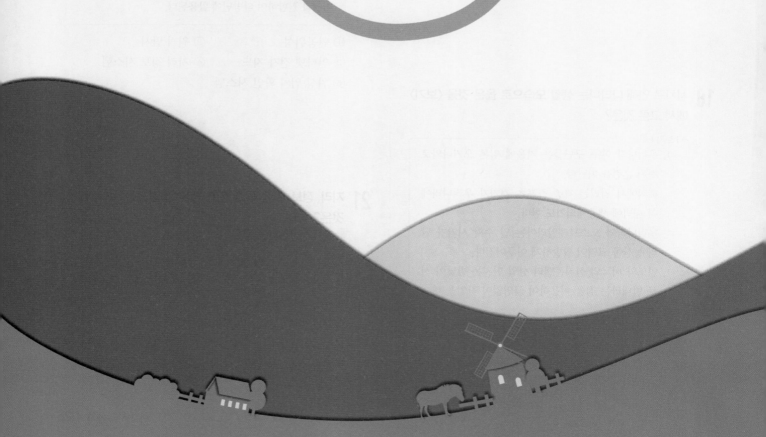

01 세계 기후 지역

•• 세계의 기후 지역 구분

1. 기후의 의미

(1) 날씨: 짧은 시간 동안 나타나는 대기의 상태

(2) 기후: 여러 해 동안 한 지역에 일정하게 나타나는 대기 상태

① 기후 요소: 기온, 강수량, 바람 등

② 기후 요인: 위도, 육지와 바다의 분포, 지형, *해류 등

2. 세계의 기온과 강수량 분포

(1) 세계의 기온 분포 자료 ①

① 위도의 영향: *등온선은 대체로 위도와 평행함, 연평균 기온은 적도에서 고위도 지역으로 갈수록 낮아짐

② 대륙과 해양의 분포에 따른 영향: 같은 위도의 지역이라도 대륙이 해양보다 *연교차가 큼, 난류와 편서풍의 영향으로 대륙 서안은 대륙의 동안보다 연교차가 작음

(2) 세계의 강수량 분포 자료 ②

① 위도의 영향: 적도 부근과 남·북위 40°~50° 부근은 강수량이 많고, 위도 20°~30°의 남·북회귀선 부근과 극지방은 강수량이 적음

② 바다의 영향: 해안은 강수량이 많고 바다에서 먼 대륙 내부는 강수량이 적음, 같은 해안이라도 난류가 흐르는 지역은 강수량이 많고, 한류가 흐르는 지역은 강수량이 적음

③ 지형과 바람의 영향: 산맥의 바람받이 지역은 강수량이 많고, 바람 그늘 지역은 강수량이 적음

3. 세계의 다양한 기후 자료 ③

(1) 세계의 기후 분포: 기온과 강수 특성에 따라 여러 지역으로 구분함

열대 기후	• 적도 부근, 가장 추운 달의 평균 기온 18℃ 이상 • 강수량이 많은 곳에는 밀림이 형성됨 예 아마존 밀림 등
건조 기후	• 남·북위 20°~30° 일대, 연 강수량 500㎜ 미만으로 매우 적음 • 강수량보다 증발량이 많아 식생이 거의 분포하지 않음
온대 기후	• 중위도 지역, 가장 추운 달의 평균 기온이 -3~18℃ • 기온이 온화하고, 강수량이 풍부함, 사계절의 변화가 비교적 뚜렷함
냉대 기후	• 온대 기후 지역보다 위도가 높은 지역, 가장 추운 달의 평균 기온 -3℃ 미만, 가장 따뜻한 달의 평균 기온 10℃ 이상 • 기온의 연교차 크며, 타이가라고 불리는 침엽수림이 분포
한대 기후	• 극지방 부근, 가장 따뜻한 달의 평균 기온 10℃ 미만, 나무가 자랄 수 없을 정도로 기온이 낮음 • 짧은 여름 시기에 일부 지역에서 이끼나 풀이 자람
고산 기후	• 해발 고도가 높은 산지에서 나타나는 기후 • 적도 부근이지만 해발 고도가 높은 안데스산맥의 고산 지대나 아프리카 동부의 고원 지대는 연중 봄과 같이 온화한 기후가 나타남 → 도시가 발달하여 인구 밀집

생생 자료

자료 ① 세계의 기온 분포

위도가 같은 지역이라도 대륙과 해양이 만나는 지점이나 대륙 내부에서는 등온선이 위도와 평행하지 않고 구부러져 나타나는데 이는 대륙이 해양보다 여름에는 기온이 높고, 겨울에는 기온이 낮기 때문이다.

자료 ② 세계의 강수량 분포

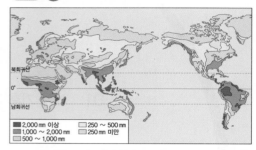

■ 2,000㎜ 이상 □ 250 ~ 500㎜
■ 1,000 ~ 2,000㎜ □ 250㎜ 미만
□ 500 ~ 1,000㎜

대체로 적도 부근과 중위도 지역은 강수량이 많고, 일 년 내내 고기압의 영향을 받는 위도 20°~30°의 남·북회귀선 부근과 극지방은 강수량이 적다.

자료 ③ 세계의 기후 지역 분포

적도 주변과 달리 중위도의 고산 지역은 기온이 매우 낮아 인간 거주에 불리해.

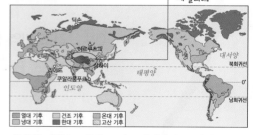

□ 열대 기후 □ 건조 기후 □ 온대 기후
□ 냉대 기후 □ 한대 기후 □ 고산 기후

세계의 기후는 대체로 적도에서부터 극지방으로 가면서 열대 기후, 온대 기후, 냉대 기후, 한대 기후 순으로 나타난다.

툰드라 기후와 빙설 기후로 구분돼

쏙쏙 용어

★ 해류 성질이 비슷한 바닷물이 일정한 방향과 속도로 흐르는 것

★ 등온선(等 – 같다, 溫 – 온도, 線 – 선) 연평균 기온이 같은 지점을 연결한 선

★ 연교차 일 년 동안 관측한 가장 더운 달의 평균 기온과 가장 추운 달의 평균 기온 차이

(2) 지역별 기후 그래프

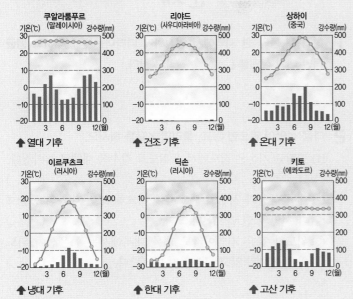

↑ 열대 기후 쿠알라룸푸르(말레이시아)
↑ 건조 기후 리야드(사우디아라비아)
↑ 온대 기후 상하이(중국)
↑ 냉대 기후 이르쿠츠크(러시아)
↑ 한대 기후 딕손(러시아)
↑ 고산 기후 키토(에콰도르)

•• 인간 거주에 영향을 미치는 다양한 기후

1. 인간 거주에 영향을 미치는 자연환경

(1) 인간의 거주 공간과 자연환경

① 자연환경은 인간의 삶에 영향을 미치는 일차적 요인, 과거 인류 문명이 시작했을 때부터 많은 영향을 미침

② 기온이나 강수 등의 기후 조건은 의식주 문화 및 농업 등의 경제 활동에 큰 영향을 줌

(2) 최근: 산업화와 도시화의 영향으로 인간 거주에 미치는 자연환경의 영향력이 점차 줄어들고 있음

2. 인간 거주에 유리한 기후 조건 자료 ④

> 서술형 단골 인간 거주에 유리한 기후 조건을 묻는 문제가 자주 출제돼!

(1) 냉·온대 기후: 사계절이 나타나고, 기온과 강수 조건이 농업 활동에 유리, 상공업과 도시 발달

(2) 열대 계절풍 기후: 벼농사에 유리하여 사람들이 밀집하여 거주

(3) 열대 고산 기후: 아프리카 동부의 고원 지대, 남아메리카 안데스산맥의 고산 지대에는 *고산 도시 발달 자료 ⑤

3. 인간 거주에 불리한 기후 조건

(1) 건조 기후: 연 강수량이 부족하여 농업에 부적합하기 때문에 인구도 적은 편 예 사막 기후 지역

(2) 한대 기후: 너무 춥기 때문에 농업 활동을 하기 어려워 인구도 적은 편 예 *빙설 기후 지역

(3) 불리한 기후 조건을 극복하기 위한 노력

① 사막과 극지방: 석유와 천연가스 등 에너지 자원 개발, 과학 연구 기지 개발 등

② 열대 기후 지역: 삼림 자원 개발과 관광 산업의 발달로 인구가 늘어나고 있음

자료 ④ 세계의 인구 분포

1점당 10만 명임.

세계의 인구는 남반구에 비해 북반구에 많이 분포하고 있고, 특히 냉·온대 기후가 나타나는 북위 20°~40° 지역에 인구가 가장 많이 분포하는 것을 알 수 있다. 또한 하천 주변의 평야 지대나 해안가를 중심으로 인구가 밀집하는데 이는 기후가 온화하고 비가 충분히 내려 각종 용수를 얻고 농사를 짓기 유리하기 때문이다. 반면 기온이 너무 낮거나 강수량이 부족해서 인간과 농업 활동이 어려운 기후 지역에는 대체로 사람들이 적게 거주한다.

자료 ⑤ 안데스 산지의 고산 도시, 라파스

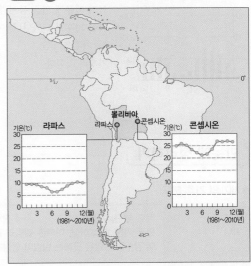

라파스 (1981~2010년)
콘셉시온 (1981~2010년)

볼리비아의 라파스와 콘셉시온은 비슷한 위도에 있지만 해발 고도의 차이가 크다. 월별 기온 분포를 보면 적도 주변의 저지대인 콘셉시온은 연중 기온이 매우 높아 사람들이 거주하기 불리한 편이다. 반면, 고산 지대에 있는 라파스는 저지대에 비해 연중 서늘하므로 사람들이 거주하기에 유리하여 도시가 형성되었다. 이로 인해 라파스의 인구는 약 81만 명인 반면, 콘셉시온의 인구는 약 1만 명 정도로 차이가 크다.

쏙쏙 용어

★ 고산 도시 고산 지역에서 발달한 도시로 보고타(콜롬비아), 키토(에콰도르), 쿠스코(페루), 라파스(볼리비아)가 대표적임

★ 빙설 기후 가장 따뜻한 달의 평균 기온이 0℃ 미만인 기후 지역

대표 자료 확인하기

◆ 세계의 기후 지역 분포

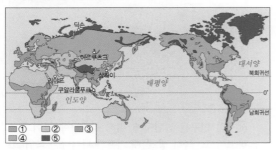

• ① (   ) 지역   • ② (   ) 지역
• ③ (   ) 지역   • ④ (   ) 지역
• ⑤ (   ) 지역

◆ 인간 거주에 유리한 기후 조건

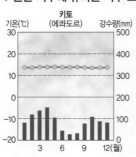

에콰도르의 키토는 적도 부근에 있지만 안데스산맥의 영향으로 (⑥   )가 높기 때문에 연중 봄처럼 온화한 기후가 나타난다. 이러한 기후를 (⑦   ) 기후라고 한다.

한눈에 정리하기

◆ 세계의 기후 분포

열대 기후	적도 부근, 가장 (①) 달의 평균 기온 18℃ 이상, 아마존 밀림과 같이 강수량이 많은 곳에는 밀림이 형성됨
건조 기후	남·북위 20°~30° 일대, 연 강수량이 (②) 미만으로 매우 적음, 강수량보다 증발량이 많아 식생이 거의 분포하지 않음
온대 기후	중위도 지역, 가장 추운 달의 평균 기온이 -3~18℃, 기온이 온화하고 (③)이 풍부함, 사계절의 변화가 비교적 뚜렷함
냉대 기후	가장 추운 달의 평균 기온 -3℃ 미만, 가장 따뜻한 달의 평균 기온 10℃ 이상, 기온의 연교차 크며, (④)라 불리는 침엽수림 분포
(⑤)	극지방 부근, 가장 따뜻한 달의 평균 기온 10℃ 미만, 짧은 여름 시기에 일부 지역에서 이끼나 풀이 자람

1 여러 해 동안 한 지역에서 일정하게 나타나는 종합적이고 평균적인 대기 상태를 (   )라고 한다.

2 다음 설명이 맞으면 ○표, 틀리면 ×표를 하시오.
(1) 연평균 기온은 적도에서 고위도로 갈수록 대체로 높아진다. (   )
(2) 대륙 동안과 서안의 연교차를 비교해 보면 대륙의 동안보다 서안의 연교차가 더 크다. (   )
(3) 위도가 같은 지역이라도 대륙 내부에서는 등온선이 위도와 평행하지 않고 구부러져 나타난다. (   )

3 다음 괄호 안의 내용 중 알맞은 말에 ○표를 하시오.
(1) 적도 부근은 강수량이 (많고, 적고) 위도 20°~30°의 남·북회귀선 부근과 극지방은 강수량이 (많다, 적다).
(2) 같은 해안이라도 (한류, 난류)가 흐르는 지역은 강수량이 많고, (한류, 난류)가 흐르는 지역은 강수량이 적다.
(3) 산맥의 (바람받이, 바람 그늘) 지역은 강수량이 많고, 산맥의 (바람받이, 바람 그늘) 지역은 강수량이 적다.

4 다음 기후와 기후 지역의 특징을 옳게 연결하시오.
(1) 열대 기후 •   • ㉠ 연 강수량 500㎜ 미만
(2) 건조 기후 •   • ㉡ 중위도 지역, 사계절이 나타남
(3) 온대 기후 •   • ㉢ 기온의 연교차가 큼, 타이가 분포
(4) 냉대 기후 •   • ㉣ 가장 추운 달의 평균 기온 18℃ 이상
(5) 한대 기후 •   • ㉤ 가장 따뜻한 달의 평균 기온 10℃ 미만

5 다음 설명이 맞으면 ○표, 틀리면 ×표를 하시오.
(1) 최근 많은 지역에서 산업화와 도시화가 이루어지면서 자연환경이 인간 거주에 미치는 영향은 과거보다 더 커졌다. (   )
(2) 기후와 지형, 토양 등의 자연환경은 과거 인류 문명이 발달하기 시작했을 때부터 거주 지역을 선정하는 데 많은 영향을 주었다. (   )

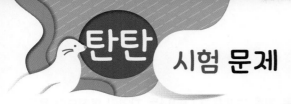
01 기후와 관련된 내용으로 보기 어려운 것은?

① 우리나라의 여름은 덥고 비가 많이 온다.

② 우리나라의 겨울은 강수량이 적고 기온이 낮다.

③ 적도 부근은 일 년 내내 기온이 높고 강수량이 많은 편이다.

④ 오늘밤 기온은 25℃ 이상으로 열대야가 나타날 것이다.

⑤ 우리나라는 여름에 덥고 겨울에 추워 연교차가 크게 나타난다.

중요해
02 세계의 기온 분포에 대한 옳은 설명을 〈보기〉에서 고른 것은?

┌ 보기 ┐
ㄱ. 대륙은 해양보다 연교차가 작다.
ㄴ. 대륙 동안보다 대륙 서안이 연교차가 작다.
ㄷ. 연평균 등온선은 대체로 위도와 평행하게 나타난다.
ㄹ. 연평균 기온은 적도에서 고위도로 갈수록 대체로 높아진다.
└──────┘

① ㄱ, ㄴ 　② ㄱ, ㄷ 　③ ㄴ, ㄷ

④ ㄴ, ㄹ 　⑤ ㄷ, ㄹ

이 문제에서 나올 수 있는 선택지는 다~!
03 세계의 강수량 분포에 대한 설명으로 옳지 <u>않은</u> 것은?

① 적도 부근은 강수량이 많다.

② 남·북회귀선 부근과 극지방은 강수량이 적다.

③ 바람을 가로막는 산맥의 바람받이 지역은 강수량이 많다.

④ 해안은 강수량이 많고, 바다로부터 멀리 떨어진 대륙 내부는 강수량이 적다.

⑤ 난류가 흐르는 해안 지역은 강수량이 적고, 한류가 흐르는 해안 지역은 강수량이 많다.

⑥ 일 년 내내 고기압의 영향을 받는 위도 20°~30° 지역은 강수량이 적다.

중요해
04 다음에서 설명하는 기후 지역을 지도에서 고른 것은?

> 가장 추운 달의 평균 기온이 18℃ 이상인 지역으로 강수량이 많은 곳에서는 밀림이 형성된다.

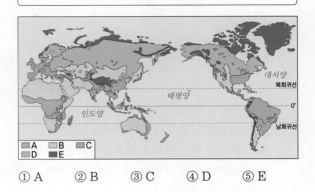

① A 　② B 　③ C 　④ D 　⑤ E

05 다음에서 설명하는 기후는?

> 아프리카의 동부 고원, 안데스산맥의 고산 지대 등 적도 부근의 해발 고도가 높은 곳에서 주로 나타나는 기후로 일 년 내내 봄처럼 온화한 날씨가 계속된다.

① 열대 기후 　② 건조 기후

③ 온대 기후 　④ 냉대 기후

⑤ 고산 기후

06 각 기후와 특징을 옳게 연결한 것은?

① 열대 기후 - 연 강수량이 500㎜ 미만

② 건조 기후 - 가장 추운 달의 평균 기온이 18℃ 이상

③ 온대 기후 - 중위도 지역에 분포하며 기온이 온화함

④ 냉대 기후 - 가장 따뜻한 달의 평균 기온이 10℃ 미만

⑤ 한대 기후 - 기온의 연교차가 크며 타이가라 불리는 침엽수림이 분포

07 지도에 표시된 기후 지역에 대한 설명으로 옳은 것은?

① 대규모 침엽수림 지대가 나타난다.
② 기온이 매우 낮아 나무가 자라기 힘들다.
③ 연중 봄과 같이 온화한 기후가 나타난다.
④ 강수량이 적어 나무가 잘 자라지 못하며 사막이나 초원이 분포한다.
⑤ 아마존 밀림과 같은 열대 밀림이 분포한다.

08 다음 내용에 해당하는 기후 그래프는?

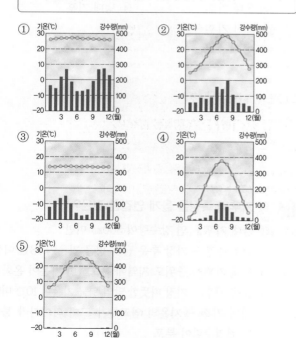

- 타이가라고 불리는 침엽수림 지대가 널리 분포
- 가장 추운 달의 평균 기온이 −3℃ 미만이고 가장 따뜻한 달의 평균 기온이 10℃ 이상으로 기온의 연교차가 큰 기후

09 다음 기후 그래프가 나타나는 지역의 특징으로 옳은 것은?

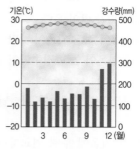

① 기온의 연교차가 매우 크다.
② 사계절이 비교적 뚜렷하게 나타난다.
③ 강수량보다 증발량이 많아서 건조하다.
④ 일 년 내내 기온이 높고 강수량이 풍부하다.
⑤ 나무가 자랄 수 없을 정도로 연평균 기온이 낮다.

10 다음 기후 그래프와 유사한 기후 특성이 나타나는 지역을 지도에서 고른 것은?

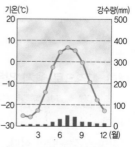

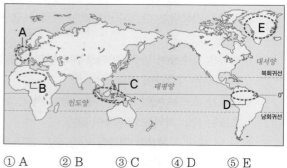

① A   ② B   ③ C   ④ D   ⑤ E

중요해
11 인간 거주와 자연환경에 대한 설명으로 옳지 <u>않은</u> 것은?

① 기후 조건은 의식주 문화와 농업 등에 큰 영향을 준다.
② 자연환경에 따라 인간 거주에 유리하거나 불리할 수 있다.
③ 인간의 삶을 결정짓는 일차적 요인으로 기후와 지형, 토양 등이 있다.
④ 과거 인류 문명이 발달하기 시작했을 때부터 자연환경은 인간 생활에 많은 영향을 주었다.
⑤ 최근 산업화·도시화가 진행됨에 따라 자연환경 조건은 예전보다 인간 거주에 더 큰 영향을 미치게 되었다.

12 지도는 세계의 인구 분포를 나타낸 것이다. 이에 대한 설명으로 옳지 <u>않은</u> 것은?

① 남반구보다 북반구에 인구가 더 많다.
② 기온이 낮은 지역은 인구가 희박한 편이다.
③ 북위 20°~40° 사이에 가장 많은 인구가 분포한다.
④ 기후가 온화한 지역에 인구가 많이 밀집되어 있다.
⑤ 적도 부근에 가까울수록 인간이 거주하기에 적합한 환경이라고 할 수 있다.

13 인간 거주에 유리한 기후 조건을 〈보기〉에서 고른 것은?

┌─ 보기 ┐
ㄱ. 강수량보다 증발량이 많아 건조하다.
ㄴ. 기온이 온화하고 강수량이 풍부하다.
ㄷ. 연중 봄처럼 온화한 날씨가 나타난다.
ㄹ. 기온이 일 년 내내 낮아 추운 날씨가 지속된다.
└────────┘

① ㄱ, ㄴ   ② ㄱ, ㄷ   ③ ㄴ, ㄷ
④ ㄴ, ㄹ   ⑤ ㄷ, ㄹ

학교 시험에 잘 나오는 **서술형 문제**

1 다음 내용을 보고 물음에 답하시오.

┌─────────────────────────┐
세계의 강수량 분포는 위도에 따라 차이가 크다. (㉠) 부근과 성질이 다른 공기가 만나는 중위도 지역은 강수량이 많고, 일 년 내내 고기압의 영향을 받는 남·북회귀선 부근과 극지방은 강수량이 적다. 한편, 대륙과 해양의 분포, 해류의 영향에 따라서도 강수량의 차이가 발생한다. 즉 _____ ㉡
└─────────────────────────┘

(1) ㉠에 적합한 용어를 쓰시오.

(2) ㉡의 내용을 제시어를 활용하여 서술하시오.

┌─────────────────────────┐
· 해안   · 난류   · 한류   · 대륙 내부
└─────────────────────────┘

_____

_____

2 자료를 보고 물음에 답하시오.

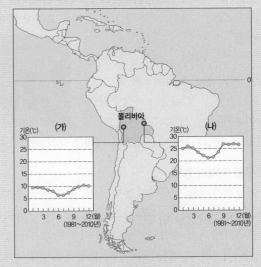

(1) (가), (나)에 해당하는 기후를 쓰시오.

_____

(2) 위도가 비슷함에도 (가), (나)의 기후가 다르게 나타나는 이유를 서술하시오.

_____

_____

02 열대 우림 지역 생활

●● 열대 우림 지역

1. 열대 우림 기후의 특색

(1) **열대 우림 기후 특성**: 가장 추운 달의 평균 기온이 18℃ 이상으로, 일 년 내내 기온이 높고 강수량이 많아 매우 덥고 습함, 열대성 소나기 인 스콜(*대류성 강수)이 자주 내림 〔자료〕①

(2) **분포**: 아프리카 콩고강 유역, 남아메리카의 아마존강 유역, 동남아시 아의 인도네시아 등 → 적도 주변 〔자료〕②

2. 열대 우림 지역의 모습

(1) **식생**: 다양한 종류의 나무와 풀이 우거져 밀림을 이룸, 키가 큰 나무 와 작은 나무가 어우러져 여러 층의 구조 형성

(2) **토양**: 양분이 빈약한 편 ← 땅에 떨어진 나뭇잎 등이 비와 열기로 쉽 게 분해되어 나무에 흡수되거나 물에 녹아 씻겨나가기 때문

(3) **생물 종**: 전체 지구에 서식하는 동식물 종의 절반 이상이 분포하여 '생태계의 보고'로 불림

●● 열대 우림 지역 사람들의 생활 모습

1. 열대 우림 지역의 주민 생활

(1) **의생활**: 가볍고 통풍이 잘되는 간편한 옷차림

(2) **식생활**: 음식이 쉽게 상하는 것을 방지하기 위해 기름에 튀기거나 *향 신료를 많이 사용함, 다양한 열대 과일을 요리에 활용함

(3) **주생활**

열대 고상 가옥(타이)

① 단순하고 개방적인 가옥 구조, 벽을 얇게 하고 통풍이 잘되도록 함

② 지붕의 경사가 급함 ← 강수량이 많기 때문

③ 고상 가옥(열기와 습기, 해충의 피해를 막기 위함), 수상 가옥 발달

2. 열대 우림 지역의 농업

(1) **이동식 화전 농업**: 전통적인 농업 방식, 많은 비로 흙 속의 양분이 빠져 나가 토양이 척박하기 때문, 카사바·얌·옥수수 등을 재배 〔자료〕③

(2) **플랜테이션**: 과거 유럽의 식민 지배 이후 행해지는 농업 방식

① 선진국의 자본과 기술, 원주민의 노동력을 결합하여 천연고무·카카 오·바나나 등 상품 작물을 대규모로 재배하여 수출

② 최근 플랜테이션의 확대로 이 지역의 식량 작물 재배지 축소

(3) **벼농사**: 아시아의 열대 우림 지역, 1년에 2~3번 농사짓는 곳도 있음

3. 열대 우림 지역의 변화

(1) **변화 모습**: 자원 개발, 도시 개발, 도로 건설, 농경지 확대 등

(2) **문제점**: 동식물의 서식지 파괴, 원주민의 토착 문화 소멸 위기, 숲이 훼손되면서 대기 중의 이산화 탄소를 산소로 바꾸는 기능이 저하되 어 이상 기후 발생

생생 자료

〔자료〕① 열대 우림 기후와 식생 경관

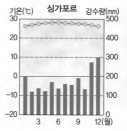

↑ 열대 우림

열대 우림 지역은 가장 추운 달에도 평균 기온이 18℃ 이상일 정도로 일 년 내내 더운 날씨가 지속되 며 기온의 연교차가 작다. 연 강수량도 2,000mm 이 상으로 매우 많다. 상층부에는 키가 큰 나무들이 빽빽 하게 뻗어 있고, 하층부에는 키가 작 은 나무들과 덩굴들이 자라.

〔자료〕② 열대 우림 지역의 분포

열대 우림 지역은 일 년 내내 태양 에너지를 많이 받 는 적도를 중심으로 분포한다.

〔자료〕③ 이동식 화전 농업

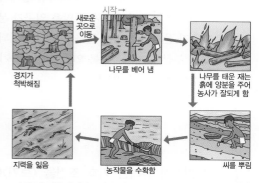

열대 우림 지역은 강수량이 많아 흙 속에 있던 영양 분이 빗물에 녹으며 빠져나가 토양이 척박하다. 따 라서 전통적으로 이동식 화전 농업이 발달하였다.

쏙쏙 용어

★ **대류성 강수** 강한 햇볕에 의해 지표면이 가열되면서 비구 름이 형성되는 것으로 스콜 및 우리나라의 소나기가 대표 적인 예

★ **향신료** 후추, 고추, 커리, 겨자 등 음식의 부패를 막고 맛을 좋게 하기 위해 사용하는 양념

대표 자료 확인하기

◆ 열대 우림 기후의 특색

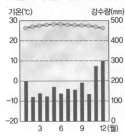

기후 그래프를 통해 열대 우림 지역은 일 년 내내 기온이 (①   )고, 강수량이 (②   )은 특성이 나타나는 것을 알 수 있다.

◆ 열대 우림 기후

열대 우림 기후 지역은 아프리카 (③   ) 유역, 남아메리카의 (④   ) 유역, 동남아시아의 인도네시아 (⑤   )를 중심으로 분포한다.

한눈에 정리하기

◆ 열대 우림 지역의 주민 생활

의생활	가볍고 통풍이 잘되는 간편한 옷
식생활	음식이 쉽게 상하는 것을 방지하기 위해 기름에 튀기거나 (①)를 많이 사용함
주생활	• 단순하고 (②) 가옥 구조 • 지붕의 경사를 급하게 만듦 • 지표면에서 전달되는 열기와 습기를 피하고 해충과 뱀 등의 침입을 막기 위해 바닥을 지면에서 띄운 (③)을 지음

◆ 열대 우림 지역의 농업

(④)	• 숲에 불을 질러 농작물을 재배하다 지력이 떨어지면 새로운 곳으로 이동하여 농사를 지음 • 카사바, 얌, 옥수수 등을 재배
(⑤)	• 열대 우림 지역의 유리한 기후, 선진국의 자본과 기술, 원주민의 노동력을 결합 • 천연고무, 카카오, 바나나 등을 재배

---

1 다음 괄호 안의 내용 중 알맞은 말에 ○표를 하시오.
(1) 열대 우림 기후는 일 년 내내 기온이 (높고, 낮고), 강수량이 (많다, 적다).
(2) 열대 우림 지역은 일 년 내내 태양 에너지를 많이 받는 (적도, 고위도)를 중심으로 분포한다.

2 열대 우림 지역에서는 거의 매일 오후가 되면 열대성 소나기인 ( )이 짧은 시간에 집중적으로 쏟아진다.

3 열대 우림 지역에 대한 설명이 맞으면 ○표, 틀리면 ✕표를 하시오.
(1) 토양의 양분이 풍부하여 농사짓기 유리한 편이다. ( )
(2) 비가 많이 내려 다양한 종류의 나무와 풀이 우거져 밀림을 이룬다. ( )

4 열대 우림 지역에서는 지표면에서 전달되는 열기와 습기를 피하고 해충과 뱀 등의 침입을 막기 위해 ( )이나 수상 가옥이 발달하였다.

5 열대 우림 지역의 주민 생활에 대한 설명이 맞으면 ○표, 틀리면 ✕표를 하시오.
(1) 가볍고 통풍이 잘되는 간편한 옷을 주로 입는다. ( )
(2) 지붕이 평평하고 벽은 두꺼우며 창문이 작은 집을 주로 짓는다. ( )
(3) 음식이 쉽게 상하지 않도록 조리할 때 기름이나 향신료를 많이 사용한다. ( )

6 열대 우림 지역에서는 전통적으로 숲에 불을 질러 만든 밭에서 카사바, 얌 등의 농작물을 재배하고 토양의 지력이 떨어지면 다른 곳으로 이동하여 농사를 짓는 ( )이 이루어졌다.

7 과거 유럽 식민지였던 열대 우림 지역에서는 선진국의 자본과 기술, 원주민의 ( )을 결합하여 상품 작물을 대규모로 재배하는 농업 방식이 발달하였다

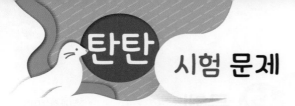

01 다음 기후 그래프가 나타내는 기후 지역의 특징으로 옳은 것은?

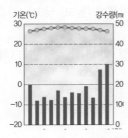

① 계절의 변화가 뚜렷하다.
② 기온의 연교차가 큰 편이다.
③ 주로 중위도 지역에서 나타난다.
④ 일 년 내내 기온이 높고 강수량이 많다.
⑤ 가장 추운 달의 평균 기온이 18℃ 미만이다.

02 열대 우림 지역의 특징으로 옳은 것만을 〈보기〉에서 있는 대로 고른 것은?

┤보기├
ㄱ. 열대성 소나기인 스콜이 자주 내린다.
ㄴ. 덥고 습하여 다양한 동식물이 서식하기 어렵다.
ㄷ. 다양한 종류의 나무와 풀이 우거진 밀림이 형성된다.
ㄹ. 일 년 내내 태양 에너지를 많이 받는 적도를 중심으로 분포한다.

① ㄱ, ㄴ   ② ㄴ, ㄷ   ③ ㄷ, ㄹ
④ ㄱ, ㄷ, ㄹ   ⑤ ㄴ, ㄷ, ㄹ

03 열대 우림 기후가 주로 나타나는 지역을 〈보기〉에서 고른 것은?

┤보기├
ㄱ. 아프리카의 콩고강 유역
ㄴ. 서부 유럽의 라인강 유역
ㄷ. 남아메리카의 아마존강 유역
ㄹ. 북부 아프리카의 나일강 유역

① ㄱ, ㄴ   ② ㄱ, ㄷ   ③ ㄴ, ㄷ
④ ㄴ, ㄹ   ⑤ ㄷ, ㄹ

04 A 지역의 주민 생활에 대한 설명으로 옳지 않은 것은?

① 가볍고 통풍이 잘되는 옷을 입는다.
② 바닥을 지면에서 띄운 고상 가옥을 짓기도 한다.
③ 빗물이 흘러내리도록 지붕의 경사는 급하게 만든다.
④ 음식을 조리할 때 기름이나 향신료를 많이 사용한다.
⑤ 뜨거운 열기를 막기 위해 벽은 두껍고 창문이 작은 집을 짓는다.

중요해
05 열대 우림 지역에서 사진과 같은 가옥을 짓는 이유로 가장 적절한 것은?

① 폭설에 대비하기 위해
② 일교차가 큰 날씨에 대비하기 위해
③ 땅에서 올라오는 열기와 습기를 막기 위해
④ 지하에서 필요한 물을 끌어와 사용하기 위해
⑤ 얼었던 땅이 녹으면서 가옥이 무너지는 것을 막기 위해

06 열대 우림 지역이 개발되면서 나타난 변화로 옳은 것만을 〈보기〉에서 있는 대로 고른 것은?

┤보기├
ㄱ. 자원 개발과 도시 증가
ㄴ. 동식물 수와 다양성의 증가
ㄷ. 원주민들의 토착 문화 확대
ㄹ. 삼림 벌채의 증가로 밀림 감소

① ㄱ, ㄴ   ② ㄱ, ㄹ   ③ ㄷ, ㄹ
④ ㄱ, ㄴ, ㄷ   ⑤ ㄴ, ㄷ, ㄹ

07 그림이 나타내는 농업 방식에 대한 설명으로 옳은 것은?

① 주로 시장에 팔기 위한 작물들을 재배한다.
② 대표적인 작물로 천연고무, 커피 등이 있다.
③ 선진국의 자본과 원주민의 노동력을 결합한 농업 방식이다.
④ 환경 파괴를 줄이기 위해 최근 비중이 확대된 농업 방식이다.
⑤ 토양이 척박하여 한곳에서 오랫동안 농사를 짓기 어려워 나타나는 농업 방식이다.

08 사진의 작물에 대한 특징으로 옳은 것을 〈보기〉에서 고른 것은?

┤보기├
ㄱ. 과거 유럽의 식민 지배 역사와 관련이 깊다.
ㄴ. 이동식 화전 농업 방식으로 재배되는 작물이다.
ㄷ. 상품 작물을 대규모로 재배하는 농업 방식으로 이루어진다.
ㄹ. 열대 우림 지역 원주민들의 전통적인 식량 작물로 재배되었다.

① ㄱ, ㄴ ② ㄱ, ㄷ ③ ㄴ, ㄷ
④ ㄴ, ㄹ ⑤ ㄷ, ㄹ

학교 시험에 잘 나오는 서술형 문제

1 열대 우림 기후의 특성을 두 가지 이상 서술하시오.

2 다음 신문 기사를 읽고 물음에 답하시오.

> 인도네시아에서 매년 발생하는 산불이 심각한 문제가 되고 있다. 수마트라섬과 보르네오섬의 열대 우림에서 6~9월에 고온으로 인해 자연적인 발화가 자주 일어나고 있으나 농민, 농장 기업주 등이 고의로 저지른 불도 많다는 것이다. 인도네시아에서는 전통적 농업 방식인 (㉠)이/가 아직 유지되고 있으며, 농민과 농장 기업주들은 농장을 개간하기 위해 불법으로 산불을 내는 사례가 많이 발생하고 있다. 이러한 산불로 인해 인도네시아 주변의 싱가포르, 말레이시아에서도 산불 연기로 인한 피해를 받고 있다.   – ○○ 뉴스, 2015. 10. 25. –

(1) ㉠에 들어갈 농업을 쓰시오.

(2) (1)이 이루어지는 이유를 이 지역의 기후 및 토양 특성과 연관 지어 서술하시오.

3 열대 우림 지역의 가옥 특징을 제시된 용어를 활용하여 서술하시오.

| • 가옥 구조 | • 벽과 지붕 |

03 온대 지역 생활

●● 온대 기후의 특색

1. 온대 기후의 특색

(1) 기후 특징

① 가장 추운 달의 평균 기온이 −3~18℃, 중위도 지역을 중심으로 분포

② 계절에 따라 태양의 고도가 크게 달라지기 때문에 계절에 따른 기온 차이가 큼

③ 기온이 온화하고 강수량이 풍부하여 인간 활동과 농업 발달에 유리함 → 일찍부터 많은 사람들이 거주하여 상공업과 도시 발달, 세계적인 인구 밀집 지역

(2) 구분: 계절별 강수량 분포와 여름철 기온에 따라 온대 계절풍 기후 지역, 서안 해양성 기후 지역, 지중해성 기후 지역으로 구분 **자료 ①**

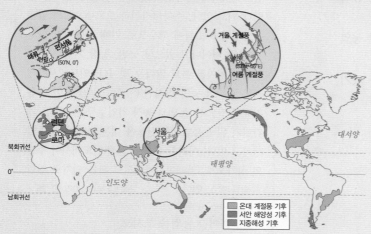

⬆ 온대 기후 지역의 분포

2. 다양한 온대 기후 **자료 ②**

(1) 온대 계절풍 기후

① 분포 지역: 유라시아 대륙 동안과 북아메리카 대륙 동안 등

② 특징: 대륙 동안에 위치하여 계절풍의 영향을 많이 받음, 여름철에는 고온 다습하고, 겨울철에는 한랭 건조한 편, 기온의 연교차가 매우 큰 *대륙성 기후가 나타남

(2) 서안 해양성 기후

① 분포 지역: 영국, 프랑스를 비롯한 서부 유럽 및 북부 유럽, 북아메리카의 북서 해안과 칠레 남부 해안, 뉴질랜드 등지

② 특징: 연중 바다에서 불어오는 *편서풍과 *난류인 북대서양 해류의 영향으로 기온의 연교차가 작고 계절별 강수량이 고르게 나타남

(3) 지중해성 기후

① 분포 지역: 유럽과 북아프리카의 지중해 연안, 미국 캘리포니아 일대, 오스트레일리아 남서부 해안 등

② 특징: 여름에는 아열대 고압대의 영향으로 덥고 건조한 날씨가 이어짐, 겨울에는 온대 해양성 기단 및 전선대의 영향으로 온화하고 비교적 많은 비가 내림

생생 자료

자료 ① 계절풍

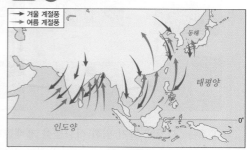

계절풍이란 계절에 따라 주기적으로 방향이 바뀌어 부는 바람으로 아시아 대륙의 남부와 동부에서 뚜렷하게 나타난다. 여름에는 바다에서 대륙으로, 겨울에는 대륙에서 바다로 바람이 분다.

자료 ② 온대 지역의 기후 그래프

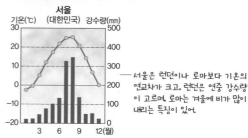

⬆ 온대 계절풍 기후

─ 서울은 런던이나 로마보다 기온의 연교차가 크고, 런던은 연중 강수량이 고르며 로마는 겨울에 비가 많이 내리는 특징이 있어

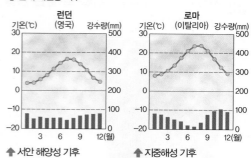

⬆ 서안 해양성 기후   ⬆ 지중해성 기후

서울은 계절풍의 영향으로 여름이 고온 다습하고 겨울이 한랭 건조하다. 런던은 편서풍과 북대서양 해류의 영향으로 비슷한 위도의 대륙 동안보다 겨울이 온화하고 여름은 덥지 않아 기온의 연교차가 작다. 로마는 여름이 고온 건조하고 겨울이 온난 습윤하다.

쏙쏙 용어

★ **대륙성 기후** 대륙의 영향을 많이 받아 연교차가 큰 기후

★ **편서풍** 위도 30°~65°도 사이의 중위도 지방에서 일 년 내내 서쪽에서 동쪽으로 부는 바람

★ **난류(暖−따뜻하다, 流−흐르다)** 적도에서 극으로 향하는 따뜻한 해류

◦◦ 온대 지역 사람들의 생활

1. 온대 지역의 주민 생활

(1) **온대 계절풍 기후 지역**: 추위와 더위에 대비한 시설이 발달함
→ 우리나라의 전통 가옥은 겨울철 생활 공간인 온돌방과 여름철 생활 공간인 대청을 갖춤

(2) **서안 해양성 기후 지역**: 흐리고 비 내리는 날이 많아 외출 시 가벼운 겉옷 준비, 맑은 날이면 해변이나 공원에서 일광욕을 즐김, 집안의 습기를 제거하고 온도를 높이기 위해 벽난로를 설치하기도 함 자료③

(3) **지중해성 기후 지역**: 외부의 열기가 집안으로 들어오는 것을 차단하기 위해 가옥의 벽은 두껍게 하고 창문은 작게 냄, 가옥 외부를 흰색으로 칠해 햇볕이 흡수되는 것을 줄이기도 함 → 풍부한 문화유산과 아름다운 자연 경관이 있는 세계적인 관광지

↑우리나라의 전통 가옥　↑영국의 맑은 날 경관　↑그리스의 가옥 경관

2. 온대 지역의 농업

(1) **온대 계절풍 기후 지역**

① 동부 아시아와 동남아시아: 기온이 높고 강수량이 많은 기후를 이용하여 벼농사가 발달함, 저위도 지역에서는 벼의 *2기작이 이루어지기도 함 → 쌀을 주식으로 하는 음식 문화 발달

② 북아메리카: 밀, 목화 등의 작물을 대규모로 재배

(2) **서안 해양성 기후 지역** 자료④

① 주요 작물: 선선한 여름 날씨에서도 잘 자라는 밀, 호밀, 감자 등을 주로 재배

② 혼합 농업 발달: 일 년 내내 강수량이 고르고 겨울철 기온이 온화하여 목초지 조성에 유리하기 때문 → 곡물 재배와 가축 사육을 동시에 함, 빵과 육류를 즐겨 먹음

③ *원예 농업과 *낙농업 발달: 대도시 주변 또는 교통이 편리한 곳을 중심으로 상업적 농업 발달

(3) **지중해성 기후 지역** 자료⑤

① 겨울철: 비교적 온난하고 습윤하기 때문에 밀, 귀리, 보리 등의 곡물과 채소 재배가 이루어짐 **서술형 단골** 지중해성 기후 지역의 기후와 수목 농업 발달을 묻는 문제가 자주 출제돼!

② 여름철: 포도, 올리브, 오렌지, 코르크나무와 같이 뿌리가 깊고 잎이 단단하여 고온 건조한 날씨에 잘 견디는 작물을 재배하는 수목 농업이 이루어짐 → 올리브와 포도를 활용한 파스타와 와인을 즐겨 먹음

↑우리나라의 벼농사　↑영국의 낙농업　↑에스파냐의 수목 농업

생생 자료

자료③ 서안 해양성 기후 지역의 주민 생활

영국은 비가 자주 내리기 때문에 긴 코트를 입거나 비옷, 우산 등을 가지고 다니는 사람들이 많다. 또한 맑은 날이면 공원의 잔디밭이나 강변에서 일광욕을 즐기는 모습을 흔히 볼 수 있다.

자료④ 혼합 농업

서안 해양성 기후 지역에서는 혼합 농업이 발달하였다. 혼합 농업을 하는 농가는 식량 작물로 보리나 밀을 심는 경작지와 사탕무, 무, 감자 등의 사료 작물을 심는 경지, 그리고 소를 방목하는 방목지로 구성되어 있다.

자료⑤ 지중해성 기후 지역의 음식

↑올리브 피자

올리브 나무는 잎이 작고 단단하며 비교적 건조한 기후에도 강하기 때문에 이탈리아를 비롯하여 지중해 연안 지역에서 재배된다. 따라서 이 지역 주민들이 먹는 음식에는 올리브가 빠짐없이 들어간다.

쏙쏙 용어

* **2기작** 동일한 장소에서 1년에 동일한 작물을 2번 재배하는 방식
* **원예 농업** 채소나 꽃, 과수를 재배하는 농업을 말함
* **낙농업** 젖소나 염소를 길러 젖을 원료로 각종 유제품을 만드는 산업

대표 자료 확인하기

◆ 온대 기후 지역의 분포

• 온대 기후는 (①   )위도 지역을 중심으로 분포한다.
• 온대 기후는 강수량 분포와 여름철 기온에 따라
  (②   ) 기후 지역, (③   ) 기후 지역,
  (④   ) 기후 지역 등 여러 개의 기후 지역으로 구
  분한다.

◆ 다양한 온대 기후

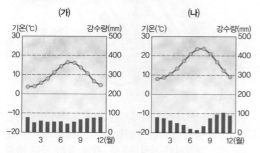

• ㈎는 계절별로 강수량이 고른 것으로 볼 때 (⑤   )
  기후 지역이다.
• ㈏는 여름철에는 건조한 반면, 겨울철에 비교적 많은 비가
  내리는 것으로 볼 때 (⑥   ) 기후 지역이다.

한눈에 정리하기

◆ 온대 기후 지역의 주민 생활과 농업

온대 계절풍 기후	• 추위와 더위에 대비한 시설이 발달함 → 우리나라의 온돌방과 대청 • 동부 및 동남아시아는 (①) 발달
서안 해양성 기후	• 흐리고 비 내리는 날이 많아 외출할 때 가벼운 겉옷 준비, 맑은 날이면 해변이나 공원에서 일광욕을 즐김 • 곡물 재배와 가축 사육을 동시에 하는 (②)과 원예 농업, 낙농업 등 상업적 농업 발달
지중해성 기후	• 벽이 두껍고 창문이 작아 외부의 열기를 차단함 • 여름에는 고온 건조한 날씨를 잘 견디는 포도, 오렌지 등을 재배하는 (③), 비교적 온난하고 습윤한 겨울에는 곡물 재배

1 (   ) 기후는 중위도 지역을 중심으로 분포하며, 가장 추운 달의 평균 기온이 −3℃∼18℃이다.

2 다음 설명이 맞으면 ○표, 틀리면 ×표를 하시오.
(1) 우리나라는 여름철에 유라시아 대륙 쪽에서 북서 계절풍이 강하게 불어온다. (   )
(2) 유라시아 대륙 동안과 북아메리카 대륙 동안에서는 온대 계절풍 기후가 주로 나타난다. (   )

3 온대 기후와 특징을 옳게 연결하시오.
(1) 지중해성 기후 •   • ㉠ 편서풍과 난류의 영향
(2) 서안 해양성 기후 •   • ㉡ 여름철에 고온 건조함
(3) 온대 계절풍 기후 •   • ㉢ 여름철에 고온 다습함

4 다음 괄호 안의 내용 중 알맞은 말에 ○표를 하시오.
(1) 서안 해양성 기후는 기온의 연교차가 (크고, 작고), 계절별 강수량이 고르게 나타난다.
(2) 지중해성 기후 지역은 (여름, 겨울)에 아열대 고압대의 영향으로 덥고 건조한 날씨가 이어진다.

5 다음 빈칸에 들어갈 알맞은 기후를 쓰시오.
(1) (   ) 기후가 나타나는 영국은 흐리고 비 내리는 날이 많아 외출 시 가벼운 겉옷을 준비해야 한다.
(2) (   ) 기후가 나타나는 우리나라의 전통 가옥은 겨울철 생활 공간인 온돌방과 여름철 생활 공간인 대청을 갖추었다.
(3) (   ) 기후가 나타나는 그리스 산토리니섬에서는 여름철 강렬한 햇볕을 차단하기 위해 하얀색으로 건물 외벽을 칠한다.

6 다음 농업 방식이 발달한 기후 지역을 옳게 연결하시오.
(1) 혼합 농업 •   • ㉠ 지중해성 기후 지역
(2) 수목 농업 •   • ㉡ 서안 해양성 기후 지역

7 다음 빈칸에 들어갈 알맞은 말을 쓰시오.
(1) (   )은 채소나 꽃, 과수를 재배하는 농업이다.
(2) (   )은 젖소나 염소를 길러 젖을 원료로 각종 유제품을 만드는 산업이다.

01 온대 기후 지역에 대한 설명으로 옳지 <u>않은</u> 것은?

① 중위도 지역을 중심으로 분포한다.
② 가장 추운 달의 평균 기온이 −3~18℃이다.
③ 우리나라는 온대 계절풍 기후 지역에 속한다.
④ 서안 해양성 기후는 계절풍의 영향을 많이 받는다.
⑤ 유럽과 북아프리카의 지중해 연안에서는 지중해성 기후가 나타난다.

02 온대 계절풍 기후에 대한 옳은 설명을 〈보기〉에서 고른 것은?

┌ 보기 ┐
ㄱ. 기온의 연교차가 작고 계절별 강수량이 고르게 나타난다.
ㄴ. 유라시아 대륙 동안과 북아메리카 대륙 동안 등지에서 나타난다.
ㄷ. 계절에 따라 주기적으로 방향이 바뀌는 바람의 영향을 많이 받는다.
ㄹ. 여름에는 아열대 고압대의 영향으로 덥고 건조한 날씨가 지속적으로 나타난다.

① ㄱ, ㄴ   ② ㄱ, ㄷ   ③ ㄴ, ㄷ
④ ㄴ, ㄹ   ⑤ ㄷ, ㄹ

03 (가), (나) 기후 그래프를 비교한 내용으로 옳은 것은?

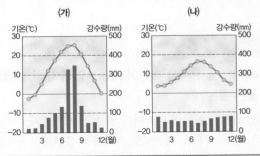

		(가)	(나)
①	기후	해양성 기후	대륙성 기후
②	위치	대륙 서안	대륙 동안
③	연교차	연교차가 큼	연교차가 작음
④	강수량	연중 고른 분포	계절적 차이가 큼
⑤	주로 영향을 주는 바람	편서풍	계절풍

04 다음 기후 그래프와 같은 기후 특성이 나타나는 지역을 지도에서 고른 것은?

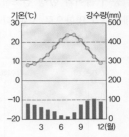

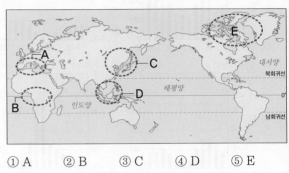

① A   ② B   ③ C   ④ D   ⑤ E

05 ㉠에 들어갈 기후로 옳은 것은?

(㉠) 지역은 흐리고 비 내리는 날이 많아 이 지역 사람들은 외출할 때면 늘 가벼운 겉옷을 준비한다. 맑은 날이면 해변이나 공원에서 일광욕을 즐기는 경우가 많으며, 집안의 습기를 제거하고 온도를 높이기 위해 벽난로를 설치하기도 한다.

① 빙설 기후   ② 지중해성 기후
③ 열대 우림 기후   ④ 서안 해양성 기후
⑤ 온대 계절풍 기후

06 ㉠, ㉡에 들어갈 내용을 옳게 연결한 것은?

지중해성 기후 지역은 여름에는 아열대 고압대의 영향으로 (㉠)하고, 겨울에는 온대 해양성 기단 및 전선대의 영향으로 (㉡)한 편이다.

	㉠	㉡
①	고온 다습	한랭 건조
②	고온 건조	온난 습윤
③	고온 건조	한랭 건조
④	온난 습윤	고온 건조
⑤	온난 습윤	한랭 다습

07 다음 내용에 해당하는 기후 그래프는?

> 온대 기후 중에서 계절풍의 영향을 많이 받는 기후이다. 겨울철에는 북서 계절풍이 불어와 한랭 건조하고 여름철에는 남동·남서 계절풍의 영향으로 고온 다습하다.

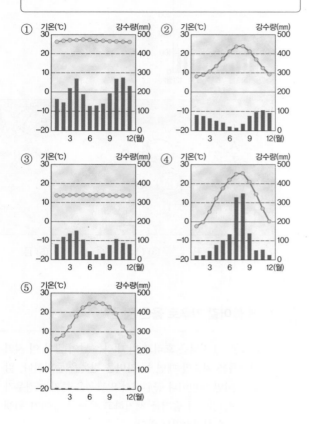

09 다음에서 설명하는 농업 방식은?

> 서안 해양성 기후 지역에서 전통적으로 이루어지는 농업 방식으로 선선한 여름 날씨에도 잘 자라는 밀, 호밀, 감자 등을 주로 재배하면서 목초지 조성에 알맞은 기후를 바탕으로 소를 방목하여 사육한다.

① 벼농사   ② 수목 농업
③ 혼합 농업   ④ 플랜테이션
⑤ 이동식 화전 농업

[10~11] 지도를 보고 물음에 답하시오.

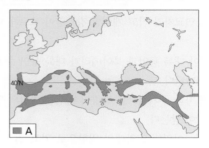

10 A 지역의 기후 특성으로 옳은 것은?

① 연중 봄과 같이 온화한 날씨가 지속된다.
② 여름에 서늘하며 흐리고 비가 오는 날이 많다.
③ 계절풍의 영향으로 여름철에 강수량이 집중된다.
④ 겨울철 대륙에서 불어오는 바람의 영향으로 건조하다.
⑤ 여름철은 맑고 건조하며 겨울철은 따뜻하고 비가 자주 내린다.

중요해
08 그리스 산토리니섬의 가옥이 사진과 같이 하얀색을 띄는 이유로 가장 적절한 것은?

① 거센 바닷바람을 막기 위해
② 강한 햇볕을 반사시키기 위해
③ 여름철 습기를 차단하기 위해
④ 해충이 들어오는 것을 차단하기 위해
⑤ 겨울철 집의 열기가 빠져 나가는 것을 막기 위해

중요해
11 A 지역에서 주로 이루어지는 농업에 대한 설명으로 옳은 것은?

① 화전을 일구어 카사바나 얌 등을 재배한다.
② 상품 작물을 대규모로 재배하는 플랜테이션이 발달하였다.
③ 고온 건조한 여름철에 포도, 올리브, 오렌지와 같은 작물을 재배한다.
④ 기온이 높고 강수량이 많은 기후를 이용하여 벼의 2기작이 주로 이루어진다.
⑤ 목초지 조성에 유리하여 곡물 재배와 가축 사육을 동시에 하는 농업이 발달하였다.

[12~13] 지도를 보고 물음에 답하시오.

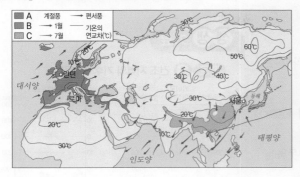

12 A~C에 해당하는 기후를 옳게 연결한 것은?

	A	B	C
①	지중해성	서안 해양성	온대 계절풍
②	지중해성	온대 계절풍	서안 해양성
③	온대 계절풍	지중해성	서안 해양성
④	서안 해양성	지중해성	온대 계절풍
⑤	서안 해양성	온대 계절풍	지중해성

13 A~C 지역에 대한 설명으로 옳지 않은 것은?
① A 지역의 대도시 주변이나 교통이 편리한 곳에서는 낙농업이 발달하였다.
② A 지역에서는 기온이 높고 강수량이 많은 기후 특성을 이용하여 벼농사가 활발하다.
③ B 지역 사람들은 올리브와 포도를 활용한 파스타와 와인을 즐겨 먹는다.
④ B 지역은 겨울철에 비교적 온난하고 습윤하여 채소와 밀, 보리 등의 곡물을 재배하기도 한다.
⑤ C 지역은 고온 다습한 여름철의 기후 조건을 바탕으로 벼의 2기작이 이루어지기도 한다.

14 다음 내용과 가장 거리가 먼 작물은?

> • 잎이 작고 단단하다.
> • 뿌리가 깊고, 나무껍질이 두꺼워 건조한 여름철에도 비교적 잘 자랄 수 있다.

① 밀　　　② 포도　　　③ 레몬
④ 오렌지　　⑤ 올리브

학교 시험에 잘 나오는 서술형 문제

1 자료를 보고 물음에 답하시오.

> • 교사: 영국에서는 사진과 같이 긴 코트를 입거나 비옷, 우산 등을 가지고 다니는 사람들의 모습을 자주 볼 수 있어요. 왜 그럴까요?
> • 학생: 영국은 (㉠) 기후 지역으로 흐리고 비 내리는 날이 많아서 이를 대비하기 위한 의복이 발달했어요.

(1) ㉠에 들어갈 알맞은 기후를 쓰시오.

(2) (1) 기후에 영향을 주는 요인을 바람과 해류 측면에서 서술하시오.

2 자료를 보고 물음에 답하시오.

사진은 에스파냐의 농촌 모습이다. 지중해 연안을 여행하다 보면 기후의 영향으로 포도, 올리브와 같은 작물을 재배하는 (㉠)이 발달한 것을 알 수 있다.

(1) ㉠에 들어갈 농업을 쓰시오.

(2) (1)이 지중해 연안 지역에서 발달한 이유를 기후와 관련하여 서술하시오.

04 건조 지역 생활과 툰드라 지역 생활

●● 건조 지역의 기후 특색

1. 건조 기후의 특색 강수량보다 증발량이 많아 나무가 거의 자라지 못하는 황량한 사막이나 초원 지대로 이루어짐

2. 건조 기후의 구분 강수량에 따라 사막 기후와 스텝 기후로 나뉨 자료①

(1) **사막 기후**

① **특성**: 연 강수량이 250㎜ 미만으로 매우 적음, 풀조차 자라지 못하는 사막 → 모래사막 및 암석 사막 발달

② **주요 분포 지역** 자료②

남·북회귀선 부근	적도 부근에서 상승한 공기가 하강하는 지역으로 구름이 형성되기 어려움 ⑩ 서남아시아, 북부 아프리카, 오스트레일리아의 사막 등
대륙의 내륙 지역	바다에서 멀리 떨어져 수증기의 공급이 적음 ⑩ 중앙아시아나 북아메리카 대륙의 내륙 지역 등
한류가 흐르는 해안 지역	주변 지역보다 서늘하여 대기가 안정되어 있어 공기가 상승하기 어려움

(2) **스텝 기후**

① **특성**: 연 강수량이 250~500㎜ 미만, 짧은 풀이 자라 초원을 이룸

② **주요 분포 지역**: 사막을 둘러싼 주변 지역

> **서술형 단골** 사막 지역과 스텝 지역의 기후와 식생 경관 차이를 묻는 문제가 자주 출제돼!

●● 건조 지역의 주민 생활

1. 사막 기후 지역의 주민 생활

(1) **농업**

① **오아시스 농업**: 물을 구하기 쉬운 오아시스 주변에 마을을 이루고 *대추야자, 밀, 보리 등을 재배

② ***관개 농업**: 지하 관개 수로를 통해 물을 끌어와 생활용수로 사용하거나 목화, 밀 등을 재배 자료③

(2) **생활 모습**

의복	모래바람과 강한 햇볕으로부터 몸을 보호하기 위해 온몸을 감싸는 헐렁하고 긴 옷을 입음
가옥	• 흙집이나 흙벽돌집 발달 ← 주변에서 재료를 쉽게 구할 수 있음 • 지붕이 평평함 ← 강수량이 적기 때문 • 벽은 두껍고 창문은 작게 함 ← 일교차를 조절하고 뜨거운 바람을 막기 위함

↑ 오아시스 농업

↑ 사막 기후 지역의 의복

↑ 흙벽돌집

생생 자료

자료 ① 건조 지역의 기후와 경관

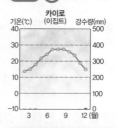
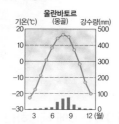

↑ 사막 기후

↑ 스텝 기후

└ 사막은 모래로만 되었다고 생각하기 쉬운데 실제로는 자갈이나 바위로 된 암석 사막이 전체 사막의 80%를 차지해.

자료 ② 건조 지역의 분포

□ 사막
□ 스텝

사막은 남·북회귀선 부근, 바다로부터 멀리 떨어진 내륙 지역, 한류가 흐르는 해안 지역 등에 분포하며, 스텝은 주로 사막을 둘러싼 주변 지역에 분포한다.

자료 ③ 지하 관개 시설

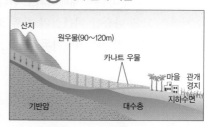

건조 지역에서는 물의 증발로 인한 손실을 막기 위해 지하에 수로를 설치하여 산기슭의 물을 마을과 농경지로 끌어들여 생활용수로 이용한다.

└ 이란에서는 이러한 시설을 카나트라고 해.

쏙쏙 용어

★ **대추야자** 달며 영양분이 풍부하여 건조 지역에서 중요한 식량 자원으로 이용됨

★ **관개(灌−물 대다, 漑−물 대다) 농업** 물을 인공적으로 농경지로 끌어와 작물을 재배하는 농업

2. 스텝 기후 지역의 주민 생활

(1) **아시아와 아프리카 등의 스텝 지역**: 가축을 데리고 물과 풀을 찾아 이동하는 유목 발달, 가축의 가죽이나 털로 만든 옷을 입고, 조립과 분해가 쉬운 이동식 가옥에 거주 **예** 몽골의 게르

(2) **아메리카와 오세아니아 등의 스텝 지역**: 관개 시설을 확충하여 대규모로 소를 방목하거나 밀을 재배하기도 함

3. 건조 기후 지역의 변화 자료④

(1) **유목민 생활 변화**: 정착 생활을 하는 유목민이 늘고 있음, 사막화 현상의 심화 **예** 아프리카의 사헬 지대 등

(2) **급격한 산업화**: 서남아시아는 풍부한 석유 자원을 바탕으로 경제가 발전, 인공 수로, *해수 담수화 시설 등을 건설하여 불리한 자연 조건 극복, 현대적 도시 발달 **예** 아랍 에미리트 두바이, 카타르 도하 등

•• 툰드라 지역의 특색

1. 툰드라 기후의 특색 자료⑤

(1) **연중 기온이 낮음**: 가장 따뜻한 달의 평균 기온이 10℃ 미만, 짧은 여름 동안 기온이 0℃ 이상으로 올라감

(2) **강수량이 적음**: 기온이 낮아 증발량이 적기 때문에 지면은 다습한 편

(3) **주요 분포 지역**: 북극해를 둘러싼 유라시아 대륙 북부와 북아메리카 대륙 북부, 그린란드 주변 해안 지역, 남극해 주변의 섬 등

2. 툰드라 지역의 모습 일 년 내내 녹지 않고 얼어 있는 *영구 동토층 발달

(1) **여름**: 일 년 중 2~3개월 정도로 짧음, 땅이 녹으면서 풀이나 이끼류가 자람, 각종 야생 동물이 먹이를 찾아 모여듦, 백야 현상

(2) **겨울**: 일 년 중 대부분을 차지, 눈과 얼음으로 덮임, 극야 현상

•• 툰드라 지역의 주민 생활

1. 툰드라 지역의 주민 생활 자료⑥

(1) **유목 및 사냥**: 농작물의 재배가 어렵기 때문에 *순록 유목이나 물고기, 바다표범 등을 사냥함 → 날고기나 날생선을 먹고, 남은 것은 냉동, 훈제, 염장하여 저장

(2) **의복**: 동물의 털과 가죽을 활용한 두꺼운 옷을 입음

(3) **가옥**: 바닥을 지면에서 띄워 지은 고상 가옥이나 구조물이 많음

2. 툰드라 지역의 변화

(1) **관광 산업 발달**: 빙하, 오로라 등 신비한 자연 경관을 체험하기 위한 관광객 증가

(2) **지하자원의 개발**: 천연가스, 석유 등 자원이 대규모로 개발, 자원 수송을 위한 도로, 철도, 파이프라인 등이 건설되고 도시 발달

(3) **환경 문제 발생**: 툰드라 생태계의 근원인 이끼류 훼손, 강물 오염으로 순록을 유목하던 원주민들이 전통적인 생활 방식을 버리고 도시로 이주하게 됨, 지구 온난화로 여름철에 땅이 너무 많이 녹아 원주민의 생활 터전 파괴 등

생생 자료

자료 ④ 아랍 에미리트 두바이

두바이는 국토 전체가 사막으로 이루어져 있으나 석유 자원 개발을 토대로 도시를 개발하여 중동의 금융 중심지로 성장하였으며 인공 섬을 조성하는 등 세계적인 도시로 변화하였다.

> '나무가 자랄 수 없는 땅'이라는 라프족의 말에서 유래했어.

자료 ⑤ 툰드라 지역의 분포와 기후 그래프

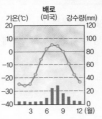

툰드라 지역은 기온이 너무 낮기 때문에 나무가 자라지 못한다. 따라서 툰드라 지역의 저위도쪽 경계는 수목 한계선과 일치한다.

자료 ⑥ 툰드라 지역의 고상 가옥

자갈이나 콘크리트로 열을 차단한다.

지면으로부터 가옥 바닥을 띄워 열이 전달되지 못하게한다.

콘크리트 자갈 영구 동토층 기둥

툰드라 지역에서는 바닥에 집을 지으면 여름철에 얼었던 땅이 녹으면서 건물이 무너질 수도 있으므로 기둥을 땅속 깊숙이 박고 지면에서부터 바닥을 높게 띄워 건물을 짓는다.

쏙쏙 용어

* **해수 담수화** 바닷물에서 염분과 용해 물질을 제거하여 식수 및 생활용수 등을 만들어 내는 과정

* **영구 동토층** 여름에도 녹지 않고 일 년 내내 얼어 있는 층

* **순록** 북극 지방에서 서식하는 사슴류로 의식주 재료로 활용되는 것은 물론 운송 수단의 역할도 함

대표 자료 확인하기

◆ 건조 지역의 기후 그래프

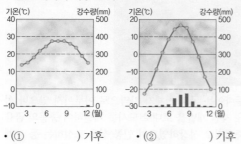

• (①   ) 기후
• (②   ) 기후

◆ 툰드라 지역의 분포

(③   )를 둘러싼 유라시아 대륙 북부, (④   ) 대륙 북부, 그린란드 해안 지역 남극해 주변의 섬 등에서 툰드라 기후가 나타난다.

한눈에 정리하기

◆ 건조 지역의 주민 생활

사막 지역	• 오아시스 농업, (①) 농업 발달 • 온몸을 감싸는 헐렁하고 긴 옷을 입음 • 흙집 또는 흙벽돌집을 지음, 지붕이 평평하고, 벽은 두껍고 창문은 작게 함
스텝 지역	• 아시아와 아프리카 지역: 가축을 데리고 물과 풀을 찾아 이동하는 (②) 발달 • 아메리카와 오세아니아 지역: 관개 시설을 확충하여 대규모로 소를 방목하거나 밀을 재배

◆ 툰드라 지역의 주민 생활

유목 및 사냥	순록 유목이나 물고기, 바다표범 등을 사냥 → 날고기, 날생선을 먹고, 남은 것은 냉동·훈제·염장하여 저장
의복	동물의 털과 가죽으로 만든 두꺼운 옷을 입음
가옥	기둥을 땅속의 영구 동토층에 박고 지면으로부터 바닥을 높게 띄운 (③)을 지음

꼼꼼 개념 문제

1 다음 설명이 맞으면 ○표, 틀리면 ✕표를 하시오.
(1) 지구 상의 사막은 대부분 모래 사막이다. (   )
(2) 스텝 기후 지역은 짧은 풀이 자라는 초원이다. (   )
(3) 사막 기후 지역은 주로 남·북회귀선 부근을 따라 분포한다. (   )

2 사막이 주로 분포하는 지역만을 〈보기〉에서 있는 대로 골라 기호를 쓰시오.

> ┤ 보기 ├
> ㄱ. 남·북회귀선 부근   ㄴ. 난류가 흐르는 지역
> ㄷ. 한류가 흐르는 지역   ㄹ. 바다에서 먼 대륙 내부

3 건조 기후 지역에서 이루어지는 농업과 특징을 옳게 연결하시오.
(1) 유목 •   • ㉠ 지하 수로를 통해 물을 끌어와 목화, 밀 등을 재배
(2) 관개 농업 •   • ㉡ 말, 염소, 양 등의 가축을 이끌고 풀과 물을 찾아서 이동

4 다음 설명이 맞으면 ○표, 틀리면 ✕표를 하시오.
(1) 사막 지역에서는 바람이 잘 통하게 하기 위해 벽은 얇게, 창문은 크게 만든 가옥을 많이 짓는다. (   )
(2) 아메리카와 오세아니아의 스텝 지역에서는 관개 시설을 확충하여 소를 방목하거나 밀을 재배하기도 한다. (   )

5 (   ) 기후는 가장 따뜻한 달의 평균 기온이 10℃ 미만으로 짧은 여름 동안에는 기온이 0℃ 이상으로 올라간다.

6 다음 설명이 맞으면 ○표, 틀리면 ✕표를 하시오.
(1) 툰드라 기후 지역은 강수량이 적어 지표가 매우 건조하다. (   )
(2) 툰드라 기후 지역은 여름철 얼었던 땅이 녹으면서 풀이나 이끼류가 자란다. (   )

7 툰드라 기후 지역에서는 집을 지을 때 일 년 내내 얼어 있는 토양층인 (㉠   )까지 기둥을 깊게 박고 바닥을 지면에서 띄우는 (㉡   )을 짓는다.

01 ㉠, ㉡에 들어갈 내용을 옳게 연결한 것은?

> 건조 기후는 연 강수량이 250㎜ 미만으로 매우 적어 풀조차 자라지 못하는 (㉠) 기후와 연 강수량 250~500㎜ 미만으로 짧은 풀이 자라 초원을 이루는 (㉡) 기후로 구분한다.

	㉠	㉡		㉠	㉡
①	스텝	사막	②	스텝	밀림
③	사막	스텝	④	사막	밀림
⑤	사막	툰드라			

중요해
02 지도에 표시된 지역의 특징으로 옳은 것은?

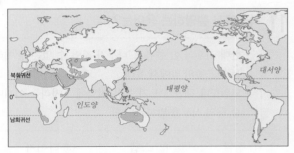

① 대규모의 열대 밀림이 분포한다.
② 일 년 내내 기온이 높고 강수량이 많은 지역이다.
③ 강수량보다 증발량이 많아 나무가 거의 자라지 못한다.
④ 여름철에는 고온 건조하고 겨울철에는 온난 습윤한 기후가 나타난다.
⑤ 지구에서 서식하는 동식물 종의 절반 이상이 분포하여 '생태계의 보고'로 불린다.

03 사막이 주로 분포하는 지역을 〈보기〉에서 고른 것은?

> ┤보기├
> ㄱ. 남·북위 23° 27' 부근
> ㄴ. 난류가 흐르는 해안 지역
> ㄷ. 한류가 흐르는 해안 지역
> ㄹ. 북극해 주변의 고위도 지역
> ㅁ. 중앙아시아나 북아메리카 대륙의 내륙 지역

① ㄱ, ㄴ, ㄷ ② ㄱ, ㄷ, ㅁ ③ ㄴ, ㄷ, ㄹ
④ ㄴ, ㄹ, ㅁ ⑤ ㄷ, ㄹ, ㅁ

04 건조 기후 지역에 대한 설명으로 옳지 않은 것은?

① 강수량보다 증발량이 많다.
② 나무가 거의 자라지 못한다.
③ 연 강수량 250㎜를 기준으로 두 지역으로 구분할 수 있다.
④ 사막을 둘러싼 주변 지역에는 짧은 풀이 자라는 초원이 펼쳐진다.
⑤ 모래로 이루어진 모래사막이 전체 사막의 80% 이상을 차지한다.

05 A, B 기후 그래프에 대한 설명으로 옳은 것은?

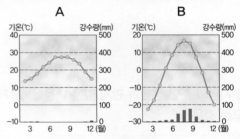

① A 지역은 넓은 초원이 분포한다.
② A 지역은 강수량이 매우 적은 사막 지역이다.
③ B 기후는 난류가 흐르는 해안에서 주로 나타난다.
④ B 지역에서는 여름철 높은 기온을 바탕으로 벼농사가 활발하다.
⑤ A 지역과 B 지역 모두 인간이 거주하기에 유리한 온화한 기후가 나타난다.

중요해
06 사막 지역의 주민 생활에 대한 설명으로 옳지 않은 것은?

① 집을 지을 때 벽은 얇게 만들고 창문은 크게 낸다.
② 비가 거의 오지 않아 가옥의 지붕은 주로 평평하게 만든다.
③ 오아시스를 중심으로 밀, 목화, 대추야자 등을 재배하기도 한다.
④ 주변에서 쉽게 구할 수 있는 흙을 이용하여 흙집이나 흙벽돌집을 짓는다.
⑤ 뜨거운 햇볕으로부터 몸을 보호하기 위해 헐렁한 옷으로 온몸을 감싼다.

07 그림이 나타내는 시설에 대한 설명으로 옳은 것은?

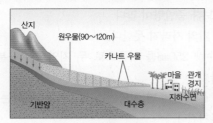

① 주로 열대 기후 지역에서 사용한다.
② 강수량이 많은 지역에서 물 관리를 위해 설치한다.
③ 벼농사가 활발한 온대 기후 지역에서 주로 사용한다.
④ 산지에 내린 빗물을 지상의 댐에 모아 사용하는 원리이다.
⑤ 건조한 지역에서 생활용수나 농업용수를 얻기 위해 설치하는 관개 수로이다.

08 스텝 지역의 주민 생활과 관계 깊은 내용을 〈보기〉에서 고른 것은?

┌ 보기 ┐
ㄱ. 유목 생활
ㄴ. 벼의 2기작
ㄷ. 이동식 화전 농업
ㄹ. 관개 시설을 이용한 밀 재배
└─────┘

① ㄱ, ㄴ   ② ㄱ, ㄹ   ③ ㄴ, ㄷ
④ ㄴ, ㄹ   ⑤ ㄷ, ㄹ

중요해
09 건조 지역의 변화 모습에 대한 설명으로 옳지 <u>않은</u> 것은?

① 무분별한 개발로 사막화가 심화되고 있다.
② 인공 수로를 건설하여 대규모 관개 농업을 하기도 한다.
③ 국경선을 넘나들며 이동 생활을 하는 유목민이 증가하고 있다.
④ 서남아시아에서는 석유 자원의 개발로 급격하게 산업화가 진행되기도 한다.
⑤ 아프리카 사헬 지대에서는 사막화 현상이 심화되어 주민들이 어려움을 겪기도 한다.

10 지도에 표시된 지역에 대한 설명으로 옳은 것은?

① 강수량이 많은 지역이다.
② 겨울철에 백야 현상이 일어난다.
③ 침엽수림 지대가 널리 분포한다.
④ 최근 관개 시설을 확충해 밀 재배가 이루어진다.
⑤ 일 년 내내 녹지 않고 얼어 있는 영구 동토층이 분포한다.

11 다음에서 설명하는 용어는?

• 한대 기후의 한 종류로 '나무가 자랄 수 없는 땅'이라는 라프족의 말에서 유래
• 고위도나 해발 고도가 높은 지역에서 자라는 이끼나 풀 등의 식생을 말하기도 함

① 정글   ② 스텝   ③ 타이가
④ 툰드라   ⑤ 사바나

12 다음 기후 그래프가 나타내는 지역의 특징으로 옳지 <u>않은</u> 것은?

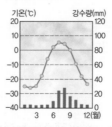

① 짧은 여름 동안 기온이 올라 나무들이 잘 자란다.
② 여름철에 야생 순록의 무리와 새나 작은 동물들을 볼 수 있다.
③ 기온이 영상으로 오르는 여름철에 풀이나 이끼류가 무성하게 자란다.
④ 강수량은 적지만 증발량이 많지 않기 때문에 지표면이 다습한 편이다.
⑤ 북극해를 둘러싼 유라시아 대륙 북부, 북아메리카 대륙 북부 등지에 나타난다.

13 툰드라 지역의 주민 생활과 관계 깊은 것을 〈보기〉에서 고른 것은?

┌ 보기 ┐
ㄱ. 고상 가옥　　　　　ㄴ. 순록 유목
ㄷ. 오아시스 농업　　　ㄹ. 개방적 가옥 구조
ㅁ. 물고기, 바다표범 사냥

① ㄱ, ㄴ, ㄷ　　② ㄱ, ㄴ, ㅁ　　③ ㄴ, ㄷ, ㄹ
④ ㄴ, ㄹ, ㅁ　　⑤ ㄷ, ㄹ, ㅁ

14 다음은 툰드라 지역에 관한 다큐멘터리를 본 후 학생이 적은 감상문이다. 밑줄 친 ⊙~⑩ 중 옳지 <u>않은</u> 내용은?

툰드라 지역 주민들이 살아가고 있는 모습을 담은 다큐멘터리를 보았다. 툰드라 기후는 기온이 너무 낮아 식생이 아예 자라지 못한다고 생각했었는데 다큐멘터리를 보니 ⊙ 짧은 여름 동안에는 월 평균 기온이 0℃ 이상 올라 지표면이 녹으면서 ⓒ 풀이나 이끼류가 무성하게 자란다고 한다. 이때 흔히 볼 수 있다는 ⓒ 이끼를 찾아 떼 지어 이동하는 야생 순록의 무리가 인상적이었다. 툰드라 지역 주민들은 ② 동물의 가죽이나 털을 이용해 옷을 만들고 순록이나 개가 끄는 썰매를 교통수단으로 이용하고 있었다. ⑩ 부패를 막기 위해 기름에 튀기거나 강한 향신료를 사용하여 음식을 조리하는 모습도 인상적이었다.

① ⊙　　② ⓒ　　③ ⓒ　　④ ②　　⑤ ⑩

15 오늘날 툰드라 지역의 모습에 대한 설명으로 옳지 <u>않은</u> 것은?

① 자원 개발로 툰드라 생태계의 근원인 이끼류가 훼손되기도 한다.
② 순록을 유목하는 전통 생활 방식을 지키려는 사람들이 늘고 있다.
③ 일부 지역에서 천연가스, 석유 등의 자원이 대규모로 개발되고 있다.
④ 지구 온난화의 영향으로 여름철에 땅이 너무 많이 녹아 문제가 되기도 한다.
⑤ 빙하와 오로라 등 신비한 자연 경관을 체험하기 위한 관광객이 증가하고 있다.

학교 시험에 잘 나오는 서술형 문제

1 제시된 내용을 포함하여 사막 기후와 스텝 기후의 차이를 비교하여 서술하시오.

┌─────────────────────────┐
│ • 연 강수량　　　• 식생 경관 │
└─────────────────────────┘

_____

_____

_____

2 자료를 보고 물음에 답하시오.

제시된 사진은 몽골의 전통 가옥으로 '게르'라고 부른다. 게르는 천막으로 지은 집으로 이 지역의 기후 특성과 주민 생활에 맞게 발달하였다.

(1) 밑줄 친 부분에 해당하는 기후를 쓰시오.

(2) (1) 지역의 가옥의 특징을 주민 생활과 관련하여 서술하시오.

_____

_____

_____

3 툰드라 지역에서 사진과 같은 가옥을 짓는 이유를 기후와 관련하여 서술하시오.

_____

_____

_____

❶ 세계의 기후 분포

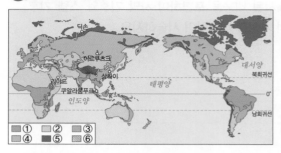

① [ ][ ] 기후   ② [ ][ ] 기후   ③ [ ][ ] 기후

④ [ ][ ] 기후   ⑤ [ ][ ] 기후   ⑥ [ ][ ] 기후

정답 ① 열대 ② 건조 ③ 온대 ④ 냉대 ⑤ 한대 ⑥ 고산

❷ 열대 우림 기후의 분포

① [ ][ ][ ][ ] 기후

정답 ① 열대 우림

❸ 열대 우림 지역의 가옥

열대 우림 지역에서는 바닥에서부터 전달되는 ① [ ][ ]와 습기를 차단하고 뱀이나 해충의 피해를 막기 위해 지면에서 바닥을 높게 띄운 ② [ ][ ][ ][ ]을 짓는다.

정답 ① 열기 ② 고상 가옥

01 세계 기후 지역

세계의 기후 분포

❶ 열대 기후	• 적도 부근, 가장 추운 달의 평균 기온 18℃ 이상 • 강수량이 많은 곳에는 (①)이 형성됨
건조 기후	남·북위 20°~30°일대, 연 강수량 500㎜ 미만으로 매우 적음
온대 기후	중위도 지역, 가장 추운 달의 평균 기온이 −3~18℃, 사계절의 변화가 비교적 뚜렷함
냉대 기후	• 가장 추운 달의 평균 기온 −3℃ 미만, 가장 더운 달의 평균 기온 10℃ 이상, 연교차가 큼 • (②)라 불리는 침엽수림 분포
(③) 기후	• 극지방 부근, 가장 따뜻한 달의 평균 기온 10℃ 미만 • 짧은 여름 시기에 일부 지역에서 이끼나 풀이 자람
고산 기후	안데스 산지의 고산 지대나 아프리카 동부 고원 지대는 연중 봄과 같이 온화한 기후가 나타남

인간 거주에 영향을 미치는 기후 조건

유리한 기후	냉·온대 기후, 열대 계절풍 기후, 열대 (④) 기후
불리한 기후	건조 기후, 한대 기후 등 → 에너지 자원 개발, 과학 연구 기지 개발 등을 통해 불리한 기후 조건을 극복

02 열대 우림 지역 생활

열대 우림 기후의 특색

❷ 기후 특성	일 년 내내 기온이 높고 강수량이 많아 매우 덥고 습함, 열대성 소나기인 (⑤)이 자주 내림
분포	아프리카 콩고강 유역, 남아메리카의 아마존강 유역, 동남아시아의 인도네시아 등 → 적도 주변
식생	다양한 종류의 나무와 풀이 우거져 밀림을 이룸, 키가 큰 나무와 작은 나무가 어우러져 여러 층의 구조 형성

열대 우림 지역의 주민 생활

❸ 의식주	• 의생활: 얇고 통풍이 잘되는 간편한 옷차림 • 식생활: 기름에 튀기거나 향신료를 많이 사용함, 다양한 열대 과일을 요리에 활용함 • 주생활: 단순하고 개방적인 가옥 구조, 지붕의 경사가 급함, 고상 가옥, 수상 가옥 발달
농업	• (⑥): 전통적인 농업 방식, 많은 비로 흙 속의 양분이 빠져나가 토양이 척박하기 때문 • 플랜테이션: 과거 유럽의 식민 지배 이후 행해지는 농업 방식

정답 ① 밀림 ② 아이가 ③ 온대 ④ 고산 ⑤ 스콜 ⑥ 이동식 화전 농업

03 온대 지역 생활

온대 기후의 특색

❹ 온대 계절풍 기후	대륙 동안에 위치하여 (⑦)의 영향을 많이 받음, 기온의 연교차가 매우 큰 대륙성 기후가 나타남 예 유라시아 대륙 동안과 북아메리카 대륙 동안 등
서안 해양성 기후	편서풍과 (⑧)의 영향으로 기온의 연교차가 작 고 계절별 강수량이 고르게 나타남 예 서부 유럽 및 북부 유 럽, 북아메리카의 북서 해안과 칠레 남부 해안 등
지중해성 기후	여름에는 덥고 건조한 날씨가 이어지며 겨울에는 온화하고 비교적 많은 비가 내림 예 유럽과 북아프리카의 지중해 연 안, 미국 캘리포니아 일대, 오스트레일리아 남서부 해안 등

온대 기후 지역의 주민 생활

온대 계절풍 기후	• 추위와 더위에 대비한 시설이 발달함 • 동부 아시아와 동남아시아에서는 벼농사 발달, 북아메리 카에서는 밀, 목화 등을 대규모로 재배
서안 해양성 기후	• 흐리고 비 내리는 날이 많아 외출 시 가벼운 겉옷 준비, 맑 은 날이면 일광욕을 즐김 • 가축의 사육과 작물의 재배를 함께 하는 (⑨) 발달
지중해성 기후	• 가옥의 벽을 두껍게 하고 창문을 작게 냄 • 여름철 고온 건조한 날씨에 잘 견디는 작물을 재배하는 (⑩) 발달

04 건조 지역 생활과 툰드라 지역 생활

건조 기후의 특색과 주민 생활

❺ 기후 특성	사막 기후	연 강수량이 250mm 미만, 풀조차 자라지 못하는 사막 → 남·북회귀선 부근, 대륙의 내륙 지역 등에 분포
	스텝 기후	연 강수량이 250~500mm 미만, 짧은 풀이 자라 초원을 이룸 → 사막을 둘러싼 지역에 분포
주민 생활	사막 지역	• 오아시스 농업, 관개 농업 발달 • 온몸을 감싸는 긴 옷, 지붕이 평평한 흙집이나 흙벽돌집
	스텝 지역	가축을 데리고 물과 풀을 찾아 이동하는 (⑪) 발달, 이동식 가옥에 거주

툰드라 기후의 특색과 주민 생활

❻ 기후 특성	가장 더운 달의 평균 기온이 10℃ 미만, 짧은 여름 동안 기온이 올라 풀이나 이끼류가 자람
주민 생활	순록 유목이나 물고기·바다표범 등을 사냥, 동물의 털과 가죽을 활용한 두꺼운 옷을 입음, (⑫)이나 구조물이 많음

⑦ 계절풍   ⑧ 난류   ⑨ 혼합 농업   ⑩ 수목 농업   ⑪ 유목   ⑫ 고상 가옥

❹ 온대 기후 지역의 분포

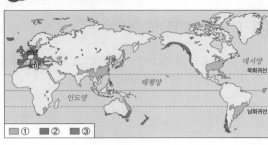

① ☐☐☐ ☐☐ 기후
② ☐☐☐☐ ☐☐ 기후
③ ☐☐☐☐☐ 기후

| 정답 ① 온대 계절풍   ② 서안 해양성   ③ 지중해성

❺ 건조 기후 지역

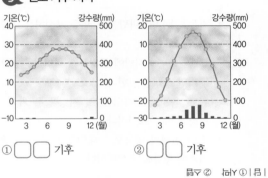

① ☐☐ 기후   ② ☐☐ 기후

| 정답 ① 사막   ② 스텝

❻ 툰드라 기후 지역

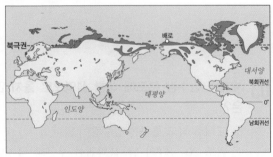

① ☐☐☐☐는 본래 고위도나 해발 고도가 높은 지역에
서 자라는 이끼나 풀 등의 식생을 의미하는 말이었으나 지금은
② ☐☐ 기후의 한 종류로도 사용되고 있다. ③ ☐☐
☐☐ 대륙 북부와 북아메리카 대륙 북부, 그린란드 주변 해
안 지역, 남극해 주변의 섬 등에 분포한다.

| 정답 ① 툰드라   ② 한대   ③ 유라시아

01 세계 기후 지역

01 다음에서 설명하는 용어는?

> 오랫동안 한 장소에서 지속적으로 나타나는 대기의 평균적이고 종합적인 상태를 말한다.

① 기후   ② 날씨   ③ 기온
④ 강수량   ⑤ 해발 고도

02 기후에 대한 옳은 설명만을 〈보기〉에서 있는 대로 고른 것은?

> ┤보기├
> ㄱ. 기온, 강수량, 바람은 기후를 구성하는 기후 요소이다.
> ㄴ. 오랜 기간 한 지역에 일정하게 나타나는 대기의 평균적인 상태를 말한다.
> ㄷ. 위도, 육지와 바다의 분포, 지형 등은 기후 요소를 변하게 하는 요인이다.
> ㄹ. '장마 전선의 영향으로 내일은 비가 많이 온다.'는 기후에 해당하는 설명이다.

① ㄱ, ㄴ   ② ㄱ, ㄷ   ③ ㄴ, ㄹ
④ ㄱ, ㄴ, ㄷ   ⑤ ㄴ, ㄷ, ㄹ

03 세계의 강수량 분포에 대한 설명으로 옳지 <u>않은</u> 것은?

① 대체로 적도 부근은 강수량이 많다.
② 위도 20°~30°의 남·북회귀선 부근과 극지방은 강수량이 적다.
③ 난류가 흐르는 해안은 대기가 안정되어 강수량이 적은 편이다.
④ 바람받이 사면은 강수량이 많고, 바람 그늘 지역은 강수량이 적다.
⑤ 바다의 영향을 많이 받는 해안보다 바다로부터 멀리 떨어진 대륙 내부의 강수량이 적다.

04 밑줄 친 ㉠~㉤ 중 옳지 <u>않은</u> 것은?

> 세계의 기온 분포는 위도에 따라 다르다. ㉠ <u>연평균 기온은 적도에서 고위도로 갈수록 낮아지고,</u> ㉡ <u>연평균 등온선은 대체로 위도와 평행하다.</u> 그러나 위도가 같은 지역이라도 대륙과 해양이 만나는 지점이나 대륙 내부에서는 등온선이 위도와 평행하지 않고 구부러져 나타난다. ㉢ <u>대륙은 해양보다 연교차가 작다.</u>
> 대륙 동안과 서안의 연교차를 비교해 보면 ㉣ <u>대륙 동안의 연교차가 더 큰데,</u> 이는 ㉤ <u>대륙의 서안은 난류와 편서풍의 영향을 받아 여름과 겨울의 기온 차가 크지 않기 때문이다.</u>

① ㉠   ② ㉡   ③ ㉢   ④ ㉣   ⑤ ㉤

[05~06] 지도를 보고 물음에 답하시오.

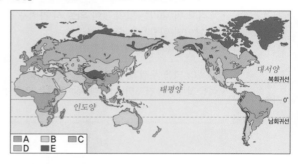

05 다음 내용에 해당하는 기후를 지도에서 고른 것은?

> • 가장 추운 달의 평균 기온이 −3℃ 이상이다.
> • 기온이 온화하고 강수량이 풍부하며 사계절의 변화가 비교적 뚜렷하다.

① A   ② B   ③ C   ④ D   ⑤ E

06 자료와 같은 식생 경관을 볼 수 있는 지역을 지도에서 고른 것은?

사진의 지역에서는 타이가라고 불리는 울창한 침엽수림이 분포한다.

① A   ② B   ③ C   ④ D   ⑤ E

07 A, B 지역에 대한 설명으로 옳은 것은?

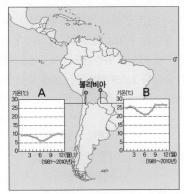

① A 지역은 사계절이 뚜렷하게 나타난다.
② A 지역은 연중 봄처럼 온화한 기후가 나타난다.
③ B 지역은 온대 기후가 나타난다.
④ B 지역은 강수량보다 증발량이 많을 것이다.
⑤ A 지역이 B 지역보다 연평균 기온이 더 높다.

08 자연환경이 인간 거주에 미치는 영향에 대한 설명으로 옳지 <u>않은</u> 것은?

① 자연환경은 인간의 거주 지역 선정에 영향을 준다.
② 열대 기후 지역은 기온이 높아 인간 거주에 유리하다.
③ 최근 자연환경이 인간의 거주에 미치는 영향이 과거보다 줄어들고 있다.
④ 기온이나 강수 등의 기후 조건은 의식주 문화와 농업 등에 영향을 미친다.
⑤ 기후와 지형은 인류 문명이 발달할 때부터 인간 거주에 많은 영향을 주었다.

09 인간 거주와 기후 조건에 대한 옳은 설명만을 〈보기〉에서 있는 대로 고른 것은?

┌─ 보기 ┐
ㄱ. 너무 덥거나 추운 지역은 인구가 적은 편이다.
ㄴ. 최근 사막과 극지방 등은 자원 개발로 인구가 늘어나기도 한다.
ㄷ. 적도 부근의 고산 지역은 해발 고도가 높아 사람이 거주하기 힘들다.
ㄹ. 냉·온대 기후가 나타나는 북반구의 중위도 지역에는 인구가 집중되어 있다.
└─────────┘

① ㄱ, ㄴ   ② ㄱ, ㄷ   ③ ㄴ, ㄹ
④ ㄱ, ㄴ, ㄹ   ⑤ ㄴ, ㄷ, ㄹ

02 열대 우림 지역 생활

10 다음 내용에 해당하는 지역의 기후 특색은?

┌─────────────────────┐
• 사람들이 얇고 간편한 옷을 입는다.
• 음식을 조리할 때 기름이나 향신료를 많이 사용한다.
└─────────────────────┘

① 겨울철 눈이 많이 내린다.
② 주로 중위도 지역에 분포한다.
③ 강수량보다 증발량이 많아 건조하다.
④ 일 년 내내 기온이 높고 강수량이 많다.
⑤ 여름철에 고온 건조한 반면, 겨울철에 온난 습윤하다.

11 다음과 같은 경관이 주로 나타나는 지역을 지도에서 고른 것은?

┌─────────────────────┐
다양한 종류의 나무와 풀이 우거져 밀림을 이루고 있으며 키가 큰 나무는 무려 40m가 넘기도 한다. 숲의 하층부에는 이러한 나무들 때문에 햇빛을 잘 받지 못하여 키가 작은 나무들과 덩굴들이 자란다.
└─────────────────────┘

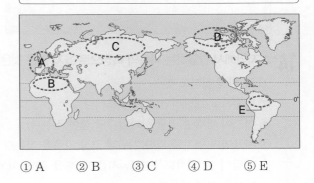

① A   ② B   ③ C   ④ D   ⑤ E

12 ㉠, ㉡에 들어갈 내용을 옳게 연결한 것은?

┌─────────────────────┐
열대 우림 지역에서는 거의 매일 오후가 되면 열대성 소나기인 (㉠)이/가 짧은 시간에 집중적으로 쏟아지면서 강풍과 천둥, 번개가 따르기도 한다. 이곳은 비가 많이 내려 다양한 종류의 나무와 풀이 우거져 (㉡)이/가 형성되기도 한다.
└─────────────────────┘

	㉠	㉡		㉠	㉡
①	스콜	밀림	②	스콜	타이가
③	태풍	밀림	④	태풍	타이가
⑤	장마	밀림			

13 제시된 기후 그래프가 나타내는 지역의 특징으로 옳지 <u>않은</u> 것은?

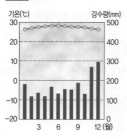

① 스콜이 자주 내린다.
② 일 년 내내 기온이 높다.
③ 가장 추운 달의 평균 기온이 18℃ 이상이다.
④ 여름에 강수량이 집중되고 겨울은 건조하다.
⑤ 남아메리카의 아마존강 유역 등이 대표적이다.

[14~15] 지도를 보고 물음에 답하시오.

14 A 지역에서 발달하는 가옥의 특징으로 옳지 <u>않은</u> 것은?

① 물 위에 짓기도 한다.
② 단순하고 개방적인 가옥 구조이다.
③ 지붕이 평평한 건물을 다닥다닥 붙여 짓는다.
④ 지표면의 열기를 피하기 위해 고상 가옥을 짓는다.
⑤ 바람이 잘 통하도록 집을 지을 때 벽을 얇게 하고, 창문을 크게 만든다.

15 A 지역에서 행해지는 농업의 특색으로 옳은 것을 〈보기〉에서 고른 것은?

┌ 보기 ┐
ㄱ. 우기에는 벼, 건기에는 보리를 재배한다.
ㄴ. 숲에 불을 질러 만든 밭에서 식량 작물을 재배한다.
ㄷ. 부족한 물을 관개 시설로 보완하여 밀을 대규모로 재배한다.
ㄹ. 카카오, 기름야자, 천연고무 등의 상품 작물을 대량으로 재배한다.

① ㄱ, ㄴ   ② ㄱ, ㄷ   ③ ㄴ, ㄷ
④ ㄴ, ㄹ   ⑤ ㄷ, ㄹ

16 (가), (나)에 해당하는 농업 방식을 옳게 연결한 것은?

┌────────────────────────────────┐
│ (가) 숲에 불을 질러 만든 밭에서 작물을 재배하다 지력
│   이 떨어지면 새로운 곳으로 이동하는 방식이다.
│ (나) 선진국의 자본 및 기술과 원주민들의 노동력을 결합
│   하여 상품 작물을 대규모로 재배하는 농업 방식이다.
└────────────────────────────────┘

	(가)	(나)
①	유목	플랜테이션
②	유목	이동식 화전 농업
③	관개 농업	플랜테이션
④	이동식 화전 농업	유목
⑤	이동식 화전 농업	플랜테이션

17 신문 기사와 관계 깊은 지역을 지도에서 고른 것은?

┌────────────────────────────────┐
│ 최근 밀림이 파괴되고 있다. 땔감이나 경작 등으로 목재
│ 가 사라지고 있으며, 팜유 생산을 위한 야자 플랜테이션
│ 이나 라텍스 원료 생산을 위한 천연고무 플랜테이션도
│ 주원인이다. 여기에 원주민의 이동식 화전 경작 등이 더
│ 해져 해마다 지도를 바꾸고 있다. ─○○일보, 2015. 7. 6. ─
└────────────────────────────────┘

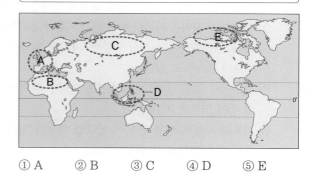

① A   ② B   ③ C   ④ D   ⑤ E

18 최근 열대 우림 지역의 변화에 대한 내용으로 옳은 것을 〈보기〉에서 고른 것은?

┌ 보기 ┐
ㄱ. 자원 개발, 도시 개발로 삼림 벌채가 많아지고 있다.
ㄴ. 밀림의 개발로 동식물 서식지가 파괴되는 문제들이 생기고 있다.
ㄷ. 백야 현상과 극야 현상 등 자연 경관을 활용한 관광 산업이 발달하고 있다.
ㄹ. 원주민들의 생활 근거지를 보호하기 위한 노력으로 원주민들의 토착 문화가 점차 발달하고 있다.

① ㄱ, ㄴ   ② ㄱ, ㄷ   ③ ㄴ, ㄷ
④ ㄴ, ㄹ   ⑤ ㄷ, ㄹ

[19~21] 지도를 보고 물음에 답하시오.

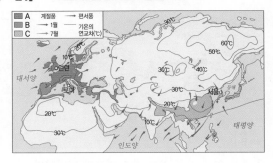

19 A 기후에 해당하는 것은?

① 건조 기후   ② 냉대 기후
③ 지중해성 기후   ④ 서안 해양성 기후
⑤ 온대 계절풍 기후

20 B 기후에 대한 설명으로 옳은 것은?

① 계절풍의 영향을 많이 받는다.
② 여름철에 고온 건조한 기후가 나타난다.
③ 겨울철에 아열대 고압대의 영향을 많이 받는다.
④ 겨울철에는 대륙 쪽에서 바람이 불어와 건조하다
⑤ 기온의 연교차가 작고 계절별 강수량이 고른 편이다.

21 C 기후에 해당하는 기후 그래프는?

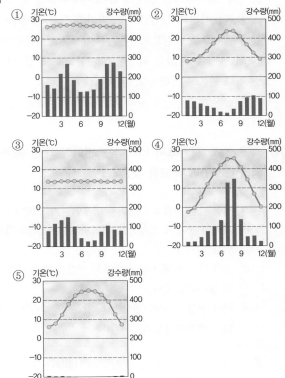

22 A, B 기후 그래프가 나타내는 지역에 대한 옳은 설명만을 〈보기〉에서 있는 대로 고른 것은?

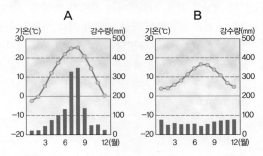

┤보기├
ㄱ. A, B 지역은 모두 온대 기후에 속한다.
ㄴ. A 지역은 B 지역에 비해 기온의 연교차가 크다.
ㄷ. A는 대륙 서안, B는 대륙 동안이다.
ㄹ. A 지역은 편서풍, B 지역은 계절풍의 영향을 많이 받는다.
ㅁ. A는 온대 계절풍 기후 지역, B는 서안 해양성 기후 지역에 속한다.

① ㄱ, ㄷ   ② ㄱ, ㄹ   ③ ㄴ, ㄹ
④ ㄱ, ㄴ, ㅁ   ⑤ ㄴ, ㄷ, ㅁ

23 다음 밑줄 친 부분에 영향을 준 요소로 옳은 것을 〈보기〉에서 고른 것은?

 영국의 기후는 <u>여름에는 서늘하고 겨울에는 따뜻하다. 한여름에도 기온이 크게 올라가지 않으며 연중 비가 고르게 내린다.</u> 이곳 사람들은 습하고 서늘한 날씨 때문에 외출할 때는 항상 비옷이나 우산을 준비하며 햇빛이 부족하기 때문에 늘 태양을 그리워한다. 그래서 전통적인 영국 신사의 모습을 보면 비옷을 입고 한 손에 우산을 든 모습이다.

┤보기├
ㄱ. 난류   ㄴ. 한류
ㄷ. 편서풍   ㄹ. 북서 계절풍

① ㄱ, ㄴ   ② ㄱ, ㄷ   ③ ㄴ, ㄷ
④ ㄴ, ㄹ   ⑤ ㄷ, ㄹ

24 ㉠, ㉡에 들어갈 내용을 옳게 짝지은 것은?

> 서안 해양성 기후 지역에서는 목초지 조성에 알맞은 기후 조건을 이용하여 곡물 재배와 가축 사육을 동시에 하는 (㉠)이/가 발달하였다. 한편 동부 아시아 및 동남아시아의 온대 계절풍 기후 지역에서는 기온이 높고 강수량이 많은 기후를 이용하여 (㉡)이/가 발달하였다.

	㉠	㉡		㉠	㉡
①	혼합 농업	벼농사	②	혼합 농업	수목 농업
③	수목 농업	벼농사	④	수목 농업	플랜테이션
⑤	원예 농업	낙농업			

 창의 융합

[25~26] 자료를 보고 물음에 답하시오.

 그림은 고흐가 그린 『노란 하늘과 태양 아래의 올리브 나무』이다. 고흐는 프랑스 남부 프로방스 지방에 머물면서 이곳의 풍경을 그린 작품을 많이 남겼다. 그의 그림에서 자주 등장하는 낮고 둥근 올리브 나무와 강렬한 햇볕은 (㉠) 지역의 모습을 뚜렷하게 보여 준다고 할 수 있다.

25 ㉠에 들어갈 기후는?

① 건조 기후
② 지중해성 기후
③ 열대 우림 기후
④ 온대 계절풍 기후
⑤ 서안 해양성 기후

26 ㉠ 기후가 나타나는 지역에서 볼 수 있는 모습으로 옳은 것은?

① 유목 생활을 하며 게르라는 가옥에서 거주한다.
② 여름철 기후 조건을 이용하여 벼의 2기작이 활발하다.
③ 토양이 척박한 편이기 때문에 이동식 화전 농업을 한다.
④ 여름철 강수량이 많기 때문에 지붕의 경사를 급하게 만든다.
⑤ 고온 건조한 여름철에도 잘 견디는 포도, 오렌지 등의 작물을 재배한다.

04 건조 지역 생활과 툰드라 지역 생활

27 A, B 지역에 대한 설명으로 옳은 것은?

① A는 열대 기후, B는 건조 기후가 나타난다.
② A 지역에서는 기업적 곡물 재배가 대규모로 이루어진다.
③ A 지역에서는 비타민 섭취를 위해 날고기와 날생선을 주로 먹는다.
④ B 지역에서는 대규모 플랜테이션 농업이 이루어진다.
⑤ A, B 지역 모두 강수량이 부족하여 농사를 짓기 위해 관개 시설을 설치하기도 한다.

28 건조 지역에서 이루어지는 농목업에 대한 설명으로 옳지 <u>않은</u> 것은?

① 스텝 지역에서는 유목 생활을 주로 한다.
② 일부 지역에서는 관개 농업이 이루어진다.
③ 플랜테이션으로 천연고무, 카카오 등을 재배한다.
④ 오아시스를 중심으로 밀, 대추야자 등을 재배한다.
⑤ 최근 관개 시설을 확충하여 대규모로 소를 방목하거나 밀을 재배하기도 한다.

29 최근 건조 지역에서 나타나는 변화에 대한 옳은 설명을 〈보기〉에서 고른 것은?

> ┤보기├
> ㄱ. 석유 자원 개발로 산업화가 이루어지기도 한다.
> ㄴ. 지나친 농경지 조성으로 사막화 현상이 심화되고 있다.
> ㄷ. 국가 간 이동이 자유로워 유목 생활을 하는 사람들이 늘어나고 있다.
> ㄹ. 백야 현상, 오로라 현상 등과 같은 관광 자원의 개발로 관광객이 증가하고 있다.

① ㄱ, ㄴ ② ㄱ, ㄷ ③ ㄴ, ㄷ
④ ㄴ, ㄹ ⑤ ㄷ, ㄹ

30 밑줄 친 ㉠~㉤ 중 옳지 <u>않은</u> 것은?

사막 지역은 농사짓기에 불리하지만, ㉠ 오아시스를 중심으로 마을을 형성하여 목화, 대추야자 등을 재배하기도 한다. 사막 지역 사람들은 ㉡ 주변에서 쉽게 구할 수 있는 흙을 이용하여 흙집이나 흙벽돌집을 짓는데, 집을 지을 때 ㉢ 벽을 두껍게 만들고 창문을 작게 낸다. 또한 ㉣ 지붕은 평평하게 하고 건물들을 다닥다닥 붙여 지어 그늘을 만들기도 한다. 강한 햇볕 때문에 ㉤ 옷은 최대한 얇고 짧게 입는 것이 특징이다.

① ㉠   ② ㉡   ③ ㉢   ④ ㉣   ⑤ ㉤

31 다음 기후 그래프가 나타내는 지역에 대한 옳은 설명을 〈보기〉에서 고른 것은?

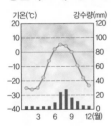

┌ 보기 ┐
ㄱ. 강수량이 적어 지표면이 건조한 편이다.
ㄴ. 가장 따뜻한 달의 평균 기온이 10℃ 이상이다.
ㄷ. 일 년 중 2~3개월 정도 기온이 영상으로 올라간다.
ㄹ. 북극해를 둘러싼 유라시아 대륙 북부와 북아메리카 대륙 북부 등지에서 나타난다.

① ㄱ, ㄴ   ② ㄱ, ㄷ   ③ ㄴ, ㄷ
④ ㄴ, ㄹ   ⑤ ㄷ, ㄹ

32 다음 ㉠~㉤에 들어갈 내용으로 옳지 <u>않은</u> 것은?

한대 기후 중에서 (㉠) 기후 지역은 2~3개월의 짧은 여름 동안 영상의 기온이 나타나 풀이나 이끼 등의 식물이 자라며, 주로 북극해를 중심으로 한 (㉡) 지역에 분포한다. 일 년 중 대부분이 (㉢)에 해당하며 이때는 낮에도 해가 뜨지 않는 (㉣) 현상이 나타나기도 한다. 기온이 영상으로 올라가는 여름에는 떼 지어 이동하는 (㉤)의 무리들을 볼 수 있다.

① ㉠ – 툰드라   ② ㉡ – 중위도   ③ ㉢ – 겨울
④ ㉣ – 극야   ⑤ ㉤ – 순록

33 다음 영화에서 볼 수 있을 것으로 예상되는 장면이 <u>아닌</u> 것은?

2011년에 개봉한 「최후의 툰드라」라는 영화는 북극 아래 첫 땅, 시베리아 툰드라 지역에서 살아가고 있는 원주민의 모습을 다큐멘터리 형식으로 담고 있다.

① 주민들이 순록을 유목하는 모습
② 관개 수로를 설치하여 밀을 재배하는 모습
③ 물고기나 바다표범을 사냥하여 날것 그대로 먹는 모습
④ 동물의 가죽이나 털을 이용하여 만든 옷을 입고 있는 사람들의 모습
⑤ 천연가스나 석유 등의 자원 개발로 지역이 점차 변화를 맞이하는 모습

34 A, B 지역의 경관과 주민 생활을 비교한 내용으로 옳지 <u>않은</u> 것은?

	구분	A 지역	B 지역
①	식생	열대 우림	툰드라
②	음식	육식 위주, 날고기와 날생선	곡물, 채소 위주
③	가옥	개방적 가옥 구조	폐쇄적 가옥 구조
④	의복	얇고 가벼운 옷	가죽으로 만든 옷
⑤	경제 생활	이동식 화전 농업	사냥, 고기잡이

III

자연으로
떠나는 여행

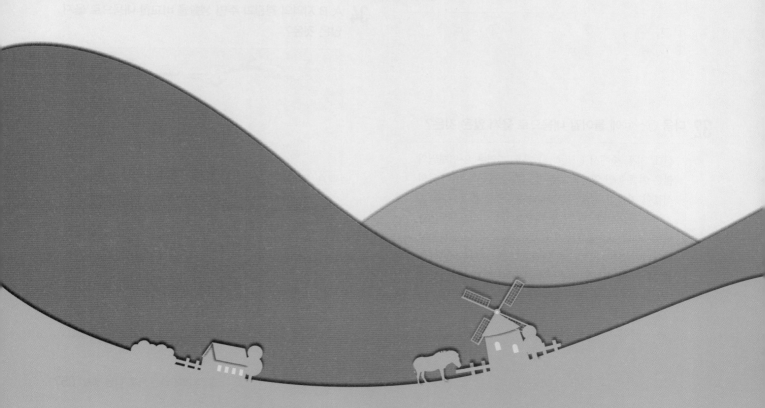

01 산지 지형의 형성

•• 산지 지형의 형성

1. 지형의 형성 작용 자료①

구분	지구 내부의 힘	지구 외부의 힘
원인	맨틀의 움직임 → 지각 변동	태양 에너지 → 물과 공기의 순환
특징	*융기와 침강, 습곡과 단층, 화산 활동 등 → 대산맥, 고원, 화산 등 대지형 형성	침식, 운반, 퇴적, *풍화 작용 등 → 하천·해안·사막·빙하 지형 등 소지형 형성

2. 세계의 산지

(1) 습곡 산지 자료②

신기 습곡 산지	형성된 지 오래되지 않아 해발 고도가 높고 험준함, 지각이 불안정하여 지진과 화산 활동이 활발함 예 알프스산맥, 히말라야산맥, 안데스산맥, 로키산맥 등
고기 습곡 산지	오랜 기간 침식을 받아 해발 고도가 낮고 경사가 완만함 예 우랄산맥, 애팔래치아산맥, 그레이트디바이딩산맥 등

(2) **고원**: 해발 고도가 높은 곳에 있지만 지형의 높낮이가 크지 않고 평탄한 지형 예 티베트(시짱)고원, 아비시니아고원 등

(3) **화산**: 땅속 깊은 곳에 있는 마그마가 분출하여 만들어짐 → 지각이 불안정한 지역에 주로 분포 예 에콰도르의 코토팍시산

•• 산지의 주민 생활

1. 산지의 이용

(1) **농업**: 밭농사, 계단식 농업 발달, 여름철 서늘한 기후를 이용한 고랭지 채소 재배, 목축업과 낙농업

(2) **자원 개발**: 지하자원이 풍부한 곳에서는 광업 발달

(3) **관광 산업**: 수려한 자연 경관 이용 → 산악 스포츠 및 관광 산업 발달

2. 산지 지역의 주민 생활 자료③

알프스 산지	• *이목 발달 → 우유·버터·치즈 생산 • 아름답고 깨끗한 자연환경 → 관광 산업, 스키장 발달
안데스 산지	• 연중 온화하여 고산 도시 발달, 고대 잉카 문명 발상지 • 감자·옥수수 재배, 야마와 알파카 사육
히말라야 산지	• 양이나 야크 등을 방목하는 목축업 발달 • *셰르파 등 관광 산업 종사자 비중 증가

자료① 산지 지형의 형성

지각과 지각이 만나는 곳에서 양쪽의 압력을 받아 높고 가파른 산지를 형성해.

↑ 습곡 작용   ↑ 단층 작용   ↑ 화산 활동

산지 지형은 지층이 양쪽에서 힘을 받아 휘어지는 습곡 작용과 끊어지거나 어긋나는 단층 작용, 땅속의 마그마가 땅 위로 분출하는 화산 활동에 의해 형성된다.

서술형 단골 신기 습곡 산지와 고기 습곡 산지의 형성 시기와 특징을 비교하여 서술하는 문제가 자주 출제돼.

자료② 세계의 산지

— 신기 습곡 산지   — 고기 습곡 산지

신기 습곡 산지는 지각판의 경계 부근에 위치하며, 고기 습곡 산지는 지각판의 중앙부에 위치한다.

산지는 평지에 비해 기온이 낮고 경사진 지형으로 농업 및 거주에 불리해.

자료③ 산지 지역의 주민 생활

↑ 스키장(알프스산맥)   ↑ 셰르파(히말라야산맥)

↑ 야크 유목(티베트고원)   ↑ 마추픽추(안데스산맥)

산지는 농·목축업뿐만 아니라 여가와 산악 활동을 할 수 있는 공간이 되어 관광지로 개발되기도 한다.

고대 잉카 문명의 유적지야.

★ **융기와 침강** 지각이 위로 솟아오르거나 아래로 가라앉는 것

★ **풍화** 암석이 물리적 작용이나 화학적 작용으로 인해 점차 입자가 작아져 토양으로 변해가는 현상

★ **이목** 계절에 따라 목초지를 옮겨 다니며 가축을 키우는 방식

★ **셰르파** 네팔 동부 히말라야 산지에 사는 사람들로 등산객의 짐을 나르거나 길을 안내하는 역할을 함

대표 자료 확인하기

◆ 세계의 산지

• (①   ) 습곡 산지 • (②   ) 습곡 산지

◆ 산지 지역의 주민 생활

↑ (③   )산맥의 스키장

↑ (④   )산맥의 셰르파

↑ (⑤   )고원의 야크 유목

↑ (⑥   )산맥의 마추픽추

• (③   )   • (④   )
• (⑤   )   • (⑥   )

한눈에 정리하기

◆ 다양한 산지 지형

습곡 산지	형성 시기와 고도에 따라 신기 습곡 산지와 고기 습곡 산지로 구분
(①)	해발 고도가 높은 곳에 있지만 지형의 높낮이가 크지 않고 평탄한 지형
(②)	땅속의 마그마가 분출하여 만들어짐

◆ 산지 지역의 주민 생활

알프스 산지	• (③): 계절에 따라 이동하며 가축을 키움 • 관광 산업, 스키장 발달
안데스 산지	• 감자와 옥수수 재배, 야마·알파카 사육 • 연중 온화하여 (④) 발달
히말라야 산지	• 목축업 발달: 양이나 야크 방목 • 셰르파 등 (⑤) 종사자 비중 증가

---

1 지형 형성 작용에 대한 설명이 맞으면 ○표, 틀리면 ×표를 하시오.

(1) 지구 내부의 힘에 의해 지각 변동이 발생한다.   (   )

(2) 지형 형성 작용 중 화산 활동은 지구 외부의 힘에 의한 작용이다.   (   )

(3) 지구 내부의 힘은 소지형, 지구 외부의 힘은 대지형을 형성한다.   (   )

2 다음에서 설명하는 용어를 〈보기〉에서 골라 기호를 쓰시오.

┤보기├
ㄱ. 단층   ㄴ. 습곡   ㄷ. 화산 활동

(1) 지층이 끊어지거나 어긋나는 작용   (   )

(2) 땅속의 마그마가 땅 위로 분출하는 활동   (   )

(3) 지층이 양쪽에서 힘을 받아 휘어지는 작용   (   )

3 (   )는 해발 고도가 높고 험준하며 화산과 지진 등 지각 활동이 활발한 산지이다.

4 산지의 유형과 대표적인 산맥을 옳게 연결하시오.

(1) 고기 습곡 산지 •   • ㉠ 로키산맥, 히말라야산맥

(2) 신기 습곡 산지 •   • ㉡ 우랄산맥, 애팔래치아산맥

5 산지 지역에 대한 설명이 맞으면 ○표, 틀리면 ×표를 하시오.

(1) 여름에도 서늘하여 고랭지 농업과 목축업이 행해진다.   (   )

(2) 농업에 유리하고 지하자원이 풍부하여 일찍부터 많은 사람들이 모여 살았다.   (   )

(3) 라틴 아메리카의 안데스 고산 지대는 연중 온화한 기후가 나타나 일찍이 문명이 발달하였다.   (   )

6 알프스 산지의 주민 생활과 관계 깊은 내용을 〈보기〉에서 모두 골라 기호를 쓰시오.

┤보기├
ㄱ. 이목   ㄴ. 스키장
ㄷ. 셰르파   ㄹ. 고산 도시

7 (㉠   ) 산지에서는 전통적으로 야크의 방목이 이루어지나, 최근에는 (㉡   )라 불리는 산악 안내인 등 관광 산업에 종사하는 사람들의 비중이 늘어나고 있다.

01 지형 형성 작용에 대한 설명으로 옳지 <u>않은</u> 것은?

① 지구 내부의 힘은 대지형을 형성한다.
② 태양 에너지는 지구 외부의 힘을 발생시킨다.
③ 하천, 바람, 빙하 등의 작용으로 소지형이 형성된다.
④ 지구 외부의 힘은 지층을 휘어지게 하거나 어긋나게 한다.
⑤ 지구 내부의 힘과 외부의 힘의 상호 작용으로 다양한 지형이 형성된다.

[02~03] 지도를 보고 물음에 답하시오.

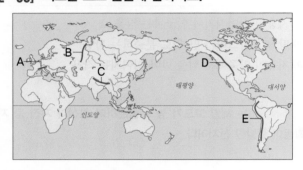

02 다음에서 설명하는 산맥을 위 지도에서 고른 것은?

오랜 시간 동안 풍화와 침식을 받아 비교적 해발 고도가 낮고 경사가 완만하다.

① A   ② B   ③ C   ④ D   ⑤ E

03 그림은 C 산지의 형성 과정을 나타낸 것이다. 이에 대한 설명으로 옳은 것을 〈보기〉에서 고른 것은?

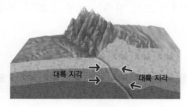

┌ 보기 ┐
ㄱ. 단층 작용에 의해 형성되었다.
ㄴ. 세계에서 가장 높은 산이 위치해 있다.
ㄷ. 오랜 침식으로 경사가 완만한 지형이 나타난다.
ㄹ. 지각판이 충돌하는 과정에서 땅이 솟아 올라 형성되었다.

① ㄱ, ㄴ   ② ㄱ, ㄹ   ③ ㄴ, ㄷ
④ ㄴ, ㄹ   ⑤ ㄷ, ㄹ

04 신기 습곡 산지와 고기 습곡 산지를 비교한 내용으로 옳지 <u>않은</u> 것은?

구분		신기 습곡 산지	고기 습곡 산지
①	산맥	알프스산맥	애팔래치아산맥
②	해발 고도	높고 험준함	낮고 완만함
③	형성 시기	비교적 최근	오래전
④	지각 운동	활발함	안정됨
⑤	분포 특징	지각판의 중앙부에 위치	지각판의 경계 부근에 위치

05 다음에서 설명하는 산지 지형으로 옳은 것은?

해발 고도가 높은 곳에 있지만 지형의 높낮이가 크지 않고 평탄한 지형으로 신기 습곡 산지와 그 주변에서 주로 나타난다.

① 산맥   ② 화산   ③ 고원
④ 단층   ⑤ 계곡

06 사진과 같은 지형 형성 작용이 빈번하게 발생하는 지역을 지도에서 고른 것은?

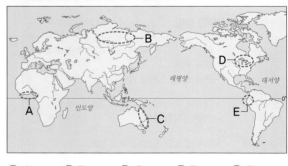

① A   ② B   ③ C   ④ D   ⑤ E

이 문제에서 나올 수 있는 선택지는 다~!

07 산지 지역의 이용에 대한 설명으로 옳지 <u>않은</u> 것은?

① 주로 밭농사가 이루어진다.
② 경사진 지형으로 농업 활동에 불리하다.
③ 초원을 이용해 목축업과 낙농업을 한다.
④ 지하자원이 풍부하여 산업 단지가 조성되고 있다.
⑤ 여름철 서늘한 기후를 이용하여 고랭지 채소를 재배한다.
⑥ 알프스 산지의 스위스는 산악 스포츠 및 관광 산업이 발달하였다.
⑦ 적도 부근의 고지대는 저지대보다 기온이 낮아 인간 거주에 유리하다.

08 히말라야 산지의 생활 모습에 대한 설명으로 옳은 것을 〈보기〉에서 고른 것은?

┤보기├
ㄱ. 전통적으로 양이나 야크 등을 방목한다.
ㄴ. 겨울에는 스키를 즐기려는 사람들이 모여든다.
ㄷ. 석탄이 풍부하여 채굴한 석탄을 해외에 수출한다.
ㄹ. 셰르파가 등산객의 짐을 나르거나 길 안내를 한다.

① ㄱ, ㄴ   ② ㄱ, ㄹ   ③ ㄴ, ㄷ
④ ㄴ, ㄹ   ⑤ ㄷ, ㄹ

(중요해)
09 다음은 페루를 여행한 비상이의 기행문이다. 밑줄 친 ㉠~㉤ 중 옳지 <u>않은</u> 것은?

4월 17일, 맑음
㉠ 안데스산맥에 자리한 마추픽추에 가기 위해 새벽부터 서둘러야 했다. 두통과 구토에 시달리다 도착한 산 정상에는 ㉡ 잉카 문명의 멋진 경관이 눈앞에 펼쳐졌다. 이렇게 높은 곳에 들어선 도시의 모습은 경이로움 그 자체였다. 이곳은 ㉢ 해발 고도가 높아 일년 내내 겨울처럼 춥기 때문에 곡물 재배에 불리하여 ㉣ 감자와 옥수수를 재배한다. 또한 이곳의 원주민들은 큰 일교차를 견디기 위해 망토를 두르는데, 망토는 ㉤ 야마와 알파카를 사육하여 얻는다고 한다.

① ㉠   ② ㉡   ③ ㉢   ④ ㉣   ⑤ ㉤

10 다음과 같은 축제가 열리는 지역을 지도에서 고른 것은?

• 소몰이 축제: 여름 동안 산지에서 방목하던 소 떼가 마을로 내려오는 행사로 화려한 행진이 펼쳐진다.
• 치즈 분배 축제: 마을 사람들은 여름 동안 고산 지대에서 생산된 치즈를 목동들에게 맡겼던 소의 마릿수에 따라 분배받는다.

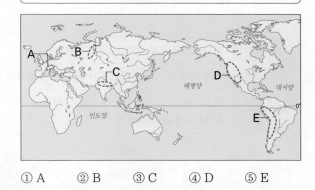

① A   ② B   ③ C   ④ D   ⑤ E

학교 시험에 잘 나오는 서술형 문제

1 지도를 보고 물음에 답하시오.

(1) (가)와 (나)에 들어갈 산지의 유형을 쓰시오.

(2) (가), (나) 산지의 특징을 비교하여 서술하시오.

02 해안 지형의 형성

•• 다양한 해안 지형

1. 해안 바다와 육지가 만나는 곳 （자료 ①）
(1) 곶: 육지가 바다 쪽으로 튀어나온 곳, *파랑의 침식 작용 활발
(2) 만: 바다가 육지 쪽으로 움푹 들어간 곳, 파랑의 퇴적 작용 활발

2. 주요 해안 지형 （자료 ②） （자료 ③）
(1) **암석 해안**: 파랑의 침식 작용으로 형성

해식애	파랑의 침식으로 형성된 해안 절벽
해식 동굴	해안 절벽이 침식을 받으면서 움푹 파여 형성된 동굴
시 스택	해안가에서 암석의 단단한 부분이 침식에 견디어 기둥 모양으로 남은 것 예 그레이트 오션 로드(오스트레일리아)

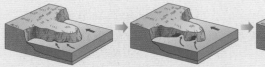

파도가 끊임없이 해안 절벽에 침식을 가한다. / 파도의 침식으로 해안 절벽의 약한 부분이 뚫려 아치 모양이 형성된다. / 아치의 지붕이 붕괴하고 결국 고립된 바위섬인 시 스택이 형성된다.

⬆ 암석 해안의 형성

(2) **모래 해안**: 파랑의 퇴적 작용으로 형성

사빈	모래가 해안가에 쌓여 넓은 모래사장 형성 → 해수욕장으로 이용
해안 사구	해안의 모래가 바람에 날려 형성된 모래 언덕
석호	파도에 의해 운반된 모래가 해안을 따라 길게 쌓여 형성된 *사주가 만의 입구를 막아 형성된 호수

(3) **갯벌 해안**: *조류의 작용으로 미세한 흙이 퇴적되어 형성, *조차가 큰 해안에서 발달하며, 다양한 생물의 서식지이자 오염 물질을 정화하고 태풍·해일 등으로부터 해안을 보호하는 역할을 함

북해 연안 / 우리나라 서해안 / 태평양 / 미국 동부 조지아 연안 / 캐나다 동부 연안 / 대서양 / 아마존 유역(연안) / 인도양 / ⬅ 세계 5대 갯벌

(4) **산호초 해안**: 열대 기후 지역의 얕은 바다에 사는 산호가 자라서 만들어진 해안 예 그레이트배리어리프(오스트레일리아)
(5) **피오르 해안과 리아스 해안**

피오르 해안	빙하의 침식으로 생긴 골짜기에 바닷물이 들어오면서 형성된 좁고 긴 만, 수심이 깊음 예 송네 피오르(노르웨이)
리아스 해안	하천의 침식으로 생긴 골짜기에 바닷물이 차올라 형성된 해안, 해안선이 복잡하고 섬이 많음

생생 자료

자료 ① 해안의 형성 작용

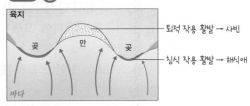

육지 / 곶 / 만 / 곶 / 바다 / 퇴적 작용 활발 → 사빈 / 침식 작용 활발 → 해식애

해안에서는 파랑의 침식·운반·퇴적 작용에 의해 다양한 지형이 만들어진다.

자료 ② 다양한 해안 지형

밀물 때 바다에 잠기고 썰물 때 육지로 드러나는 지형이야.

해안 절벽(해식애) / 하천 / 해식 동굴 / 돌기둥(시 스택) / 바다 / 모래사장(사빈) / 갯벌 / 하천

침식 작용이 활발한 곳에서는 암석 해안(해식애, 해식 동굴, 시 스택)을 볼 수 있고, 퇴적 작용이 활발한 만에서는 모래 해안(사빈, 사주, 석호)을 볼 수 있다.

자료 ③ 세계의 유명한 해안 지형

⬆ 암석 해안(프랑스 에트르타)　　⬆ 모래 해안(필리핀 보라카이)

⬆ 갯벌 해안(바덴해)　　⬆ 피오르 해안(노르웨이)

해안에는 황금빛 모래사장, 넓은 갯벌, 멋있는 기암 절벽 등 다양한 지형이 분포하며, 피오르 해안처럼 독특한 경관이 나타나는 곳도 있다.

쏙쏙 용어

★ **파랑** 바닷물이 바람의 영향을 받아 일렁이는 물결(=파도)
★ **사주(沙-모래, 柱-기둥)** 파랑에 의해 운반된 모래가 기둥 모양으로 길게 퇴적된 지형
★ **조류** 밀물과 썰물 때문에 나타나는 바닷물의 흐름
★ **조차** 밀물(만조) 때의 해수면 높이와 썰물(간조) 때 해수면 높이의 차(= 조석 간만의 차)

●● 해안 지역의 주민 생활

1. 해안 지역의 특징

(1) 지형: 바다와 육지가 만나는 곳 → 어업과 농업을 겸함

(2) 기후: 내륙 지역에 비해 연교차가 작고 온화함

(3) 교통: 다른 지역과의 교류에 유리함

(4) 인구 분포: 전 세계 인구의 약 40%가 해안 지역에 거주함

2. 해안의 기능

모래 저장 및 육지 보호	해안 사구는 해안 모래의 저장고이자 태풍이나 *해일로부터 육지를 보호함
전력 생산	해상 풍력 발전으로 전기 에너지를 생산함
여가와 휴식 공간 제공	아름다운 해변, 섬 등은 여가 활동과 휴식 공간을 제공하고, 다양한 해양 스포츠 활동을 즐길 기회를 제공함
해양 생물의 서식지	해안가의 맹그로브 숲은 영양분이 풍부하여 다양한 해양 생물의 산란장 및 서식지가 되고 있음

3. 해안 지역의 이용

(1) 수산업 발달: 전통적으로 어업과 양식업에 종사하면서 생활

(2) 교통과 교역의 중심지: 해상 교통 발달과 국가 간 교류 증가로 대규모 무역항이나 공업 도시로 성장함

(3) 관광 산업 발달: 경치가 아름다운 해안 지역은 관광지로 이용 자료 ④

관광 산업의 긍정적 영향	• 인구 증가 및 편의 시설 확대 • 지역 주민의 일자리 창출 및 소득 증대 → 지역 경제 활성화 등의 경제적 효과
관광 산업의 부정적 영향	• 휴양지 개발에 따른 해안 지형 및 생태계 파괴, 쓰레기 증가로 인한 환경 오염 자료 ⑤ • 지역 주민과 관광객과의 문화적 갈등, 외국 문화 유입에 따른 전통문화 소멸 등

●● 해안의 개발과 보존

1. 해안 지역 개발로 인한 문제점

(1) 간척 사업: 갯벌이 사라지면서 해안 생태계 파괴, 어족 자원 감소

(2) 산업 단지와 휴양지 개발: 모래사장 침식, 해안 사구 및 습지 파괴

(3) 유조선과 화물선 출입 증가: 기름 유출 등으로 해양 오염 심화

2. 해안 지역 보호를 위한 노력 자료 ⑥

갯벌 보전	생태계의 보고이자 다양한 기능을 수행하는 갯벌을 보전하기 위한 움직임이 늘고 있음 → *람사르 협약 체결
생태계 복원	관광지 개발로 파괴된 맹그로브 숲 복원
지속 가능한 관광	환경의 피해를 최소화하면서 해안 생태계를 즐기고 체험하는 형태의 *생태 관광 발달

대표 자료 확인하기

◆ 다양한 해안 지형

- ① (   )
- ② (   )
- ③ (   )
- ④ (   )

◆ 세계의 해안 관광지

↑ 보라카이 해변

↑ 송네 피오르

↑ 그레이트배리어리프

↑ 그레이트 오션 로드

보라카이 해변	파랑의 퇴적으로 형성된 (⑤)
송네 피오르	(⑥)의 침식으로 생긴 골짜기에 바닷물이 들어오면서 형성된 좁고 긴 만
그레이트배리어리프	세계 최대의 (⑦) 지대로 세계 자연 유산으로 지정
그레이트 오션 로드	(⑧)의 침식으로 형성된 해안 절벽과 바위 기둥

한눈에 정리하기

◆ 해안 지형의 형성

암석 해안	파랑의 (①) 작용 → 해식애, 시 스택, 해식 동굴 등 형성
모래 해안	파랑의 (②) 작용 → 사빈, 석호 등 형성
갯벌 해안	(③)의 작용으로 형성, 조차가 큰 해안에서 발달
산호초 해안	(④) 기후 지역의 얕은 바다에 사는 산호가 자라서 형성

꼼꼼 개념 문제

1 해안 지형에 대한 설명이 맞으면 ○표, 틀리면 ✕표를 하시오.
(1) 해안 사구는 파랑의 퇴적 작용으로 형성된다. (   )
(2) 바다가 육지 쪽으로 들어간 곳을 곶이라고 한다. (   )
(3) 암석 해안은 파랑의 침식 작용, 모래 해안은 파랑의 퇴적 작용으로 형성된다. (   )

2 해안 지형을 침식 작용으로 형성된 지형과 퇴적 작용으로 형성된 지형으로 구분하여 〈보기〉에서 골라 기호를 쓰시오.

┤ 보기 ├
ㄱ. 사빈   ㄴ. 석호   ㄷ. 해식애
ㄹ. 시 스택   ㅁ. 해안 사구   ㅂ. 해식 동굴

(1) 침식 작용으로 형성된 지형 (   )
(2) 퇴적 작용으로 형성된 지형 (   )

3 (   )은 조차가 큰 해안에서 조류의 퇴적 작용에 의해 형성되며 밀물 때는 바다에 잠기고, 썰물 때는 육지로 드러난다.

4 파랑의 퇴적 작용으로 형성된 사주가 만의 입구를 막아 형성된 호수를 (   )라고 한다.

5 다음 괄호 안의 내용 중 알맞은 말에 ○표를 하시오.
(1) (피오르, 리아스) 해안은 하천의 침식으로 형성된 골짜기에 바닷물이 들어와 형성되었다.
(2) 산호초 해안과 맹그로브 숲은 주로 (온대, 열대) 기후 지역에서 나타나며, 다양한 바다 생물의 서식지 역할을 한다.

6 해안 지역 주민들은 전통적으로 어업과 (㉠   )에 종사하며 생활했으나, (㉡   ) 산업이 발달하면서 서비스업에 종사하는 사람들이 증가하였다.

7 다음 해안 관광지가 위치한 국가를 〈보기〉에서 골라 기호를 쓰시오.

┤ 보기 ├
ㄱ. 몰디브   ㄴ. 노르웨이   ㄷ. 오스트레일리아

(1) 빙하의 침식으로 생긴 수많은 피오르가 존재한다. (   )
(2) 인도양에 있는 세계적인 휴양지로 수많은 산호섬으로 이루어져 있다. (   )
(3) 석회암으로 된 바위가 파랑의 침식을 받아 12사도 바위라 불리는 돌기둥을 형성하였다. (   )

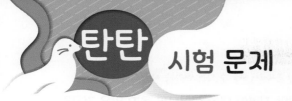

탄탄 시험 문제

01 그림에 대한 설명으로 옳은 것을 〈보기〉에서 고른 것은?

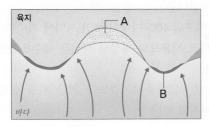

┤ 보기 ├
ㄱ. A는 파랑 에너지가 집중되는 곳이다.
ㄴ. A에는 사빈, 사구 등의 지형이 발달한다.
ㄷ. B는 파랑의 침식 작용이 활발한 곳이다.
ㄹ. B에는 해식애, 갯벌 등의 지형이 발달한다.

① ㄱ, ㄴ   ② ㄱ, ㄷ   ③ ㄴ, ㄷ
④ ㄴ, ㄹ   ⑤ ㄷ, ㄹ

02 사진과 같은 지형의 형성에 가장 큰 영향을 준 작용으로 옳은 것은?

① 파랑의 퇴적   ② 파랑의 침식
③ 조류의 퇴적   ④ 조류의 침식
⑤ 하천의 퇴적

03 다음 해안 지역의 공통점으로 옳은 것은?

• 필리핀의 보라카이 해변
• 오스트레일리아의 골드 코스트 해변

① 세계적인 무역항
② 수산업 중심 도시
③ 세계적인 갯벌 해안
④ 교통이 편리한 공업 도시
⑤ 사빈이 아름다운 해안 관광지

04 표는 해안 지형을 비교한 것이다. ㉠~㉢에 들어갈 말로 적절하지 <u>않은</u> 것은?

구분	암석 해안	모래 해안
경관 특징	해안가에 가파른 절벽이 있다.	모래사장이 넓게 펼쳐져 있다.
주요 지형	(㉠)	(㉣)
형성 과정	바위가 오랜 시간에 걸쳐 (㉡)에 의해 (㉢)되어 형성되었다.	파랑에 의해 모래가 (㉤)되어 형성되었다.

① ㉠ – 해식애   ② ㉡ – 파랑
③ ㉢ – 침식   ④ ㉣ – 시 스택
⑤ ㉤ – 퇴적

[05~06] 그림을 보고 물음에 답하시오.

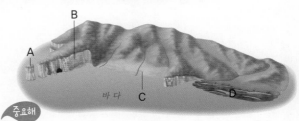

중요해

05 A~C 지형에 대한 설명으로 옳은 것을 〈보기〉에서 고른 것은?

┤ 보기 ├
ㄱ. A는 파랑 에너지가 집중된 곳에서 발달한다.
ㄴ. B는 조류의 퇴적 작용에 의해 만들어진다.
ㄷ. C는 조차가 큰 해안에서 주로 발달한다.
ㄹ. A, B는 암석 해안, C는 모래 해안의 대표적 지형이다.

① ㄱ, ㄴ   ② ㄱ, ㄹ   ③ ㄴ, ㄷ
④ ㄴ, ㄹ   ⑤ ㄷ, ㄹ

이 문제에서 나올 수 있는 선택지는 다~!

06 D 지형에 대한 설명으로 옳지 <u>않은</u> 것은?

① 양식장이나 염전으로 이용된다.
② 다양한 생물의 서식지로 중요하다.
③ 태풍과 해일로부터 해안을 보호한다.
④ 파랑의 퇴적 작용으로 형성된 모래 해안이다.
⑤ 조석 간만의 차가 큰 해안에서 주로 발달한다.
⑥ 밀물 때 물에 잠기고 썰물 때 육지로 드러난다.
⑦ 조류의 작용으로 미세한 흙이 퇴적되어 형성된다.

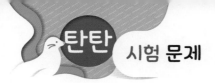

07 사진이 나타내는 지형에 대한 설명으로 옳은 것을 〈보기〉에서 고른 것은?

┌─ 보기 ─────────────────────────────┐
ㄱ. 바다 위에 솟아 있는 바위가 시 스택이다.
ㄴ. 해안 절벽은 점점 육지 쪽으로 후퇴하게 된다.
ㄷ. 파랑의 퇴적 작용이 강하게 나타나는 지역이다.
ㄹ. 바다 쪽으로 돌출된 곳보다 육지 쪽으로 들어간 만에서 잘 발달한다.
└──────────────────────────────────┘

① ㄱ, ㄴ   ② ㄱ, ㄷ   ③ ㄴ, ㄷ
④ ㄴ, ㄹ   ⑤ ㄷ, ㄹ

중요해

08 (가), (나)와 같은 해안 관광지를 볼 수 있는 곳을 지도의 A~D에서 골라 옳게 연결한 것은?

(가)   (나)

 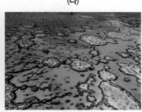

   (가) (나)   (가) (나)
① A   B   ② A   D
③ B   C   ④ C   A
⑤ D   B

이 문제에서 나올 수 있는 선택지는 다~!

09 해안 지역에 대한 설명으로 옳지 <u>않은</u> 것은?

① 전통적으로 어업과 양식업이 발달하였다.
② 해상 교통의 요지에는 무역항이 발달한다.
③ 경치가 아름다운 곳은 관광지로 이용된다.
④ 전 세계 인구의 40% 가량이 해안 지역에 거주한다.
⑤ 조류의 퇴적 작용으로 형성된 사빈은 해수욕장으로 이용된다.
⑥ 전통적으로 어업 중심이었으나 최근 관광 산업의 비중이 커지고 있다.

[10~11] 지도를 보고 물음에 답하시오.

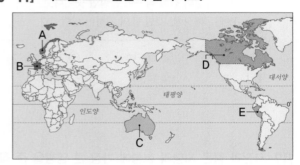

10 다음과 같은 체험이 가능한 국가를 위 지도의 A~E에서 고른 것은?

┌──────────────────────────────────┐
• 골드 코스트: 황금빛 해안에서 해양 스포츠 체험
• 그레이트배리어리프: 세계 최대의 산호초 사이를 헤엄치는 스노클링 체험
• 그레이트 오션 로드: 석회암으로 이루어진 해안 절벽 위로 난 '세상에서 가장 아름다운 바닷길' 산책
└──────────────────────────────────┘

① A   ② B   ③ C   ④ D   ⑤ E

11 자료와 관련이 있는 국가를 위 지도의 A~E에서 고른 것은?

 에트르타는 다양한 해안 지형이 발달한 곳으로, 이곳의 아름다운 해안 경관은 많은 예술가들에게 좋은 소재가 되었다. 인상파 화가인 모네가 그린 '에트르타 절벽'을 보면 이 지역의 해안 지형이 잘 나타나 있다.

① A   ② B   ③ C   ④ D   ⑤ E

12 다음 글을 통해 알 수 있는 이 지역의 변화 모습으로 옳지 <u>않은</u> 것은?

> 인도양에 있는 몰디브는 1,190여 개의 산호섬으로 이루어진 국가로 해안 경관이 아름답기로 유명하다. 몰디브는 이러한 자연환경을 바탕으로 리조트와 다양한 편의 시설을 갖춘 관광지로 개발되면서 전 세계에서 관광객이 찾아오는 세계적인 휴양지가 되었다.

① 전통문화의 보존 ② 주민 소득의 증가
③ 해양 생태계 파괴 ④ 쓰레기 배출량 증가
⑤ 지역 주민의 일자리 창출

13 다음 글을 읽고 현재 이 지역의 모습을 추론한 내용으로 옳은 것을 〈보기〉에서 고른 것은?

> 바덴 갯벌은 과거 50년 동안 간척으로 넓은 면적이 사라졌으나 1982년 이 갯벌에 접한 독일, 네덜란드, 덴마크 세 나라가 협약을 맺고 갯벌 복원을 꾸준히 추진한 결과 생태계를 회복하여 2009년 유네스코 세계 자연 유산으로 등재되었다.

┤ 보기 ├
ㄱ. 갯벌의 해안 보호 기능이 커졌다.
ㄴ. 밀물과 썰물의 작용이 약화되었다.
ㄷ. 어류와 조개류의 산란 여건이 좋아졌다.
ㄹ. 농경지로 이용할 수 있는 땅이 늘어났다.

① ㄱ, ㄴ ② ㄱ, ㄷ ③ ㄴ, ㄷ
④ ㄴ, ㄹ ⑤ ㄷ, ㄹ

14 바람직한 해안 지역의 개발 방향으로 적절하지 <u>않은</u> 것은?

① 다음 세대를 배려한다는 자세로 관광 자원을 이용한다.
② 관광지 개발로 파괴된 해안 지형의 복원을 위해 노력한다.
③ 환경 피해를 최소화하는 생태 관광 프로그램을 개발한다.
④ 지역 경제 활성화를 위해 대규모로 휴양지를 개발한다.
⑤ 보존 가치가 있는 갯벌은 람사르 습지로 지정하여 보호한다.

학교 시험에 잘 나오는 서술형 문제

1 사진을 보고 물음에 답하시오.

(1) 위 지형의 이름을 쓰시오.

(2) (1)의 형성 과정을 서술하시오.

2 피오르 해안과 리아스 해안의 형성 과정을 비교하여 서술하시오.

3 밑줄 친 부분에 들어갈 해안 관광지 개발의 부정적 효과를 두 가지 이상 서술하시오.

> 해안 지역이 관광지로 개발되어 많은 관광객이 찾게 되면 지역 경제가 활성화되고 주민 소득이 늘어나는 등 긍정적 효과가 나타날 수 있다. 하지만 _____ 등 부정적 효과가 나타나기도 한다.

03 우리나라의 매력적인 자연 경관

•• 우리나라의 산지

1. 우리나라의 지형 자료 ①

(1) **산지가 많은 지형**: 국토의 70%가 산지, 대부분 오랜 침식을 받아 해발 고도가 낮고 경사가 완만함, 많은 산지가 국립 공원으로 지정

(2) **동고서저의 지형**: 동쪽이 높고 서쪽으로 갈수록 낮아짐

① **원인**: 오랫동안 침식을 받아 평평했던 땅이 동쪽으로 치우쳐 융기했기 때문

② **특징**: 북동부에 높은 산지, 남서부에는 낮은 산지와 평야 분포

2. 돌산과 흙산

돌산	• *화강암으로 이루어진 산 정상부에 바위가 드러나 있음 예 금강산, 설악산, 북한산, 월출산 등 • 수려한 *기암괴석을 감상하기 위해 많은 관광객들이 방문	 북한산(돌산)
흙산	• 토양으로 두껍게 덮여 있으며, 오랜 기간 풍화·침식을 받아 완만하고 평탄함 예 지리산, 덕유산 등 • 등반이나 산의 둘레길을 걷는 관광 활동이 이루어짐	 지리산(흙산)

•• 우리나라의 해안 자료 ②

1. 우리나라의 서·남해안 수심이 얕고 해안선이 복잡함

(1) **리아스 해안**

① **특징**: 섬이 많고 만이 발달하여 해안선의 드나듦이 복잡함

② **형성**: *후빙기 해수면 상승 → 바닷물이 육지로 들어오면서 골짜기는 만이 되고 산봉우리는 섬이 됨

↑ 리아스 해안의 형성 과정

(2) **다도해**: 섬이 많고 경관이 아름다워 해상 국립 공원으로 지정 예 한려 해상 국립 공원, 다도해 해상 국립 공원

(3) **갯벌**: 서·남해안은 조차가 크기 때문에 갯벌이 넓게 발달

형성	밀물과 썰물의 반복적 흐름에 따라 미세한 흙이 쌓여 형성
이용	염전·양식장으로 이용, 최근 생태 학습장이나 머드 축제 등 관광 자원으로 개발, 간척 사업으로 농경지나 공업 단지 조성

2. 우리나라의 동해안 수심이 깊고 해안선이 단조로움

(1) **모래 해안(사빈)**: 동해로 흐르는 하천이 운반해 온 모래를 파도가 해안을 따라 퇴적하여 형성 → 해수욕장과 관광지로 이용

(2) **석호**: 파도의 퇴적 작용으로 발달한 사주에 의해 만의 입구가 막혀 형성된 호수

↑ 석호(강원도 강릉 경포호)

자료 ① 우리나라의 지형

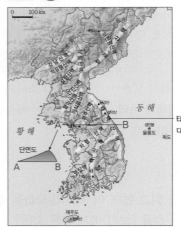

태백 산지의 대관령 일대에는 고원이 분포해.

우리나라는 태백산맥이 동쪽으로 치우쳐 솟아 있어 서쪽으로는 경사가 완만하고 동쪽으로는 경사가 급하다. 이러한 동고서저 지형은 하천의 방향에도 영향을 주어 규모가 큰 하천은 대부분 황해와 남해로 흘러들고, 동쪽으로 흐르는 하천은 대체로 길이가 짧고 규모가 작은 편이다.

자료 ② 서·남해안과 동해안의 특징

구분	서·남해안	동해안
모습		
해안선	복잡함	단조로움
수심	얕음	깊음
조차	큼	작음
주요 지형	리아스 해안, 다도해, 갯벌	사빈, 석호, 암석 해안
이용	염전, 양식장, 간척 사업	해수욕장, 관광지

└ 다양한 생물이 서식하는 갯벌은 오염 물질을 정화하는 기능을 하며, 홍수, 태풍, 해일 등의 피해를 줄여 주는 완충지 역할을 하기도 해.

쏙쏙 용어

★ **화강암** 마그마가 땅속 깊은 곳에서 굳어져 만들어진 암석

★ **기암괴석**(奇—기이하다, 巖—바위, 怪—기이하다, 石—돌) 기이하고 괴상하게 생긴 바위와 돌

★ **후빙기** 신생대 제4기에 네 번의 빙기와 세 번의 간빙기가 있었는데, 최후 빙기가 끝난 후 현재까지의 기간

●● 우리나라의 카르스트 지형

1. 카르스트 지형의 형성 자료❸

(1) 형성: *석회암이 빗물이나 지하수에 *용식되어 형성

(2) 분포 지역: 강원도 남부와 충청북도 북동부 일대

2. 주요 지형

① 돌리네: 석회암이 빗물에 녹아 움푹 꺼져 형성된 웅덩이 모양의 지형 → 물이 잘 빠지기 때문에 주로 밭농사에 이용

② 석회동굴: 동굴 내부에 종유석, 석순, 석주 등 발달 → 관광 자원으로 활용 예 단양의 고수 동굴, 삼척의 환선굴, 울진의 성류굴 등

↑ 빗물이나 지표수가 틈을 타고 땅속으로 흘러들면서 석회암층을 녹인다.

↑ 하천이 흐르는 골짜기가 침식으로 깊어지면서 지하 동굴이 확장된다.

↑ 동굴 속으로 떨어지는 물에 의해 종유석, 석순, 석주 등이 형성된다.

●● 화산 활동으로 형성된 제주도

1. 세계 자연 유산, 제주도

(1) 형성: 여러 차례의 화산 활동으로 형성, 섬 전체가 다양한 화산 지형으로 이루어져 있음

(2) 이용: 독특하고 아름다운 자연 경관을 활용한 관광 산업 발달

2. 제주도의 주요 지형

한라산	*현무암질 용암이 분출하여 형성, 정상부를 제외하고는 전체적으로 경사가 완만함, 정상에 *화구호인 백록담이 있음
오름 (기생 화산)	화산의 중턱이나 기슭에 소규모 화산 폭발로 만들어진 작은 화산체로 측화산이라고도 함
주상 절리	용암이 식으면서 다각형 기둥 모양으로 굳어져 형성
용암동굴 자료❹	용암이 흐를 때 공기와 접하는 표면이 먼저 식어서 굳고, 속에서는 계속 흘러가면서 속이 빈 동굴이 형성

① 한라산
② 만장굴
③ 주상 절리
④ 성산 일출봉

생생 자료

자료 ❸ 다양한 카르스트 지형

↑ 촛대바위(강원도 동해)

↑ 도담삼봉(충청북도 단양)
↑ 고수 동굴(충청북도 단양)

강원도 남부와 충청북도 북동부 일대는 우리나라의 대표적인 석회암 분포 지역이다. 이곳은 과거에 바다였던 곳으로 산호, 조개껍데기 등이 쌓여 석회암층을 형성하였다. 강원도 동해의 촛대바위, 충청북도 단양의 도담삼봉과 고수 동굴은 모두 석회암이 물에 녹는 과정에서 형성된 카르스트 지형이다.

자료 ❹ 석회동굴과 용암동굴

구분	석회동굴	용암동굴
지형	카르스트 지형	화산 지형
형성 원인	석회암이 물에 녹는 작용	용암이 식는 속도의 차이
기반암	석회암	현무암
분포	강원도 남부, 충청북도 북동부	제주도

석회동굴과 용암동굴은 독특한 경관을 형성하여 관광 자원으로 활용된다. 특히 석회동굴의 내부에서는 다양한 동굴 생성물을 볼 수 있는데, 지하수에 녹아 있던 탄산 칼슘이 굳어지면서 천장에서 아래로 자란 종유석, 바닥에서 위로 자란 석순, 종유석과 석순이 만나 기둥을 이룬 석주 등이 대표적이다.

쏙쏙 용어

★ **석회암** 탄산 칼슘을 주성분으로 하는 퇴적암으로, 수중 동물의 뼈나 껍질이 쌓여 생김

★ **용식**(溶−물이 흐르다, 蝕−좀먹다) 암석의 여러 광물 성분이 물을 만나 녹아 침식되는 현상

★ **현무암** 검은색이나 검은 회색을 띠고 구멍이 숭숭 뚫려 있는 암석

★ **화구호**(火−불, 口−입구, 湖−호수) 화산의 화구에 물이 고여 생긴 호수

대표 자료 확인하기

◆ 돌산과 흙산

(①)	(②)
북한산	지리산
(③)으로 이루어진 정상부에 바위가 드러나 있음	전체적으로 완만하고 평탄하며, 두꺼운 토양층으로 덮여 있음

◆ 석회동굴과 용암동굴

(④)	(⑤)
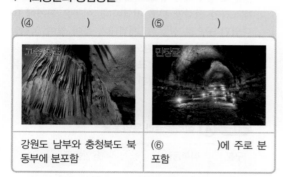고수 동굴	만장굴
강원도 남부와 충청북도 북동부에 분포함	(⑥)에 주로 분포함

한눈에 정리하기

◆ 서·남해안과 동해안

서·남해안	동해안
• 섬이 많고 해안선이 복잡한 (①) 해안 • (②)가 커서 갯벌이 넓게 발달	• 수심이 깊고 해안선이 단조로움 • (③)이 발달하여 해수욕장으로 이용

◆ 카르스트 지형과 화산 지형

카르스트 지형	• (④)이 빗물과 지하수에 용식되어 형성 • (⑤): 물이 잘 빠지기 때문에 주로 밭농사에 이용 • (⑥): 내부에 종유석, 석순, 석주 발달, 관광 자원으로 활용
화산 지형 (제주도)	• 여러 차례의 화산 활동으로 형성 → 자연 경관을 활용한 (⑦) 산업 발달 • 오름, 주상 절리, 용암동굴 발달

꼼꼼 개념 문제

1 우리나라 지형에 대한 설명이 맞으면 ○표, 틀리면 ✕표를 하시오.

(1) 국토의 70% 정도가 산지로 이루어져 있다. (　　)

(2) 전체적으로 동쪽이 높고 서쪽으로 갈수록 낮아진다. (　　)

(3) 대부분의 산지는 형성 기간이 짧아 해발 고도가 높고 험준하다. (　　)

2 산지의 유형과 대표적인 사례를 옳게 연결하시오.

(1) 돌산 •　　　　　　　　　　• ㉠ 지리산, 덕유산

(2) 흙산 •　　　　　　　　　　• ㉡ 금강산, 설악산

3 다음 설명이 서·남해안에 해당하면 '서', 동해안에 해당하면 '동'이라고 쓰시오.

(1) 수심이 얕고 해안선이 복잡하다. (　　)

(2) 조차가 커서 갯벌이 넓게 발달한다. (　　)

(3) 섬이 많고 경관이 아름다워 해상 국립 공원으로 지정된 곳이 많다. (　　)

(4) 파랑의 퇴적 작용으로 형성된 사주가 바다를 막아 형성된 석호가 나타난다. (　　)

4 다음 괄호 안의 내용 중 알맞은 말에 ○표를 하시오.

(1) 밀물과 썰물의 반복적 흐름에 따라 미세한 흙이 쌓여 형성된 지형을 (사빈, 갯벌)이라고 한다.

(2) 우리나라 서해안에는 해안선의 드나듦이 복잡하고 섬이 많이 분포하는 (피오르, 리아스) 해안이 나타난다.

5 강원도 삼척의 환선굴과 충청북도 단양의 고수 동굴은 석회암이 빗물과 지하수에 녹아 형성된 (　　　　) 지형이다.

6 다음에서 설명하는 지형을 〈보기〉에서 골라 기호를 쓰시오.

┌ 보기 ┐
ㄱ. 오름　　　ㄴ. 화구호　　　ㄷ. 주상 절리
└─────────────────────────┘

(1) 한라산의 기슭에 형성된 작은 화산체 (　　)

(2) 산 정상의 분화구에 물이 고여 형성된 호수 (　　)

(3) 용암이 식는 과정에서 다각형 모양으로 굳어지며 형성된 돌기둥 (　　)

7 섬 전체가 다양한 화산 지형으로 이루어진 (㉠　　　　)는 세계적으로 가치를 인정받아 유네스코 (㉡　　　　)으로 지정되었다.

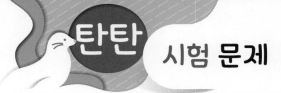

01 우리나라 산지에 대한 설명으로 옳지 <u>않은</u> 것은?

① 국토의 약 70% 정도를 차지한다.
② 높은 산지는 대체로 국토의 남서쪽에 분포한다.
③ 경관이 아름다운 산지는 국립 공원으로 지정되었다.
④ 태백 산지의 대관령 일대에서는 고원을 볼 수 있다.
⑤ 오랜 기간 침식을 받아 해발 고도가 낮고 경사가 완만하다.

02 (개), (내) 산지의 사례를 옳게 연결한 것은?

구분	(개)	(내)
특징	• 바위 노출이 적고 토양층이 매우 두꺼움 • 나무와 풀이 무성한 숲을 이룸	• 주로 화강암으로 이루어져 있음 • 기암괴석이 많고 경치가 빼어남

	(개)	(내)		(개)	(내)
①	설악산	지리산	②	금강산	북한산
③	지리산	설악산	④	덕유산	지리산
⑤	북한산	덕유산			

03 지도의 A~D산에 대한 설명으로 옳은 것을 〈보기〉에서 고른 것은?

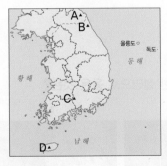

┤보기├
ㄱ. A는 바위가 봉우리를 이루는 돌산에 해당한다.
ㄴ. B의 정상에는 분화구에 물이 고인 화구호가 있다.
ㄷ. C는 암석의 오랜 풍화로 발달한 흙산에 해당한다.
ㄹ. D는 용암이 분출하여 전체적으로 경사가 급한 화산체를 이룬다.

① ㄱ, ㄴ　　② ㄱ, ㄷ　　③ ㄴ, ㄷ
④ ㄴ, ㄹ　　⑤ ㄷ, ㄹ

04 다음은 사회 숙제로 작성한 보고서이다. 밑줄 친 ㉠~㉤ 중 옳지 <u>않은</u> 것은?

제목: 우리나라의 해안 지형
• 서해안: 하천의 ㉠ <u>침식</u>에 의해 형성된 골짜기에 바닷물이 들어와 해안선이 복잡한 ㉡ <u>피오르</u> 발달
• 동해안: 해안가에 ㉢ <u>퇴적</u>된 모래가 해안을 따라 쌓이면서 ㉣ <u>만</u>의 입구를 막아 형성된 ㉤ <u>석호</u> 발달

① ㉠　　② ㉡　　③ ㉢　　④ ㉣　　⑤ ㉤

이 문제에서 나올 수 있는 선택지는 다~!

05 사진의 지형에 대한 설명으로 옳지 <u>않은</u> 것은?

① 조차가 큰 해안에서 볼 수 있다.
② 전통적으로 양식장이나 염전으로 이용된다.
③ 해안선이 단조로운 동해안에서 잘 발달한다.
④ 홍수, 태풍, 해일 등으로 인한 피해를 감소시킨다.
⑤ 생태 학습장, 머드 축제 등 관광 자원으로 활용된다.
⑥ 밀물 때는 바다에 잠기고 썰물 때는 육지로 드러난다.

06 (개), (내) 지형에 대한 설명으로 옳은 것을 〈보기〉에서 고른 것은?

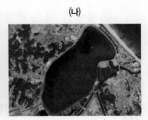

┤보기├
ㄱ. (개)는 양식장으로 이용된다.
ㄴ. (개)는 파랑 에너지가 집중된 곳에서 잘 발달한다.
ㄷ. (내)는 사주가 발달하면서 만의 입구가 막혀 형성된 호수이다.
ㄹ. (개)와 (내)는 동해안에서 공통적으로 볼 수 있다.

① ㄱ, ㄴ　　② ㄱ, ㄹ　　③ ㄴ, ㄷ
④ ㄴ, ㄹ　　⑤ ㄷ, ㄹ

07 (가), (나) 지역에 대한 설명으로 옳은 것을 〈보기〉에서 고른 것은?

┤보기├
ㄱ. (가) 지역에는 크고 작은 섬이 많이 분포한다.
ㄴ. (나) 지역에는 해상 국립 공원으로 지정된 곳이 많다.
ㄷ. (가) 지역은 (나) 지역보다 조차가 크다.
ㄹ. (가) 지역에서는 파랑의 작용이, (나) 지역에서는 조류의 작용이 활발하다.

① ㄱ, ㄴ   ② ㄱ, ㄷ   ③ ㄴ, ㄷ
④ ㄴ, ㄹ   ⑤ ㄷ, ㄹ

08 밑줄 친 ㉠ 지형에 대한 설명으로 옳지 않은 것은?

강원도 남부와 충청북도 북동부 일대에는 ㉠ 지표면이 웅덩이 모양으로 움푹 파인 지형이 곳곳에 분포한다.

① 석회암 분포 지역에서 잘 나타난다.
② 암석이 물에 녹아 땅이 꺼지면서 형성되었다.
③ 물이 잘 빠지기 때문에 주로 밭으로 이용한다.
④ ㉠의 밑에는 동굴과 같은 빈 공간이 존재할 가능성이 높다.
⑤ 용암이 식는 과정에서 생긴 암석의 틈이 침식되어 형성된다.

09 오른쪽 지도에 표시된 지역에서 볼 수 있는 지형을 〈보기〉에서 고른 것은?

┤보기├
ㄱ. 오름   ㄴ. 돌리네
ㄷ. 용암동굴   ㄹ. 석회동굴

① ㄱ, ㄴ   ② ㄱ, ㄷ   ③ ㄴ, ㄷ
④ ㄴ, ㄹ   ⑤ ㄷ, ㄹ

10 우리나라의 화산 지형에 대한 설명으로 옳지 않은 것은?

① 제주도, 울릉도, 독도 등에서 볼 수 있다.
② 독특한 지형을 활용한 관광 산업이 발달하였다.
③ 울릉도의 나리 분지 정상에는 화구호인 백록담이 있다.
④ 용암동굴, 주상 절리, 오름 등은 대표적인 화산 지형이다.
⑤ 한라산은 현무암질 용암이 분출하여 형성되었으며, 전체적으로 경사가 완만하다.

11 제주도에서 볼 수 있는 자연 경관으로 옳은 것을 〈보기〉에서 고른 것은?

┤보기├
ㄱ.   ㄴ.
ㄷ.   ㄹ.

① ㄱ, ㄴ   ② ㄱ, ㄷ   ③ ㄴ, ㄷ
④ ㄴ, ㄹ   ⑤ ㄷ, ㄹ

12 (가), (나) 지형에 대한 설명으로 옳은 것은?

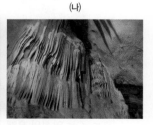

(가)   (나)

① (가)의 내부에서는 종유석, 석순 등을 볼 수 있다.
② (가)는 석회암이 빗물이나 지하수에 녹아 형성된다.
③ (나)는 화산 활동에 의해 형성된 지형이다.
④ (가)는 용암동굴이고, (나)는 석회동굴이다.
⑤ (가), (나)는 모두 세계 자연 유산으로 지정되었다.

13 다음에서 설명하는 지형의 이름을 쓰시오.

> 용암이 흘러내리면서 식는 과정에서 규칙적인 균열이
> 생기는데, 이것이 다각형의 기둥 모양으로 굳어지면서
> 독특한 지형을 형성한다.

14 다음과 같은 여행 일정이 나타나는 지역을 지도에서
고른 것은?

> • 1일차: 돌산의 기암괴석 관찰, 암벽 등반
> • 2일차: 모래사장에서 해수욕 즐기기
> • 3일차: 종유석, 석순, 석주가 장관인 동굴 탐방

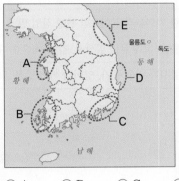

① A   ② B   ③ C   ④ D   ⑤ E

15 (가), (나)는 비상이가 어느 지역을 여행하면서 촬영한
사진이다. 각각의 지역을 지도에서 찾아 옳게 연결
한 것은?

(가)

(나)

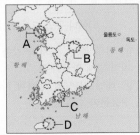

	(가)	(나)
①	A	B
②	B	C
③	B	D
④	C	A
⑤	C	D

학교 시험에 잘 나오는 서술형 문제

1 사진에 나타난 산지의 특징을 제시된 조건에 맞
게 서술하시오.

┤조건├
• 산지를 이루는 기반암을 제시할 것
• 산지의 사례를 두 개 정도 제시할 것

_____
_____
_____

2 우리나라 서해안과 동해안의 특징을 비교하여 서
술하시오.

_____
_____
_____

3 그림을 보고 물음에 답하시오.

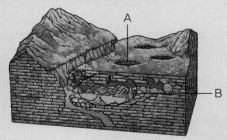

(1) A, B 지형의 이름을 쓰시오.

_____

(2) A, B 지형의 형성 과정을 서술하시오.

_____
_____
_____

표와 자료로 정리하는 대단원

1 세계의 산지

① ☐☐ 습곡 산지   ② ☐☐ 습곡 산지
③ ☐☐ 산맥   ④ ☐☐☐☐ 산맥
⑤ ☐☐☐☐☐ 산맥   ⑥ ☐☐☐ 산맥

2 산지의 주민 생활

▲ (①)산맥의 스키장

▲ (②)산맥의 셰르파

▲ (③)고원의 야크 유목

▲ (④)산맥의 마추픽추

① ☐☐☐   ② ☐☐☐☐
③ ☐☐☐   ④ ☐☐☐

3 다양한 해안 지형

① ☐☐☐   ② ☐☐☐
③ ☐☐   ④ ☐☐

01 산지 지형의 형성

지형 형성 작용과 산지 지형

지형 형성 작용	지구 내부의 힘	융기, 침강, 습곡, 단층 작용과 (①) 활동→대지형 형성
	지구 외부의 힘	침식, 운반, 퇴적, 풍화 작용 → 소지형 형성
1 습곡 산지	(②)	해발 고도가 높고 험준함, 지각이 불안정 → 지진·화산 활동 활발
	고기 습곡 산지	해발 고도가 낮고 경사가 완만함
(③)		해발 고도가 높은 곳에 있지만 평탄한 지형
화산		땅속의 마그마가 분출하여 형성

산지의 주민 생활

2 알프스 산지	이목, 깨끗한 자연환경을 이용한 관광 산업 발달
(④)	고산 도시 발달, 고대 문명 발상지, 감자·옥수수 재배
히말라야 산지	관광 산업 종사자 비중 증가, 양이나 야크 방목

02 해안 지형의 형성

다양한 해안 지형

3 암석 해안	파랑의 침식 작용으로 형성 → 해식애, 시 스택 등
모래 해안	파랑의 퇴적 작용으로 형성 → 사빈, 해안 사구, 석호 등
갯벌 해안	(⑤)의 작용으로 형성, 밀물 때 물에 잠기고 썰물 때 육지로 드러남
산호초 해안	열대 기후 지역의 얕은 바다에 사는 산호가 자라 형성
피오르 해안과 리아스 해안	• 피오르 해안: (⑥)의 침식 작용으로 형성 • 리아스 해안: 하천의 침식 작용으로 형성

해안 지역의 주민 생활

해안의 특징		내륙에 비해 연교차가 작고 온화하며, 다른 지역과의 교류에 유리함 → 전 세계 인구의 약 40%가 해안 지역에 거주
해안의 이용	수산업	전통적으로 어업과 양식업에 종사
	교역의 중심지	대규모 (⑦)이나 공업 도시로 성장
	관광 산업	• 긍정적 영향: 인구 증가, 일자리 창출 및 소득 증대, 지역 경제 활성화 등 • 부정적 영향: 해안 지형 및 생태계 파괴, 환경 오염, 전통문화 소멸 등

해안의 개발과 보존

해안 개발로 인한 문제점	간척 사업, 산업 단지와 휴양지 개발에 따른 해안 지형 및 생태계 파괴, 배에서 유출된 기름 등에 의한 해양 오염
해안 보호를 위한 노력	갯벌 보전을 위한 (⑧　　　) 협약 체결, 해안 생태 계 복원 노력, 지속 가능한 관광 발달

03 우리나라의 매력적인 자연 경관

우리나라의 산지

특징	• 대부분 오랜 침식을 받아 해발 고도가 낮고 경사가 완만함 • (⑨　　　　)의 지형: 동쪽이 높고 서쪽으로 갈수록 낮아짐
④ 돌산과 흙산	돌산	(⑩　　　　)으로 이루어진 산 정상부에 바위가 드 러남 **예** 금강산, 설악산, 북한산, 월출산 등
	흙산	토양으로 두껍게 덮여 있음 **예** 지리산, 덕유산 등

우리나라의 해안

⑤ 서·남해안	특징	수심이 얕고 해안선이 복잡함
	주요 지형	• (⑪　　　　) 해안과 다도해: 크고 작은 섬이 많이 분포 • 갯벌: 조차가 크기 때문에 갯벌이 넓게 발달 → 염전·양식장, 체험 학습장·머드 축제 등 관광 자원으로 활용
동해안	특징	수심이 깊고 해안선이 단조로움
	주요 지형	• 모래사장(사빈): 해수욕장으로 이용 • (⑫　　　　): 파랑이 모래를 운반하여 만의 입구를 막아 형성된 호수

우리나라의 카르스트 지형

형성	(⑬　　　　)이 빗물이나 지하수에 용식되어 형성
분포	강원도 남부와 충청북도 북동부 일대
⑥ 주요 지형	돌리네, 석회동굴

화산 활동으로 형성된 제주도

형성	여러 차례의 화산 활동으로 형성 → 특이하고 아름다운 자 연 경관을 활용한 관광 산업 발달
주요 지형	• 한라산: 정상에 화구호인 백록담 분포 • 오름: 화산의 중턱이나 기슭에 형성된 작은 화산체 • (⑭　　　　): 용암이 식을 때 다각형 기둥 모양으로 굳어지며 형성 • 용암동굴: 용암이 지하에서 식으면서 냉각 속도의 차이 에 의해 형성

정답 ⑧ 람사르 ⑨ 동고서저 ⑩ 화강암 ⑪ 리아스 ⑫ 석호 ⑬ 석회암 ⑭ 주상절리

④ 돌산과 흙산

↑ 북한산　　↑ 지리산

• 북한산은 ①◻◻◻으로 이루어진 바위가 그대로 드러
난 봉우리와 깎아지른 절벽을 볼 수 있는 ②◻◻이다.
• 지리산은 바위 위에 두꺼운 토양층이 덮여 있는 ③◻◻으
로 오랜 기간 풍화와 침식을 받아 완만하고 평탄하다.

정답 ① 화강암 ② 돌산 ③ 흙산

⑤ 우리나라의 해안 지형

↑ 서해안의 (①)　　↑ 동해안의 (③)

①◻◻은 ②◻◻에 의한 퇴적 작용으로 형성되며,
③◻◻은 ④◻◻에 의한 퇴적 작용으로 형성된다.

정답 ① 갯벌 ② 조류 ③ 사빈 ④ 파랑

⑥ 카르스트 지형

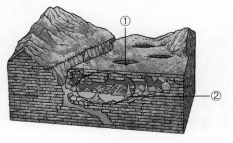

①◻◻◻◻　　②◻◻◻◻

정답 ① 돌리네 ② 석회동굴

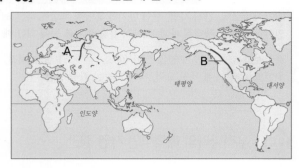

🐘 쑥쑥 마무리 문제

01 산지 지형의 형성

01 (가), (나)에 대한 설명으로 옳지 <u>않은</u> 것은?

| (가) | 침식, 운반, 퇴적, 풍화 작용 등 | → | 소지형 형성 |
| (나) | 융기와 침강, 습곡과 단층, 화산 활동 등 | → | 대지형 형성 |

① (가)는 지각을 구부러지게 하거나 어긋나게 한다.
② (가)는 주로 하천·해안·사막·빙하 지형 등을 형성한다.
③ (나)는 지각을 솟아오르게 하거나 가라앉게 한다.
④ (나)는 지각판의 이동과 관련 있는 지형 형성 작용이다.
⑤ 지구의 다양한 지형은 (가), (나)의 힘을 받아 형성된다.

02 그림이 나타내는 지형 형성 작용으로 옳은 것은?

① 침식 작용
② 운반 작용
③ 화산 활동
④ 습곡 작용
⑤ 풍화 작용

03 지도의 A~E 산맥에 대한 설명으로 옳은 것은?

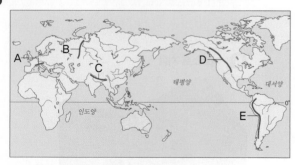

① A-고기 습곡 산지이다.
② B-세계에서 가장 크고 험준한 산맥이다.
③ C-판의 중앙부에 위치하여 지각이 안정되어 있다.
④ D-오랜 기간 침식을 받아 해발 고도가 낮고 경사가 완만하다.
⑤ E-지각이 불안정하여 지진과 화산 활동이 활발하다.

[04~05] 지도를 보고 물음에 답하시오.

04 A, B 산맥에 대한 설명으로 옳은 것을 〈보기〉에서 고른 것은?

〈보기〉
ㄱ. A는 지각판이 갈라지는 과정에서 형성되었다.
ㄴ. B는 오늘날에도 지각 변동이 진행되고 있다.
ㄷ. A는 B보다 평균 해발 고도가 높다.
ㄹ. B는 A보다 지각판의 경계 부근에 가깝다.

① ㄱ, ㄴ
② ㄱ, ㄷ
③ ㄴ, ㄷ
④ ㄴ, ㄹ
⑤ ㄷ, ㄹ

05 B 산맥과 형성 과정이 동일한 산맥을 〈보기〉에서 고른 것은?

〈보기〉
ㄱ. 알프스산맥
ㄴ. 히말라야산맥
ㄷ. 애팔래치아산맥
ㄹ. 스칸디나비아산맥

① ㄱ, ㄴ
② ㄱ, ㄷ
③ ㄴ, ㄷ
④ ㄴ, ㄹ
⑤ ㄷ, ㄹ

06 ㉠, ㉡에 들어갈 말을 옳게 연결한 것은?

• 알프스 산지에서는 여름에는 서늘한 산지로 이동하고, 겨울에는 따뜻한 저지대로 이동하며 가축을 기르는 (㉠)이 행해진다.
• 셰르파는 네팔 동부 (㉡) 산지에 사는 사람들로 등산객의 짐을 나르거나 길을 안내하는 역할을 한다.

	㉠	㉡		㉠	㉡
①	이목	로키	②	이목	안데스
③	이목	히말라야	④	유목	안데스
⑤	유목	히말라야			

07 사진의 관광지에 대한 설명으로 옳은 것을 〈보기〉에서 고른 것은?

┌ 보기 ┐
ㄱ. 적도 부근에 위치하여 연중 기온이 높다.
ㄴ. 추위를 피하기 위해 조성된 휴양 도시이다.
ㄷ. 일 년 내내 봄과 같이 온화한 기후가 나타난다.
ㄹ. 안데스 고산 지대에 위치한 잉카 문명 유적지이다.

① ㄱ, ㄴ   ② ㄱ, ㄷ   ③ ㄴ, ㄷ
④ ㄴ, ㄹ   ⑤ ㄷ, ㄹ

---

02 해안 지형의 형성

[08~09] 그림을 보고 물음에 답하시오.

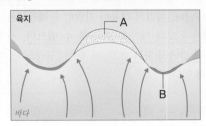

08 A, B 지역에 대한 설명으로 옳지 <u>않은</u> 것은?

① A에서는 모래 해안이 주로 발달한다.
② A에서는 바람의 퇴적 작용으로 형성된 해안 사구를 볼 수 있다.
③ B에서는 암석 해안이 주로 발달한다.
④ A는 만이고, B는 곶이다.
⑤ A에서는 침식 작용, B에서는 퇴적 작용이 활발하다.

09 B 지역에서 발달하기 <u>어려운</u> 지형은?

① 사빈   ② 해식애   ③ 시 스택
④ 시 아치   ⑤ 해식 동굴

[10~11] 사진을 보고 물음에 답하시오.

10 위 사진의 지형과 가장 관계 깊은 지형 형성 작용으로 옳은 것은?

① 화산 활동   ② 빙하의 침식 작용
③ 빙하의 퇴적 작용   ④ 파랑의 침식 작용
⑤ 하천의 침식 작용

11 위 사진의 지형에 대한 설명으로 옳은 것은?

① A는 썰물 때만 드러난다.
② B 뒤에는 석호가 나타날 확률이 높다.
③ A의 개수와 크기는 파랑의 퇴적에 의해 증가한다.
④ B의 약한 부분은 파랑에 의해 침식되어 해식 동굴이 발달한다.
⑤ A, B는 조류의 퇴적 작용이 강한 해안에서 주로 발달한다.

12 지도에 표시된 지역에 대한 옳은 설명을 〈보기〉에서 고른 것은?

┌ 보기 ┐
ㄱ. 조차가 커 갯벌이 넓게 발달한다.
ㄴ. 해식애, 시 스택 등의 지형이 발달한다.
ㄷ. 맹그로브가 서식하며 숲을 이루고 있다.
ㄹ. 조류의 작용으로 미세한 흙이 퇴적되어 있다.

① ㄱ, ㄴ   ② ㄱ, ㄹ   ③ ㄴ, ㄷ
④ ㄴ, ㄹ   ⑤ ㄷ, ㄹ

13 사진은 지도에 표시된 A 지역의 경관을 촬영한 것이다. 이 지형에 대한 설명으로 옳은 것을 〈보기〉에서 고른 것은?

┤보기├
ㄱ. 넓은 갯벌에서 조개류를 양식하고 있다.
ㄴ. 지형 경관을 활용한 관광 산업이 발달하였다.
ㄷ. 파랑 에너지가 집중된 곳에서 주로 나타난다.
ㄹ. 빙하의 침식으로 형성된 골짜기에 바닷물이 들어와 형성된다.

① ㄱ, ㄴ   ② ㄱ, ㄹ   ③ ㄴ, ㄷ
④ ㄴ, ㄹ   ⑤ ㄷ, ㄹ

14 다음은 우리나라의 해안 관광지이다. 이와 관련한 내용으로 옳은 것만을 〈보기〉에서 있는 대로 고른 것은?

충청남도 보령에서는 매년 머드를 주제로 한 축제가 열린다. 보령 머드 축제는 1998년 처음 시작된 이후 꾸준히 관광객이 증가하면서 우리나라를 대표하는 축제로 자리 잡았다.

┤보기├
ㄱ. 축제 개최로 지역 주민의 소득이 증가하였다.
ㄴ. 보령 갯벌은 람사르 협약에 의해 보호되고 있다.
ㄷ. 보령시 내 서비스 산업 종사자 비율이 증가하였다.
ㄹ. 보령시는 갯벌을 관광 자원으로 활용하여 경제적 효과를 거두고 있다.

① ㄱ, ㄷ   ② ㄴ, ㄹ   ③ ㄱ, ㄴ, ㄷ
④ ㄱ, ㄷ, ㄹ   ⑤ ㄱ, ㄴ, ㄷ, ㄹ

03 우리나라의 매력적인 자연 경관

15 ㉠, ㉡에 들어갈 용어를 옳게 연결한 것은?

나는 등산을 하기 위해 (㉠)에 왔다. 이곳은 땅속 깊은 곳에서 천천히 굳어진 화강암이 오랜 침식으로 산 정상부에 드러나 있는 (㉡)이다. 바위를 타고 정상에 오르기는 힘들었지만 사방이 탁 트여 있어 절경을 감상하기에 더할 나위 없이 좋았다.

	㉠	㉡		㉠	㉡
①	지리산	흙산	②	설악산	흙산
③	지리산	돌산	④	북한산	돌산
⑤	덕유산	돌산			

16 다음은 우리나라의 해안에 대한 설명이다. 밑줄 친 ㉠~㉤의 내용 중 옳지 않은 것은?

우리나라의 서·남해안과 동해안은 서로 다른 특징을 보인다. 서·남해안은 ㉠해안선이 복잡하고 섬이 많이 분포하는 반면, 동해안은 비교적 ㉡단조로운 리아스 해안이 나타난다. 파랑의 작용이 활발한 동해안에서는 ㉢암석 해안과 모래 해안을 모두 볼 수 있으며, 서해안은 ㉣조석 간만의 차가 크고, 세계적인 규모의 ㉤갯벌이 발달해 있다.

① ㉠   ② ㉡   ③ ㉢   ④ ㉣   ⑤ ㉤

17 다음에서 설명하는 지형으로 옳은 것은?

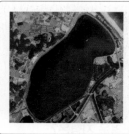

원래 바닷물이 들어온 만이 있었는데, 파도의 퇴적 작용으로 발달한 사주에 의해 만의 입구가 막혀 호수가 되었다. 주로 우리나라 동해안에서 볼 수 있다.

① 사빈   ② 갯벌   ③ 석호
④ 다도해   ⑤ 해식애

18 다음은 조선 시대 화가들의 작품이다. (가), (나)와 같은 지형을 볼 수 있는 지역을 지도에서 고른 것은?

	(가)	(나)
↑ 심사정의 「삼일포」	↑ 정선의 「총석정」	

삼일포는 36개의 봉우리가 주변을 둘러싸고 있으며, 호수 안에는 4개의 섬이 있는 석호이다. | 금강산 자락에 있는 총석정은 용암이 식어 형성된 육각형 모양의 바위 기둥과 절벽이 나타난다.

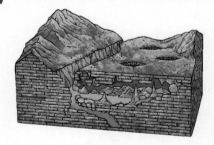

	(가)	(나)
①	A	B
②	B	A
③	B	D
④	C	B
⑤	C	D

19 그림에 나타난 지형에 대한 설명으로 옳은 것은?

![지형 그림]

① 람사르 협약 지정 습지로 관리되고 있다.
② 기반암이 화강암인 지역에서 주로 나타난다.
③ 하천 주변에 발달하며 주로 논으로 이용된다.
④ 주변에서 구멍이 뚫린 검은색 돌을 흔하게 볼 수 있다.
⑤ 지하수의 용식 작용으로 형성되며 토양의 물 빠짐이 좋다.

20 A, B 지역의 지형을 소재로 한 관광 포스터이다. 두 지역에 대한 설명으로 옳은 것을 〈보기〉에서 고른 것은?

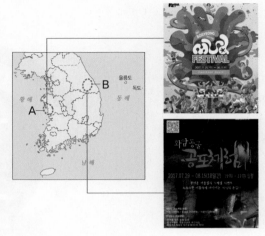

┤보기├
ㄱ. A 지역은 조차가 커서 갯벌이 발달하였다.
ㄴ. B 지역에는 용암의 냉각 속도 차이로 형성된 동굴이 분포한다.
ㄷ. B 지역의 동굴에서는 종유석, 석순, 석주 등의 동굴 생성물을 볼 수 있다.
ㄹ. A는 파랑의 퇴적 작용, B는 지하수의 용식 작용으로 형성되었다.

① ㄱ, ㄴ ② ㄱ, ㄷ ③ ㄴ, ㄷ
④ ㄴ, ㄹ ⑤ ㄷ, ㄹ

21 제주도의 화산 지형에 대한 설명으로 옳지 <u>않은</u> 것은?

① 섬의 대부분이 검고 구멍이 뚫린 현무암으로 덮여 있다.
② 해안가의 주상 절리는 용암의 냉각과 수축으로 형성되었다.
③ 기생 화산은 지표면과 지하의 용암이 식는 속도가 달라 형성되었다.
④ 백록담은 화산 폭발로 인해 형성된 분화구에 물이 고여 형성되었다.
⑤ 한라산 기슭에는 소규모 화산 폭발로 형성된 작은 화산체가 나타난다.

IV

다양한 세계,
다양한 문화

01 다양한 문화 지역

●● 지역마다 다른 문화

1. 문화와 문화 지역

(1) 문화: 인간과 환경이 상호 작용하는 과정에서 형성된 공통된 생활 양식

(2) 문화 지역: 같은 문화 요소를 공유하거나 비슷한 문화 경관이 공통적으로 나타나는 공간적 범위 → 문화 지역은 고정된 것이 아니라 언어, 종교, 민족, 의식주 등의 기준에 따라 달라질 수 있음 자료①

2. 세계의 다양한 문화 지역 자료②

동아시아 문화 지역	우리나라와 중국·일본이 해당하는 지역, 유교와 불교 발달, 한자와 젓가락 사용, 벼농사 발달
동남아시아 문화 지역	다양한 종교 및 인종·언어 분포, 벼농사 발달, 중국과 인도의 영향을 많이 받음
인도 문화 지역	주로 남아시아 지역, 다양한 종교와 언어 분포, 불교와 힌두교의 *발상지, *카스트 제도의 영향이 남아 있음
건조 문화 지역	대부분의 주민들이 이슬람교를 믿음, 유목과 오아시스 농업 발달
아프리카 문화 지역	사하라 사막 이남 아프리카에 해당, 유럽의 식민 지배를 받은 국가가 많음, 부족 단위의 공동체 문화가 남아 있음
유럽 문화 지역	크리스트교 문화 발달, 주로 백인들이 거주, 산업 혁명의 발상지로 일찍 산업화를 이룸
앵글로아메리카 문화 지역	크리스트교(개신교) 문화 발달, 대부분 영어 사용, 산업이 발달하여 경제 수준이 높음, 인종 구성이 다양함
라틴 아메리카 문화 지역	크리스트교(가톨릭교) 문화 발달, 주로 에스파냐어와 포르투갈어 사용, 원주민·백인·흑인·혼혈족의 문화 형성
오세아니아 문화 지역	유럽인이 개척하여 유럽 문화의 영향을 많이 받음, 원주민 문화의 전통이 남아 있음
북극 문화 지역	순록을 유목하는 지역이 있음, 추운 기후에 적응한 독특한 생활 양식이 나타남

↑ 세계의 문화 지역

생생 자료

멕시코를 포함한 남아메리카 지역은 16세기 이후 에스파냐와 포르투갈의 지배를 받으면서 라틴 문화가 전파되어 '라틴 아메리카'라는 이름으로 불리게 되었어.

자료① 언어로 구분한 문화 지역

라틴 아메리카는 대부분의 국가에서 에스파냐어를 사용하지만, 포르투갈의 식민 지배를 받은 브라질은 포르투갈어를 공용어로 사용한다.

자료② 세계의 종교

↑ 세계의 종교 인구(2010년)

보편 종교는 전 세계로 전파된 것이고, 민족 종교는 특정 지역의 특정 민족이 주로 믿는 것이야.

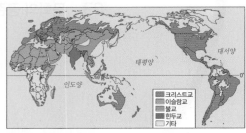

↑ 종교로 구분한 문화 지역

종교는 개인의 신앙을 넘어 지역의 의식주 생활이나 행동 양식까지 많은 영향을 준다. 이 때문에 종교에 따른 독특한 문화 경관이 나타나 세계의 문화 지역을 구분하는 중요한 기준이 된다.

쏙쏙 용어

★ 발상지(發-시작하다, 祥-상서롭다, 地-땅) 역사적으로 큰 가치가 있는 어떤 일이나 사물이 처음 나타난 곳

★ 카스트 제도 인도의 신분 계급 제도로 브라만, 크샤트리아, 바이샤, 수드라 등으로 나뉨

●● 문화의 지역 차

1. 자연환경에 따른 문화 차이

(1) 의복 문화

① 특징: 기후에 적응하기 위한 형태의 옷차림 발달

② 사례: 열대 지역에서는 통풍이 잘되는 얇은 옷을 입음, 건조 지역에서는 강한 햇볕과 모래바람을 막아주는 온몸을 감싸는 긴 옷을 입음, 한대 지역에서는 추위로부터 몸을 보호하는 두꺼운 옷을 입음

(2) 음식 문화 `자료 ③`

① 특징: 자연환경의 차이로 발달하는 농업 방식, 생산되는 음식 재료가 다양함 → 지역에 따라 다양한 조리 방식과 먹는 방법 발달

② 사례: 계절풍 기후 지역에서는 쌀, 서늘하고 건조한 지역에서는 밀, 고산 지역에서는 감자 또는 옥수수가 주식임

(3) 주거 문화 `자료 ④`

① 특징: 주변에서 쉽게 구할 수 있는 재료를 이용하여 만든 가옥, 지역의 기후 환경을 극복할 수 있는 가옥 구조 발달

② 사례: 열대 지역의 개방형 가옥, 사막 지역의 흙집, 유목 지역의 이동식 가옥, 냉대 지역의 통나무집, 한대 지역의 얼음집 등

2. 경제·사회적 환경에 따른 문화의 지역 차

(1) 경제 수준에 따른 문화의 지역 차

① 경제 수준이 높은 지역: 산업이 발달하여 높은 건물, 넓은 도로, 상점 등이 밀집한 경관과 현대적인 의식주 생활 모습이 나타남

② 경제 수준이 낮은 지역: 오래전부터 전해진 전통적인 생활 양식과 문화 경관을 유지하는 경우가 많음 서술형 단골 종교에 따라 다른 주민 생활 모습 문제가 자주 출제돼!

(2) 종교에 따른 문화의 지역 차: 종교의 계율이 식생활 문화에 영향을 미침, 결혼이나 장례 문화가 다양하게 나타남 `자료 ⑤`

크리스트교	• 높고 뾰족한 탑에 십자가를 세운 교회나 성당에 모여 기도함 • 부활절에 달걀을 나누어 먹음	 쾰른 대성당
이슬람교	• 둥근 지붕과 뾰족한 탑의 모스크 • 돼지고기와 술을 금기시하여 먹지 않고 *할랄 식품만 먹음 • 하루에 다섯 번씩 성지인 메카를 향해 기도함	 술탄 아흐메트 사원
힌두교	• 지역마다 다른 신을 모시는 사원이 있음 • 소를 숭배하여 소고기를 먹지 않음, 갠지스강에서 몸을 씻는 종교 의식을 행함	 미낙시 사원
불교	• 사찰, 불상, 불탑, 승려 등을 볼 수 있음, 살생을 금지하여 고기를 먹지 않음 • '부처님 오신 날'에 연등 행사를 함	 쉐다곤 파고다

생생 자료

자료 ③ 주식 작물의 분포

벼농사가 발달한 동남아시아에서는 쌀을 주식으로 하고, 서늘하고 강수량이 적은 지역에서는 밀을 재료로 한 음식을 주로 먹는다. 옥수수가 많이 재배되는 멕시코에서는 옥수수로 만든 토르티야에 음식을 싸 먹는 타코가 발달하였다.

자료 ④ 세계의 전통 가옥

↑ 고상 가옥(열대 지역)

↑ 흙집(건조 지역)

↑ 이동식 가옥(유목 지역)

↑ 얼음집(한대 지역)

세계의 다양한 가옥은 그 지역의 자연환경에 적응하는 과정에서 발달하였다.

자료 ⑤ 지중해 주변의 다양한 문화

지중해 주변에는 다양한 문화가 나타난다. 이탈리아를 비롯한 북쪽 지역에서는 크리스트교와 유럽 문화가 나타나며, 모로코를 비롯한 남쪽 지역에서는 이슬람교와 아랍어, 그리고 유목 중심의 이슬람 문화가 나타난다. 한편 지중해의 동쪽에 있는 튀르키예는 아시아계 민족이 많고, 이슬람교를 주로 믿는다.

쏙쏙 용어

* **할랄 식품** 이슬람 율법으로 허용되어 이슬람교도가 먹을 수 있는 식품을 의미함

대표 자료 확인하기

◆ 세계의 문화 지역

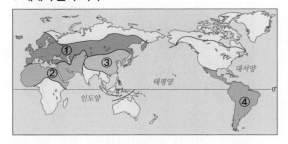

- (①   ) 문화 지역 • (②   ) 문화 지역
- (③   ) 문화 지역 • (④   ) 문화 지역

◆ 종교에 따른 문화 경관

- 크리스트교
- (⑤   )

- (⑥   )
- (⑦   )

한눈에 정리하기

◆ 세계의 다양한 문화 지역

(①　　　　)	유교와 불교 발달, 한자와 젓가락 사용
동남아시아 문화 지역	다양한 종교·인종·언어 분포, 벼농사 발달, 중국과 인도의 영향을 많이 받음
(②　　　　)	다양한 종교·인종·언어 분포, 불교와 힌두교의 발상지, 카스트 제도의 영향
건조 문화 지역	대부분 (③　　　　)를 믿음, 유목과 오아시스 농업 발달
아프리카 문화 지역	사하라 사막 이남, 부족 단위의 공동체 문화가 남아 있음
(④　　　　)	크리스트교 문화 발달, 산업 혁명의 발상지
앵글로아메리카 문화 지역	크리스트교(개신교) 문화 발달, 대부분 영어 사용, 산업 발달, 인종 구성 다양
라틴 아메리카 문화 지역	크리스트교(가톨릭교) 문화 발달, 주로 에스파냐어와 포르투갈어 사용

---

1 다음 설명이 맞으면 ○표, 틀리면 ✕표를 하시오.

(1) 문화 경관을 통해 문화 지역을 구분할 수 있다. (　　)

(2) 문화는 자연환경에 따라 지역마다 다르게 나타난다. (　　)

(3) 문화 지역의 경계는 대륙의 경계와 정확히 일치한다. (　　)

(4) 문화란 인간과 환경의 상호 작용으로 형성된 공통된 생활 양식이다. (　　)

2 문화 지역과 특징을 옳게 연결하시오.

(1) 유럽 문화 지역 •   • ㉠ 이슬람교, 유목 생활

(2) 북극 문화 지역 •   • ㉡ 순록 사육, 툰드라 기후

(3) 건조 문화 지역 •   • ㉢ 크리스트교, 이른 산업화

(4) 동아시아 문화 지역 •   • ㉣ 유교, 한자, 불교, 벼농사

(5) 라틴 아메리카 문화 지역 •   • ㉤ 에스파냐어, 포르투갈어, 가톨릭교

3 유럽 문화 지역, 앵글로아메리카 문화 지역, 라틴 아메리카 문화 지역은 공통적으로 (　　　　) 문화가 발달하였다.

4 다음 괄호 안의 내용 중 알맞은 말에 ○표를 하시오.

(1) 나무를 구하기 어려운 사막에서는 (흙, 풀)(으)로 집을 짓는다.

(2) 경제 수준이 높을수록 (인공적인, 전통적인) 경관이 두드러진다.

(3) (언어, 종교)는 지역의 의식주 생활이나 행동 양식에까지 많은 영향을 준다.

(4) 더운 지역은 (개방적, 폐쇄적)인 가옥 구조를 보이고, 강수량이 (적은, 많은) 지역은 지붕의 경사가 급하다.

5 다음 설명에 해당하는 종교를 〈보기〉에서 골라 기호를 쓰시오.

보기	
ㄱ. 불교	ㄴ. 힌두교
ㄷ. 이슬람교	ㄹ. 크리스트교

(1) 하루에 다섯 번씩 메카를 향해 기도를 한다. (　　)

(2) 높고 뾰족한 탑에 십자가를 세운 교회 건물을 볼 수 있다. (　　)

(3) 갠지스강을 신성시하고 이곳에서 몸을 씻는 종교 의식을 한다. (　　)

(4) 살생을 금지하는 계율이 있어 사찰에서는 고기를 먹지 않는다. (　　)

01 문화와 문화 지역에 대한 설명으로 옳지 <u>않은</u> 것은?

① 문화는 의식주, 종교, 사고방식 등을 포함한다.

② 문화 지역의 범위는 그 나라의 국경선과 일치한다.

③ 다양한 의복 문화는 각 지역의 자연환경을 반영한 것이다.

④ 문화 지역은 고정된 것이 아니라 구분 기준에 따라 달라질 수 있다.

⑤ 비슷한 문화 경관이 나타나는 공간적 범위를 문화 지역이라고 한다.

02 다음 내용에서 문화 지역을 구분하는 기준을 찾아 〈보기〉에서 고른 것은?

> 아메리카 대륙은 여러 기준에 따라 다양한 문화 지역으로 구분할 수 있다. 미국과 캐나다는 영어를, 멕시코 이남의 남아메리카 지역은 대부분 에스파냐어를 사용하지만, 브라질은 포르투갈어를 공용어로 사용한다. 또한 미국, 캐나다는 주로 개신교, 멕시코 이남 지역은 주로 가톨릭교를 믿는데, 아마존강 유역 일부와 북극권에서는 토착 종교를 믿는 경우가 많다.

ᅳ 보기 ᅳ
ㄱ. 언어   ㄴ. 종교
ㄷ. 민족   ㄹ. 의식주

① ㄱ, ㄴ   ② ㄱ, ㄷ   ③ ㄴ, ㄷ
④ ㄴ, ㄹ   ⑤ ㄷ, ㄹ

03 다음 문화 요소가 공통적으로 나타나는 국가를 지도에서 고른 것은?

> • 불교   • 한자   • 유교   • 벼농사

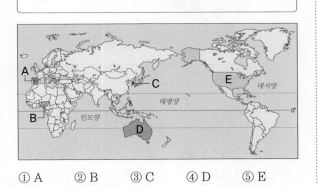

① A   ② B   ③ C   ④ D   ⑤ E

[04~06] 지도는 세계의 문화 지역을 나타낸 것이다. 이를 보고 물음에 답하시오.

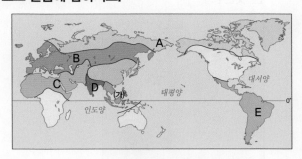

04 A~E 문화 지역의 이름을 옳게 연결한 것은?

① A-유럽 문화 지역

② B-건조 문화 지역

③ C-동아시아 문화 지역

④ D-오세아니아 문화 지역

⑤ E-라틴 아메리카 문화 지역

중요해
05 다음에서 설명하는 문화 지역을 지도에서 고른 것은?

> 크리스트교 문화가 발달하였고, 일찍 산업화를 이루었다. 식민지 개척을 통해 세계 여러 지역에 자신들의 언어와 종교를 전파시켰다.

① A   ② B   ③ C   ④ D   ⑤ E

06 ⑺ 문화 지역을 대표하는 문화 경관을 〈보기〉에서 고른 것은?

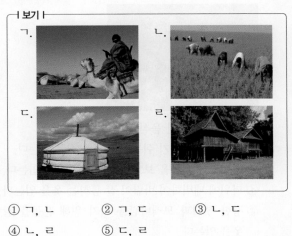

① ㄱ, ㄴ   ② ㄱ, ㄷ   ③ ㄴ, ㄷ
④ ㄴ, ㄹ   ⑤ ㄷ, ㄹ

07 A, B 문화 지역에 대한 옳은 설명을 〈보기〉에서 고른 것은?

| 보기 |

ㄱ. A는 에스파냐어를 주로 사용한다.
ㄴ. B의 주민들은 주로 가톨릭교를 믿는다.
ㄷ. A, B는 모두 유럽 문화 지역의 영향을 받았다.
ㄹ. A에서는 둥근 지붕의 모스크를, B에서는 성당을
자주 볼 수 있다.

① ㄱ, ㄴ   ② ㄱ, ㄷ   ③ ㄴ, ㄷ
④ ㄴ, ㄹ   ⑤ ㄷ, ㄹ

08 사진과 같은 경관이 나타나는 지역의 의식주 생활에 대한 설명으로 옳은 것은?

① 쌀을 재료로 한 음식 문화가 발달하였다.
② 주변에서 구하기 쉬운 얼음으로 집을 짓는다.
③ 추위로부터 몸을 보호하는 두꺼운 옷을 입는다.
④ 더위에 대비하여 바람이 잘 통하는 옷을 입는다.
⑤ 강한 햇볕과 모래바람을 막기 위해 온몸을 감싸는
옷을 입는다.

09 (가), (나)를 보고 두 지역을 비교한 내용으로 옳은 것은?

(가)   (나)

① (가)보다 (나)의 연평균 기온이 높다.
② (가)는 연중 기온이 낮은 툰드라 지역이다.
③ (가)는 비가 적게 오고, (나)는 눈이 많이 온다.
④ (나)는 기온의 연교차보다 기온의 일교차가 더 크다.
⑤ (가)보다 (나) 가옥이 분포하는 지역의 해발 고도가 높다.

10 기후 그래프가 나타나는 지역에서 볼 수 있는 경관은?

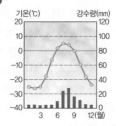

① 지붕이 평평한 흙집
② 굵은 통나무로 이루어진 가옥
③ 가축의 가죽과 털로 만든 옷을 입은 원주민
④ 벼농사를 주로 지으며 쌀 요리를 먹는 주민들
⑤ 온몸을 감싸는 얇고 헐렁한 옷을 입은 사람들

11 그래프는 세계의 종교 인구를 나타낸 것이다. A~C에 해당하는 종교를 옳게 연결한 것은?

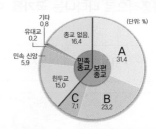

	A	B	C
①	불교	이슬람교	크리스트교
②	이슬람교	불교	크리스트교
③	이슬람교	크리스트교	불교
④	크리스트교	불교	이슬람교
⑤	크리스트교	이슬람교	불교

[12~13] 지도는 세계의 종교 분포를 나타낸 것이다. 이를 보고 물음에 답하시오.

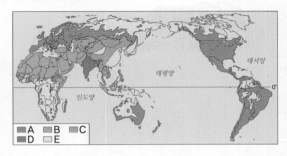

12 다음에서 설명하는 종교를 지도에서 고른 것은?

> 다신교의 형태를 이루어 지역마다 다른 신을 모시는 사원을 볼 수 있다. 소를 숭배하여 소고기를 먹지 않고, 인간의 영혼은 끊임없이 윤회한다고 믿는다.

① A　　② B　　③ C　　④ D　　⑤ E

13 사진의 경관이 주로 나타나는 종교 지역을 지도에서 고른 것은?

① A　　② B　　③ C　　④ D　　⑤ E

중요해

14 사진과 관련된 종교 지역의 특징으로 옳은 것은?

① 종교적인 이유로 소고기를 먹지 않는다.
② 십자가를 세운 성당이나 교회에서 기도를 한다.
③ 하루에 다섯 번씩 성지인 메카를 향해 기도한다.
④ 다신교로 지역 마다 다른 신을 모신 사원이 있다.
⑤ 인도에서 발생하여 동아시아 지역으로 전파되었다.

학교 시험에 잘 나오는 서술형 문제

1 (가), (나)를 참고하여 문화 지역의 구분이 고정된 것이 아닌 이유를 서술하시오.

(가)

↑ 라틴 아메리카의 언어 분포

(나)

> 아메리카 대륙을 종교적으로 보면 미국, 캐나다는 주로 개신교, 멕시코 이남 지역은 주로 가톨릭교를 믿으며, 아마존강 유역 일부는 토착 종교를 믿는다.

_____
_____
_____

2 종교의 계율이 식생활 문화에 영향을 미친 사례를 두 가지만 서술하시오.

_____
_____
_____

3 자료를 보고 물음에 답하시오.

> 타이에서는 남자가 일생에 한 번 절에 들어가 3개월 동안 수도 과정을 거치는 전통이 있다.

(1) 위 자료와 관계 깊은 종교를 쓰시오.

_____

(2) (1)의 종교 문화가 발달한 지역에서 볼 수 있는 경관을 서술하시오.

_____
_____
_____

02 세계화와 문화 변용

문화 변용과 지역 변화

1. 문화 접촉과 문화 전파

문화 접촉	지리적으로 인접한 지역의 서로 다른 문화가 지속적으로 만나는 현상, 오늘날 문화 변화의 큰 요인으로 작용
문화 전파	한 지역의 문화가 다른 지역으로 이동하거나 주변으로 퍼져나가는 현상, 문화 접촉이 반복되면서 나타남 자료①

2. 문화 전파에 따른 문화 변용

(1) **문화 변용**: 서로 다른 문화를 가진 집단 사이에 문화 접촉과 문화 전파가 일어나면서 한쪽 또는 양쪽의 문화에 변화가 나타나는 현상

(2) **문화 변용의 유형** 자료② 자료③

문화 공존	서로 다른 문화가 함께 존재함 예 우리나라는 불교, 유교, 크리스트교 문화가 모두 나타남
문화 *동화	하나의 문화가 남고 다른 문화는 사라짐 예 우리나라는 오늘날 대부분 가로쓰기를 함(과거 세로쓰기 방식 사라짐), 필리핀 사람들은 에스파냐와 미국의 영향으로 대부분 크리스트교를 믿음(전통 신앙 거의 사라짐)
문화 융합	서로 다른 문화가 만나 새로운 문화가 만들어짐 예 미국의 재즈 문화, 일본의 카레라이스 등

세계화와 문화 변용

1. 문화의 세계화
교통·통신의 발달로 지역 간 교류가 증가, 각 지역의 문화가 유사한 모습으로 변해가며 문화의 세계화가 가속화됨

2. 세계화에 따른 문화의 획일화

(1) **의미**: 한 지역의 문화가 다른 지역에서 비슷하게 나타나거나 전 세계적으로 같은 문화를 공유하는 현상, 강력한 영향력을 가진 외래문화가 유입되면 전통문화가 사라지면서 문화가 *획일화되기도 함

(2) **사례**: 패스트푸드 음식점과 커피 전문점의 확산, 청바지 입는 문화의 보편화 등 → 주로 서구 문화로 획일화되는 경향이 나타남

3. 세계화에 따른 문화 융합

(1) **의미**: 세계화에 따라 확산된 문화가 각 지역의 특성에 맞게 지역 문화와 섞이는 현상

(2) **사례**: 지역별로 특화된 햄버거와 피자, *퓨전 국악 뮤지컬, 돌침대 등

↑ 햄버거

↑ 커피 전문점

↑ 돌침대

생생 자료

자료① 영국에서 시작된 축구와 크리켓

□ 축구를 즐기는 나라
□ 크리켓을 즐기는 나라

축구와 크리켓은 모두 영국에서 시작된 스포츠이다. 오늘날 세계의 많은 국가들이 축구를 즐기는 데 반해 크리켓을 즐기는 나라들은 영국의 영향을 받은 인도, 오스트레일리아, 뉴질랜드뿐이다. 축구는 공 하나만 있으면 즐길 수 있는 운동이므로 전 세계로 전파되었지만, 다양한 장비가 필요하고 규칙이 복잡한 크리켓은 쉽게 전파되지 않았다.

자료② 문화 변용의 이해

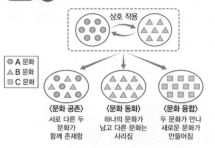

상호 작용

○ A 문화
△ B 문화
□ C 문화

〈문화 공존〉 서로 다른 두 문화가 함께 존재함
〈문화 동화〉 하나의 문화가 남고 다른 문화는 사라짐
〈문화 융합〉 두 문화가 만나 새로운 문화가 만들어짐

자료③ 문화 전파에 따른 문화 변용의 사례

↑ 말리의 젠네 모스크

↑ 멕시코의 과달루페 성모상

건조 기후 지역에 속한 말리에서는 주변에서 쉽게 구할 수 있는 진흙을 이용해 이슬람 사원을 세웠다. 한편, 에스파냐의 영향으로 가톨릭교를 믿는 멕시코에서는 원주민의 외모를 닮은 검은 머리, 갈색 피부의 성모상을 만들었다.

쏙쏙 용어

★ **동화** 서로 다르던 것이 서로 같게 됨
★ **획일화** 개성을 무시하고 임의적으로 규격화하고 동질화하려는 경향을 말함
★ **퓨전** 서로 다른 두 종류 이상의 것을 섞어 새롭게 만드는 것

대표 자료 확인하기

◆ 문화 변용의 이해

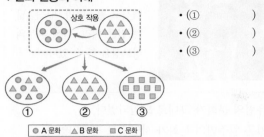

- ① (   )
- ② (   )
- ③ (   )

● A 문화   △ B 문화   ■ C 문화

◆ 문화 전파에 따른 문화 변용

↑ 말리의 젠네 모스크

↑ 멕시코의 과달루페 성모상

말리의 젠네 모스크와 멕시코 과달루페의 갈색 피부의 성모상은 모두 (④   )의 사례이다.

한눈에 정리하기

◆ 문화 접촉과 문화 전파

문화 접촉	지리적으로 인접한 지역의 서로 다른 문화가 지속적으로 만나는 현상
문화 전파	한 지역의 문화가 다른 지역으로 (①) 하거나 퍼져나가는 현상

◆ 문화 변용의 유형

문화 공존	서로 다른 문화가 함께 존재함
문화 동화	하나의 문화가 남고 다른 문화는 사라짐
문화 융합	서로 다른 문화가 만나 새로운 문화가 만들어짐

◆ 세계화와 문화 변용

문화의 세계화	지역 간 교류가 활발해지면서 각 지역의 문화가 점차 유사해지는 현상인 문화의 세계화가 나타남
문화의 (②)	한 지역의 문화가 다른 지역에서 비슷하게 나타나거나 전 세계적으로 같은 문화를 공유하는 현상
(③)	세계화에 따라 확산된 문화가 각 지역의 특성에 맞게 지역 문화와 섞이는 현상

꼼꼼 개념 문제

● 정답과 해설 14쪽

1 다음 설명이 맞으면 ○표, 틀리면 ×표를 하시오.

(1) 문화 접촉은 오늘날 문화 변화의 주된 요인으로 작용한다.
(   )

(2) 문화가 전파되는 과정에서 지역의 특성이 반영된 새로운 문화가 나타나기도 한다.   (   )

(3) 지리적으로 인접한 지역의 서로 다른 문화가 지속적으로 만나는 현상을 문화 접촉이라고 한다.   (   )

2 다음 괄호 안에 들어갈 알맞은 말을 〈보기〉에서 골라 기호를 쓰시오.

┤ 보기 ├
ㄱ. 문화 공존   ㄴ. 문화 변용   ㄷ. 문화 전파

(1) 외부의 문화가 전해져 여러 문화가 한 지역에 존재하는 것을 (   )(이)라고 한다.

(2) (   )(이)란 둘 이상의 서로 다른 문화가 만나 지역의 고유한 문화 형태가 변화하는 것이다.

(3) 한 지역의 문화가 다른 지역으로 이동하거나 주변으로 퍼져나가는 것을 (   )(이)라고 한다.

3 멕시코 과달루페의 갈색 피부의 성모상은 에스파냐의 영향으로 전파된 (   )가 중남미 지역의 특성에 맞게 변형된 대표적 종교 경관이다.

4 세계화에 따라 확산된 문화가 각 지역의 특성에 맞게 지역 문화와 섞이는 현상을 (   )이라고 한다.

5 문화의 획일화와 문화 융합에 해당하는 사례를 연결하시오.

(1) 문화 융합   •   • ㉠ 돌침대
(2) 문화의 획일화 •   • ㉡ 커피 전문점의 확산

6 다음 괄호 안의 내용 중 알맞은 말에 ○표를 하시오.

(1) 문화의 (세계화, 지역화)란 다양한 문화가 상호 작용하며 점차 유사해지는 현상을 말한다.

(2) 지역별로 특화된 햄버거와 피자, 돌침대 등은 세계화에 따른 (문화 융합, 문화 획일화)의 사례이다.

(3) 세계화에 따라 강력한 영향력을 가진 외래문화가 유입되면 전통문화가 사라지면서 문화가 (다양화, 획일화)된다.

01 다음 내용과 가장 관계 깊은 용어는?

> 축구와 크리켓은 모두 영국에서 시작된 스포츠이다. 오늘날 세계의 많은 국가들이 축구를 즐기며, 지구촌 인구의 절반은 월드컵 경기를 관람한다. 이에 반해 크리켓을 즐기는 나라들은 영국의 영향을 받은 인도, 오스트레일리아, 뉴질랜드뿐이다. 축구는 공 하나만 있으면 즐길 수 있는 운동이므로 전 세계로 퍼지게 되었지만, 다양한 장비가 필요하고 규칙이 복잡한 크리켓은 쉽게 퍼지지 않았다.

① 문화 전파　② 문화 변용　③ 문화 융합
④ 문화 동화　⑤ 문화의 획일화

이 문제에서 나올 수 있는 선택지는 다~!

02 문화 변용과 지역 변화에 대한 설명으로 옳지 않은 것은?

① 문화 접촉은 오늘날 지역 변화의 주된 요인으로 작용한다.
② 한 지역의 문화가 다른 지역으로 이동하는 현상을 문화 전파라고 한다.
③ 서로 다른 문화를 가진 집단이 지속적으로 만나면 문화 변용이 발생한다.
④ 인접한 지역의 서로 다른 문화가 지속적으로 만나는 현상을 문화 획일화라고 한다.
⑤ 문화 접촉이 반복적으로 이루어지고 시간이 흐르면 한 사회의 문화 요소가 다른 사회로 전파된다.
⑥ 문화 접촉과 문화 전파가 일어나면서 한쪽 또는 양쪽 문화에 변화가 나타나는 현상을 문화 변용이라고 한다.

03 ㉠에 들어갈 용어를 쓰시오.

> 우리나라에서는 과거 글을 쓸 때 세로쓰기를 하였으나, 가로쓰기 방식이 도입되고 확산되면서 점차 세로쓰기 방식을 찾아보기 어려워졌다. 이는 (㉠)의 사례에 해당한다.

04 자료와 같은 현상이 나타나게 된 배경으로 옳은 것은?

 멕시코의 과달루페에 가면 멕시코 원주민의 외모를 닮은 검은 머리, 갈색 피부의 성모상을 볼 수 있다.

① 유럽의 문화가 그대로 도입되었다.
② 기존 원주민의 문화가 서양으로 전파되었다.
③ 전파된 서양 문화를 자신들에게 맞게 변형시켰다.
④ 원주민의 문화가 강력한 유럽 문화에 동화되었다.
⑤ 전파된 서양 문화와 원주민의 문화 사이에 갈등이 나타났다.

[05~06] 문화 변용의 유형을 나타낸 그림을 보고 물음에 답하시오.

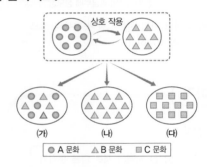

05 (가)~(다)에 들어갈 용어를 옳게 연결한 것은?

	(가)	(나)	(다)
①	문화 동화	문화 공존	문화 융합
②	문화 동화	문화 융합	문화 공존
③	문화 공존	문화 융합	문화 동화
④	문화 공존	문화 동화	문화 융합
⑤	문화 융합	문화 공존	문화 동화

06 (다)의 사례로 보기 어려운 것은?

① 오늘날 필리핀 사람들은 대부분 크리스트교를 믿는다.
② 햄버거는 각 지역의 음식 문화와 결합하여 발달하고 있다.
③ 미국에서는 다양한 인종과 문화가 결합하며 재즈 문화가 발달하였다.
④ 돌침대는 우리나라의 온돌과 서양의 침대를 융합하여 만든 상품이다.
⑤ 멕시코에서는 원주민의 외모를 닮은 검은 머리, 갈색 피부의 성모상을 볼 수 있다.

07 밑줄 친 ㉠~㉢에 대한 옳은 설명을 〈보기〉에서 고른 것은?

> ㉠ 커리(Curry)는 남부 인도의 음식이다. 본래 많은 향신료를 갈아 만든 가루를 고기, 과일, 채소와 함께 요리한 것을 밥에 얹어 먹는다. 이 커리가 일본으로 전해지면서 '카레'로 불리게 되었는데, 영국 해군 식단에 있던 ㉡ 커리와 빵을 일본 해군에 도입하여 ㉢ 카레와 밥을 선보인 것이 '카레라이스'의 시초라고 한다.

┤보기├
ㄱ. 인도의 문화는 일본 고유의 문화에 동화되어 사라졌다.
ㄴ. 영국은 인도의 커리 문화를 일본에 전파한 매개체이다.
ㄷ. ㉠, ㉢은 주식 작물이 달라 문화의 차이가 발생한 것이다.
ㄹ. ㉡, ㉢은 모두 문화 전파에 따른 문화 융합의 사례이다.

① ㄱ, ㄴ ② ㄱ, ㄷ ③ ㄴ, ㄷ
④ ㄴ, ㄹ ⑤ ㄷ, ㄹ

08 자료를 보고 이에 대한 설명으로 옳은 것을 〈보기〉에서 고른 것은?

> 세계인이 즐겨 마시는 커피가 우리나라로 들어오면서 커피 소비량이 증가하고 있으며, 커피 전문점이 늘어나 거리 경관도 달라지고 있다. 세계 여러 국가에 매장이 있는 S 커피 전문점은 모두 같은 간판과 상표로 되어 있다.

┤보기├
ㄱ. 문화 갈등이 발생하고 있다.
ㄴ. 외래문화가 전파 지역의 문화에 동화된 사례이다.
ㄷ. 세계화에 따라 문화가 획일화되는 경향을 보여준다.
ㄹ. 모두 같은 간판과 상표로 되어 있어 유사한 문화 경관을 형성한다.

① ㄱ, ㄴ ② ㄱ, ㄷ ③ ㄴ, ㄷ
④ ㄴ, ㄹ ⑤ ㄷ, ㄹ

09 밑줄 친 내용과 가장 관계 깊은 문화의 특성은?

> 햄버거는 18세기 무렵 독일에서 미국으로 건너간 후 미국에서 햄버그스테이크를 빵 사이에 끼워 판매하면서 오늘날의 햄버거 형태가 갖추어졌고, 이것이 다른 나라로 퍼져 세계적인 음식이 되었다. 오늘날 햄버거는 전 세계 어디서나 볼 수 있는데, 그 나라에서 즐겨 먹는 식재료와 고유한 문화를 반영하여 다양하게 만들어진다.

① 문화 접촉 ② 문화 동화
③ 문화 갈등 ④ 문화 융합
⑤ 문화의 다양화

10 세계화에 따른 문화 변용에 대한 설명으로 옳지 <u>않은</u> 것은?
① 교통·통신의 발달로 세계화가 활발해지고 있다.
② 강력한 외래문화가 유입되면서 전통문화가 사라지기도 한다.
③ 오늘날에는 아시아 문화로 획일화되는 경향이 나타나고 있다.
④ 각 지역의 문화가 유사한 모습으로 변하는 문화의 세계화가 나타나고 있다.
⑤ 청바지나 티셔츠를 입는 모습을 전 세계에서 볼 수 있는 것은 문화 획일화의 사례이다.

학교 시험에 잘 나오는 **서술형** 문제

1 다음 문화 경관을 문화 변용 측면에서 서술하시오. (단, 반드시 종교를 언급할 것)

↑ 말리의 젠네 모스크

_____

_____

_____

03 문화의 공존과 갈등

●● 서로 다른 문화의 공존

1. 다문화 현상 한 지역 안에 다양한 문화가 나타나는 현상, 서로 다른 문화의 상호 작용으로 새로운 문화 형성 → 오늘날 세계 곳곳에서 서로 다른 문화가 한 지역에 공존하는 모습을 발견할 수 있음

2. 서로 다른 문화가 공존하는 지역

스위스	독일계·프랑스계·이탈리아계 국민이 독일어·프랑스어·이탈리아어·로만슈어를 공용어로 사용 **자료①**
싱가포르	중국계·말레이계·인도계·영국계 등 다양한 민족 구성, 다양한 종교의 공존, 영어·중국어·말레이어·타밀어 등 네 가지 언어를 공용어로 사용 ← 해상 교통의 길목에 위치
말레이시아	말레이계·중국계·인도계 등 여러 민족으로 구성, 이슬람교·불교·힌두교·크리스트교 등 다양한 종교가 평화롭게 공존
미국	유럽계 백인, 아프리카계 흑인, 라틴 아메리카 및 아시아 이주민, 원주민 등 다양한 인종과 민족이 다양한 문화를 이룸
캐나다	'다문화주의'를 정책 이념으로 선택 → 모자이크 사회 지향
브라질	유럽계 백인, 아프리카계 흑인, 혼혈인, 원주민(인디오) 등이 함께 문화를 이루고 있음

●● 서로 다른 문화 간 갈등

1. 문화 갈등 자신만의 문화를 상대에게 강요하거나 주장하면서 대립과 갈등이 발생 → 주로 민족, 종교, 언어와 관련된 갈등이 많음

2. 문화 갈등이 발생하는 지역

(1) 종교 차이로 인한 갈등: 영토, 자원, 민족 문제와 섞여 복잡함

팔레스타인 지역	*유대교를 믿는 이스라엘과 이슬람교를 믿는 *팔레스타인 간의 갈등
카슈미르 지역	힌두교를 믿는 인도와 이슬람교를 믿는 파키스탄 간의 갈등 **자료②**
스리랑카	불교 신자인 싱할라족과 힌두교 신자인 타밀족 간의 갈등

(2) 언어로 인한 갈등: 한 나라에서 다양한 언어를 사용할 경우 발생

벨기에	네덜란드어를 사용하는 북부 지역과 프랑스어를 사용하는 남부 지역 간의 갈등 **자료③**
캐나다 퀘벡주	주로 프랑스어를 사용하는 퀘벡주의 분리 독립 요구

3. 문화 갈등의 극복 서로 다른 문화를 인정하고 자신의 문화를 상대방에게 강요하지 않는 문화 상대주의적 태도를 유지해야 함 → 여러 개의 공용어 지정, 종교의 자유를 법으로 보장, 상대방의 문화를 존중하는 태도와 자세를 가지는 것이 중요

생생 자료

자료① 스위스의 언어 분포

└ 북서부 유럽, 남부 유럽, 동부 유럽에 둘러싸인 나라로 여러 민족, 언어, 종교가 뒤섞여 있어

스위스는 모든 학교에서 주로 사용하는 언어 외에 다른 언어를 하나 이상 배우는 것을 의무화하는 등 정부의 언어 정책으로 4개의 공용어를 사용하며 비교적 평화롭게 공존하고 있다.

자료② 카슈미르 지역

카슈미르 지역은 영국으로부터 독립할 때 파키스탄의 땅이 될 예정이었다. 그러나 힌두교를 믿던 카슈미르의 지배층이 인도에 통치권을 넘기면서 이 지역을 놓고 인도와 파키스탄 간에 갈등이 시작되었다.

자료③ 벨기에의 언어 갈등

프랑스어권(남부)과 네덜란드어권(북부) 간의 언어 갈등에 경제적 문제가 결합되어 북부의 분리 독립 요구가 나타났다.

쏙쏙 용어

* **유대교** 모세의 율법을 기초로 기원전 4세기경부터 발달한 유대인의 민족 종교
* **팔레스타인** 아시아 서쪽, 지중해 동남쪽 기슭에 있는 지방. 제2차 세계 대전 이후 이 지역에 유대교를 믿는 이스라엘이 건국되어 종교 갈등이 발생함

대표 자료 확인하기

◆ 다양한 문화가 공존하는 지역과 갈등하는 지역

스위스는 다양한 언어가 (①   )하며, 벨기에는 다양한 언어가 (②   )한다.

◆ 문화 갈등 지역

카슈미르 지역은 영국으로부터 독립할 당시에 (③   )의 땅이 될 예정이었다. 그러나 힌두교를 믿던 지배층이 (④   )에 통치권을 넘기면서 갈등이 시작되었다.

한눈에 정리하기

◆ 서로 다른 문화가 공존하는 지역

스위스	독일계·프랑스계·이탈리아계 국민이 독일어·프랑스어·이탈리아어·로만슈어를 공용어로 사용
(①)	중국계·말레이계·인도계·영국계 등 다양한 민족 구성, 영어·중국어·말레이어·타밀어 등 네 가지 언어 사용
말레이시아	말레이계·중국계·인도계 등 여러 민족으로 구성, 이슬람교·불교·힌두교·크리스트교 등 다양한 종교가 평화롭게 공존

◆ 문화 갈등이 발생하는 지역

팔레스타인 지역	유대교를 믿는 이스라엘과 이슬람교를 믿는 팔레스타인 간의 갈등
카슈미르 지역	힌두교를 믿는 (②)와 이슬람교를 믿는 (③) 간의 갈등
스리랑카	불교 신자인 싱할라족과 힌두교 신자인 타밀족 간의 갈등
벨기에	네덜란드어를 사용하는 북부 지역과 프랑스어를 사용하는 남부 지역 간의 갈등
캐나다 퀘벡주	주로 (④)를 사용하는 퀘벡주의 분리 독립 요구

1 한 지역 안에 다양한 문화가 나타나는 (   ) 현상은 세계화의 영향으로 점차 증가하고 있다.

2 다음 괄호 안에 들어갈 국가의 이름을 〈보기〉에서 골라 기호를 쓰시오.

┤ 보기 ├
ㄱ. 미국   ㄴ. 스위스   ㄷ. 벨기에   ㄹ. 싱가포르

(1) (   )(은)는 독일어, 프랑스어, 이탈리아어, 로만슈어 등 4개 언어를 공용어로 사용한다.
(2) (   )와 말레이시아는 모두 동남아시아 해상 교통의 요지로 다양한 언어, 종교, 민족이 분포하고 있다.
(3) (   )(은)는 원주민, 유럽계, 아프리카계, 아시아계, 라틴 아메리카계 인종이 어우러져 사는 다문화 국가이다.

3 ㉠에 들어갈 알맞은 용어를 쓰시오.

민족, 언어, 종교 등 서로 다른 문화적 요소를 상대에게 강요하거나 주장할 경우 (㉠   )이 발생하는 원인이 된다.

4 문화 갈등 지역과 관계 깊은 종교를 옳게 연결하시오.
(1) 스리랑카   •   • ㉠ 불교, 힌두교
(2) 카슈미르 지역   •   • ㉡ 유대교, 이슬람교
(3) 팔레스타인 지역   •   • ㉢ 힌두교, 이슬람교

5 다음 설명이 맞으면 ○표, 틀리면 ×표를 하시오.
(1) 벨기에는 남부의 이슬람교도와 북부의 크리스트교도 간의 종교 갈등이 심하다. (   )
(2) 싱가포르는 불교 신자인 싱할라족과 힌두교 신자인 타밀족 간의 갈등이 심하다. (   )
(3) 카슈미르 지역은 파키스탄과 인도의 종교 및 영토 분쟁이 겹쳐 갈등이 더욱 심화되었다. (   )

6 문화 갈등을 극복하기 위해서는 서로 다른 문화를 인정하고 자신의 문화를 상대방에게 강요하지 않는 (   )적 태도를 유지해야 한다.

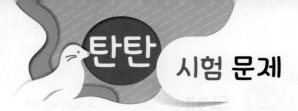

01 다문화 현상에 대한 설명으로 옳지 <u>않은</u> 것은?

① 한 지역 안에 다양한 문화가 나타나는 현상이다.
② 세계화의 영향으로 다문화 현상은 점차 감소하고 있다.
③ 서로 다른 문화의 상호 작용으로 새로운 문화가 형성된다.
④ 교통과 통신이 발달하면서 문화 접촉이 증가함에 따라 나타나는 현상이다.
⑤ 오늘날 세계 곳곳에서 서로 다른 문화가 한 지역에 공존하는 모습을 발견할 수 있다.

02 다음 현상이 나타나는 이유로 가장 적절한 것은?

> 원래 말레이인이 거주하던 싱가포르는 영국의 식민 지배 과정에서 영국인, 인도인, 중국인 등이 유입되어 영어, 말레이어, 타밀어, 중국어가 공용어로 사용되고 있다.

① 외국인 비율이 높기 때문에
② 혼혈 인종이 많이 분포하기 때문에
③ 지역 주민의 문화 수준이 낮기 때문에
④ 해상 교통의 길목에 위치하였기 때문에
⑤ 외래문화를 선택적으로 수용하였기 때문에

03 다음 내용에 해당되지 <u>않는</u> 사례 지역은?

> 다양한 인종과 민족이 모여 살고 있음에도 서로의 문화를 존중하고 인정하는 지역에서는 다양한 문화가 공존하면서 평화로운 경관이 만들어진다.

① 미국　　　② 스위스　　　③ 브라질
④ 싱가포르　　⑤ 카슈미르 지역

04 지도는 어떤 국가의 언어 분포를 나타낸 것이다. 이 국가에 대한 설명으로 옳지 <u>않은</u> 것은?

① 4개의 언어를 공용어로 사용한다.
② 학생들은 여러 개의 언어를 의무적으로 배운다.
③ 독일계, 이탈리아계, 프랑스계 민족이 거주한다.
④ 다양한 종교와 언어로 인한 갈등이 자주 발생한다.
⑤ 북서부 유럽, 남부 유럽, 동부 유럽으로 둘러싸여 있다.

05 다음 내용과 가장 관계 깊은 국가는?

> 이 나라는 다양한 문화적 배경을 가진 사람들이 모여 사는 사회라는 점을 인정하고자 '다문화주의'를 정책 이념으로 선택했다. 2015년에는 원주민 출신의 법무부 장관, 아프가니스탄 난민 출신(이슬람교도)의 민주 제도 장관, 인도 출신(시크교도)의 국방부 장관 등 국적이나 종교와는 상관없이 각 분야에 맞는 장관을 임명했다.

① 중국　　　② 캐나다　　　③ 스위스
④ 브라질　　⑤ 말레이시아

06 문화와 문화 갈등에 대한 설명으로 옳지 <u>않은</u> 것은?

① 문화 갈등은 언어, 종교와 관련된 경우가 많다.
② 종교 갈등은 영토, 자원, 민족 문제 등과 섞여 복잡하게 나타난다.
③ 종교 갈등은 같은 종교를 믿는 사람들 사이에서는 발생하지 않는다.
④ 언어 갈등은 한 나라 안에서 서로 다른 언어를 사용하는 민족 간에 발생하기 쉽다.
⑤ 문화의 차이가 사회·경제적 차별로 이어지는 지역에서는 갈등이 더욱 심각하다.

07 지도는 벨기에의 언어 분포를 나타낸 것이다. 이 지역에서 일어나는 갈등에 대한 옳은 설명을 〈보기〉에서 고른 것은?

┤보기├
ㄱ. 남부 지역이 북부로부터 독립하였다.
ㄴ. 남부와 북부의 경제 격차 문제로 갈등이 심화되었다.
ㄷ. 프랑스어권과 네덜란드어권 사이의 갈등이 나타난다.
ㄹ. 남부의 이슬람교도와 북부의 크리스트교도 간에 갈등이 심각하다.

① ㄱ, ㄴ   ② ㄱ, ㄷ   ③ ㄴ, ㄷ
④ ㄴ, ㄹ   ⑤ ㄷ, ㄹ

중요해

08 다음에서 설명하는 지역을 지도에서 고른 것은?

제1차 세계 대전 이후 유대인들이 팔레스타인 사람들이 사는 땅으로 들어와 이스라엘이라는 국가를 세운 뒤 영토를 넓혔고 이로 인해 팔레스타인 사람들은 자신들이 살던 땅을 빼앗긴 것이 분쟁의 시작이다.

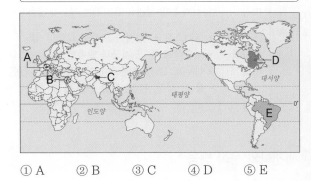

① A   ② B   ③ C   ④ D   ⑤ E

09 종교로 인한 문화 갈등이 발생한 지역을 〈보기〉에서 고른 것은?

┤보기├
ㄱ. 벨기에   ㄴ. 카슈미르 지역
ㄷ. 캐나다 퀘벡주   ㄹ. 팔레스타인 지역

① ㄱ, ㄴ   ② ㄱ, ㄷ   ③ ㄴ, ㄷ
④ ㄴ, ㄹ   ⑤ ㄷ, ㄹ

10 A 지역에 대한 옳은 설명을 〈보기〉에서 고른 것은?

┤보기├
ㄱ. 영유권을 둘러싼 분쟁이 발생하였다.
ㄴ. 언어 갈등으로 분리 독립 요구가 나타났다.
ㄷ. 주변 지역과는 다르게 프랑스어를 사용한다.
ㄹ. 이슬람교와 크리스트교 간의 갈등이 심각하다.

① ㄱ, ㄴ   ② ㄱ, ㄷ   ③ ㄴ, ㄷ
④ ㄴ, ㄹ   ⑤ ㄷ, ㄹ

11 문화 갈등을 해결하기 위한 방안으로 보기 어려운 것은?

① 문화 상대주의적 관점을 이해한다.
② 하나의 언어를 공용어로 지정한다.
③ 소수 문화를 존중하는 태도를 기른다.
④ 문화의 다양성을 인정하는 태도를 가진다.
⑤ 문화 공존을 위한 다양한 제도를 마련한다.

학교 시험에 잘 나오는 서술형 문제

1 지도에 색으로 표시된 지역에서 분쟁이 자주 발생하는 이유를 두 가지 서술하시오.

_____
_____
_____

표와 자료로 정리하는 **대단원**

❶ 세계의 문화 지역

① ☐☐ 문화 지역
② ☐☐ 문화 지역
③ ☐☐☐☐ 문화 지역
④ ☐☐☐☐☐ 문화 지역

정답 ① 유럽 ② 건조 ③ 동아시아 ④ 라틴 아메리카

----

❷ 라틴 아메리카의 언어 분포

① ☐☐☐☐☐   ② ☐☐☐☐☐

정답 ① 에스파냐어 ② 포르투갈어

----

❸ 종교로 구분한 문화 지역

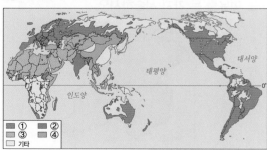

① ☐☐☐☐☐   ② ☐☐☐
③ ☐☐☐☐   ④ ☐☐

정답 ① 크리스트교 ② 이슬람교 ③ 힌두교 ④ 불교

01 다양한 문화 지역

세계의 다양한 문화 지역

❶ 동아시아	유교와 불교 발달, 한자와 젓가락 사용, 벼농사 발달
동남아시아	벼농사 발달, 중국과 인도의 영향을 많이 받음
인도	다양한 종교와 언어 분포, 불교와 힌두교의 발상지
건조	(①)를 믿음, 유목과 오아시스 농업 발달
아프리카	사하라 사막 이남, 부족 단위의 공동체 문화
(②)	크리스트교 문화 발달, 산업 혁명의 발상지
앵글로아메리카	크리스트교(개신교) 문화 발달, 대부분 영어 사용, 산업이 발달하여 경제 수준이 높음, 인종 구성 다양
❷ 라틴 아메리카	크리스트교(가톨릭교) 문화 발달, 주로 에스파냐어와 포르투갈어 사용, 원주민·백인·흑인·혼혈족으로 구성
오세아니아	유럽 문화의 영향을 많이 받음, 원주민 문화의 전통이 남아 있음
북극	순록 유목, 추운 기후에 적응한 독특한 생활 양식

문화의 지역 차

자연환경에 따른 차이		• 기후에 적응하기 위한 형태의 옷차림 발달 • 자연환경의 차이로 발달하는 (③) 방식과 생산되는 음식 재료가 다양함, 주변에서 쉽게 구할 수 있는 재료를 이용하여 가옥을 지음
❸ 경제·사회적 환경에 따른 차이	경제 수준에 따라	경제 수준이 높은 지역에서는 현대적 의식주 경관, 경제 수준이 낮은 지역에서는 전통적 생활 양식과 문화 경관을 유지하는 경우가 많음
	종교에 따라	• 크리스트교: 십자가를 세운 교회나 성당 • 이슬람교: 둥근 지붕과 뾰족한 탑의 모스크 • 힌두교: 소를 숭배하여 소고기를 먹지 않음 • 불교: 사찰, 불상, 불탑 등을 볼 수 있음

02 세계화와 문화 변용

문화 변용의 의미와 유형

(④)	서로 다른 문화를 가진 집단 사이에 문화 접촉과 문화 전파가 일어나면서 한쪽 또는 양쪽의 문화에 변화가 나타나는 현상
문화 변용의 유형	• 문화 공존: 서로 다른 문화가 함께 존재함 • 문화 동화: 하나의 문화는 남고 다른 문화는 사라짐 • (⑤): 서로 다른 문화가 만나 새로운 문화가 만들어짐

정답 ① 이슬람교 ② 유럽 ③ 종교 ④ 문화 변용 ⑤ 문화 융합

세계화와 문화 변용

문화의 세계화	교통·통신의 발달로 지역 간 교류가 증가, 각 지역의 문화가 유사한 모습으로 변해가며 문화의 세계화가 가속화됨
❹ 문화의 (⑥　　　)	한 지역의 문화가 다른 지역에서 비슷하게 나타나거나 전 세계적으로 같은 문화를 공유하는 현상 ⓔ 패스트푸드 음식점과 커피 전문점의 확산 등
문화 융합	세계화에 따라 확산된 문화가 각 지역의 특성에 맞게 지역 문화와 섞이는 현상 ⓔ 지역별로 다른 햄버거와 피자, 퓨전 국악 뮤지컬, 돌침대 등

ⓄⒷ 문화의 공존과 갈등

서로 다른 문화의 공존

(⑦　　　)	한 지역 안에 다양한 문화가 나타나는 현상, 서로 다른 문화의 상호 작용으로 새로운 문화 형성
❺ 스위스	독일계·프랑스계·이탈리아계 국민이 독일어·프랑스어·이탈리아어·로만슈어를 공용어로 사용
(⑧　　　)	다양한 민족과 종교의 공존, 영어·중국어·말레이어·타밀어 등 네 가지 언어를 공용어로 사용
말레이시아	말레이계·중국계·인도계 등 여러 민족으로 구성, 이슬람교·불교·힌두교 등 다양한 종교가 평화롭게 공존
미국	유럽계 백인, 아프리카계 흑인, 라틴 아메리카 및 아시아 이주민, 원주민 등이 다양한 문화를 이룸
캐나다	'다문화주의'를 정책 이념으로 선택
브라질	유럽계 백인, 아프리카계 흑인, 혼혈인, 원주민(인디오) 등이 함께 문화를 이루고 있음

서로 다른 문화 간 갈등

문화 갈등		자신만의 문화를 상대에게 강요하거나 주장하면서 대립과 (⑨　　　)이 발생
❻ 문화 갈등의 발생 지역	종교 갈등	• 팔레스타인 지역: 유대교를 믿는 이스라엘과 이슬람교를 믿는 팔레스타인 간의 갈등 • (⑩　　　) 지역: 힌두교를 믿는 인도와 이슬람교를 믿는 파키스탄 간의 갈등 • 스리랑카: 불교 신자인 싱할라족과 힌두교 신자인 타밀족 간의 갈등
	언어 갈등	• 벨기에: 네덜란드어를 사용하는 북부 지역과 프랑스어를 사용하는 남부 지역 간의 갈등 • 캐나다 퀘벡주: 주로 프랑스어를 사용하는 퀘벡 주의 분리 독립 요구

---

❹ 세계화와 문화 변용

• 오늘날 패스트푸드 음식점과 커피 전문점은 세계 어디서나 볼 수 있는데, 이것은 세계화에 따른 문화의 ①◻◻◻ 사례이다.

• 햄버거는 지역의 음식 문화에 맞게 모양과 들어가는 재료들이 다른 경우가 있는데 이는 ②◻◻◻◻의 대표적인 사례이다.

....

❺ 스위스의 언어 공존

스위스는 ①◻◻◻, ②◻◻◻◻◻, ③◻◻◻◻◻, 로만슈어 등 4개의 공용어를 사용한다.

....

❻ 종교 갈등 지역

①◻◻◻◻ 지역은 ②◻◻◻를 믿는 인도와 ③◻◻◻◻를 믿는 파키스탄이 갈등을 겪고 있다.

01 다양한 문화 지역

01 문화와 문화 지역에 대한 옳은 설명만을 〈보기〉에서 있는 대로 고른 것은?

┤보기├
ㄱ. 의식주, 언어, 종교 등은 문화에 해당된다.
ㄴ. 문화는 인간이 환경과 상호 작용하면서 형성한 것이다.
ㄷ. 문화 지역은 비슷한 문화 경관이 공통적으로 나타나는 범위이다.
ㄹ. 지역마다 환경이 다르기 때문에 서로 다른 다양한 문화가 나타난다.

① ㄱ, ㄴ   ② ㄱ, ㄷ   ③ ㄱ, ㄴ, ㄷ
④ ㄴ, ㄷ, ㄹ   ⑤ ㄱ, ㄴ, ㄷ, ㄹ

02 사진이 나타내는 문화 지역의 이름을 순서대로 나열한 것은?

 →  →

① 건조 문화 지역 → 아프리카 문화 지역 → 북극 문화 지역
② 건조 문화 지역 → 동남아시아 문화 지역 → 북극 문화 지역
③ 오세아니아 문화 지역 → 유럽 문화 지역 → 건조 문화 지역
④ 아프리카 문화 지역 → 건조 문화 지역 → 오세아니아 문화 지역
⑤ 아프리카 문화 지역 → 오세아니아 문화 지역 → 유럽 문화 지역

[03~04] 지도는 세계의 문화 지역을 나타낸 것이다. 이를 보고 물음에 답하시오.

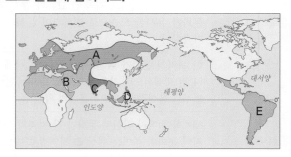

03 벼농사가 발달하여 쌀을 주식으로 하는 지역을 옳게 고른 것은?

① A, B   ② A, C   ③ B, C
④ C, D   ⑤ D, E

04 다음과 같은 문화 경관이 나타나는 지역을 지도에서 고른 것은?

① A   ② B   ③ C   ④ D   ⑤ E

05 사진과 같은 문화 경관이 나타나는 지역의 특징을 〈보기〉에서 고른 것은?

┤보기├
ㄱ. 개방형 가옥을 짓는다.
ㄴ. 통풍이 잘되는 얇은 옷을 입는다.
ㄷ. 감자나 옥수수 등을 주식으로 한다.
ㄹ. 유목 생활에 적합한 이동식 가옥에서 생활한다.

① ㄱ, ㄴ   ② ㄱ, ㄷ   ③ ㄴ, ㄷ
④ ㄴ, ㄹ   ⑤ ㄷ, ㄹ

06 사진의 문화 경관과 관계 깊은 종교는?

① 불교　　　② 힌두교　　　③ 유대교
④ 이슬람교　⑤ 크리스트교

07 지도에 표시된 지역에서 주로 믿는 종교에 대한 설명으로 옳지 <u>않은</u> 것은?

① 전 세계로 전파된 보편 종교이다.
② 하루에 다섯 번씩 메카를 향해 절한다.
③ 돼지고기를 먹지 않고 할랄 식품만 먹는다.
④ 갠지스강을 신성시하여 그곳에서 몸을 씻는다.
⑤ 둥근 지붕과 뾰족한 탑의 모스크가 대표적인 종교 경관이다.

08 그래프는 세계의 종교별 신자 비율을 나타낸 것이다. A~D 종교에 대한 설명으로 옳은 것은?

① A는 돼지고기, B는 소고기를 금한다.
② A~D는 모두 유일신을 믿는다.
③ B와 C는 모두 인도에서 발생하였다.
④ B는 민족 종교이고, D는 보편 종교이다.
⑤ C 종교는 우리나라와 일본, 중국으로 전파되었다.

09 밑줄 친 부분의 이유로 가장 적절한 것은?

> 라틴 아메리카는 리오그란데강 남쪽의 아메리카 대륙과 카리브해의 여러 섬을 포함하는 지역이다. 이 지역에는 아메리카 원주민들이 살고 있었으며, 이들은 마야·아즈테카·잉카 문명에 이르는 다양한 문화를 발달시켰다. 이 지역은 <u>지중해 주변 남부 유럽의 라틴 민족의 문화와 비슷한 문화적 특성을 띤다는</u> 뜻에서 '라틴 아메리카'로 불리게 되었다.

① 남부 유럽 지역의 개신교가 전파되었기 때문에
② 남부 유럽 지역과 유사한 지형이 나타나기 때문에
③ 남부 유럽 지역과 유사한 기후가 나타나기 때문에
④ 남부 유럽 국가들에 의해 식민 지배를 받았기 때문에
⑤ 남부 유럽과 라틴 아메리카에 거주하는 민족이 같기 때문에

02 세계화와 문화 변용

10 다음 내용과 가장 관계 깊은 문화의 특성은?

> 축구는 영국에서 시작된 스포츠이다. 오늘날 세계에서 축구를 즐기지 않는 나라는 거의 없으며, 지구촌 인구의 절반 이상은 월드컵 경기를 관람한다.

① 문화 창조　　　② 문화 갈등
③ 문화 전파　　　④ 문화 동화
⑤ 문화의 다양화

11 문화 융합의 사례로 적절한 것을 〈보기〉에서 고른 것은?

> ┤ 보기 ├
> ㄱ. 우리나라에서는 빵 대신 밥으로 만든 햄버거가 판매되기도 하였다.
> ㄴ. 미국 할리우드 영화는 세계 여러 지역에서 동시에 개봉하기도 한다.
> ㄷ. 돌침대는 우리나라의 온돌과 서양의 침대 문화가 결합하여 개발된 제품이다.
> ㄹ. 싱가포르에서는 한 지역에서 힌두교, 불교, 크리스트교 사원을 모두 볼 수 있다.

① ㄱ, ㄴ　　　② ㄱ, ㄷ　　　③ ㄴ, ㄷ
④ ㄴ, ㄹ　　　⑤ ㄷ, ㄹ

12 세계화에 대한 옳은 설명만을 〈보기〉에서 있는 대로 고른 것은?

┌ 보기 ┐
ㄱ. 주로 서구 문화로 획일화되는 경향이 나타나고 있다.
ㄴ. 교통과 통신의 발달로 문화의 세계화가 더욱 가속화되었다.
ㄷ. 청바지와 티셔츠, 양복 차림의 보편화가 대표적인 사례이다.
ㄹ. 세계화에 따라 각 지역의 문화가 유사해지는 현상이 나타나고 있다.
└──────┘

① ㄱ, ㄴ   ② ㄱ, ㄷ   ③ ㄱ, ㄴ, ㄷ
④ ㄱ, ㄴ, ㄹ   ⑤ ㄱ, ㄴ, ㄷ, ㄹ

13 사진을 보고 설명한 내용으로 옳지 <u>않은</u> 것은?

① 세계화에 따라 확대된 음식 문화이다.
② 오늘날 세계 곳곳에서 쉽게 접할 수 있다.
③ 동일한 간판, 상표를 사용하여 유사한 경관을 형성한다.
④ 지역의 특성을 반영하지 않고, 전 세계적으로 동일한 메뉴만을 판매한다.
⑤ 선진국에 의해 전 세계로 전파됨에 따라 각 지역의 고유문화가 약화되기도 한다.

14 밑줄 친 ㉠~㉤ 중 옳지 <u>않은</u> 것은?

┌──────┐
라틴 아메리카의 '라틴'이란 ㉠ <u>남부 유럽의 민족과 언어</u>를 가리키는 말이다. 유럽과 멀리 떨어져 있는 중앙·남아메리카를 라틴 아메리카라고 부르는 이유는 이 지역이 ㉡ <u>에스파냐와 포르투갈의 식민 지배</u>를 받으면서 이들과 비슷한 문화적 특징을 갖게 되었기 때문이다. 오늘날 라틴 아메리카 주민의 대부분이 ㉢ <u>개신교</u>를 믿으며, 포르투갈어를 사용하는 ㉣ <u>브라질</u>을 제외한 다른 국가에서는 대체로 ㉤ <u>에스파냐어</u>를 사용한다.
└──────┘

① ㉠   ② ㉡   ③ ㉢   ④ ㉣   ⑤ ㉤

15 다음 내용을 참고하여 A, B 지역에 판매하기에 적합한 제품이 옳게 연결된 것을 〈보기〉에서 고른 것은?

┌──────┐
문화는 사람들의 구매 행동에 영향을 미치기 때문에 문화가 다른 지역에 제품을 성공적으로 판매하기 위해서는 그 지역의 자연환경과 경제적·사회적 환경을 분석하여 그에 맞는 제품을 만들어야 한다.
└──────┘

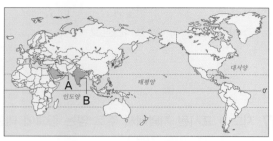

┌ 보기 ┐
ㄱ. A – 돼지가 주인공인 만화 영화 '서유기'
ㄴ. B – 쌀과 소불고기를 넣은 불고기 피자
ㄷ. A – 메카를 가리키는 나침반 기능이 있는 휴대폰
ㄹ. B – 햇빛에 그을린 듯한 피부색에 전통 의상을 입은 인형
└──────┘

① ㄱ, ㄴ   ② ㄱ, ㄷ   ③ ㄴ, ㄷ
④ ㄴ, ㄹ   ⑤ ㄷ, ㄹ

03 문화의 공존과 갈등

16 A 지역에 대한 설명으로 옳은 것은?

① 영국의 영향으로 개신교를 믿는다.
② 주변 국가들과 다르게 에스파냐어를 사용한다.
③ 다양한 혼혈족의 문화가 공존하며 어우러져 산다.
④ 네덜란드어권과 프랑스어권 간의 갈등이 나타난다.
⑤ 종교별 법정 공휴일을 정하여 종교의 공존을 꾀하고 있다.

17 밑줄 친 '이곳'의 특징으로 옳지 <u>않은</u> 것은?

> 동남아시아에 위치한 도시 국가인 <u>이곳</u>은 인도양과 태평양을 잇는 해상 교통로에 자리 잡고 있다. 일찍부터 국제 교역이 활발하여 무역항으로 성장하였으며, 동양과 서양의 다양한 문화와 인종이 공존하고 있다.

① 다양한 인종과 민족이 섞여 있다.
② 네 가지 언어를 공용어로 사용하고 있다.
③ 서로 다른 문화들이 조화를 이루며 발달하기도 한다.
④ 중국계, 말레이계, 인도계, 영국계 등으로 구성되어 있다.
⑤ 일부 지역이 언어 갈등 문제로 분리 독립을 주장하기도 한다.

18 A, B 국가에 대한 옳은 설명을 〈보기〉에서 고른 것은?

> ┤보기├
> ㄱ. A는 경제 문제가 결합되어 갈등이 심화되었다.
> ㄴ. B에서는 네 개의 공용어로 쓰인 공문서를 볼 수 있다.
> ㄷ. A는 언어 갈등, B는 종교 갈등이 나타난다.
> ㄹ. A, B는 모두 문화 차이로 인해 수차례의 내전을 겪었다.

① ㄱ, ㄴ
② ㄱ, ㄷ
③ ㄴ, ㄷ
④ ㄴ, ㄹ
⑤ ㄷ, ㄹ

19 다음 내용과 관계 깊은 종교는?

> 이스라엘에는 이스라엘 사람들과 팔레스타인 사람들의 거주지를 분리한 높은 장벽이 있다. 이 장벽의 건설로 팔레스타인 사람들은 병원, 학교 등의 이용이 어려워지면서 이스라엘에 대한 불만이 더욱 커졌다.

① 불교와 힌두교
② 힌두교와 이슬람교
③ 유대교와 이슬람교
④ 유대교와 크리스트교
⑤ 이슬람교와 크리스트교

[20~21] 지도는 세계의 갈등 지역을 나타낸 것이다. 이를 보고 물음에 답하시오.

20 A~C 지역에서 갈등이 나타나는 공통적인 원인은?

① 민족
② 언어
③ 종교
④ 자원
⑤ 영토

21 다음 내용과 가장 관계 깊은 지역만을 지도에서 있는 대로 고른 것은?

> 영국으로부터의 독립 과정에서 힌두교와 이슬람교 간의 갈등이 시작된 지역으로 인도와 파키스탄 간의 영유권 분쟁이 불거지면서 전쟁이 발발하였다. 현재는 국제 연합의 중재로 전쟁이 중단되고 영토가 분할되었으나, 두 진영 간의 갈등은 여전히 지속되고 있다.

① A
② B
③ C
④ A, B
⑤ B, C

22 종교 및 언어로 인한 갈등을 극복하기 위한 방안으로 적절하지 <u>않은</u> 것은?

① 여러 개의 공용어를 지정한다.
② 종교의 자유를 법적으로 보장한다.
③ 다양한 문화를 이해하고 인정하는 태도를 기른다.
④ 다수 문화 중심으로 문화를 통합하는 것이 바람직하다.
⑤ 문화의 다양성을 인정하는 다문화주의적 관점을 가진다.

V

지구 곳곳에서
일어나는 자연재해

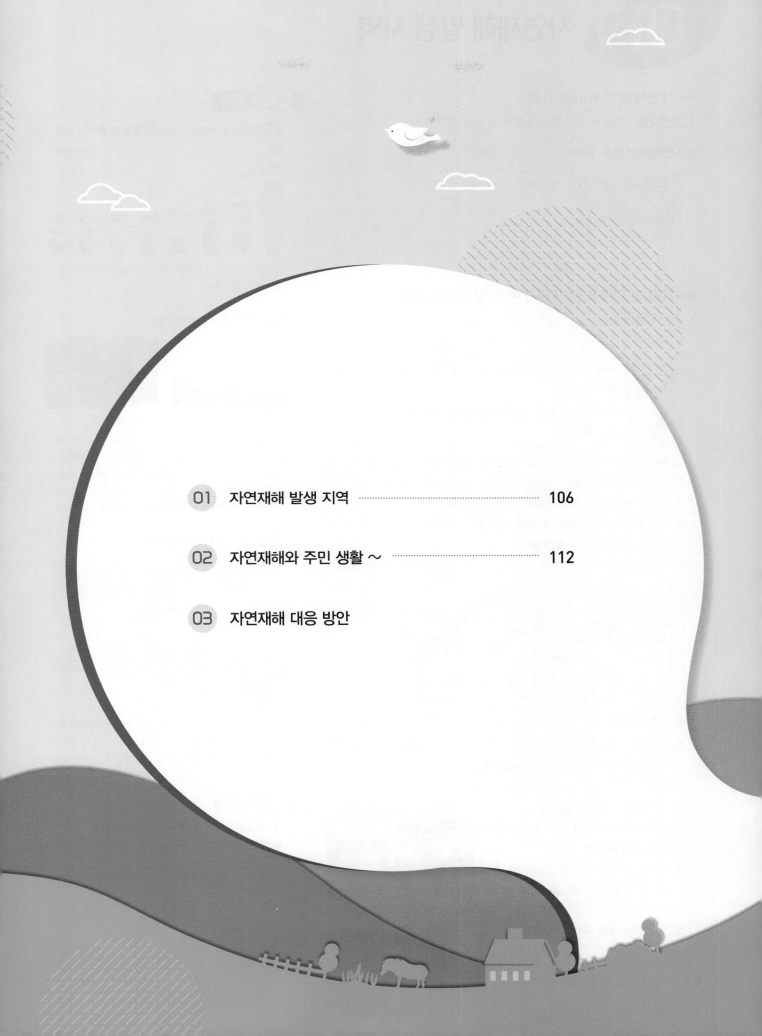

01 자연재해 발생 지역

●● 자연재해의 의미와 종류

1. 자연재해 인간과 인간 활동에 피해를 주는 자연 현상

2. 자연재해의 종류 자료①

지각 변동에 의한 재해	화산 활동, 지진, 지진 해일(쓰나미) 등
기상에 의한 재해	홍수나 태풍 등으로 인한 *풍수해, 가뭄, 폭설, 우박, 해일, 안개, *토네이도, 폭염, 한파 등

●● 지각 변동에 의한 재해가 자주 발생하는 지역

1. 화산 활동과 지진

(1) 의미

화산 활동	땅속 마그마가 지각의 갈라진 틈이나 약한 부분을 뚫고 나와 분출하는 현상
지진	지구 내부의 힘이 지표면에 전달되면서 땅이 흔들리거나 갈라지는 현상

(2) **원인**: 지구 표면은 여러 개의 *지각판으로 구성되어 있는데, 지구 내부의 에너지에 의해 지각판이 움직이면서 서로 충돌하거나 분리될 때 생기는 충격으로 화산 활동과 지진이 발생함

(3) **주요 발생 지역**: 지각판의 경계 부근 예 *환태평양 조산대, 알프스·히말라야 조산대 등 자료②

> **서술형 단골** 화산 활동과 지진이 자주 발생하는 지역을 묻는 문제가 자주 출제돼.

⬆ 세계의 지진과 화산 분포

2. 지진 해일 바다 밑에서 지진이나 화산 활동이 발생하면서 그 충격이 전달되어 일어나는 거대한 파도 자료③

(1) **특징**

① 매우 빠른 속도로 진행됨

② 발생 지점으로부터 수천 km 떨어진 곳까지 영향을 줌

③ 바닷물이 일시적으로 멀리까지 빠져나갔다가 높은 파도와 함께 해안으로 밀려오면서 큰 피해를 줌

⬆ 마을을 덮치는 지진 해일

(2) **주요 발생 지역**: 화산 활동과 지진이 잦은 인도양과 태평양 일대

생생 자료

자료① 전 세계의 자연재해별 발생 횟수와 비중

(1995~2015년)

홍수	폭풍	지진	불볕더위	산사태	가뭄	산불	화산
3,134회	2,066회	573회	409회	392회	352회	256회	111회
43%	28%	8%	6%	5%	5%	3%	2%

전 세계적으로 가장 발생 횟수가 많고 비중이 큰 자연재해는 홍수이다.

자료② 화산 활동과 지진

⬆ 화산 폭발 모습　　⬆ 지진 피해 모습

화산 활동과 지진은 유라시아 대륙의 알프스산맥과 히말라야산맥을 잇는 알프스·히말라야 조산대와 태평양 가장자리를 따라 안데스산맥, 아메리카 서부와 알래스카, 일본 열도, 필리핀, 뉴질랜드로 이어지는 환태평양 조산대에서 활발하게 일어난다.

자료③ 지진 해일의 발생 과정

1단계	2단계	3단계
해저에서 지진이나 화산 활동에 의한 충격으로 파도가 발생함.	파도가 빠른 속도로 퍼져 나감.	해안에 가까워지면 파도의 속도는 느려지지만 높이가 점점 높아져 해일이 발생함.

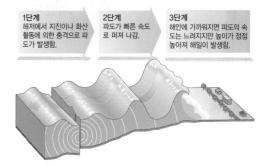

바다 밑에서 단층 운동 등으로 지진이 일어나면 바닷물이 위아래로 출렁인다. 이 파도가 해안에 접근할수록 높아지는데, 이것이 지진 해일이다.

쏙쏙 용어

★ **풍수해** 강한 바람과 홍수에 의해 발생하는 피해

★ **토네이도** 미국 중남부 지역에서 주로 발생하는 강력한 회오리 바람

★ **지각판** 여러 개의 판으로 이루어진 지구 표면을 둘러싼 가장 바깥층

★ **환(環-고리)태평양 조산대** 지구 전체에서 발생하는 지진과 화산 활동의 약 90%가 집중되어 있어 '불의 고리'라고 불리는 곳

●● 기상에 의한 재해가 자주 발생하는 지역

1. 홍수 하천이나 호수가 범람하여 사람들의 생활 터전이 물에 잠기는 등의 피해를 입는 현상

원인	• 비가 단기간에 집중적으로 내리거나 장기간에 지속적으로 내릴 경우 • 고산 지역에서 겨울철에 쌓였던 눈이 봄철에 녹아 갑자기 강으로 흘러들 경우나 가끔 건조 지역에서 일시적으로 비가 내릴 경우에도 발생
주요 발생 지역	큰 강의 하류 및 저지대, 열대 저기압이 자주 통과하는 지역, 아시아의 계절풍 기후 지역 등 예 *방글라데시 자료 **4**

서술형 단골 홍수가 발생하는 원인을 묻는 문제가 자주 출제돼

2. 가뭄 오랫동안 비가 내리지 않아 물이 부족하고 땅이 메마른 현상

(1) 특징

① 진행 속도가 느리지만 피해 지역이 넓고, 장기간에 걸쳐 점점 악화됨

② 계절풍의 영향을 받는 우리나라의 경우 가을철부터 이듬해 봄철까지 강수량이 적어 가뭄이 듦 → 봄철 가뭄은 농작물에 큰 피해를 줌

(2) **주요 발생 지역**: 건조 기후 지역과 그 주변에서 비가 적게 내리는 시기에 발생 예 *사헬 지대 자료 **5**

3. 열대 저기압 열대 지역의 해상에서 발생하여 중위도 지역으로 이동하면서 강한 바람과 많은 비를 동반하는 *저기압

(1) 특징

① 따뜻한 해수면 위를 이동하면서 세력이 점점 커지지만, 육지나 차가운 해수면 위를 이동하면 세력이 약해지거나 소멸됨

② 발생하는 지역에 따라 이름이 다름 예 태풍(북태평양의 필리핀 동부 해상), 허리케인(대서양), 사이클론(인도양과 아라비아해) 자료 **6**

③ 태풍은 주로 여름철에서 초가을 사이에 우리나라 부근을 지나며, 일 년에 2~3개 정도가 직접적인 영향을 줌 → 해일 및 홍수 피해 발생

(2) **주요 피해 지역**: 동부 및 동남아시아 해안 지역, 남아시아 해안 지역, 북아메리카 해안 지역, 오스트레일리아 북동부 해안 지역 등

4. 폭설 짧은 기간 동안 많은 양의 눈이 내리는 현상 → 겨울철에 습한 공기가 많이 유입되는 지역에서 자주 발생함

↑ 홍수 발생 지역

↑ 가뭄 발생 지역

↑ 열대 저기압의 영향을 받는 지역

↑ 폭설 발생 지역

대표 자료 확인하기

◆ 세계의 지진과 화산 분포

• (①   ) 조산대   • (②   ) 조산대

◆ 열대 저기압의 발생 지역과 명칭

열대 저기압은 발생 지역에 따라 부르는 이름이 다르다. 북태평양에 위치한 필리핀 동부 해상에서는 (③   ), 북아메리카 해안 등 대서양에서는 (④   ), 남아시아 해안 등 인도양에서는 사이클론이라고 불린다.

한눈에 정리하기

◆ 자연재해의 종류

(①) 변동에 의한 재해	기상에 의한 재해
화산 활동, 지진, 지진 해일	홍수나 태풍 등으로 인한 풍수해, 가뭄, 폭설, 우박, 안개, 토네이도, 폭염, 한파 등

◆ 자연재해의 발생 지역

화산 활동, 지진	(②)의 경계 부근
지진 해일	화산 활동과 (③)이 잦은 인도양과 태평양 일대
(④)	큰 강의 하류 및 저지대, 열대 저기압이 자주 통과하는 지역, 아시아의 계절풍 지역 등
가뭄	사헬 지대 등 강수량이 적고 증발량이 많은 (⑤) 지역과 그 주변
열대 저기압	동부 및 동남아시아, 남아시아, 북아메리카, 오스트레일리아 동부 해안 지역

꼼꼼 개념 문제

1 다음 빈칸에 들어갈 내용을 쓰시오.

(1) (   )는 인간과 인간 활동에 피해를 주는 자연 현상이다.

(2) 기상에 의한 재해는 (   )나 태풍 등으로 인한 풍수해, 가뭄, 폭설 등이 있다.

2 지각 변동에 의한 재해를 〈보기〉에서 골라 기호를 쓰시오.

┤보기├
ㄱ. 지진   ㄴ. 홍수
ㄷ. 가뭄   ㄹ. 지진 해일

3 (㉠   )은 마그마가 지각의 약한 부분을 뚫고 나와 분출하는 현상이고, (㉡   )은 지구 내부의 힘이 지표면에 전달되면서 땅이 흔들리는 현상이다.

4 다음 설명이 맞으면 ○표, 틀리면 ✕표를 하시오.

(1) 지진은 지각판의 경계에서 자주 발생한다.   (   )

(2) 지진 해일은 우박, 토네이도와 함께 대표적인 기상에 의한 재해이다.   (   )

(3) 환태평양 조산대는 지진과 화산 활동이 활발하게 일어나 '불의 고리'라고 불린다.   (   )

5 자연재해와 주요 피해 발생 지역을 옳게 연결하시오.

(1) 홍수 •　　　　• ㉠ 건조 기후 지역과 그 주변

(2) 가뭄 •　　　　• ㉡ 겨울철 습한 공기가 유입되는 곳

(3) 폭설 •　　　　• ㉢ 큰 강의 하류 및 저지대, 아시아의 계절풍 지역

6 다음 괄호 안의 내용 중 알맞은 말에 ○표를 하시오.

(1) 가뭄은 진행 속도가 (빠르, 느리)고 피해 지역이 넓다.

(2) (사이클론, 허리케인)은 대서양에서 발생하여 북아메리카 해안 지역에 피해를 끼치는 열대 저기압이다.

(3) 아시아의 계절풍 기후 지역인 방글라데시는 큰 강 하류의 저지대이면서, 열대 저기압이 자주 통과하는 지역이라 (가뭄, 홍수) 피해가 자주 발생한다.

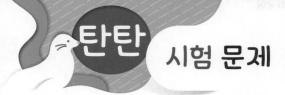
01 지각 변동에 의한 재해에 해당되는 것은?

① 지진   ② 태풍   ③ 가뭄
④ 폭설   ⑤ 홍수

02 사진의 자연재해에 대한 설명으로 옳은 것은?

① 지각이 안정된 곳에서 자주 발생한다.
② 긴 시간에 걸쳐 좁은 지역에 집중되어 일어난다.
③ 화산 활동이 활발한 지역과는 발생 지역이 겹치지
    않는다.
④ 지구 내부의 힘이 지표면에 전달되면서 땅이 흔들
    리는 현상이다.
⑤ 인도 서부와 사하라 사막 남쪽의 사헬 지대에서 피
    해가 자주 발생한다.

중요해
03 A, B 지역에 대한 설명으로 옳지 <u>않은</u> 것은?

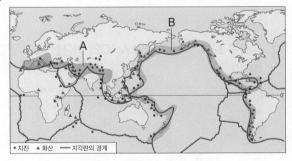

• 지진   ▲ 화산   —— 지각판의 경계

① A 지역은 '불의 고리'라고 불린다.
② A 지역은 판의 경계 부근에 해당한다.
③ B 지역은 태평양의 가장자리를 따라 분포하는 환태
    평양 조산대이다.
④ B 지역은 안데스산맥, 미국 서부, 알래스카, 일본,
    뉴질랜드로 이어진다.
⑤ A, B 지역은 모두 지각판이 만나는 곳으로 지진과
    화산 활동이 자주 발생한다.

04 사진이 나타내는 자연재해의 특징으로 옳은 것을
〈보기〉에서 고른 것은?

┤ 보기 ├
ㄱ. 강한 바람과 많은 비를 동반한다.
ㄴ. 지각판의 경계 부근에서 자주 발생한다.
ㄷ. 전 세계에서 가장 발생 빈도가 높은 자연재해이다.
ㄹ. 마그마가 지각의 갈라진 틈이나 약한 부분을 뚫고
    나와 분출하는 현상이다.

① ㄱ, ㄴ   ② ㄱ, ㄷ   ③ ㄴ, ㄷ
④ ㄴ, ㄹ   ⑤ ㄷ, ㄹ

이 문제에서 나올 수 있는 선택지는 다~!
05 그림이 나타내는 자연재해에 대한 설명으로 옳지 <u>않은</u>
것은?

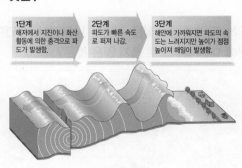

1단계
해저에서 지진이나 화산 활동에 의한 충격으로 파도가 발생함.

2단계
파도가 빠른 속도로 퍼져 나감.

3단계
해안에 가까워지면 파도의 속도는 느려지지만 높이가 점점 높아져 해일이 발생함.

① 쓰나미라고도 불린다.
② 매우 빠른 속도로 진행된다.
③ 해안에 접근할수록 파도가 높아진다.
④ 발생 지점으로부터 수천 km 떨어진 곳까지 영향을
    준다.
⑤ 화산 활동과 지진이 잦은 인도양과 태평양 일대에
    서 발생한다.
⑥ 하천이나 호수가 범람하여 사람들의 생활 터전이
    물에 잠기는 현상이다.

06 기상에 의한 자연재해에 해당하는 것만을 〈보기〉에서 있는 대로 고른 것은?

┤ 보기 ├
ㄱ. 지진　　　　ㄴ. 가뭄　　　　ㄷ. 홍수
ㄹ. 지진 해일　ㅁ. 화산 활동　ㅂ. 열대 저기압

① ㄱ, ㅁ　　　② ㄴ, ㄷ　　　③ ㄴ, ㄷ, ㄹ
④ ㄴ, ㄷ, ㅂ　　⑤ ㄴ, ㄷ, ㄹ, ㅂ

07 자료가 나타내는 자연재해가 자주 발생하는 지역으로 보기 <u>어려운</u> 곳은?

사진은 하천이 범람하여 도로 등 사람들의 생활 터전이 물에 잠겨 피해를 입은 모습을 나타낸다.

① 남아시아 북동부 해안 저지대
② 동남아시아의 큰 하천 하류 주변
③ 여름철 집중 호우가 발생하는 지역
④ 열대 저기압이 자주 통과하는 지역
⑤ 사헬 지대와 북아메리카 중서부 지역

08 지도는 자연재해가 잦은 지역을 나타낸다. 자연재해 A, B에 대한 설명으로 옳지 <u>않은</u> 것은?

① A는 홍수, B는 가뭄이다.
② A와 B는 모두 지각 변동과 관련 있는 재해이다.
③ A는 봄철 북극해 연안 지역에서 발생하기도 한다.
④ A는 강수량이 많고 하천이 범람하기 쉬운 지역에서 발생한다.
⑤ B는 진행 속도가 느리지만 피해 지역이 넓고 장기간에 걸쳐 점점 악화된다.

09 다음에서 설명하는 자연재해는?

• 오랫동안 비가 내리지 않을 때 나타나는 재해이다.
• 우리나라에서 봄철에 발생하면 농작물 재배에 큰 피해를 준다.

① 지진　　　② 태풍　　　③ 가뭄
④ 폭설　　　⑤ 홍수

중요해

10 열대 저기압에 대한 설명으로 옳지 <u>않은</u> 것은?

① 강한 바람과 비를 동반한다.
② 홍수나 해일 피해가 발생하기도 한다.
③ 발생 지역에 따라 불리는 이름이 다르다.
④ 중위도 지역의 해상에서 발생하여 적도 부근으로 이동한다.
⑤ 육지나 차가운 해수면 위를 이동하면 세력이 약해지거나 소멸된다.

11 지도를 보고 열대 저기압 A~C의 이름을 옳게 연결한 것은?

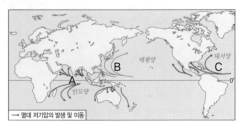

→ 열대 저기압의 발생 및 이동

	A	B	C
①	태풍	사이클론	허리케인
②	태풍	허리케인	사이클론
③	사이클론	허리케인	태풍
④	사이클론	태풍	토네이도
⑤	사이클론	태풍	허리케인

12 ⊙에 들어갈 자연재해의 피해 모습은?

(⊙)은 짧은 기간 동안 많은 양의 눈이 내리는 현상이다. 겨울철에 차고 습한 공기가 유입되는 지역에서 자주 발생한다.

①

②

③

④

⑤

13 자연재해에 대한 설명으로 옳지 <u>않은</u> 것은?

① 기상에 의한 자연재해는 풍수해, 폭염이 있다.
② 홍수는 집중 호우나 장마로 인해 발생하기도 한다.
③ 가뭄은 짧은 기간 동안 좁은 지역에 피해를 입힌다.
④ 열대 저기압은 발생하는 지역에 따라 이름이 다르다.
⑤ 우리나라에 직접적인 영향을 주는 열대 저기압은 일 년에 2~3개 정도이다.

14 ⊙, ⓒ에 들어갈 자연재해를 옳게 연결한 것은?

• 방글라데시는 계절풍의 영향으로 여름철에 많은 비가 내리며, 이는 (⊙) 피해로 이어진다.
• 일본, 필리핀, 뉴질랜드로 이어지는 환태평양 조산대에서는 (ⓒ)과 화산 활동이 자주 발생한다.

	⊙	ⓒ		⊙	ⓒ
①	홍수	태풍	②	태풍	폭설
③	홍수	지진	④	태풍	가뭄
⑤	폭설	지진			

학교 시험에 잘 나오는 서술형 문제

1 지도를 보고 물음에 답하시오.

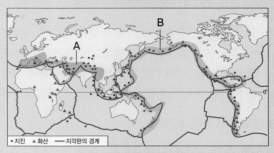

•지진 ▲화산 ──지각판의 경계

(1) A, B 조산대의 이름을 쓰시오.

_____

(2) (1)에서 지진과 화산 활동이 활발한 원인을 서술하시오.

_____

_____

2 지진 해일이 발생하는 원인에 대해 서술하시오.

_____

_____

_____

3 밑줄 친 지역에서 홍수 피해가 자주 발생하는 원인을 제시된 용어를 포함하여 서술하시오.

방글라데시는 갠지스강의 하류에 있으며, 국토 면적의 약 80%가 낮은 평야 지대이다. 이 지역에서는 여름철 집중 호우와 열대 저기압의 영향으로 하천 주변의 저지대가 쉽게 물에 잠긴다.

• 저지대	• 계절풍	• 사이클론

_____

_____

02~03 자연재해와 주민 생활 ~자연재해 대응 방안

●● 지각 변동에 의한 재해와 주민 생활

1. 지진의 영향

(1) **지진으로 인한 피해**: 짧은 시간에 넓은 지역에 피해 → 건물과 도로 붕괴, 댐이 무너질 경우 홍수 발생, 화재·산사태·지진 해일 동반

(2) **지진에 적응하는 주민 생활**: 지진이 잦은 일본의 전통 가옥은 목조 가옥이며, 현대식 고층 건축물은 *내진 설계를 의무화함 자료①

2. 화산 활동의 영향 자료②

부정적	• 용암, 화산재가 분출하여 각종 시설물과 농경지, 삼림을 덮치고 재산과 인명에 많은 피해를 끼침 • 화산재가 퍼지면서 햇빛을 차단하여 기온을 낮추고 시야를 흐리게 하여 항공기 운항에 지장을 줌
긍정적	• 화산재가 쌓여 만들어진 토양은 비옥하여 농업 활동에 도움이 됨 ⑩ 인도네시아, 필리핀의 *화산회토를 이용한 벼농사 • 독특한 화산 지형과 온천을 이용한 관광 산업이 발달함 • 땅속의 열에너지를 이용해 *지열 발전을 함 ⑩ 아이슬란드

서술형 단골 화산 활동이 주는 긍정적 영향을 묻는 문제가 자주 출제돼.

●● 기상에 의한 재해와 주민 생활

1. 홍수의 영향

부정적	• 하천 주변의 저지대에 위치한 농경지, 가옥, 도로가 물에 잠김 • 생태계가 파괴되고 산사태가 일어나는 등 인명과 재산 피해가 큼
긍정적	• 한꺼번에 많은 물을 공급하여 가뭄을 해소함 • 토양에 영양분을 공급하여 땅을 비옥하게 만듦 ⑩ 나일강의 주기적인 *범람으로 형성된 비옥한 평야에서 이집트 문명 발생

2. 가뭄의 영향 농업 활동이 어려워지고 식량과 물이 부족해 난민이 발생하기도 함 ⑩ 오랜 가뭄으로 토양이 황폐해진 사헬 지대 자료③

3. 열대 저기압의 영향

부정적	• 항만 시설이나 선박, 양식장 등이 큰 피해를 겪음 • 집중 호우로 홍수, 산사태 발생, 해안에서는 해일이 발생 • 강한 바람으로 인해 시설물이 파괴되어 재산과 인명 피해 발생
긍정적	• 무더위를 식혀주고 가뭄을 해소함, 지구의 열 균형을 유지시킴 • 바닷물을 뒤섞어 *적조 현상을 완화함

4. 폭설의 영향

(1) **폭설로 인한 피해**: 가옥 및 건축물 붕괴, 도로와 항공 교통 마비

(2) **폭설에 적응하는 주민 생활**

① 가옥 구조의 특징: 지붕의 경사를 급하게 만들고, 고립될 때를 대비한 구조가 발달함

② 관광 산업 발전: 스키장, 눈 축제 ⑩ 일본의 삿포로, 캐나다의 퀘벡

생생 자료

자료① 내진 설계

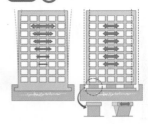

지진이 자주 일어나는 일본에서는 고층 건물 바닥과 건물 사이에 유연한 고무판을 설치하는 내진 설계를 통해 지진에 대비한다.

자료② 화산 활동과 주민 생활

↑ 화산 근처의 벼농사 　　↑ 온천이 발달한 마을

인도네시아는 지각이 불안정하여 화산 활동이 자주 발생한다. 화산 폭발로 화산재가 쌓여 형성된 화산회토는 매우 비옥하기 때문에 화산 근처에서 벼농사가 발달했다. 일본 최대의 온천 마을인 벳푸에는 해마다 온천욕을 즐기려고 많은 관광객이 찾아온다.
　　　　　　이탈리아의 시칠리아섬에서는 포도를 재배해

자료③ 사헬 지대

아프리카 사하라 사막 남쪽의 사헬 지대는 수십 년간 계속된 가뭄으로 토양이 황폐해져 주민들이 식량 부족으로 인한 기아 문제를 겪고 있다.

쏙쏙 용어

★ **내진 설계** 지진으로 인한 건물의 흔들림과 충격을 줄여 주어 건물의 붕괴를 막을 수 있도록 한 건축 설계 방식

★ **화산회토** 화산재가 바람에 날려 지표나 수중에 퇴적하여 생긴 비옥한 토양

★ **지열 발전** 땅속에서 나오는 수증기나 더운물을 이용하여 전력을 생산하는 방식

★ **범람** 강물이 흘러넘침

★ **적조 현상** 물속의 플랑크톤이 비정상적으로 번식하여 바다의 색이 붉게 변하는 현상으로, 적조 현상이 발생하면 물속의 산소가 부족하게 되어 어류 등이 죽게 됨

•• 자연재해 대응 방안

1. 인간 활동과 자연재해   인간의 활동에 따라 자연재해에 의한 피해가 증가하거나 감소하기도 함 → 산업화와 도시화 등으로 자연재해의 발생은 잦아지고, 피해 규모도 점차 커지고 있음

(1) 인간 활동으로 증가하는 홍수 피해 **자료 ④**

① 무분별한 도시 개발로 숲이 사라지고 포장된 지표 면적이 증가하면서 빗물이 토양에 흡수되지 못하고 하천으로 빠르게 흘러듦

② 곡류 하천을 직선화하면서 하천의 유속이 빨라져 하류 지역에 홍수 피해가 발생함

(2) 인간 활동으로 증가하는 사막화 피해 **자료 ⑤**

① 사막화: 사막 주변의 초원 지역이 사막과 같은 상태로 변화하는 현상

발생 원인	오랜 가뭄이 주요 원인이지만 과도한 목축이나 농경지 개발, 무분별한 삼림 벌채, 지나친 관개 농업 등 인간 활동으로 가속화되고 있음
피해를 줄이기 위한 노력	*사막화 방지 협약 채택, 사막화 위험 지역에 나무 심기 및 난민 구호 활동하기 등

② 주요 발생 지역: 사하라 사막 남쪽의 사헬 지대, 중앙아시아의 초원, 중국의 내륙 지역, 오스트레일리아의 내륙, 북아메리카 대륙의 서부 지역 등

서술형 단골 사막화가 가속화되고 있는 원인을 묻는 문제가 자주 출제돼.

▲ 사막화 피해 지역의 분포

2. 자연재해의 대응 방안

(1) 지각 변동에 의한 재해 대응 방안

지진	정밀한 예보 체계 구축, 지진 대피 훈련 실시 및 복구 체계 마련, 건물의 내진 설계 강화 등
화산 활동	지속적인 화산 관측, 용암이 거주 지역을 덮치지 않도록 인공 벽이나 인공 하천 만들기 등

(2) 기상에 의한 재해 대응 방안

홍수와 가뭄	다목적 댐이나 저수지 건설, 배수 시설 및 저류 시설 정비, 숲을 잘 가꾸어 *녹색 댐으로 활용해야 함 **자료 ⑥**
열대 저기압	이동 경로를 예측하여 주민들을 미리 대피시키고, 풍수해를 대비하여 시설물을 관리해야 함, 갯벌을 보존해야 함
폭설	제설 장비 확보 및 신속한 제설 작업, 교통 대책 마련, 붕괴 위험이 있는 시설물에 지지대를 설치해야 함

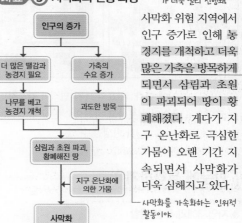

대표 자료 확인하기

◆ 사헬 지대

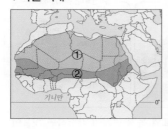

(①) 남쪽의 (②)는 수십 년간 계속된 (③)과 무분별한 인간 활동으로 (④)가 가속화되고 있다.

◆ 도시화에 따른 빗물 흡수율 변화

(⑤)에 따라 지표의 녹지 면적이 감소하면 빗물이 토양으로 흡수되지 못하고 하천으로 곧장 유입되는 양이 늘어나 (⑥)가 발생할 수 있다.

한눈에 정리하기

◆ 자연재해와 주민 생활

구분	부정적 영향	긍정적 영향
화산 활동	용암, 화산재가 분출하여 재산과 인명에 많은 피해를 끼침	(①)가 쌓여 만들어진 토양은 비옥하여 농업에 도움이 됨
(②)	농경지, 가옥, 도로가 물에 잠김, 생태계가 파괴되고 산사태가 발생함	하천이 범람하여 토양을 비옥하게 만듦

◆ 자연재해의 피해를 줄이기 위한 노력

구분	대응 방안
화산 활동	지속적인 (③) 관측, 용암이 거주지를 덮치지 않도록 인공 벽이나 인공 하천 만들기 등
홍수와 가뭄	다목적 댐 건설, 배수 시설 및 저류 시설 정비, 숲을 잘 가꾸어 (④)으로 활용하기 등
(⑤)	이동 경로를 예측하여 주민들을 미리 대피시키고, 풍수해를 대비하여 시설물을 관리해야 함, 갯벌을 보존해야 함

1 다음 설명이 맞으면 ○표, 틀리면 ✕표를 하시오.

(1) 지진은 오랜 시간에 좁은 지역에 피해를 준다.　　（　　）

(2) 화산 활동이 활발한 지역에서는 화산 지형과 온천을 활용하여 관광 산업이 발달하기도 한다.　　（　　）

(3) 홍수는 가뭄을 해소하고 토양에 영양분을 공급하여 비옥하게 만드는 등의 긍정적인 영향도 있다.　　（　　）

2 다음 빈칸에 들어갈 내용을 쓰시오.

(1) 화산 활동이 활발한 지역에서는 땅속의 열에너지를 이용하여 (　　) 발전을 한다.

(2) (　　)이 지속되면 농업 활동이 어려워지고 식량과 물이 부족해 난민이 발생하기도 한다.

3 자연재해와 그 영향을 옳게 연결하시오.

(1) 지진　　•　　　　• ㉠ 도로 붕괴, 지진 해일 동반

(2) 홍수　　•　　　　• ㉡ 가옥 붕괴, 항공 교통 마비

(3) 폭설　　•　　　　• ㉢ 저지대의 가옥, 도로가 물에 잠김

(4) 화산 활동 •　　　　• ㉣ 화산재가 퍼지면서 기온을 낮추고 시야를 흐림

4 무분별한 도시 개발로 포장된 지표 면적이 (증가, 감소)하면 빗물이 토양에 흡수되지 못하고 하천으로 (빠르게, 느리게) 흘러들어 홍수 피해가 커질 수 있다.

5 (　　)는 사막 주변의 초원 지역이 사막과 같은 상태로 변화하는 현상이다.

6 사막화 피해가 주로 발생하는 지역만을 〈보기〉에서 있는 대로 골라 기호를 쓰시오.

┤보기├
ㄱ. 사헬 지대　　　　ㄴ. 방글라데시
ㄷ. 중국 내륙 지역　　ㄹ. 중앙아시아의 초원

7 다음 설명이 맞으면 ○표, 틀리면 ✕표를 하시오.

(1) 지진에 대응하기 위해 고층 건물의 내진 설계를 강화해야 한다.　　（　　）

(2) 화산 활동에 대응하기 위해 저류 시설이나 배수 시설을 정비해야 한다.　　（　　）

01 다음에서 설명하는 자연재해의 영향으로 보기 <u>어려운</u> 것은?

> 지구 내부의 힘이 지표면에 전달되면서 땅이 흔들리거나 갈라지는 현상

① 건물이나 도로를 붕괴시킨다.
② 짧은 시간에 넓은 지역에 피해를 준다.
③ 화재, 산사태나 지진 해일을 동반할 수 있다.
④ 항만 시설이나 선박, 양식장에 큰 피해를 준다.
⑤ 댐이나 제방이 무너지면서 홍수가 발생할 수 있다.

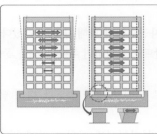

중요해

02 자료는 어떤 재해의 피해를 줄이기 위한 것일까?

일본에서는 고층 건물 바닥과 건물 사이에 유연한 고무판을 설치하는 내진 설계를 한 건물을 많이 볼 수 있다.

① 지진　　② 홍수　　③ 가뭄
④ 폭설　　⑤ 열대 저기압

03 밑줄 친 ㉠~㉤ 중 옳지 <u>않은</u> 것은?

> 사람들은 지진과 화산 활동이 잦은 위험한 환경에서도 적응하며 살아가고 있다. 지진이 잦은 일본의 전통 가옥은 ㉠ 목조 가옥의 형태이며 현대식 건축물은 ㉡ 내진 설계를 의무화한다. 화산 활동이 활발한 지역에서는 ㉢ 비옥한 화산회토를 활용하여 벼농사를 짓거나 포도, 커피, 바나나 등을 재배한다. 또한 독특한 화산 지형과 ㉣ 온천을 이용한 관광 산업이 발달한다. 그리고 ㉤ 땅속의 열을 이용한 화력 발전이 이루어지기도 한다.

① ㉠　　② ㉡　　③ ㉢　　④ ㉣　　⑤ ㉤

04 제시된 국가들에서 공통적으로 나타나는 주민 생활 모습으로 옳은 것을 〈보기〉에서 고른 것은?

> • 일본　　　• 뉴질랜드　　　• 아이슬란드

┤보기├
ㄱ. 온천을 이용한 관광 산업이 발달한다.
ㄴ. 땅속의 열에너지를 이용해 전력을 생산한다.
ㄷ. 수십 년간 계속된 가뭄으로 농사를 짓기 어렵다.
ㄹ. 사이클론으로 인해 항만 시설이나 양식장 등이 큰 피해를 입었다.

① ㄱ, ㄴ　　　② ㄱ, ㄷ　　　③ ㄴ, ㄷ
④ ㄴ, ㄹ　　　⑤ ㄷ, ㄹ

05 ㉠에 들어갈 자연재해로 옳은 것은?

> **(㉠)와/과 고대 문명의 탄생!**
> 나일강은 주기적으로 범람하면서 영양분이 많은 퇴적물을 공급하여 비옥한 평야를 형성하였다. 이 때문에 일찍부터 농경과 문명이 발달하여 나일강 유역은 세계 4대 문명의 발상지 중 하나가 되었다.

① 가뭄　　② 지진　　③ 홍수
④ 허리케인　　⑤ 토네이도

06 홍수의 영향으로 옳은 것만을 〈보기〉에서 있는 대로 고른 것은?

┤보기├
ㄱ. 바닷물을 뒤섞어 적조 현상을 완화한다.
ㄴ. 저지대의 농경지나 가옥이 물에 잠긴다.
ㄷ. 하천이 범람하여 토양에 영양분을 공급한다.
ㄹ. 땅이 메말라 농작물을 재배하기 어려워지고 식량과 물이 부족해 난민이 발생한다.

① ㄱ, ㄴ　　　② ㄴ, ㄷ　　　③ ㄱ, ㄴ, ㄷ
④ ㄱ, ㄴ, ㄹ　　　⑤ ㄱ, ㄴ, ㄷ, ㄹ

07 ㉠, ㉡에 들어갈 자연재해를 옳게 연결한 것은?

> • 사헬 지대는 수십 년간 계속된 (㉠)으로 토양이 황폐해져 주민들은 고통 받고 있다.
> • (㉡)이 자주 발생하는 지역에서는 가옥 지붕의 경사를 급하게 만들고, 고립될 때를 대비한 구조가 발달한다.

	㉠	㉡
①	가뭄	폭설
②	가뭄	우박
③	가뭄	지진
④	화산 활동	가뭄
⑤	화산 활동	폭설

08 열대 저기압의 부정적 영향과 긍정적 영향을 옳게 짝지은 것은?

	부정적 영향	긍정적 영향
①	식수 부족	가뭄 해소
②	식수 부족	가뭄 악화
③	홍수, 산사태 발생	바다의 적조 현상 완화
④	홍수, 산사태 발생	바다의 적조 현상 심화
⑤	바다의 적조 현상 심화	지구의 열 균형 유지

09 자연재해가 자주 발생하는 지역의 주민 생활 모습으로 옳은 것을 〈보기〉에서 고른 것은?

> ┤보기├
> ㄱ. 가뭄 – 땅속의 열을 이용해 지열 발전을 한다.
> ㄴ. 폭설 – 스키장, 눈 축제 등의 관광 산업이 발달한다.
> ㄷ. 화산 활동 – 비옥한 화산회토를 이용해 벼농사를 짓는다.
> ㄹ. 열대 저기압 – 고층 건물은 내진 설계를 의무적으로 한다.

① ㄱ, ㄴ   ② ㄱ, ㄷ   ③ ㄴ, ㄷ
④ ㄴ, ㄹ   ⑤ ㄷ, ㄹ

10 그림은 도시화에 따른 빗물 흡수율 변화를 나타낸 것이다. ㈎, ㈏에 대한 설명으로 옳은 것은?

① ㈎는 ㈏보다 녹지 면적이 좁다.
② ㈎는 ㈏보다 홍수 피해가 크다.
③ ㈎는 ㈏보다 토양의 빗물 흡수율이 높다.
④ ㈎는 ㈏보다 빗물이 하천으로 빠르게 흘러든다.
⑤ 홍수 피해를 방지하기 위해서는 ㈎를 ㈏의 모습으로 변화시켜야 한다.

이 문제에서 나올 수 있는 선택지는 다~!

11 인간 활동과 자연재해에 대한 설명으로 옳지 <u>않은</u> 것은?

① 도시화로 인해 자연재해의 피해 규모가 커졌다.
② 지표면을 아스팔트로 포장하면 홍수 피해를 줄일 수 있다.
③ 인간의 활동으로 인해 사막화 속도가 더욱 빨라질 수 있다.
④ 인간 활동에 따라 자연재해에 의한 피해가 증가하기도 하고 감소하기도 한다.
⑤ 무분별한 도시 개발로 숲이 사라지면 홍수 등 자연재해가 더욱 자주 발생할 수 있다.
⑥ 곡류 하천을 직선화하면 하천의 유속이 빨라져 하류 지역에 홍수 피해가 발생할 수 있다.

12 다음과 같은 현상의 원인으로 옳은 것만을 〈보기〉에서 있는 대로 고른 것은?

> 사막 주변의 초원이 사막과 같은 상태로 변하는 현상

> ┤보기├
> ㄱ. 무분별한 삼림 벌채
> ㄴ. 지구 온난화에 의한 가뭄
> ㄷ. 과다한 방목 및 농경지 개발
> ㄹ. 사막 주변 지역에서의 나무 심기 활동

① ㄱ, ㄴ   ② ㄱ, ㄷ   ③ ㄱ, ㄴ, ㄷ
④ ㄴ, ㄷ, ㄹ   ⑤ ㄱ, ㄴ, ㄷ, ㄹ

중요해

13 A 지역에 대한 설명으로 옳지 <u>않은</u> 것은?

① 사막화 피해가 주로 발생하는 지역이다.

② 농경지를 개척하면 이 지역의 사막화를 방지할 수 있다.

③ 지나친 관개 농업과 과도한 목축 등으로 토양이 황폐해졌다.

④ 농업 활동이 어려워지고 식량과 물이 부족해져 난민이 발생하기도 한다.

⑤ 지구 온난화로 오랜 기간 가뭄이 지속되면서 피해가 더욱 심해지고 있다.

14 신문 기사에서 다룬 자연재해에 대응하기 위한 방안으로 옳지 <u>않은</u> 것은?

> ### ○○ 일보
>
> 2016년 9월 12일 오후 7시 44분과 오후 8시 32분에 경상북도 경주에서 각각 규모 5.1과 5.8의 지진이 잇따라 발생하였다. 규모 5.8의 지진은 1978년 지진 관측이 시작된 이후 한반도에서 일어난 지진 중 역대 가장 강력한 규모이다.

① 정밀한 예보 체계를 구축한다.

② 건물의 내진 설계를 강화한다.

③ 재해 복구 체계를 미리 마련한다.

④ 인공 벽이나 인공 하천을 건설한다.

⑤ 주민들을 상대로 대피 훈련을 실시한다.

15 홍수 피해를 줄이기 위한 방안으로 옳지 <u>않은</u> 것은?

① 다목적 댐을 건설한다.

② 저류 시설 및 배수 시설을 정비한다.

③ 숲을 잘 가꾸어 녹색 댐으로 활용한다.

④ 아스팔트나 콘크리트로 포장된 지표면을 줄인다.

⑤ 제설 장비를 확보하여 피해 발생 시 신속한 제설 작업을 실시한다.

학교 시험에 잘 나오는 서술형 문제

1 사진이 나타내는 자연재해의 부정적인 영향을 두 가지만 서술하시오.

_____

_____

_____

2 그림을 보고 물음에 답하시오.

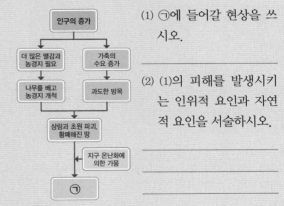

(1) ㉠에 들어갈 현상을 쓰시오.

_____

(2) (1)의 피해를 발생시키는 인위적 요인과 자연적 요인을 서술하시오.

_____

_____

3 다음은 각 자연재해의 피해를 줄이기 위한 방안을 정리한 것이다. 이를 보고 물음에 답하시오.

(㉠)	미리 제설 장비를 확보해 두어야 한다.
(㉡)	인공 벽이나 인공 하천을 만들어야 한다.
지진	(가)

(1) ㉠, ㉡에 들어갈 자연재해를 각각 쓰시오.

_____

(2) (가)에 들어갈 내용을 <u>두 가지만</u> 서술하시오.

_____

_____

_____

❶ 세계의 지진과 화산 분포

① ⬜⬜⬜·⬜⬜⬜⬜ 조산대
② ⬜⬜⬜⬜ 조산대

정답 ① 알프스·히말라야 ② 환태평양

❷ 홍수가 잦은 지역

- 홍수는 ① ⬜⬜ ⬜⬜⬜이 자주 통과하는 지역, 계절풍의 영향을 받아 집중 호우가 내리는 동남아시아나 동아시아의 대하천 유역에서 자주 발생한다.
- 봄철 ② ⬜⬜⬜ 연안에서는 고산 지역의 눈이 녹은 물이 갑자기 강으로 유입돼 하천이 범람하기도 한다.

정답 ① 열대 저기압 ② 고산지

❸ 열대 저기압의 발생 지역과 명칭

① ⬜⬜   ② ⬜⬜⬜⬜

정답 ① 태풍 ② 허리케인

---

01 자연재해 발생 지역

■ 자연재해의 의미와 종류

자연재해의 의미	(①)과 인간 활동에 피해를 주는 자연 현상	
자연재해의 종류	지각 변동에 의한 재해	화산 활동, 지진, 지진 해일 등
	기상에 의한 재해	홍수나 태풍 등으로 인한 풍수해, 가뭄, 폭설, 우박, 해일, 안개, 토네이도, 폭염, 한파 등

■ 지각 변동에 의한 재해가 자주 발생하는 지역

❶ 화산 활동과 지진	• 원인: 지구 표면은 여러 개의 (②)으로 구성되어 있는데 서로 충돌하거나 분리될 때 생기는 충격으로 발생함 • 주요 발생 지역: 환태평양 조산대, 알프스·히말라야 조산대
지진 해일	• 원인: 바다 밑에서 지진이나 화산 활동이 발생하면서 그 충격이 전달되어 큰 파도가 일어남 • 주요 발생 지역: 화산 활동과 지진이 잦은 인도양과 태평양

■ 기상에 의한 재해가 자주 발생하는 지역

❷ 홍수	• 원인: 비가 단기간에 집중적으로 내리거나 장기간에 지속적으로 내릴 경우, 고산 지역에서 겨울철에 쌓였던 눈이 봄철에 녹아 갑자기 강으로 흘러들 경우 • 주요 발생 지역: 큰 강의 하류 및 저지대, 열대 저기압이 자주 통과하는 지역, 아시아의 (③) 기후 지역	
가뭄	특징	진행 속도가 느리지만 피해 지역이 넓음
	주요 발생 지역	강수량이 적고 증발량이 많은 건조 기후 지역과 그 주변에서 비가 적게 내리는 시기에 발생
❸ 열대 저기압	특징	• 따뜻한 해수면 위를 이동하면서 세력이 점점 커지지만, 육지나 차가운 해수면 위를 이동하면 세력이 약해지거나 소멸됨 • 발생하는 지역에 따라 이름이 다름 예 북태평양의 태풍, 대서양의 허리케인, 인도양과 아라비아해의 (④)
	주요 발생 지역	동부 및 동남아시아 해안 지역, 남아시아 해안 지역, 북아메리카 해안 지역, 오스트레일리아 북동부 해안 지역 등
(⑤)		짧은 기간 동안 많은 양의 눈이 내리는 현상으로 겨울철에 습한 공기가 많이 유입되는 지역에서 발생함

정답 ① 지형 ② 지각판 ③ 계절풍 ④ 사이클론 ⑤ 폭설

02 자연재해와 주민 생활

지각 변동에 의한 재해와 주민 생활

(⑥　　　)		건물과 도로가 붕괴됨, 화재·산사태·지진 해일을 동반함
❹ 화산 활동	부정적	용암, 화산재 분출로 재산과 인명 피해
	긍정적	• 비옥한 화산회토를 이용한 농업 • 화산 지형, 온천을 이용한 관광 산업

기상에 의한 재해와 주민 생활

홍수	부정적	저지대가 물에 잠기거나 산사태가 발생
	긍정적	가뭄 해소 및 토양에 영양분 공급
(⑦　　　)		농업 활동이 어려워지고 식량과 물이 부족해짐
열대 저기압	부정적	• 집중 호우로 홍수, 산사태 발생 • 강한 바람으로 시설물 파괴 및 재산 피해
	긍정적	• 바닷물을 뒤섞어 (⑧　　　　　) 현상 완화 • 지구의 열 균형 유지 및 가뭄 해소

03 자연재해 대응 방안

인간 활동과 자연재해

❺ 인간 활동으로 증가하는 홍수 피해		무분별한 도시 개발로 숲이 사라지고 포장된 지표 면적이 증가하면서 빗물이 토양으로 흡수되지 못하고 하천으로 빠르게 흘러듦
❻ 인간 활동으로 증가하는 (⑨　　　) 피해	발생 원인	오랜 가뭄, 과도한 목축 및 농경지 개발, 무분별한 삼림 벌채, 지나친 관개 농업
	주요 발생 지역	사헬 지대, 중앙아시아의 초원, 중국의 내륙, 오스트레일리아의 내륙 등

자연재해의 대응 방안

지진	정밀한 예보 체계 구축, 지진 대피 훈련 실시 및 복구 체계 마련, 건물의 내진 설계 강화 등
화산 활동	지속적인 화산 관측, 용암이 거주 지역을 덮치지 않도록 인공 벽이나 인공 하천 만들기 등
(⑩　　　)와 가뭄	다목적 댐이나 제방 건설, 배수 시설 및 저류 시설 정비, 숲을 잘 가꾸어 녹색 댐으로 활용 등
열대 저기압	이동 경로를 예측하여 주민들을 미리 대피시키고, 풍수해를 대비하여 시설물을 관리, 갯벌과 늪 보존 등
폭설	제설 장비 확보 및 신속한 제설 작업, 교통 대책 마련, 붕괴 위험이 있는 시설물에 지지대 설치 등

|정답| ⑥ 지진 ⑦ 가뭄 ⑧ 적조 ⑨ 사막화 ⑩ 홍수

❹ 화산 활동과 주민 생활

⬆ 화산 근처의 벼농사　　⬆ 온천이 발달한 마을

• 인도네시아에서는 화산재가 쌓여 형성된 비옥한 ①⬜⬜⬜⬜를 활용하여 벼농사를 짓는다.

• 화산 활동이 활발한 국가인 ②⬜⬜에는 해마다 온천욕을 즐기려고 많은 관광객이 찾아온다.

|정답| ① 화산회토　② 일본

❺ 도시화에 따른 빗물 흡수율 변화

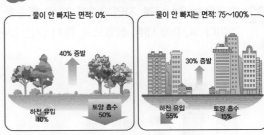

⬆ 도시화 이전　　⬆ 도시화 이후

①⬜⬜⬜에 따라 지표의 녹지 면적이 감소하면 빗물이 토양으로 흡수되지 못하고 하천으로 곧장 유입되는 양이 늘어나 ②⬜⬜가 발생할 수 있다.

|정답| ① 도시화　② 홍수

❻ 사막화 피해 지역의 분포

지구 온난화에 따른 오랜 가뭄과 과도한 목축 및 농경지 개발 등으로 인하여 ①⬜⬜⬜ 주변의 초원 지역이 사막과 같은 상태로 변화하는 현상을 ②⬜⬜⬜라고 한다.

|정답| ① 사막　② 사막화

01 자연재해 발생 지역

01 ㉠, ㉡에 들어갈 자연재해를 옳게 연결한 것은?

▶ 자연재해의 종류

지각 변동에 의한 재해로는 (㉠) 등이 있고, 기상에 의한 재해로는 (㉡) 등이 있다.

	㉠	㉡		㉠	㉡
①	홍수	가뭄	②	홍수	지진 해일
③	지진	폭설	④	지진	지진 해일
⑤	가뭄	지진 해일			

02 그래프는 전 세계 자연재해별 발생 횟수를 나타낸 것이다. A, B에 대한 설명으로 옳지 <u>않은</u> 것은?

(1995~2015년)

① A는 기상에 의한 재해이다.
② A는 최근 전 세계에서 발생 횟수가 가장 많은 자연재해이다.
③ A는 비가 단기간에 집중적으로 내리거나 장기간에 지속적으로 내릴 때 발생한다.
④ B는 지각 변동에 의한 재해 중 하나이다.
⑤ B는 지각판의 경계 부근에서는 잘 발생하지 않는다.

03 지진이 발생하는 원인을 〈보기〉에서 고른 것은?

┌ 보기 ┐
ㄱ. 지각이 불안정하기 때문
ㄴ. 지각이 안정되어 있기 때문
ㄷ. 지구 내부의 힘이 지표면에 전달됐기 때문
ㄹ. 지구 외부의 힘이 지표면에 전달됐기 때문

① ㄱ, ㄴ   ② ㄱ, ㄷ   ③ ㄴ, ㄷ
④ ㄴ, ㄹ   ⑤ ㄷ, ㄹ

04 다음은 어느 영화의 포스터와 소개이다. 이 영화와 가장 관계 깊은 자연재해는?

이 영화는 한순간에 사라진 도시 폼페이를 소재로 한 작품이다. 고대 로마의 화려했던 도시 폼페이가 단 하루 만에 사라지게 된 것은 무엇 때문일까? 도망칠 새도 없이 쏟아지는 뜨거운 용암과 화산재에 폼페이는 순식간에 사라진 것이다.

① 지진   ② 폭설   ③ 가뭄
④ 허리케인   ⑤ 화산 활동

05 A 지역에 대한 설명으로 옳지 <u>않은</u> 것은?

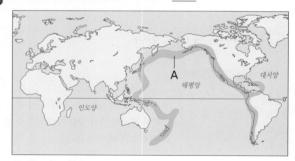

① 환태평양 조산대이다.
② 지진이 자주 발생한다.
③ 뉴질랜드, 칠레, 일본 등이 속한다.
④ 알프스산맥과 히말라야산맥이 분포한다.
⑤ 화산 활동이 활발하므로 '불의 고리'라고 불린다.

06 밑줄 친 ㉠~㉤ 중 옳지 <u>않은</u> 것은?

지진 해일은 바닷물이 일시적으로 멀리까지 빠져나갔다가 ㉠ 높은 파도와 함께 해안으로 밀려오며 피해를 주는 현상으로, ㉡ 바다 밑에서 지진이나 화산 활동이 일어날 때 발생한다. ㉢ 매우 느린 속도로 진행되지만 ㉣ 수천 ㎞ 떨어진 곳까지 영향을 주며, ㉤ 해안에 접근할수록 파도가 높아진다.

① ㉠   ② ㉡   ③ ㉢   ④ ㉣   ⑤ ㉤

07 ㉠에 들어갈 용어로 옳은 것은?

> 방글라데시는 국토 면적의 약 80%가 낮은 평야 지대이다. 이 지역에서는 해마다 벵골만에서 발생하는 (㉠)의 영향과 여름철 집중 호우로 하천이 자주 범람해 주변의 저지대가 쉽게 물에 잠긴다.

① 홍수   ② 토네이도   ③ 허리케인
④ 사이클론   ⑤ 지진 해일

[08~09] 지도는 주요 자연재해가 자주 발생하는 지역을 표시한 것이다. 이를 보고 물음에 답하시오.

08 A, B에 해당하는 자연재해를 옳게 연결한 것은?

	A	B
①	홍수	가뭄
②	홍수	폭설
③	홍수	지진
④	한파	가뭄
⑤	안개	지진

09 A, B 자연재해에 대한 설명으로 옳은 것은?

① A는 우리나라에서 겨울철에 집중적으로 발생한다.
② A는 북극해 연안에서 열대 저기압의 영향을 받아 발생한다.
③ B는 진행 속도가 빠르지만 피해 지역은 좁은 편이다.
④ B는 지구 온난화로 인해 발생 빈도가 감소하고 있다.
⑤ B는 사헬 지대와 같은 건조 기후 지역에서 피해가 심각하다.

10 열대 저기압에 대한 설명으로 옳은 것만을 〈보기〉에서 있는 대로 고른 것은?

┤보기├
ㄱ. 많은 비와 강한 바람을 동반한다.
ㄴ. 북아메리카에서는 사이클론이라고 부른다.
ㄷ. 차가운 해수면 위를 지나면 세력이 점점 커진다.
ㄹ. 우리나라는 주로 여름철에서 초가을 사이에 영향을 받는다.

① ㄱ, ㄴ   ② ㄱ, ㄹ   ③ ㄱ, ㄴ, ㄷ
④ ㄱ, ㄴ, ㄹ   ⑤ ㄱ, ㄴ, ㄷ, ㄹ

02 자연재해와 주민 생활

11 사진이 나타내는 자연재해로 인한 피해로 옳은 것은?

① 선박, 양식장이 큰 피해를 입었다.
② 토양이 황폐해져 농업 활동이 어려워졌다.
③ 많은 비와 강풍을 동반하여 시설물이 파괴되었다.
④ 건물과 도로가 붕괴되어 인명 및 재산 피해가 생겼다.
⑤ 화산재가 퍼지면서 햇빛을 차단하여 기온을 낮추었다.

12 화산 활동이 활발한 지역의 주민 생활에 대한 설명으로 옳은 것만을 〈보기〉에서 있는 대로 고른 것은?

┤보기├
ㄱ. 토양이 황폐해서 농작물을 기를 수 없다.
ㄴ. 독특한 화산 지형을 관광 자원으로 활용한다.
ㄷ. 땅속의 열에너지를 이용하여 지열 발전을 한다.
ㄹ. 온천 여행을 즐기러 온 관광객을 상대로 하는 산업이 발달한다.

① ㄱ, ㄷ   ② ㄴ, ㄹ   ③ ㄱ, ㄴ, ㄷ
④ ㄴ, ㄷ, ㄹ   ⑤ ㄱ, ㄴ, ㄷ, ㄹ

13 ㉠에 들어갈 자연재해는?

> 아이슬란드에서 발생한 (㉠) 때문에 재를 머금은 구름대가 북유럽과 서유럽 상공까지 확산되었다. 이에 따라 대부분의 유럽 국가들은 항공기 운항을 중단하고 일시적으로 공항 폐쇄 조치를 내리기도 했다.

① 지진
② 안개
③ 폭설
④ 지진 해일
⑤ 화산 활동

14 사진이 나타내는 자연재해의 영향으로 옳지 <u>않은</u> 것은?

① 가뭄을 해소한다.
② 토양에 영양분을 공급한다.
③ 생태계가 파괴되고 산사태가 일어난다.
④ 저지대의 농경지, 가옥, 도로가 물에 잠긴다.
⑤ 비옥한 화산회토로 인해 벼농사를 짓기에 유리하다.

15 ㉠, ㉡에 들어갈 자연재해를 옳게 연결한 것은?

> • 고대 이집트에서는 나일강의 수위가 높아지기 시작할 때 축제가 열렸다. 이는 (㉠) 전에 수확의 기쁨을 나누고 땅을 비옥하게 만들어줄 나일강의 범람을 기다리는 목적이었다.
> • (㉡)이 잦은 일본에서는 전통적으로 목조 가옥을 지으며, 현대식 고층 건물은 내진 설계를 의무화한다.

　　　㉠　　　　　　㉡
① 가뭄　　　　　폭설
② 가뭄　　　　　지진
③ 홍수　　　　　지진
④ 홍수　　　　　화산 활동
⑤ 사막화　　　　화산 활동

16 사진이 나타내는 자연재해의 영향으로 옳지 <u>않은</u> 것은?

① 무더위를 식혀주고 가뭄을 해소한다.
② 바닷물을 뒤섞어 적조 현상을 강화한다.
③ 집중 호우로 홍수와 산사태가 발생한다.
④ 항만 시설이나 양식장 등에 큰 피해를 준다.
⑤ 강한 바람으로 시설물이 파괴되어 인명 피해가 생길 수 있다.

17 다음 설명과 가장 관계 깊은 자연재해를 나타내는 사진은?

> 겨울철 습한 공기가 많이 유입되는 지역에서는 가옥을 지을 때 지붕의 경사를 급하게 만들고, 고립될 때를 대비한 구조가 발달해 있다.

①
②
③
④
⑤

자연재해 대응 방안

18 신문 기사의 제목으로 가장 적절한 것은?

○○ 신문
───────────────────────
　제목: _____

타이에서 엄청난 홍수가 발생하였다. 타이의 수도 방콕은 도시화로 건물과 도로망이 무분별하게 개발되면서 자연 배수로가 막히게 되었다. 그러자 방콕 북부에서 유입된 강물이 바다로 들어가지 못하고 도시로 흘러넘치게 된 것이다.

① 지나친 관개 농업의 결과
② 홍수 피해를 증가시키는 도시화
③ 도시화와 산업화가 막은 자연재해
④ 무분별한 삼림 벌채로 인한 사막화
⑤ 1인당 녹지 면적이 가장 넓은 생태 도시, 방콕

[19~20] 그림은 어떤 현상이 진행되는 과정을 나타낸 것이다. 이를 보고 물음에 답하시오.

19 ㉠에 들어갈 용어는?

① 도시화　　　　　② 산업화
③ 사막화　　　　　④ 세계화
⑤ 하천 직선화

20 ㉠ 현상에 대한 설명으로 옳지 <u>않은</u> 것은?

① 사막과 같은 상태로 변화하는 현상이다.
② 주요 피해 지역은 사하라 사막, 고비 사막이다.
③ 과도한 목축이나 농경지 개발 등으로 심화된다.
④ 위험 지역 주변에 나무를 심으면 피해 예방에 도움이 된다.
⑤ 최근 지구 온난화로 가뭄이 지속되면서 더욱 심해지고 있다.

21 다음에서 설명하는 지역을 지도에서 고른 것은?

• 최근 사막화가 빠르게 진행되고 있음
• 아랍어로 '가장자리'라는 뜻의 지명을 가짐

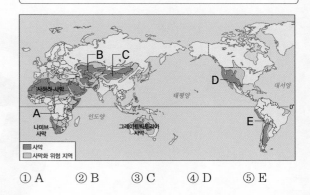

① A　　② B　　③ C　　④ D　　⑤ E

22 홍수 피해를 줄이기 위한 방안으로 옳지 <u>않은</u> 것은?

① 숲을 잘 가꾼다.
② 다목적 댐을 건설한다.
③ 배수 시설을 정비한다.
④ 저지대에는 가옥을 건설하지 않는다.
⑤ 도시에서 아스팔트나 콘크리트 포장 면적을 늘린다.

23 열대 저기압의 피해를 줄이기 위한 방안으로 옳은 것만을 〈보기〉에서 있는 대로 고른 것은?

┌─보기├─────────────────────
ㄱ. 갯벌을 보존한다.
ㄴ. 풍수해에 대비하여 시설물을 관리한다.
ㄷ. 이동 경로를 예측하여 주민들을 대피시킨다.
ㄹ. 제설 장비를 확보하고 제설 작업을 신속하게 한다.
└──────────────────────────

① ㄱ, ㄹ　　　　② ㄴ, ㄷ　　　　③ ㄱ, ㄴ, ㄷ
④ ㄴ, ㄷ, ㄹ　　⑤ ㄱ, ㄴ, ㄷ, ㄹ

자원을 둘러싼
경쟁과 갈등

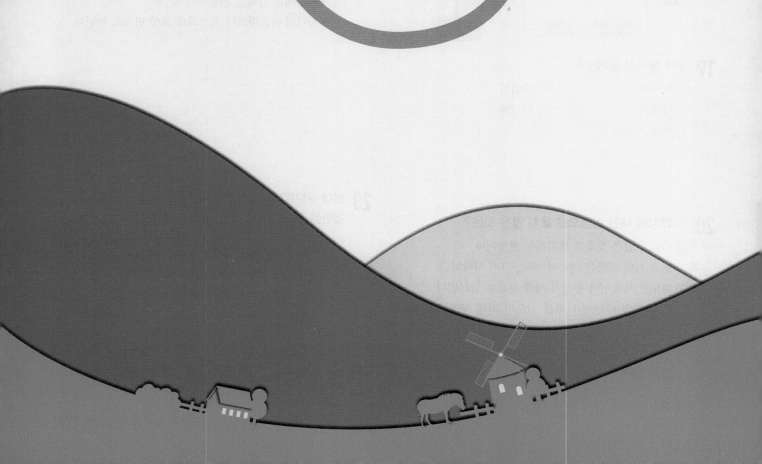

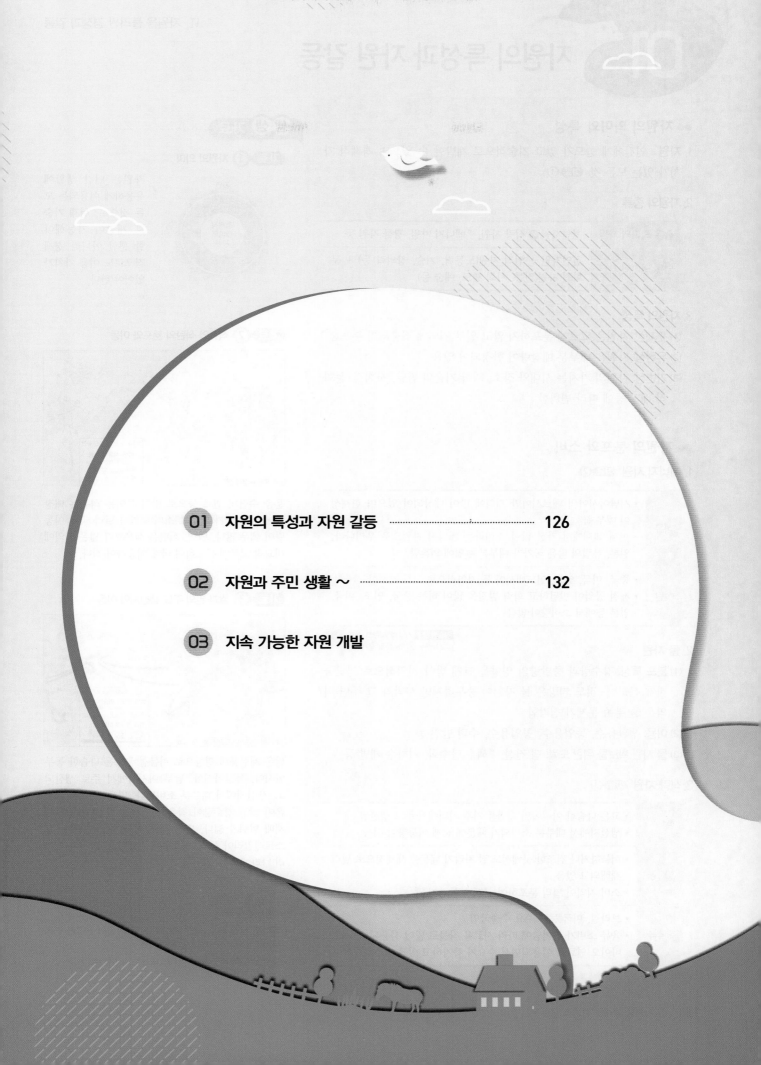

01 자원의 특성과 자원 갈등

●● 자원의 의미와 특성

1. **자원** 인간에게 쓸모가 있고 기술적으로 개발할 수 있으며 경제적 가치가 있는 모든 것 자료①

2. **자원의 종류**

좁은 의미의 자원	천연자원 예 식량 자원, *에너지 자원, 광물 자원 등
넓은 의미의 자원	천연자원 + 인적 자원(노동력, 기술, 창의력 등) + 문화적 자원(전통, 사회 제도, 예술 등)

3. **자원의 특성**

(1) 편재성: 자원은 고르게 분포하지 않고 일부 지역에 집중되어 분포함
(2) 유한성: 자원은 대부분 매장량이 한정되어 있음
(3) 가변성: 자원의 가치는 시대와 장소, 과학 기술의 발달, 사회적·문화적 배경 등에 따라 변화함

●● 자원의 분포와 소비

1. **에너지 자원** 자료②

석유	• 서남아시아의 페르시아만 지역에 많이 매장되어 있으며 편재성이 매우 큼 • 현재 세계에서 가장 많이 소비하는 에너지 자원으로 우리나라, 일본, 유럽의 많은 국가가 대부분 수입에 의존함
석탄	• 중국, 미국, 인도, 인도네시아 등 지역적으로 고루 분포함 • 제철 공업이 발달하고 화력 발전을 많이 하는 중국, 인도, 미국, 일본 등에서 소비량이 많음

서술형 단골 석유와 석탄의 분포 특징을 비교하라는 문제가 자주 출제돼.

2. **물 자원**

(1) 분포 특성: 강수량과 증발량의 영향을 크게 받아 지역적으로 불균등하게 분포 → 적도 지방은 물 자원이 풍부하지만 사막과 그 주변 지역은 물 부족 문제가 심각함
(2) 이용: 생활용수, 농업용수, 공업용수, 수력 발전 등
(3) 물 자원 확보를 위한 노력: 댐 건설, *해수 담수화, 지하수 개발 등

3. **식량 자원** 자료③

쌀	• 고온 다습한 아시아의 계절풍 기후 지역에서 주로 생산됨 • 생산지에서 대부분 소비되기 때문에 국제 이동량이 적음
밀	• 서늘하거나 건조한 곳에서도 잘 자라기 때문에 세계적으로 널리 재배되고 있음 • 소비 지역이 널리 분포하여 국제 이동량이 많음
옥수수	• 브라질, 미국 등이 주요 수출국임 • 육류 소비가 늘어남에 따라 사료용 작물로 많이 사용되고, 최근 바이오 연료로 이용되면서 수요가 증가하고 있음

생생 자료

자료① 자원의 의미

자원은 인간 생활에 유용하게 이용되는 모든 것으로, 현재 기술로 개발이 가능해야 할 뿐만 아니라 경제적으로도 이용 가치가 있어야 한다.

자료② 석유와 석탄의 분포와 이동

운송 수단의 연료 등으로 많이 쓰이는 석유는 매장되어 있는 국가와 주요 소비 국가가 달라 국제 이동량이 매우 많다. 반면, 석탄은 석유보다 넓은 지역에 비교적 고르게 분포하여 국제 이동량이 적다.

자료③ 쌀과 밀의 주요 생산지와 이동

쌀은 계절풍의 영향으로 여름철에 고온 다습한 동부 아시아, 동남아시아, 남부 아시아에서 주로 생산되고, 생산지에서 대부분 소비된다. 밀은 쌀에 비해 기온이 낮고 강수량이 적은 곳에서도 잘 자라 쌀보다 재배 범위가 넓다. 밀은 주로 미국, 아르헨티나, 오스트레일리아 등의 나라에서 수출하고, 아시아의 여러 나라에서 수입한다.

쏙쏙 용어

★ **에너지 자원** 석유, 석탄, 천연가스 등과 같이 물체를 이동하거나 열을 내는 데 사용되는 자원
★ **해수 담수화** 바닷물의 염분을 제거하고 민물로 만드는 것

●● 자원을 둘러싼 경쟁과 갈등

1. 자원 갈등의 발생 원인
(1) **수요 증가**: 인구 증가와 경제 발전으로 자원에 대한 수요가 지속적으로 증가함 **자료④**
(2) **공급 불안정**: 자원은 특정 지역에 치우쳐 있어 자원 생산국의 정책 변화, 자연재해, *자원 민족주의 강화 등에 의해 공급이 감소하기도 함

2. 석유 자원을 둘러싼 경쟁과 갈등
(1) 석유 수입국과 보유국 간의 갈등

석유 수입국	석유를 안정적으로 공급받기 원함
석유 보유국	석유를 국유화하거나 석유 수출국 기구(OPEC)를 결성하여 석유 생산량과 가격 조절에 국제적인 영향력을 발휘하는 등의 움직임을 통해 정치적·경제적 이익을 얻고자 함

(2) **석유 소유권을 둘러싼 갈등**: 석유 매장지가 여러 국가에 걸쳐 있거나 경계가 분명하지 않은 바다에 있는 경우 주변국 간의 갈등이 발생함 **예** 페르시아만 연안, 기니만 연안, 북극해, 동중국해, 남중국해, 카스피해 주변 등 **자료⑤** `서술형 단골` 카스피해, 북극해 등을 둘러싸고 갈등이 일어나는 원인이 무엇인지 묻는 문제가 자주 출제돼.
(3) **석유 자원의 안정적 확보를 위한 노력**: 유전 개발 참여, 자원 외교를 통한 산유국과의 긴밀한 관계 유지, *셰일 오일 추출 기술 개발 등

3. 물 자원을 둘러싼 경쟁과 갈등
(1) **원인**: 인구가 늘고 산업이 발달하면서 물 소비량이 증가하고 물 자정 능력이 한계에 이름 → 물 부족 문제에 대한 위기의식 확대
(2) **국제 하천을 둘러싼 갈등**: *국제 하천의 이용을 둘러싸고 상류에 있는 국가와 하류에 있는 국가 간에 갈등이 일어나기도 함 **예** 티그리스강, 유프라테스강, 갠지스강, 나일강, 요르단강, 다뉴브강, 메콩강 등 **자료⑥**

↑ 세계의 주요 자원 갈등

4. 식량 자원을 둘러싼 경쟁과 갈등
(1) **식량 부족 문제**: 기후 변화에 따른 농작물 생산량 감소, 에너지용 곡물 수요 증가, 육류 소비 증가에 따른 사료용 곡물 수요 증가, 빠른 인구 증가에 따른 식량 수요 증가 등에 의해 발생함
(2) **식량 자원을 둘러싼 갈등**: *국제 곡물 대기업의 영향력 행사에 따른 공급 불균형 → 생산과 이동이 원활하지 못한 경우 식량 자원 확보를 위한 국가 간 경쟁과 갈등 심화

생생 자료

자료④ 세계 에너지 소비량 변화

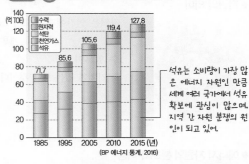

석유는 소비량이 가장 많은 에너지 자원인 만큼 세계 여러 국가에서 석유 확보에 관심이 많으며, 지역 간 자원 분쟁의 원인이 되고 있어

인구 증가와 경제 발전으로 에너지 자원의 수요가 증가하면서 자원의 매장량은 빠른 속도로 줄어들고 있다. 따라서 자원을 확보하기 위한 국가 간 경쟁과 갈등이 더욱 치열해지고 있다.

자료⑤ 카스피해를 둘러싼 갈등

카스피해에는 대규모의 석유와 천연가스가 매장되어 있다. 연안 국가들은 자국의 이익에 따라 카스피해를 바다로 볼 것인지, 호수로 볼 것인지를 놓고 상반된 주장을 펼치고 있다.

자료⑥ 국제 하천을 둘러싼 갈등

물 자원을 둘러싼 갈등은 여러 나라가 하천을 공동으로 소유하게 되는 국제 하천에서 발생한다. 국제 하천을 둘러싸고 세계 곳곳에서는 물 부족 및 물 오염으로 인한 갈등이 발생하고 있다.

쏙쏙 용어

★ **자원 민족주의** 민족과 국가의 이익을 위해 자국이 가진 자원에 대한 지배권을 확대하려는 태도
★ **셰일 오일** 퇴적암의 일종인 셰일에 석유가 스며든 것으로, 석유 추출 기술이 발달하면서 최근 주목받고 있음
★ **국제 하천** 여러 국가의 영토를 거쳐 흐르는 하천
★ **국제 곡물 대기업** 세계 곡물 교역량의 대부분을 담당하는 기업들로, 이윤 추구를 위해 영향력을 행사하기도 함

대표 자료 확인하기

◆ 자원의 의미

자원은 인간에게 쓸모가 있고 (①   )으로 개발할 수 있으며 (②   )으로 가치가 있는 모든 것이다.

◆ 에너지 자원의 분포와 이동

(하크 세계 지도, 2015, 기타)

(③)	서남아시아의 페르시아만 지역에 많이 매장됨. 자원의 (④)이 커서 국제 이동량이 많음
(⑤)	중국, 미국, 인도 등 지역적으로 고루 분포하여 국제 이동량이 비교적 적음

◆ 식량 자원의 분포와 이동

(국제 연합 식량 농업 기구, 신상 지리 자료, 2016)

(⑥   )은 국제 이동량이 적고 (⑦   )은 국제 이동량이 많은 식량 자원이다.

한눈에 정리하기

◆ 물 자원을 둘러싼 경쟁과 갈등

원인	인구가 늘고 산업이 발달하면서 물 소비량이 (①)하고 물의 자정 능력이 한계에 이름
갈등 사례	아시아의 여러 국가를 거쳐 흐르는 (②)인 메콩강의 상류에 있는 중국이 물 자원 확보를 위해 댐을 건설하면서 유량이 줄어들어 하천 하류의 국가들과 갈등을 겪음

꼼꼼 개념 문제

1 넓은 의미에서 자원이란 식량 자원, 에너지 자원, 광물 자원 등의 (㉠   )뿐만 아니라 노동력, 기술, 창의력 등의 인적 자원과 전통, 사회 제도 등의 (㉡   ) 자원까지 포함한다.

2 자원의 특성과 그 설명을 옳게 연결하시오.

(1) 편재성 •
        • ㉠ 자원은 대부분 매장량이 한정되어 있음

(2) 유한성 •
        • ㉡ 자원은 고르게 분포하지 않고 일부 지역에 집중되어 분포함

(3) 가변성 •
        • ㉢ 자원의 가치는 시대와 장소, 문화적 배경 등에 따라 변화함

3 다음에서 설명하는 자원을 〈보기〉에서 골라 기호를 쓰시오.

보기
ㄱ. 쌀   ㄴ. 밀   ㄷ. 석유   ㄹ. 석탄

(1) 세계에서 가장 많이 소비하는 에너지 자원이다. (   )

(2) 서늘하고 건조한 곳에서도 잘 자라기 때문에 세계적으로 널리 재배되고 있는 식량 자원이다. (   )

4 다음 설명이 맞으면 ○표, 틀리면 ×표를 하시오.

(1) 쌀은 밀보다 소비 지역이 널리 분포하여 국제 이동량이 많다. (   )

(2) 석탄은 제철 공업이 발달하고 화력 발전을 많이 하는 중국, 인도 등에서 소비량이 많다. (   )

5 민족과 국가의 이익을 위해 자국이 가진 자원에 대한 지배권을 확대하려는 태도인 (   )는 자원을 둘러싼 갈등의 발생 원인이 되기도 한다.

6 다음 괄호 안의 내용 중 알맞은 말에 ○표를 하시오.

(1) 페르시아만 연안, 기니만 연안, 북극해, 카스피해 주변 지역에서는 (식량, 석유) 자원을 둘러싸고 주변국 간의 갈등이 발생하고 있다.

(2) 국제 하천에서 상류에 있는 국가가 댐을 건설할 경우 하류에서 유량이 (늘어나, 줄어들어) 하류에 있는 국가와의 갈등이 일어날 수 있다.

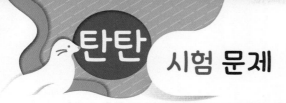
01 자원에 대한 설명으로 옳지 <u>않은</u> 것은?

① 인간 생활에 유용하다.

② 현재 기술로 개발이 가능하다.

③ 경제적으로 이용 가치가 있는 것이다.

④ 좁은 의미의 자원은 문화적 자원을 일컫는다.

⑤ 천연자원으로는 식량 자원, 에너지 자원, 광물 자원 등이 있다.

04 에너지 자원으로만 짝지은 것은?

① 쌀, 밀

② 전통, 예술

③ 기술, 노동력

④ 석유, 천연가스

⑤ 예술, 사회 제도

중요해
02 A에 해당하는 자원으로 옳은 것을 〈보기〉에서 고른 것은?

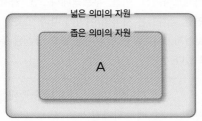

┤ 보기 ├
ㄱ. 쌀　　　　ㄴ. 석유　　　　ㄷ. 기술
ㄹ. 전통　　　ㅁ. 천연가스　　ㅂ. 사회 제도

① ㄱ, ㄴ, ㄷ　　② ㄱ, ㄴ, ㄹ　　③ ㄱ, ㄴ, ㅁ
④ ㄴ, ㄹ, ㅂ　　⑤ ㄷ, ㄹ, ㅂ

이 문제에서 나올 수 있는 선택지는 다~!
05 지도의 A, B 자원에 대한 설명으로 옳지 <u>않은</u> 것은?

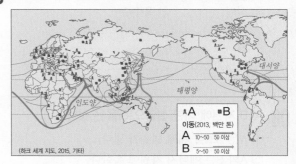

(하크 세계 지도, 2015, 기타)

① A는 페르시아만 지역에 많이 매장되어 있다.

② 우리나라는 A 자원을 대부분 수입에 의존한다.

③ A는 매장되어 있는 국가와 주요 소비 국가가 다르다.

④ A는 운송 수단의 연료로 많이 쓰이는 에너지 자원이다.

⑤ B는 현재 세계에서 가장 많이 소비되는 에너지 자원이다.

⑥ B는 제철 공업, 화력 발전에 쓰여 중국, 인도 등에서 소비량이 많다.

⑦ B는 A보다 넓은 지역에 비교적 고르게 분포하여 국제 이동량이 적은 편이다.

03 ㉠에 들어갈 자원의 특성으로 옳은 것은?

자원이 지구상에 고르게 분포하지 않고 일부 지역에 집중되어 분포하는 특성을 자원의 (㉠)이라고 한다.

① 유한성　　　　　　② 가변성

③ 편재성　　　　　　④ 경제성

⑤ 유용성

06 물 자원에 대한 설명으로 옳지 <u>않은</u> 것은?

① 수력 발전에 이용할 수 있다.

② 지역적으로 균등하게 분포한다.

③ 생활용수, 농업용수 등으로 이용된다.

④ 연 강수량이 많은 적도 지방에서 풍부하다.

⑤ 댐 건설, 해수 담수화, 지하수 개발을 통해 확보할 수 있다.

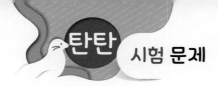

[07~08] 지도는 어떤 자원들의 생산지와 이동을 나타낸 것이다. 이를 보고 물음에 답하시오.

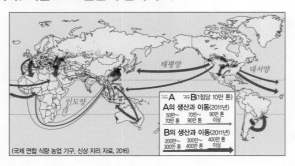

(국제 연합 식량 농업 기구, 신상 지리 자료, 2016)

07 A 자원으로 옳은 것은?

① 쌀   ② 밀   ③ 석유
④ 석탄   ⑤ 옥수수

08 A, B 자원에 대한 설명으로 옳은 것은?

① A는 B보다 재배 범위가 넓다.
② A와 B는 에너지 자원에 속한다.
③ A는 서늘하고 건조한 지역에서 주로 생산된다.
④ B는 A보다 소비 지역이 널리 분포하여 국제 이동량이 많다.
⑤ B는 고온 다습한 아시아의 계절풍 기후 지역에서 주로 생산된다.

09 (가), (나)에 해당하는 식량 자원을 옳게 연결한 것은?

> (가) 육류 소비가 늘어남에 따라 사료용 작물로 많이 사용되고, 최근 바이오 연료로 이용되면서 수요가 증가하고 있다.
> (나) 여름철에 고온 다습한 동부 아시아, 동남아시아, 남부 아시아에서 주로 생산되고 생산지에서 대부분 소비된다.

	(가)	(나)
①	쌀	밀
②	쌀	옥수수
③	밀	옥수수
④	옥수수	쌀
⑤	옥수수	밀

10 자원 민족주의에 대한 설명으로 옳은 것은?

① 자원의 편재성과는 관련이 없다.
② 자원 갈등이 사라지는 원인이 된다.
③ 자원의 공급이 증가하는 원인이 된다.
④ 자원을 전량 수입해야 하는 국가에서 취하는 태도이다.
⑤ 민족과 국가의 이익을 위해 자원에 대한 지배권을 확대하려는 태도이다.

중요해
11 밑줄 친 '이곳'으로 옳은 것은?

> 이곳에는 대규모의 석유와 천연가스가 매장되어 있다. 러시아, 아제르바이잔, 이란, 투르크메니스탄, 카자흐스탄 등 연안 국가들은 자국의 이익에 따라 이곳을 바다로 볼 것인지, 호수로 볼 것인지를 놓고 상반된 주장을 펼치고 있다.

① 북극해   ② 기니만   ③ 남중국해
④ 카스피해   ⑤ 페르시아만

12 다음에서 설명하는 자원 분쟁 지역에 해당하지 않는 지역은?

> 여러 국가의 영토를 거쳐 흐르는 하천에서는 하천의 이용을 둘러싸고 분쟁이 발생한다.

① A   ② B   ③ C   ④ D   ⑤ E

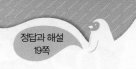
중요해

13 자원을 둘러싼 경쟁과 갈등에 대한 설명으로 옳지 않은 것은?

① 석유 보유국과 수입국 사이의 입장 차이로 갈등이 발생하기도 한다.

② 자원 민족주의의 강화로 자원 확보를 위한 경쟁과 갈등이 치열해졌다.

③ 물 부족 문제에 대한 위기의식은 물 자원을 둘러싼 갈등을 완화시키고 있다.

④ 국제 하천을 두고 상류에 위치한 국가와 하류에 위치한 국가 간의 갈등이 발생하기도 한다.

⑤ 대표적인 갈등 지역으로는 기니만 연안, 북극해, 페르시아만 연안, 카스피해 주변 등이 있다.

14 밑줄 친 ㉠~㉤ 중 옳지 않은 것은?

메콩강은 ㉠ 아시아의 여러 국가를 거쳐 흐르는 ㉡ 국제 하천이다. 상류에 있는 ㉢ 중국이 물 자원 확보를 위해 이 하천에 댐을 건설하면서 ㉣ 유량이 늘어나 ㉤ 타이, 캄보디아, 베트남 등 하류에 있는 국가들과 이 하천을 둘러싸고 갈등을 겪고 있다.

① ㉠ ② ㉡ ③ ㉢ ④ ㉣ ⑤ ㉤

15 ㉠, ㉡에 들어갈 내용이 옳게 연결된 것은?

• 육류 소비가 증가하면서 (㉠) 곡물 수요가 증가하였다.

• 국제 곡물 대기업이 이윤 추구를 위해 영향력을 행사하면 비싼 가격에 곡물을 수입하는 것이 어려운 국가에서 (㉡) 문제가 심각해진다.

	㉠	㉡
①	사료용	물 부족
②	사료용	식량 부족
③	연료용	물 부족
④	에너지용	환경 오염
⑤	에너지용	식량 부족

학교 시험에 잘 나오는 서술형 문제

1 자원의 의미에 대해 서술하시오.

_____
_____
_____

2 지도를 보고 물음에 답하시오.

(하크 세계 지도, 2015, 기타)

(1) A에 해당하는 자원을 쓰시오.

_____

(2) (1)의 국제 이동을 자원의 특성과 관련지어 서술하시오.

_____
_____
_____

3 제시된 지역에서 석유 자원을 둘러싼 갈등이 발생한 원인을 서술하시오.

• 북극해	• 카스피해	• 기니만 연안

_____
_____
_____

02~03 자원과 주민 생활 ~지속 가능한 자원 개발

●● 자원과 주민 생활

1. 풍부한 자원을 바탕으로 부유해진 지역

(1) **자원 개발의 긍정적 영향**: 자원을 이용하여 산업을 발달시키거나 자원을 수출하여 소득을 벌어들이면서 경제가 발전하고 주민들의 생활 수준이 향상될 수 있음

(2) **풍부한 자원을 바탕으로 경제가 성장한 국가** 자료①

미국, 캐나다, 오스트레일리아	• 풍부한 자원, 뛰어난 기술력을 바탕으로 경제가 성장함 • 서비스업 비중이 높고 산업 구조가 고도화됨
사우디아라비아, 쿠웨이트, 아랍 에미리트	• 석유가 중요한 에너지 자원이 되면서 경제가 발전함 • 석유 수출로 얻은 수익으로 도로, 항만, 공항 등 사회 기반 시설을 확충하고 교육 및 의료에 투자하여 국민의 생활 수준을 높임
노르웨이	• 북해의 유전이 개발되면서 경제가 빠르게 성장함 • 석유로 창출된 부를 국가가 직접 관리하여 복지 정책 등에 사용함, 모범을 보여 준 자원 강국

2. 자원이 풍부하지만 어려움을 겪는 지역

(1) **자원 개발의 부정적 영향**: 자원은 풍부하지만 자원에 대한 인식과 자본이 부족하고 기술 수준이 낮은 나라의 경우 주민 생활이 어려워지기도 함, 막대한 외화 유입으로 빈부 격차가 심화됨

(2) **자원은 풍부하지만 어려움을 겪는 국가** 자료②

나이지리아	• 석유와 천연가스 생산량이 많음 • 자원 개발 이후 빈부 격차 및 갈등이 심화됨, 석유 생산 및 운송 과정에서 다양한 환경 문제가 발생함
콩고 민주 공화국	• 다양한 광물 자원이 풍부함, *콜탄을 많이 생산함 • 자원을 둘러싸고 오랜 기간 내전을 거치면서 주민 생활이 어려워짐, 열대 우림의 생태 환경이 파괴됨
시에라리온	• 다이아몬드 등의 자원이 풍부하게 매장되어 있음 • 자원 개발로 빈부 격차가 심화되고 내전이 발생함

3. 우리의 삶과 연결된 자원
일상생활에서 사용하는 물건을 만드는 데에는 세계 여러 지역의 다양한 자원이 필요함, 자원이 생산되고 이동하는 과정에는 수많은 사람들의 삶이 연결되어 있음 자료③

●● 지속 가능한 자원 개발

1. 자원의 지속 가능한 활용 방안
자원을 지속 가능하게 사용하기 위해서는 석유, 석탄 등 재생 불가능한 화석 연료의 사용량을 줄여야 함

(1) **자원 절약**: 냉난방 절제, 대중교통 이용, 에너지 소비 효율 등급 표시제 및 *탄소 포인트제 등 정책 확충

(2) ***신·재생 에너지 개발 및 이용**: 화석 연료를 신·재생 에너지로 대체하기 위한 노력이 전 세계적으로 활발하게 이루어지고 있음

생생 자료

자료① 사우디아라비아의 변화

세계에서 석유를 가장 많이 수출하고 있는 국가로, 전 세계 석유 생산량의 약 13%를 차지하고 있어.

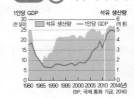
↑ 석유 생산량과 1인당 GDP

↑ 석유 개발 이후의 모습

유목과 오아시스 농업을 주로 하던 사우디아라비아는 석유를 개발하면서 경제가 성장하였다. 이 과정에서 유목민 수가 감소하였고 외부와의 접촉이 늘어나면서 사람들의 전통적 사고방식도 변화하고 있다.

자료② 자원이 풍부한 국가들의 1인당 GDP

노르웨이 풍부한 자원: 석유 7만 1,497달러
베네수엘라 볼리바르 풍부한 자원: 석유 1만 755달러
아랍 에미리트 풍부한 자원: 석유 3만 8,050달러
오스트레일리아 풍부한 자원: 석탄, 철광석 등 5만 1,593달러
나이지리아 풍부한 자원: 석유 2,260달러
콩고 민주 공화국 풍부한 자원: 구리, 콜탄 등 473달러

(국제 통화 기금, 2016)
1인당 국내 총생산(GDP)

자원이 풍부한 국가들 간에도 1인당 국내 총생산의 차이가 크다. 자원의 매장량보다 자원을 개발하고 이용하는 방법이 중요하다는 점을 알 수 있다.

자료③ 지구촌과 연결된 우리의 삶

구보 씨가 마시는 커피 원두는 남아메리카의 콜롬비아 안티오키아 지역에서 생산한 것이다. 커피 농장을 만들기 위해 원시림 한구석을 밀었다. 구보 씨는 커피 머신에 물 200㎖를 붓고 만든 원두커피를, 바닥에 '메이드 인 차이나'라고 쓰인 컵에 부었다. 컵에 넣은 두 숟가락의 설탕은 미국 플로리다주의 사탕수수밭에서 온 것이다.
– 존 라이언, 『녹색 시민 구보 씨의 하루』 재구성 –

우리의 소비 행위는 다른 사람, 사회, 환경에 영향을 미칠 수 있기 때문에 환경과 사회에 바람직한 방향으로 소비하는 윤리적 소비가 필요하다.
└ 예 공정 무역 제품 구매하기, 환경에 해를 끼치는 상품에 대한 불매 운동 등

쏙쏙 용어

* **콜탄** 스마트폰, 노트북 등 전자 제품을 만드는 데 꼭 필요한 광물 자원
* **탄소 포인트제** 가정, 상업 시설에 온실가스 감축 실적에 따라 포인트를 발급하고, 혜택을 제공하는 제도
* **신·재생 에너지** 화석 연료를 재활용하거나 태양, 바람, 물 등의 재생 가능한 자원을 변환하여 이용하는 에너지

2. 신·재생 에너지의 종류와 특징

(1) **종류**: 수력, 조력, 지열, 풍력, 태양광, 태양열, 폐기물, *바이오 에너지 등

(2) **특징**

① **장점**: 고갈되지 않고 환경 문제가 적으며 지구상에 고르게 분포함

② **단점**: 저장이나 수송이 어려우며 자연환경의 영향을 크게 받음, 개발 초기에 많은 비용이 발생함, 복잡한 공정이 필요하기도 해 국가별 기술력의 차이에 따라 개발 속도와 공급 비중이 달라짐

3. 세계 여러 지역의 신·재생 에너지 [자료 ④]

수력 에너지	유량이 풍부하고 낙차가 큰 하천에서 유리함 예 브라질
조력 에너지	*조석 간만의 차가 큰 해안에서 유리함 예 우리나라
지열 에너지	화산 활동이 활발한 지역에서 유리함 예 뉴질랜드, 일본
풍력 에너지	산지, 해안처럼 강한 바람이 지속적으로 부는 지역에서 유리함 예 덴마크, 네덜란드, 미국, 영국
태양광 에너지	사막과 같이 일사량이 많은 지역에서 유리함 예 에스파냐
바이오 에너지	원료를 대량 생산할 수 있는 지역에서 유리함 예 독일

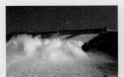
↑ 수력 발전(브라질)

↑ 조력 발전(우리나라)

↑ 지열 발전(뉴질랜드)

↑ 풍력 발전(덴마크)

↑ 태양광 발전(에스파냐)

↑ 바이오 가스 생산(독일)

4. 지속 가능한 자원 개발이 가져온 변화

(1) **지속 가능한 자원 개발의 효과**: 친환경 에너지 분야와 관련된 새로운 일자리를 만들고 고갈 가능성이 없는 에너지를 공급함 [자료 ⑤]

(2) **신·재생 에너지 개발의 부작용** [자료 ⑥]

수력 에너지	댐 건설로 상류에 수몰 지구 발생, 상류와 하류의 생태계 순환 단절로 하천 생태계에 큰 변화 초래, 수질 오염
조력 에너지	방조제 건설로 갯벌 등 해안 생태계 파괴, 어획량 감소
지열 에너지	지하수를 무리하게 끌어다 쓸 경우 땅이 꺼지거나 주민들이 사용할 지하수가 줄어듦
풍력 에너지	산지에 발전기를 건설할 시 삼림 파괴, 심각한 소음 문제
태양광 에너지	발전 단지를 조성하기 위해 숲을 훼손하여 삼림 파괴
바이오 에너지	곡물 가격이 상승하여 개발 도상국은 식량 부족 문제를 겪음, 생산 과정에서 토양·수질 오염 발생, 열대림 파괴

서술형 단골 조력 발전 등 신·재생 에너지 개발의 부작용을 묻는 문제가 자주 출제돼.

자료 ④ 우리나라의 신·재생 에너지 생산

경기도 안산시 시화호 조력 발전소는 세계에서 가장 큰 규모야

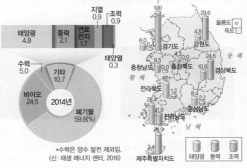

태양광 4.8 / 풍력 2.1 / 지열 0.9 / 조력 0.9 / 연료 전지 1.7 / 태양열 0.3 / 수력 5.0 / 바이오 24.5 / 기타 10.7 / 폐기물 59.8(%) / 2014년

*수력은 양수 발전 제외임.
(신·재생 에너지 센터, 2016)

↑ 신·재생 에너지 생산 비중   ↑ 도별 신·재생 에너지 생산 현황

풍력 발전은 주로 강원도 대관령, 경상북도 영덕, 제주도 일대에서 하고 있고, 태양광 발전은 일사량이 풍부한 호남과 영남 북부 지방에서 많이 한다.

자료 ⑤ 세계의 신·재생 에너지 소비량 변화

(100만*TOE)

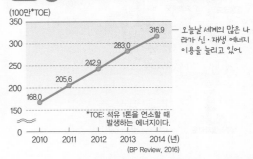

오늘날 세계의 많은 나라가 신·재생 에너지 이용을 늘리고 있어.

*TOE: 석유 1톤을 연소할 때 발생하는 에너지이다.

(BP Review, 2016)

신·재생 에너지 등의 지속 가능한 자원을 개발하면 화석 연료 사용에 따른 자원 고갈 문제와 기후 변화 등의 환경 문제를 해결할 수 있다.

자료 ⑥ 바이오 에너지 개발의 양면성

긍정적 측면	부정적 측면
• 환경 오염 물질과 온실가스 배출이 적은 에너지원이다. • 자연에서 얻을 수 있는 자원을 활용하기 때문에 화석 연료와 달리 고갈에 대한 염려가 적다.	• 연료로 변환하기 위한 공정이 복잡하고 개발에 큰 비용이 든다. • 식량 작물을 연료로 활용하면서 국제 곡물 가격이 상승하고 식량 부족 문제가 발생한다.

지속 가능한 자원을 무리하여 개발하면 부작용이 나타날 수 있으므로 경제적 상황, 주민 생활과 환경에 미치는 영향 등을 분석한 후 개발해야 한다.

쏙쏙 용어

★ **바이오 에너지** 생물체와 그 부산물 등이 액체, 가스, 고체 연료나 전기·열에너지 형태로 변화한 에너지로, 바이오 에탄올, 바이오 디젤, 바이오 가스 등이 있음

★ **조석 간만의 차** 밀물과 썰물에 의해 하루 중 해수면이 가장 높을 때의 수위와 가장 낮을 때의 수위의 차이(조차)

대표 자료 확인하기

◆ 세계 여러 지역의 신·재생 에너지

(①) 에너지	(②) 에너지
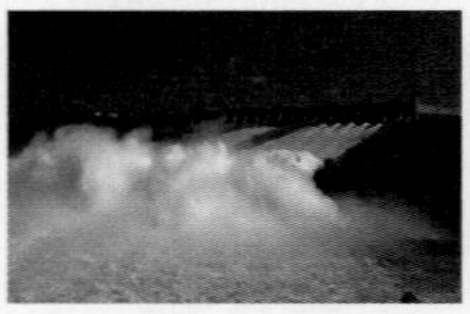 유량이 풍부하고 낙차가 큰 하천에서 유리함 예 브라질	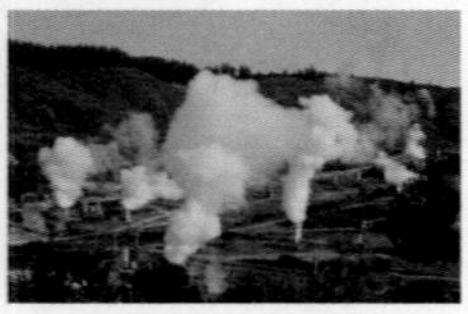 화산 활동이 활발한 지역에서 유리함 예 뉴질랜드, 일본

◆ 우리나라 도별 신·재생 에너지 생산 현황

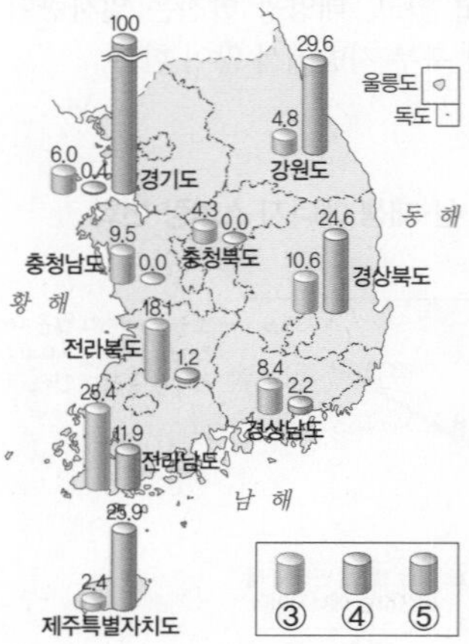

• (③   ) 에너지
• (④   ) 에너지
• (⑤   ) 에너지

한눈에 정리하기

◆ 풍부한 자원을 바탕으로 경제가 성장한 국가

미국, 캐나다, 오스트레일리아	풍부한 자원, 뛰어난 기술력을 바탕으로 경제가 성장함
사우디아라비아, 아랍 에미리트, 쿠웨이트	(①)가 중요한 에너지 자원이 되면서 자원 수출로 경제가 발전함
노르웨이	(②)의 유전이 개발되면서 경제가 빠르게 성장함

◆ 자원이 풍부하지만 어려움을 겪는 국가

나이지리아	(③)의 생산량이 많으나 자원 개발 이후 빈부 격차가 심화됨
콩고 민주 공화국	전자 제품을 만드는 데 꼭 필요한 광물 자원인 (④)을 많이 생산하나 자원을 둘러싼 내전을 겪음
시에라리온	(⑤) 등의 자원이 풍부하게 매장되어 있으나 자원 개발로 빈부 격차가 심화되고 내전이 발생함

꼼꼼 개념 문제

● 정답과 해설 20쪽

1 다음 설명이 맞으면 ○표, 틀리면 ×표를 하시오.

(1) 자원 개발은 주민 생활과 경제 발전에 긍정적인 영향을 미치기도 한다. (   )

(2) 자원이 풍부한 국가는 모두 경제가 발전하고 주민 생활이 풍요로워 진다. (   )

(3) 주민들의 생활 수준을 높이기 위해서는 자원을 개발하고 이용하는 방법이 중요하다. (   )

2 다음 설명에 해당하는 국가를 〈보기〉에서 골라 기호를 쓰시오.

보기
ㄱ. 캐나다   ㄴ. 노르웨이   ㄷ. 사우디아라비아

(1) 석유 수출로 얻은 수익으로 사회 기반 시설을 확충하고 교육 및 의료에 투자하여 국민 생활 수준을 높였다. (   )

(2) 북해의 유전이 개발되면서 경제가 빠르게 성장한 자원 강국으로 석유로 창출된 부를 국가가 직접 관리하여 복지 정책에 사용하였다. (   )

3 자원을 지속 가능하게 사용하기 위해서 전 세계적으로 화석 연료를 (   )로 대체하기 위한 노력이 활발하게 이루어지고 있다.

4 신·재생 에너지는 환경 문제가 (많고, 적고) 지구상에 고르게 분포하며 자연환경의 영향을 (크게, 작게) 받는다.

5 신·재생 에너지와 개발하기 유리한 곳을 옳게 연결하시오.

(1) 수력 에너지 •   • ㉠ 유량이 풍부한 하천
(2) 조력 에너지 •   • ㉡ 화산 활동이 활발한 지역
(3) 지열 에너지 •   • ㉢ 조석 간만의 차가 큰 해안
(4) 풍력 에너지 •   • ㉣ 사막처럼 일사량이 많은 지역
(5) 태양광 에너지 •   • ㉤ 강한 바람이 지속적으로 부는 지역

6 바이오 에너지 개발의 부작용을 〈보기〉에서 골라 기호를 쓰시오.

보기
ㄱ. 어획량 감소   ㄴ. 해안 생태계 파괴
ㄷ. 토양 및 수질 오염   ㄹ. 식량 부족 문제 발생

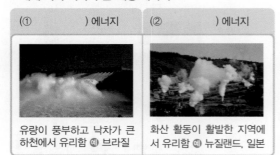

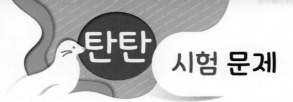

01 자원 개발의 긍정적 영향으로 옳지 <u>않은</u> 것은?

① 국가 경제가 성장한다.
② 자원을 수출하여 소득을 벌어들일 수 있다.
③ 자원과 관련된 분야의 산업을 발달시킬 수 있다.
④ 막대한 외화 유입으로 인해 빈부 격차가 심화된다.
⑤ 자원 개발로 얻은 수익을 교육·의료 등 복지에 투자하여 주민 생활 수준이 향상된다.

중요해

02 제시된 국가들의 공통점으로 옳은 것은?

> • 쿠웨이트   • 아랍 에미리트   • 사우디아라비아

① 유목민의 수가 증가하고 있다.
② 북해의 유전이 개발되면서 경제가 빠르게 성장했다.
③ 석탄이 중요한 에너지 자원이 되면서 경제가 발전했다.
④ 최근 외부 세계와의 접촉이 줄어들면서 사람들의 사고방식이 변화하고 있다.
⑤ 석유 수출로 얻은 수익으로 사회 기반 시설을 확충하여 국민의 생활 수준을 높였다.

03 다음에서 설명하는 국가를 지도에서 고른 것은?

> 1980년대 북해에서 유전이 발견되면서 경제가 빠르게 성장하였다. 채굴되는 석유로 얻은 이익을 국가 공동의 재산으로 규정하여 국민들의 삶의 질 향상에 사용하였으며, 투명한 정치를 통해 이익 분배 과정을 공개하여 국민의 신뢰를 쌓았다. 또한 석유 개발로 얻은 이익으로 석유 개발 기금을 조성하여 제조업과 금융, 첨단 산업 등 다양한 산업에 투자하였다.

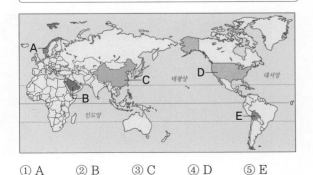

① A   ② B   ③ C   ④ D   ⑤ E

04 다음 설명에 해당하는 국가를 〈보기〉에서 고른 것은?

> 자원은 풍부하지만 자원에 대한 인식과 자본이 부족하고 기술 수준이 낮아 다른 나라들이 자원을 차지하려고 충돌하면서 주민 생활이 어려워졌다.

┤보기├
ㄱ. 캐나다   ㄴ. 나이지리아
ㄷ. 사우디아라비아   ㄹ. 콩고 민주 공화국

① ㄱ, ㄴ   ② ㄱ, ㄷ   ③ ㄴ, ㄷ
④ ㄴ, ㄹ   ⑤ ㄷ, ㄹ

05 자료를 통해 알 수 있는 내용으로 옳지 <u>않은</u> 것은?

① 자원의 매장량보다 자원을 개발하고 이용하는 방법이 중요하다.
② 자원이 풍부한 국가들 간에도 1인당 국내 총생산의 차이가 크다.
③ 노르웨이, 오스트레일리아 등은 풍부한 자원을 바탕으로 경제 성장을 이루었다.
④ 콩고 민주 공화국은 콜탄을 많이 생산하고 수출하여 주민들의 삶의 질이 매우 높다.
⑤ 자본이 부족하고 기술 수준이 낮은 국가의 경우 자원이 풍부해도 주민 생활이 어려울 수 있다.

06 자원과 일상생활과의 관계에 대하여 <u>잘못</u> 이해하고 있는 학생은?

① 가은: 내가 입는 교복은 다양한 나라에서 온 자원으로 만들어졌어.
② 나은: 자원의 이용을 매개로 국가 간·지역 간 상호 연결성은 더욱 커지고 있어.
③ 다은: 자원이 생산되고 이동하는 과정에는 수많은 사람들의 삶이 연결되어 있어.
④ 라은: 자원을 이용함으로써 우리의 삶과 다른 지역 주민의 삶이 서로 영향을 주고받는 거야.
⑤ 마은: 자원으로 세계가 연결되어 있으므로 무조건 다국적 기업의 제품을 소비하는 것이 바람직해.

07 ㉠에 대한 설명으로 옳지 <u>않은</u> 것은?

> (㉠)는 화석 연료를 재활용하거나 태양, 바람, 물 등의 재생 가능한 자원을 변환하여 이용하는 에너지이다.

① 환경 문제가 적다.
② 쉽게 고갈되지 않는다.
③ 지구상에 고르게 분포한다.
④ 자연환경의 영향을 크게 받는다.
⑤ 대표적으로 석탄, 천연가스가 있다.
⑥ 저장이나 수송이 어려운 단점이 있다.
⑦ 개발 초기에 많은 비용이 발생하고 복잡한 공정이 필요하다.
⑧ 국가별 기술력의 차이에 따라 개발 속도와 공급 비중이 달라진다.

08 지도는 우리나라의 도별 신·재생 에너지 생산 현황을 나타낸 것이다. 이에 대한 설명으로 옳지 <u>않은</u> 것은?

① 자연환경의 영향을 고려하여 입지해 있다.
② 조력 발전은 조석 간만의 차가 큰 서해안에서 이루어진다.
③ 태양광 발전은 일사량이 풍부한 호남과 영남 북부 지방에서 많이 한다.
④ 풍력 에너지는 주로 강원도, 경상북도, 제주도 일대에서 생산되고 있다.
⑤ 우리나라는 환경 문제를 완화하기 위해 신·재생 에너지 이용을 줄이고 있다.

09 ㉠에 들어갈 신·재생 에너지는?

> 에스파냐에서는 지중해 지역의 고온 건조한 기후 조건을 활용하여 (㉠)로써 전력을 생산하고 있다.

① 지열 에너지　　　② 태양 에너지
③ 조류 에너지　　　④ 풍력 에너지
⑤ 바이오 에너지

10 사진과 관계 깊은 신·재생 에너지를 개발하기 유리한 곳으로 옳은 것은?

↑ 우리나라 시화 방조제

① 일사량이 많은 곳
② 유량이 풍부한 하천 상류
③ 화산 활동이 활발한 지역
④ 조석 간만의 차가 큰 해안
⑤ 사탕수수를 대량으로 생산할 수 있는 곳

11 다음과 같은 신·재생 에너지를 개발하기에 가장 유리한 지역을 지도에서 고른 것은?

> 화산 활동이 활발한 지역에서 마그마에 의해 가열된 지하수의 증기를 이용하여 전력을 생산하거나 냉난방에 이용한다.

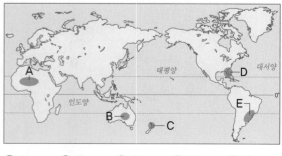

① A　　② B　　③ C　　④ D　　⑤ E

12 (개), (내)에서 생산하는 신·재생 에너지를 옳게 연결한 것은?

	(개)	(내)
①	조력 에너지	지열 에너지
②	풍력 에너지	지열 에너지
③	지열 에너지	태양광 에너지
④	풍력 에너지	바이오 에너지
⑤	지열 에너지	바이오 에너지

13 학생들이 설명하는 신·재생 에너지는?

- 가현: 화석 연료와 달리 환경 문제가 적은 에너지원이야.
- 나현: 맞아. 자연에서 얻을 수 있는 생물체와 그 부산물 등을 이용해 만들기 때문에 고갈될 걱정도 없어.
- 다현: 하지만 옥수수 같은 곡물을 원료로 사용해서 곡물 가격을 상승시키는 부작용이 있어.

① 수력 에너지   ② 풍력 에너지
③ 태양열 에너지   ④ 폐기물 에너지
⑤ 바이오 에너지

중요해

14 신·재생 에너지의 개발에 따른 부작용이 옳지 **않은** 것은?

	구분	부작용
①	수력 에너지	댐 건설로 수몰 지역 발생
②	풍력 에너지	산지에 발전기 건설 시 삼림 파괴
③	조력 에너지	방조제 건설로 갯벌 등 해안 생태계 파괴
④	지열 에너지	지하수를 무리하게 끌어다 쓸 경우 땅이 꺼짐
⑤	태양광 에너지	생산 과정에서 토양 오염 및 수질 오염이 나타남

학교 시험에 잘 나오는 **서 술 형** 문제

1 다음 글을 읽고 물음에 답하시오.

> 미국, 캐나다, 오스트레일리아는 풍부한 자원을 바탕으로 경제 성장을 이루었다. 그러나 <u>자원이 풍부하다고 해서 반드시 경제가 풍요로운 것은 아니다.</u>

(1) 밑줄 친 부분에 해당하는 국가를 두 곳만 쓰시오.

_____

(2) 밑줄 친 부분에 대한 이유를 서술하시오.

_____

_____

2 우리나라에서 (개), (내) 발전 양식이 유리한 지역을 비교하여 서술하시오.

_____

_____

_____

3 다음에서 설명하는 신·재생 에너지 개발의 부작용을 **두 가지만** 서술하시오.

> 바이오 에너지는 옥수수, 사탕수수 등 곡물을 발효시켜 만드는 바이오 에탄올과 콩기름, 폐식용유 등에서 식물성 기름을 뽑아 만드는 바이오 디젤, 그리고 음식물 쓰레기, 가축 배설물 등을 발효시킬 때 생성되는 바이오 가스가 대표적이다. 바이오 에너지는 화석 연료를 대체할 에너지원으로 주목받고 있다.

_____

_____

_____

표와 자료로 정리하는 대단원

1 자원의 의미

자원은 인간에게 쓸모가 있고 ① ☐☐☐으로 개발할 수 있으며 ② ☐☐ ☐으로 가치가 있는 모든 것이다.

정답 ① 기술적 ② 경제적

- - - - - - - - - - - - - - - - - - - -

2 식량 자원의 생산과 이동

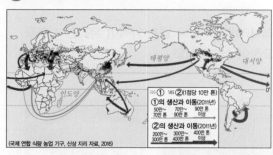

(국제 연합 식량 농업 기구, 신상 지리 자료, 2016)

- ①☐은 고온 다습한 아시아의 계절풍 기후 지역에서 주로 생산된다.
- ②☐은 서늘하거나 건조한 곳에서도 잘 자라기 때문에 세계적으로 널리 재배되고 있다.

정답 ① 쌀 ② 밀

- - - - - - - - - - - - - - - - - - - -

3 자원을 둘러싼 경쟁과 갈등

(국토 교통부 물과 미래, 2016, 기타)

① ☐☐ 자원을 둘러싼 경쟁과 갈등은 주로 여러 국가를 거쳐 흐르는 ② ☐☐☐☐의 이용을 둘러싸고 발생한다.

정답 ① 물 ② 국제 하천

01 자원의 특성과 자원 갈등

자원의 의미와 특성

① 의미	인간에게 쓸모가 있고 기술적으로 개발할 수 있으며 경제적 가치가 있는 모든 것	
종류	좁은 의미의 자원	천연자원(식량 자원, 에너지 자원, 광물 자원)
	넓은 의미의 자원	(①) + 인적 자원 + 문화적 자원
특성	(②)	자원은 고르게 분포하지 않고 일부 지역에 집중되어 분포함
	유한성	자원은 대부분 매장량이 한정되어 있음
	가변성	자원의 가치는 시대와 장소, 과학 기술의 발달, 사회적·문화적 배경 등에 따라 변화함

자원의 분포와 소비

에너지 자원	(③)	• 서남아시아 지역에 많이 매장됨 • 세계에서 가장 많이 소비하는 에너지 자원
	석탄	• 중국, 미국, 인도 등 고루 분포함 • 중국, 인도, 미국 등에서 소비량이 많음
물 자원	• 지역적으로 불균등하게 분포함 • 생활용수, 농업용수, 공업용수, 수력 발전 등에 이용됨	
② 식량 자원	쌀	아시아의 계절풍 기후 지역에서 생산되고 생산지에서 대부분 소비되어 국제 이동량이 적음
	밀	세계적으로 널리 재배되고 있고, 소비 지역이 널리 분포하여 국제 이동량이 많음

자원을 둘러싼 경쟁과 갈등

석유 자원	수입국과 보유국 간의 갈등	석유 보유국이 석유를 국유화하거나 석유 수출국 기구(OPEC)를 결성하여 석유 생산량과 가격 조절에 국제적인 영향력을 행사하면서 석유를 안정적으로 공급받기를 원하는 수입국과 갈등 발생
	석유 소유권을 둘러싼 갈등	석유 매장지가 여러 국가에 걸쳐 있거나 경계가 분명하지 않은 바다에 있는 경우 주변국 간의 갈등이 발생함 예 페르시아만 연안, 기니만 연안, 북극해, 남중국해, 카스피해 주변 등
③ 물 자원	• 원인: 인구 증가와 산업 발달에 따른 물 소비량 증가 • (④)을 둘러싼 갈등: 하천 이용을 둘러싸고 상류에 있는 국가와 하류에 있는 국가 간 갈등 발생 예 유프라테스강, 나일강, 요르단강, 다뉴브강, 메콩강 등	
식량 자원	• 원인: 기후 변화에 따른 농작물 생산량 감소, 빠른 인구 증가 • 식량 자원을 둘러싼 갈등: (⑤)의 영향력 행사로 자원의 생산과 이동이 원활하지 못한 경우 국가 간 경쟁과 갈등 심화	

정답 ① 천연자원 ② 편재성 ③ 석유 ④ 국제 하천 ⑤ 곡물 메이저

02 자원과 주민 생활

풍부한 자원을 바탕으로 부유해진 지역

오스트레일리아	풍부한 자원, 뛰어난 기술력을 바탕으로 경제가 성장함
사우디아라비아	석유가 중요한 자원이 되면서 경제가 발전함
(⑥　　　)	북해의 유전이 개발되면서 경제가 성장함

자원이 풍부하지만 어려움을 겪는 지역

나이지리아	석유 생산량이 많음, 자원 개발 이후 빈부 격차가 심화되고 환경이 오염되어 주민들의 건강이 나빠짐
❹ 콩고 민주 공화국	콜탄 등 다양한 광물 자원이 풍부함, 자원을 둘러싸고 오랜 기간 내전을 거치면서 주민 생활이 어려워짐
(⑦　　　)	다이아몬드 등 자원이 풍부함, 자원 개발로 빈부 격차가 심화되고 내전이 발생함

03 지속 가능한 자원 개발

신·재생 에너지의 특징

장점	고갈되지 않고 환경 문제가 적으며 지구상에 고르게 분포함
단점	저장이나 수송이 어려우며 자연환경의 영향을 크게 받음

세계 여러 지역의 신·재생 에너지

수력 에너지	유량이 풍부하고 낙차가 큰 하천에서 유리함 ⓔ 브라질
조력 에너지	(⑧　　　　)가 큰 해안에서 유리함 ⓔ 우리나라
지열 에너지	화산 활동이 활발한 지역에서 유리함 ⓔ 뉴질랜드
(⑨　　　) 에너지	산지, 해안처럼 강한 바람이 지속적으로 부는 지역에서 유리함 ⓔ 덴마크, 네덜란드, 미국, 영국
❺ 태양광 에너지	일사량이 많은 지역에서 유리함 ⓔ 에스파냐
바이오 에너지	원료를 대량 생산할 수 있는 지역에서 유리함 ⓔ 독일

신·재생 에너지 개발의 부작용

❻ 수력 에너지	댐 건설로 상류에 수몰 지구 발생, 하천 생태계 변화
조력 에너지	방조제 건설로 해안 생태계 파괴
지열 에너지	지하수를 무리하게 끌어다 쓸 경우 땅이 꺼짐
풍력 에너지	삼림 파괴, 소음 문제
태양광 에너지	발전 단지를 조성하기 위해 삼림 파괴
(⑩　　　) 에너지	곡물 가격이 상승하여 개발 도상국은 식량 부족 문제를 겪음, 토양 및 수질 오염

정답 | ⑥ 노르웨이 ⑦ 시에라리온 ⑧ 조차 ⑨ 풍력 ⑩ 바이오

❹ 자원이 풍부한 국가들의 생활 수준 차이

노르웨이
풍부한 자원: 석유
💰 7만 1,497달러

베네수엘라 볼리바르
풍부한 자원: 석유
💰 1만 755달러

아랍 에미리트
풍부한 자원: 석유
💰 3만 8,050달러

오스트레일리아
풍부한 자원: 석탄, 철광석 등
💰 5만 1,593달러

나이지리아
풍부한 자원: 석유
💰 2,260달러

①
풍부한 자원: 구리, 콜탄 등
💰 473달러

💰 1인당 국내 총생산(GDP)

①□□□□□□□은 자원이 풍부하지만 1인당 국내 총생산이 매우 적다. 즉, 자원의 ②□□□보다 자원을 개발하고 이용하는 방법이 중요하다는 것을 알 수 있다.

정답 | ① 콩고 민주 공화국 ② 매장량

❺ 우리나라의 도별 신·재생 에너지 생산 현황

100

29.6

6.0 0.4
경기도

4.8
강원도

울릉도
독도

9.5
충청남도

4.3 0.0
0.0
충청북도

24.6
동해

18.1
전라북도

1.2

10.6
경상북도

26.4
41.9
전라남도

8.8 2.2
경상남도

황해

남해

25.9

2.4
제주특별자치도

□ □ □
① ② 조력

• ①□□□ 에너지: 호남과 영남 북부 지방 등 일사량이 많은 지역에서 개발하기 유리하다.
• ②□□ 에너지: 강원도 대관령, 경상북도 영덕, 제주도 등 바람이 지속적으로 부는 지역에서 개발하기 유리하다.

정답 | ① 태양광 ② 풍력

❻ 신·재생 에너지 개발의 부작용

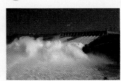

• 수력 에너지 개발의 부작용: ①□ 건설로 상류에 수몰 지구가 발생하고 상류와 하류의 생태계 순환이 단절된다.
• 풍력 에너지 개발의 부작용: 산지에 발전기를 건설할 시 삼림을 파괴한다. 또한 바람개비가 돌아가면서 생기는 심각한 ②□□ 문제도 있다.

정답 | ① 댐 ② 소음

01 자원의 특성과 자원 갈등

01 자원의 의미에 대한 설명으로 옳은 것은?

① 모든 자연물은 경제적 의미의 자원이다.

② 넓은 의미의 자원은 천연자원만을 가리킨다.

③ 좁은 의미의 자원은 문화적 자원을 일컫는다.

④ 기술적 의미의 자원보다 경제적 의미의 자원의 범위가 더 넓다.

⑤ 자원은 인간에게 쓸모가 있고 기술적으로 개발할 수 있으며 경제적으로 가치가 있는 모든 것이다.

02 ㉠, ㉡에 들어갈 내용을 옳게 연결한 것은?

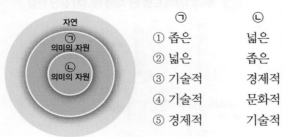

	㉠	㉡
①	좁은	넓은
②	넓은	좁은
③	기술적	경제적
④	기술적	문화적
⑤	경제적	기술적

03 좁은 의미의 자원으로 옳은 것만을 〈보기〉에서 있는 대로 고른 것은?

보기		
ㄱ. 밀	ㄴ. 석탄	ㄷ. 예술
ㄹ. 전통	ㅁ. 창의력	ㅂ. 사회 제도

① ㄱ, ㄴ ② ㄱ, ㅁ ③ ㄱ, ㄴ, ㄹ

④ ㄱ, ㄷ, ㅂ ⑤ ㄴ, ㄷ, ㄹ, ㅂ

04 ㉠에 들어갈 용어로 가장 적절한 것은?

> 석유는 지구상에 고르게 분포하지 않고 서남아시아의 페르시아만 지역 등 일부 지역에 집중되어 분포한다. 따라서 석유는 자원의 (㉠)이 매우 큰 에너지 자원이라고 말할 수 있다.

① 유한성 ② 가변성 ③ 편재성

④ 효율성 ⑤ 가능성

05 A 자원에 설명으로 옳지 <u>않은</u> 것은?

(하크 세계 지도, 2015, 기타)

① 넓은 지역에 고르게 분포한다.

② 운송 수단의 연료 등으로 많이 쓰인다.

③ 우리나라와 일본은 대부분 수입에 의존한다.

④ 매장되어 있는 국가와 주요 소비 국가가 다르다.

⑤ 자원 보유국이 생산량과 가격 조절에 영향력을 행사하기도 한다.

06 그래프는 세계 에너지 소비량 변화를 나타낸 것이다. 이에 대한 설명으로 옳은 것은?

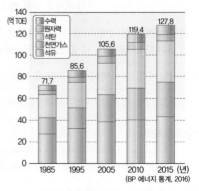

(BP 에너지 통계, 2016)

① 천연가스의 소비량은 감소하고 있다.

② 석유는 소비량이 가장 많은 에너지 자원이다.

③ 현재와 같은 추세로 화석 연료를 소비하면 고갈되지 않을 것이다.

④ 2015년에는 석유, 천연가스, 석탄, 원자력, 수력 순으로 소비량이 많았다.

⑤ 인구 증가와 경제 발전으로 인해 에너지 자원 소비량이 점차 감소하고 있다.

07 ⊙~ⓒ에 들어갈 내용을 옳게 연결한 것은?

> • 연 강수량이 (⊙) 적도 지방은 물 자원이 풍부하지만 (ⓒ) 지역과 그 주변 지역은 물 부족 문제가 심각하다.
> • 대표적인 식량 자원인 쌀은 (ⓒ)한 아시아 지역에서 주로 생산된다.

	⊙	ⓒ	ⓒ
①	많은	사막	서늘하고 건조
②	많은	사막	고온 다습
③	많은	계절풍 기후	서늘하고 건조
④	적은	계절풍 기후	서늘하고 건조
⑤	적은	계절풍 기후	고온 다습

08 A 자원에 대한 설명으로 옳은 것은?

(국제 연합 식량 농업 기구, 신상 지리 자료, 2016)

① 옥수수이다.
② 쌀보다 국제 이동량이 적다.
③ 생산지에서 대부분 소비된다.
④ 세계적으로 널리 재배되고 있다.
⑤ 기온이 낮고 강수량이 적은 곳에서는 자랄 수 없다.

09 자원을 둘러싸고 경쟁과 갈등이 발생하는 원인으로 옳지 <u>않은</u> 것은?

① 자원은 지구상에 고르게 분포하기 때문
② 자원에 대한 수요가 지속적으로 증가하기 때문
③ 자연재해 등에 의해 공급이 부족해질 수 있기 때문
④ 자원 민족주의가 강화되면 공급이 감소할 수 있기 때문
⑤ 자원 생산국의 정책 변화로 인해 공급이 부족해질 수 있기 때문

10 밑줄 친 '이 지역'에 해당하는 곳을 지도에서 고른 것은?

> 19세기 미국인들은 금광을 찾아 서부로 몰려들었는데 이를 '골드러시'라고 한다. 최근 지구 온난화로 석유와 천연가스 등이 풍부하게 매장되어 있는 <u>이 지역</u>의 개발 가능성이 커지면서 '골드러시' 현상이 나타나고 있다. 러시아, 캐나다, 미국, 노르웨이, 덴마크 등 주변 5개국이 더 많은 자원을 확보하기 위해 경쟁하고 있다.

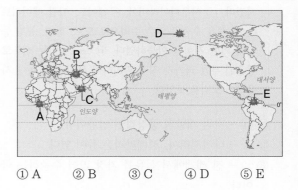

① A   ② B   ③ C   ④ D   ⑤ E

11 다음과 같은 물 분쟁이 일어난 하천은?

> • 에티오피아 대표: 우리 땅을 흐르는 강인데 우리 목적에 맞게 이용하는 것은 당연한 일이죠.
> • 수단 대표: 이 강은 어느 한 나라의 소유가 아니에요. 당장 댐 건설을 멈춰요.
> • 이집트 대표: 이 강의 이용 협정을 따라야 해요. 따라서 상류에 위치한 국가들은 물을 얼마나 흘려보낼지 우리와 협의해야 해요.

① 메콩강   ② 나일강   ③ 요르단강
④ 다뉴브강   ⑤ 유프라테스강

12 식량 부족 문제가 발생하는 원인으로 옳은 것만을 〈보기〉에서 있는 대로 고른 것은?

> ┤보기├
> ㄱ. 에너지용 곡물 수요 증가
> ㄴ. 기후 변화에 따른 농작물 생산량 감소
> ㄷ. 빠른 인구 증가에 따른 식량 수요 증가
> ㄹ. 육류 소비 증가에 따른 사료용 곡물 수요 증가

① ㄱ, ㄴ   ② ㄱ, ㄷ   ③ ㄱ, ㄴ, ㄷ
④ ㄴ, ㄷ, ㄹ   ⑤ ㄱ, ㄴ, ㄷ, ㄹ

02 자원과 주민 생활

13 밑줄 친 ㉠~㉤에 대한 설명으로 옳지 <u>않은</u> 것은?

> 자원은 주민들의 생활에 많은 영향을 끼친다. ㉠ 자원을 수출하여 소득을 벌어들이면 주민들의 생활 수준이 향상될 수 있다. ㉡ 풍부한 자원을 바람직하게 이용해 경제가 성장한 국가들은 자원을 이용하여 산업을 발달시켰다. ㉢ 사우디아라비아, 쿠웨이트, 아랍 에미리트는 ㉣ 석유 수출로 얻은 수익으로 도로, 항만, 공항 등 사회 기반 시설을 확충하였다. ㉤ 노르웨이는 석유로 창출된 부를 국가가 직접 관리하여 복지 정책 등에 사용하며 모범을 보였다.

① ㉠ – 자원 개발의 긍정적인 영향이다.
② ㉡ – 나이지리아, 시에라리온 등이 있다.
③ ㉢ – 전 세계에서 석유를 가장 많이 수출하는 국가이다.
④ ㉣ – 현재 세계에서 가장 많이 소비하는 에너지 자원으로 편재성이 매우 크다.
⑤ ㉤ – 북해의 유전이 개발되면서 경제가 빠르게 성장한 스칸디나비아반도의 자원 강국이다.

14 자원이 풍부한 국가의 주민 생활에 대한 설명으로 옳은 것을 〈보기〉에서 고른 것은?

> ┤보기├
> ㄱ. 아랍 에미리트는 석유를 수출하여 벌어들인 수입으로 도로, 항만, 공항 등 사회 기반 시설을 확충하고 있다.
> ㄴ. 시에라리온은 다이아몬드를 수출하고 있으나, 다이아몬드 광산 지역 주민들은 노동 조건이 열악하여 생활이 어렵다.
> ㄷ. 오스트레일리아는 북해의 유전이 개발되면서 경제가 빠르게 성장하였으며, 석유로 창출된 부를 복지 정책에 투자하여 국민의 삶의 질을 향상시켰다.
> ㄹ. 나이지리아에서는 전자 제품을 만드는 데 필요한 광물 자원인 콜탄이 세계에서 가장 많이 생산되어 주민들은 이 자원을 수출하여 소득을 얻고 있다.

① ㄱ, ㄴ   ② ㄱ, ㄷ   ③ ㄱ, ㄹ
④ ㄴ, ㄷ   ⑤ ㄷ, ㄹ

15 지도에 표시된 국가들의 특징으로 옳은 것을 〈보기〉에서 고른 것은?

> ┤보기├
> ㄱ. 무분별한 자원 개발로 환경 문제가 발생하였다.
> ㄴ. 서비스업의 비중이 높고 산업 구조가 고도화되었다.
> ㄷ. 풍부한 자본과 높은 기술력을 바탕으로 경제가 성장하였다.
> ㄹ. 자원 개발 이후 빈부 격차가 심해지고 주민 생활이 어려워졌다.

① ㄱ, ㄴ   ② ㄱ, ㄷ   ③ ㄱ, ㄹ
④ ㄴ, ㄷ   ⑤ ㄷ, ㄹ

03 지속 가능한 자원 개발

16 밑줄 친 ㉠~㉤ 중 적절하지 <u>않은</u> 것은?

> 자원을 지속 가능하게 사용하기 위해서는 ㉠ 화석 연료의 사용량을 늘리고, ㉡ 신·재생 에너지를 개발하고 이용해야 한다. ㉢ 에너지 소비 효율 등급 표시제, 탄소 포인트제와 같은 정책도 확충해야 한다. 또한 생활 속에서도 자원 절약을 실천해야 한다. 예를 들면, ㉣ 냉난방을 절제하고, ㉤ 대중교통을 이용하는 것이 있다.

① ㉠   ② ㉡   ③ ㉢   ④ ㉣   ⑤ ㉤

17 제시된 에너지들의 공통점으로 옳지 <u>않은</u> 것은?

> • 수력 에너지   • 풍력 에너지   • 태양열 에너지

① 고갈되지 않는다.
② 환경 문제가 적은 편이다.
③ 지구상에 고르게 분포한다.
④ 개발 초기에 많은 비용이 발생한다.
⑤ 화석 연료에 비해 저장이나 수송이 쉽다.

18 ㈎, ㈏가 나타내는 신·재생 에너지에 대한 설명으로 옳은 것을 〈보기〉에서 고른 것은?

㈎  ㈏

┤보기├
ㄱ. ㈎는 지열 에너지, ㈏는 바이오 에너지이다.
ㄴ. ㈎는 일사량이 많은 지역에서 개발하기 유리하다.
ㄷ. ㈏는 화산 활동이 활발한 지역에서 개발하기 유리하다.
ㄹ. 우리나라는 세계 최대 규모의 ㈏ 발전 시설을 갖추고 있다.

① ㄱ, ㄴ   ② ㄱ, ㄷ   ③ ㄱ, ㄹ
④ ㄴ, ㄷ   ⑤ ㄷ, ㄹ

19 ㉠에 들어갈 발전 양식에 대한 설명으로 옳지 않은 것은?

우리나라 서해안에서는 최근 신·재생 에너지인 (㉠) 기술이 급속히 발달하고 있으며 화석 에너지를 대체할 수 있는 친환경 기술로 각광을 받고 있다. 경기도 안산시 시화호에는 세계에서 가장 큰 규모의 발전소가 건설되어 있다.

① 자연환경의 영향을 크게 받는다.
② 발전소가 조산대 지역에 입지한다.
③ 발전소 건설에 많은 비용이 발생한다.
④ 해안 생태계를 변화시킨다는 단점이 있다.
⑤ 밀물과 썰물 때 발생하는 수위 차를 이용하여 전기를 생산한다.

20 ㉠에 들어갈 신·재생 에너지로 옳은 것은?

(㉠)는 유량이 풍부하고 낙차가 큰 하천에서 개발하기 유리한 신·재생 에너지이다.

① 풍력 에너지   ② 수력 에너지
③ 지열 에너지   ④ 조력 에너지
⑤ 바이오 에너지

21 지도는 우리나라의 도별 신·재생 에너지 생산 현황을 나타낸 것이다. A 에너지를 활용한 발전소가 입지하기 유리한 곳으로 옳은 것은?

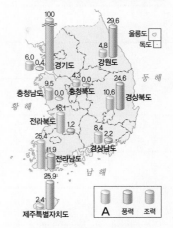

① 일사량이 많은 지역
② 화산 활동이 활발한 지역
③ 조석 간만의 차가 큰 해안 지역
④ 유량이 풍부하고 낙차가 큰 하천
⑤ 강한 바람이 지속적으로 부는 지역

22 밑줄 친 부분에 들어갈 내용으로 옳은 것만을 〈보기〉에서 있는 대로 고른 것은?

바이오 에너지 개발의 양면성

바이오 에너지란 옥수수나 사탕수수 등 생물체와 그 부산물이 액체, 가스, 고체 연료나 전기·열에너지 형태로 변화한 것이다. 이러한 바이오 에너지는 화석 연료에 비해 친환경적이지만 _____는 문제점도 제기되고 있다.

┤보기├
ㄱ. 식량 부족을 불러올 수 있다.
ㄴ. 산성비의 피해를 증가시킬 수 있다.
ㄷ. 심각한 소음 문제가 발생할 수 있다.
ㄹ. 원료 생산 과정에서 토양이 오염될 수 있다.

① ㄱ, ㄴ   ② ㄱ, ㄹ   ③ ㄴ, ㄷ
④ ㄴ, ㄹ   ⑤ ㄷ, ㄹ

한권으로 끝내기!

필수 개념과 시험 대비를 한 권으로 끝!

사회 공부의 진리입니다.

한끝과 함께 언제, 어디서든 즐겁게 공부해!

한끝으로 끝내고, 이제부터 활짝 웃는 거야!

한끝

정답과 해설

중등 사회

1·1

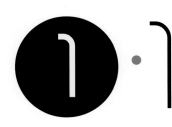

visang

우리는 남다른 상상과 혁신으로
교육 문화의 새로운 전형을 만들어
모든 이의 행복한 경험과 성장에 기여한다

ABOVE IMAGINATION

우리는 남다른 상상과 혁신으로
교육 문화의 새로운 전형을 만들어
모든 이의 행복한 경험과 성장에 기여한다

정답과 해설

Ⅰ 내가 사는 세계

01 다양한 지도 읽기

꼼꼼 개념 문제 ———————————————————— 11쪽

대표 자료 확인하기 ① 아시아 ② 인도양 ③ 태평양 ④ 북아메리카 ⑤ 대축척 ⑥ 소축척 ⑦ 자연환경 ⑧ 알프스산맥 ⑨ 라인강 ⑩ 인문 환경 ⑪ 에스파냐어

한눈에 정리하기 ① 일반도 ② 주제도

1 ㉠ 아시아 ㉡ 태평양 **2** 지도 **3** (1) – ㉢ (2) – ㉠ (3) – ㉡ **4** (1) ○ (2) ✕ (3) ○ **5** ① 프랑스 ② 이집트 ③ 인도 ④ 미국 **6** ㄱ, ㄴ, ㅁ

탄탄 시험 문제 ———————————————————— 12~13쪽

01 ④ **02** ③ **03** ② **04** ③ **05** ① **06** ④ **07** ③ **08** ③

01 우리가 사는 지구의 표면은 약 30%가 육지, 약 70%가 바다로 구성되어 있다. 육지는 크게 유럽, 아시아, 아프리카, 오세아니아, 북아메리카, 남아메리카, 남극 대륙으로 구분하고 바다는 태평양, 인도양, 대서양의 3대양과 북극해, 남극해, 지중해 등으로 구분한다.

02 지도란 지표면의 여러 가지 지리적 현상을 약속된 기호로써 평면에 나타낸 그림이다. ③ 등고선은 해발 고도가 같은 지점들을 연결한 선으로 등고선의 간격이 넓으면 경사가 완만하고 간격이 좁으면 경사가 급하다.

03 축척은 실제 거리를 지도 상에 줄여서 나타낸 비율이며, 등고선은 해발 고도가 같은 지점들을 연결한 선이다.

04 지구의 표면은 약 30%가 육지, 약 70% 바다로 이루어져 있으며, 육지의 약 80%가 북반구에 분포하고 있다. 그 중 유라시아 대륙이 가장 큰 면적을 차지한다.

05 ① 축척자를 통해 지도상의 1cm는 실제 거리 500m(50,000cm)임을 알 수 있다. 따라서 축척이 1:50,000인 지도이다.

06 ㈎는 좁은 지역을 자세하게 표현한 대축척 지도이고 ㈏는 넓은 지역을 간략하게 표현한 소축척 지도이다. 공간 범위가 좁은 지역의 위치를 설명할 때에는 대축척 지도를 사용해야 더 자세하고 정확하게 설명할 수 있다.

07 ㈎는 아프리카의 기후를 나타낸 지도로 자연환경 정보를, ㈏는 아프리카 인터넷 사용률을 나타낸 지도로 인문 환경 정보를 담고 있다. ㈎와 ㈏ 모두 특정한 주제를 상세하게 나타낸 주제도로 종합적인 지역 정보를 모두 알 수는 없다.

08 제시된 지도를 보면 로키산맥이나 안데스산맥 등 아메리카 대륙의 높은 산맥들은 대체로 태평양 연안에 분포하고 있음을 알 수 있다. 아프리카에 분포하는 사하라 사막은 세계에서 가장 넓은 사막이다.

학교 시험에 잘 나오는 서술형 문제 ·············

1 **예시답안** 땅의 높낮이를 색깔로 표현하였다. 초록색이 진할수록 해발 고도가 낮은 땅이고, 갈색이 진할수록 해발 고도가 높은 땅이다.

구분	채점 기준
상	땅의 높낮이를 표현하는 방법을 제시된 단어를 모두 사용하여 정확히 서술한 경우
하	땅의 높낮이를 표현하는 방법을 서술하였으나, 제시된 단어를 모두 사용하지 않은 경우

02~03 위치와 인간 생활 ~ 지리 정보와 지리 정보 기술

꼼꼼 개념 문제 ———————————————————— 16쪽

대표 자료 확인하기 ① 위도 ② 적도 ③ 경도 ④ 본초 자오선 ⑤ 여름 ⑥ 겨울 ⑦ 겨울 ⑧ 여름 ⑨ 9 ⑩ 12

한눈에 정리하기 ① 남향 ② 북향 ③ 계절

1 ㉠ 아시아 ㉡ 태평양 **2** (1) ○ (2) ✕ (3) ○ **3** ㉠ 적도 ㉡ 극 **4** 공전 **5** 자전 **6** (1) 동경 (2) 경도 (3) 24 **7** (1) ㄷ (2) ㄱ (3) ㄴ

탄탄 시험 문제 ———————————————————— 17~19쪽

01 ④ **02** ① **03** ③ **04** ⑤ **05** ② **06** ③ **07** ④ **08** ② **09** ④ **10** ⑤ **11** ④ **12** ④ **13** ② **14** ② **15** ⑤

01 캐나다(D)는 북아메리카 대륙의 북쪽에 위치하며 태평양, 대서양, 북극해와 접하고 있다.

02 지도의 A는 알제리, B는 카자흐스탄, C는 필리핀, D는 캐나다, E는 콜롬비아에 해당한다. ③ 필리핀은 태평양에 위치한 섬나라이고, ④ 캐나다는 북아메리카 대륙에 속하며 북극해와 태평양, 대서양에 접해 있다. ⑤ 콜롬비아는 남위 0°~20°, 서경 60°~80°에 위치한다.

03 영국 그리니치 천문대를 지나는 경선을 본초 자오선으로 정하고 이를 기준으로 세계 표준시를 정하였다. 북극과 남극으로부터 같은 거리에 있는 지점을 이은 선인 위도 0°선은 적도이다.

04 우리나라는 북반구 중위도에 위치하고 있다. 우리나라의 위치를 대륙과 해양을 활용해 표현하면 아시아 대륙의 동쪽, 태평양의 북서쪽에 위치한다고 표현할 수 있다. 또한 위도와 경도를 활용해 표현하면 북위 33°~43°, 동경 124°~132°에 위치한다고 표현할 수 있다.

05 공간 범위가 좁은 지역의 위치를 표현할 때에는 대륙과 해양의 분포, 경위도 좌표보다는 주소나 랜드마크, 약도 등을 활용하여 위치를 표현하는 것이 적절하다.

06 위도에 따른 기온 차이를 살펴보면 햇볕이 수직으로 닿는 적도 부근은 기온이 높고 햇볕이 비스듬히 닿는 극지방은 기온이 낮다. 즉, 저위도에서 고위도 지역으로 갈수록 대체로 기온이 낮아진다.

07 지구는 자전축이 23.5° 기울어진 채로 태양 주위를 공전하기 때문에 세계 여러 지역은 계절에 따라 태양의 고도와 낮의 길이가 달라진다.

08 그림은 중위도 지역의 계절 변화를 나타낸 것이다. A는 북반구가 태양에 가장 가까워지는 시기로 북반구는 여름, 남반구는 겨울이다. B는 북반구가 가을, 남반구가 봄인 시기이며, C는 남반구가 태양에 가장 가까워지는 시기로 북반구가 겨울, 남반구가 여름이다. D는 북반구가 봄, 남반구가 가을이다.

09 남반구와 북반구는 계절이 달라 사람들의 생활 방식에도 차이가 난다. 농산물의 수확시기가 달라 농산물의 국제 교역이 활발하며 북반구에서는 주로 남향집을, 남반구에서는 주로 북향집을 선호한다. ④ 북극 지방은 여름철에 하루 종일 해가 지지 않는 백야 현상이 나타나기도 한다.

10 서울이 오전 12시일 때 오후 12시가 되는 도시는 서울과 시차가 12시간인 도시로, 브라질의 리우데자네이루가 해당한다.

11 A는 날짜 변경선이다. 날짜 변경선은 동경 180°선과 서경 180°선이 만나는 지점이기 때문에 24시간의 시차가 발생한다. 날짜 변경선의 동쪽에서 서쪽으로 이동하면 하루가 빨라지고 반대로 서쪽에서 동쪽으로 이동하면 하루가 늦어진다.

12 영국 런던은 경도 0°인 본초 자오선이 지나간다. 우리나라는 동경 135°선의 시각을 표준시로 사용하기 때문에 런던보다 9시간이 더 빠르다.

13 중국은 영토가 넓은데도 시차를 적용하지 않고 단일 표준시를 사용한다. 과거에 여러 개의 표준시를 사용하였으나 현재는 베이징을 기준으로 하는 하나의 표준시를 사용한다.

14 오늘날 지리 정보 시스템을 다양한 기술과 결합하여 여러 분야에서 활용되고 있다. 내비게이션, 스마트폰의 길 찾기 프로그램, 위치 검색, 버스 도착 알림 서비스 등 일상생활에서도 다양하게 활용된다.

15 지리 정보 시스템이란 수집한 정보를 컴퓨터에 입력·저장하고 이를 분석·종합하여 사용자에게 제공하는 시스템으로 일상생활 및 공공 부문에서 많이 활용되고 있다.

학교 시험에 잘 나오는 서술형 문제

1 (1) ㉠ 북위, ㉡ 동경
(2) **예시답안** 우리나라는 아시아 대륙의 동쪽, 태평양의 북서쪽에 위치한다.(우리나라는 아시아 대륙의 동쪽에 위치하며 태평양에 접해 있다.)

구분	채점 기준
상	아시아 대륙, 태평양을 모두 이용하여 정확하게 서술한 경우
하	대륙과 해양의 분포 중 한 가지만 이용하여 서술한 경우

2 • 태양 에너지를 가장 많이 받는 지역: C
• 태양 에너지를 가장 적게 받는 지역: A
• 이유: **예시답안** 지구는 둥글기 때문에 지역에 따라 햇볕을 받는 양에 차이가 있다. A 지역은 햇볕이 비스듬하게 들어와 넓은 지역으로 열이 분산되고 C 지역은 햇볕이 수직으로 들어와 좁은 지역에 열이 집중된다.

구분	채점 기준
상	지구가 둥글기 때문이라는 점과 A, C 지역이 햇볕을 받는 각도가 다르다는 점을 모두 서술한 경우
하	지구가 둥글기 때문이라고만 서술한 경우

쑥쑥 마무리 문제   22~25쪽

01 ⑤	02 ③	03 ③	04 ④	05 ③	06 ⑤	07 ③	08 ⑤
09 ③	10 ④	11 ②	12 ⑤	13 ④	14 ⑤	15 ③	16 ③
17 ③	18 ④	19 ②	20 ④	21 ⑤			

01 지도는 사용 목적에 따라 일반도와 주제도로 나눌 수 있다. 일반도는 우리나라 전도, 세계 전도와 같이 지표면의 형태와 그 위에 분포하는 일반적인 사항들을 종합적으로 표현한 다목적 지도이다.

02 ㈎ 지도의 A는 안데스산맥, B는 아마존강이다. 안데스산맥과 같이 저위도의 해발 고도가 높은 지역에서는 연중 봄과 같이 온화한 고산 기후가 나타난다.

03 ㈎와 ㈏ 지도는 모두 특정한 주제를 가지고 필요한 내용만 표현한 주제도이다. 지도를 보면 중국의 인구가 동쪽과 남쪽으로 이동하고 있으며, 인구 분포 또한 동부와 남부 해안가에 집중되어 있다는 점을 알 수 있다.

04 제시문에서 설명하는 산맥은 히말라야산맥으로, 지도에서 B에 해당한다. A는 알프스산맥, C는 로키산맥이다.

05 A는 경도 0°선인 본초 자오선, B는 위도 0°선인 적도이다.

06 오스트레일리아는 남반구에 있는 국가로 남위 10°~50°, 동경 110°~160°에 위치한다.

07 랜드마크는 지역의 대표적인 장소나 건물을 의미하며 주로 공간 범위가 좁은 지역의 위치를 표현할 때 사용된다.

08 지구는 둥글기 때문에 지역에 따라 햇볕을 받는 양에 차이가 있다. 햇볕이 수직으로 닿는 적도 부근은 기온이 높고, 햇볕이 가장 비스듬히 닿는 극지방은 기온이 낮다.

09 A는 6~8월에 해당하는 시기로 북반구 중위도는 여름, 남반구 중위도는 겨울이 된다. C는 12~2월에 해당하는 시기로 북반구 중위도는 겨울, 남반구 중위도는 여름이 된다.

10 오스트레일리아는 남반구에 위치하여 우리나라와 계절이 반대로 나타난다. 따라서 우리나라가 겨울인 C 시기에 오스트레일리아는 여름이므로 한여름에 크리스마스를 맞이한다.

11 A 국가는 오스트레일리아나 아르헨티나와 같이 남반구에 위치한 국가로, 우리나라를 포함한 북반구의 국가들과 밀 수확 시기가 달라 농산물 교역시 높은 가격에 밀을 수출할 수 있다.

12 극지방에서는 여름에는 하루 종일 해가 지지 않고 지속되는 백야 현상이 나타나고, 겨울에는 낮 동안에도 해가 뜨지 않는 극야 현상이 나타난다.

13 남반구와 북반구는 계절이 달라 사람들의 생활 방식에도 차이가 나타난다. 북반구에서는 햇볕이 잘 들도록 남향집을 선호하는 반면 남반구에서는 북향집을 선호한다. 우리나라와 이탈리아는 모두 북반구 중위도에 위치한 국가로 계절이 비슷하다.

14 ⑤ 날짜 변경선은 서경 180°선과 동경 180°선이 만나는 지점으로 날짜 변경선의 동쪽에서 서쪽으로 이동하면 하루(24시간)를 더한다.

15 서울은 동경 135°선을 표준시 경선으로 사용하기 때문에 런던보다 9시간이 빠르다. 리우데자네이루는 우리나라와 12시간의 시차가 발생하여 낮과 밤이 정반대이다.

16 지구는 하루에 한 바퀴씩 서쪽에서 동쪽으로 자전하기 때문에 경도 15°마다 1시간의 시차가 발생한다.

17 ㉠은 날짜 변경선이다. 날짜 변경선은 서경 180°선과 동경 180°선이 만나는 지점으로 날짜 변경선의 서쪽에서 동쪽으로 이동하면 하루를 빼고 동쪽에서 서쪽으로 이동하면 하루를 더한다.

18 시차 발생으로 인해 외국에서 열리는 국제 스포츠 경기가 우리나라에서는 새벽에 생중계되는 경우가 있다. 또한 시차를 이용하여 미국 실리콘밸리와 인도의 소프트웨어 업체는 인터넷을 통해 24시간 동안 끊임없이 작업을 할 수 있다.

19 인터넷 전자 지도는 종이 지도에 비해 확대와 축소가 자유롭고 거리나 면적 측정이 쉽다는 장점이 있다.

20 지리 정보 시스템(GIS)이란 다양한 지리 정보를 수집하여 수치화한 후 컴퓨터에 입력·저장하고 이를 사용자의 요구에 따라 분석·종합하여 제공하는 종합 관리 시스템이다.

21 오늘날 지리 정보 시스템(GIS)은 다양한 기술과 결합하여 일상생활에 많은 편리함을 준다. 길 안내기(내비게이션), 교통 안내 서비스, 길 찾기 프로그램 등은 지리 정보 시스템과 위성 위치 확인 시스템(GPS)이 결합하여 유용한 서비스를 제공하는 대표적인 사례이다.

Ⅱ 우리와 다른 기후, 다른 생활

01 세계 기후 지역

꼼꼼 개념 문제   30쪽

대표 자료 확인하기 ① 열대 기후 ② 건조 기후 ③ 온대 기후 ④ 냉대 기후 ⑤ 한대 기후 ⑥ 해발 고도 ⑦ 고산 기후

한눈에 정리하기 ① 추운 ② 500mm ③ 강수량 ④ 타이가 ⑤ 한대 기후

1 기후 **2** (1) × (2) × (3) ○ **3** (1) 많고, 적다 (2) 난류, 한류 (3) 바람받이, 바람 그늘 **4** (1) – ㉣ (2) – ㉠ (3) – ㉤ (4) – ㉢ (5) – ㉤
5 (1) × (2) ○

탄탄 시험 문제   31~33쪽

| 01 ④ | 02 ③ | 03 ⑤ | 04 ① | 05 ⑤ | 06 ③ | 07 ④ | 08 ④ |
| 09 ④ | 10 ⑤ | 11 ⑤ | 12 ⑤ | 13 ③ | | | |

01 날씨는 짧은 시간 동안에 나타나는 대기의 상태를 말하고, 기후는 여러 해 동안 한 지역에 일정하게 나타나는 대기 상태를 말한다. ④는 날씨에 해당하는 내용이다.

02 ㄱ. 대륙은 해양보다 가열 속도와 냉각 속도가 빠르기 때문에 연교차가 더 크다. ㄹ. 연평균 기온은 적도에서 가장 높고 고위도로 갈수록 낮아진다.

03 ⑤ 같은 해안이라도 난류가 흐르는 지역은 강수량이 많고, 한류가 흐르는 지역은 강수량이 적다. 한류가 흐르는 지역은 대기가 안정되어 공기가 상승하기 어렵기 때문이다.

04 A는 열대 기후, B는 건조 기후, C는 온대 기후, D는 냉대 기후, E는 한대 기후이다. 제시문에 해당하는 기후는 열대 기후로 적도를 중심으로 나타난다.

05 적도 부근은 열대 기후가 주로 나타나지만, 해발 고도가 높아질수록 기온이 낮아지기 때문에 열대의 고산 지역에서는 연중 봄처럼 온화한 날씨가 계속된다. 이를 고산 기후라고 한다.

06 가장 추운 달의 평균 기온이 18℃ 이상인 기후는 열대 기후이고, 연 강수량이 500mm 미만인 기후는 건조 기후이다. 냉대 기후는 기온의 연교차가 크며 타이가가 분포하고, 한대 기후는 가장 따뜻한 달의 평균 기온이 10℃ 미만이다.

07 지도에 표시된 지역은 건조 기후 지역이다. 건조 기후 지역은 강수량에 비해 증발량이 많아 사막이 분포하거나 사막을 둘러싼 주변에 초원이 분포한다.

08 제시된 설명에 해당하는 기후는 냉대 기후이다. 냉대 기후는 온대 기후 지역보다 고위도 지역에서 나타나며 기온의 연교차가 큰 편이다.

정답과 해설

09 제시된 기후 그래프는 가장 추운 달에도 평균 기온이 18℃ 이상인 것으로 볼 때 열대 기후를 나타낸다. 강수량을 나타내는 막대그래프를 볼 때 이 지역은 연중 고르게 강수량이 많은 것을 알 수 있다.

10 제시된 기후 그래프는 한대 기후가 나타나는 딕손이다. 한대 기후는 극지방과 가까운 곳에서 주로 나타난다.

11 자연환경은 인류 문명이 발달하기 시작했을 때부터 인간 거주에 많은 영향을 주었다. 그러나 최근에는 많은 지역들이 산업화·도시화 되면서 자연환경 조건이 인간 거주에 미치는 영향은 과거보다 줄어들었다.

12 북위 20°~40°의 중위도 지역에 세계 인구의 절반 정도가 집중해 있다. 반면 기온이 낮은 극지방은 인구가 희박하다. ⑤ 적도 부근은 기온이 높아 인간 거주에 불리하다.

13 기후가 온화하고 비가 충분히 내려 인간 생활에 꼭 필요한 물을 쉽게 얻을 수 있고 농사 짓기도 좋은 환경이 인간 거주에 유리하다. 또한 연중 봄처럼 온화한 날씨가 나타나는 고산 기후도 도시가 발달하여 많은 사람이 거주하고 있다.

학교 시험에 잘 나오는 서술형 문제

1 (1) 적도
(2) **예시답안** 해안은 강수량이 많고, 바다로부터 멀리 떨어진 대륙 내부는 강수량이 적다. 하지만 같은 해안이라도 난류가 흐르는 지역은 강수량이 많고 한류가 흐르는 지역은 강수량이 적다.

구분	채점 기준
상	제시어를 모두 활용하여 강수량 분포 특성을 정확히 서술한 경우
하	제시어를 2개 이하로 활용하여 강수량 분포 특성을 서술한 경우

2 (1) ⑺ – 고산 기후, ⑷ – 열대 기후
(2) **예시답안** 위도상으로 볼 때 ⑺, ⑷는 모두 열대 기후에 속하지만 ⑺는 해발 고도가 높은 지역이기 때문에 연중 봄과 같이 온화한 고산 기후가 나타난다. 반면, 해발 고도가 낮은 ⑷는 덥고 습한 기후가 나타난다.

구분	채점 기준
상	해발 고도의 차이로 ⑺는 고산 기후, ⑷는 열대 기후가 나타남을 정확히 서술한 경우
하	해발 고도가 다르기 때문이라고만 서술한 경우

02 열대 우림 지역 생활

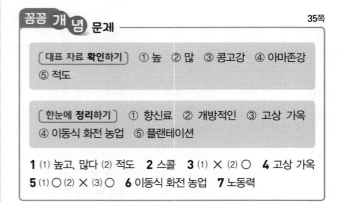

꼼꼼 개념 문제 35쪽

대표 자료 확인하기 ① 높 ② 많 ③ 콩고강 ④ 아마존강 ⑤ 적도

한눈에 정리하기 ① 향신료 ② 개방적인 ③ 고상 가옥 ④ 이동식 화전 농업 ⑤ 플랜테이션

1 (1) 높고, 많다 (2) 적도 **2** 스콜 **3** (1) × (2) ○ **4** 고상 가옥 **5** (1) ○ (2) × (3) ○ **6** 이동식 화전 농업 **7** 노동력

탄탄 시험 문제 36~37쪽

01 ④ **02** ④ **03** ② **04** ⑤ **05** ③ **06** ② **07** ⑤ **08** ②

01 제시된 기후 그래프는 열대 우림 기후에 해당한다. 열대 우림 기후는 가장 추운 달의 평균 기온이 18℃ 이상으로 일 년 내내 기온이 높고 강수량이 많다. 열대 우림 기후는 적도를 중심으로 분포한다.

02 ㄴ. 열대 우림 지역은 비가 많이 내려 다양한 종류의 나무와 풀이 우거진 밀림이 분포하고 전체 지구에서 서식하는 동식물 종의 절반 이상이 분포하여 '생태계의 보고'로 불린다.

03 열대 우림 기후 지역은 적도를 중심으로 분포하며 아프리카의 콩고강 유역, 남아메리카의 아마존강 유역, 동남아시아의 인도네시아 등지에 분포한다.

04 A는 열대 우림 기후가 나타나는 지역이다. ⑤ 건조 기후 지역의 가옥 특색에 대한 설명이다.

05 열대 우림 지역에서는 지표면에서 전달되는 열기와 습기를 피하고 해충과 뱀 등의 침입을 막기 위해 바닥을 지면에서 띄운 고상 가옥을 짓는다.

06 최근 열대 우림 지역에서 자원 개발과 도시 개발, 농경지 조성을 목적으로 삼림 벌채가 이루어져 밀림이 빠르게 줄어들고 있다. 또한 동식물 서식지가 파괴되어 동식물의 수와 다양성이 줄어들고 있으며 원주민들의 토착 문화가 사라지고 있다.

07 제시된 그림은 이동식 화전 농업을 나타낸다. 열대 우림 지역은 토양이 척박하여 한곳에서 오래 농사를 짓기 어렵기 때문에 숲을 태우고 밭을 만든 후 농사를 짓다가 지력이 떨어지면 다른 곳으로 이동한다.

08 사진은 오늘날 주로 플랜테이션 방식으로 재배되는 작물인 바나나이다. 과거 유럽의 식민지였던 열대 우림 지역은 선진국의 자본과 기술, 원주민의 노동력을 결합하여 상품 작물을 대규모로 재배하는 플랜테이션이 발달하였다.

1 예시답안 가장 추운 달의 평균 기온이 18℃ 이상이다. 일 년 내내 기온이 높고 강수량이 많아 매우 덥고 습하다. 열대성 소나기인 스콜이 자주 내린다.

구분	채점 기준
상	열대 우림 기후의 특성을 두 가지 이상 정확히 서술한 경우
하	열대 우림 기후의 특성을 한 가지만 서술한 경우

2 (1) 이동식 화전 농업
(2) 예시답안 열대 우림 지역은 비가 많이 내려 밀림이 발달하고 흙 속의 양분이 빗물에 녹아 빠져나가서 토양이 척박하다. 따라서 숲에 불을 질러 만든 밭에서 농사를 짓다가 지력이 떨어지면 다른 곳으로 이동한다.

구분	채점 기준
상	기후적 특성으로 밀림이 발달하고, 토양이 척박하여 이동식 화전 농업을 한다는 점을 정확하게 서술한 경우
중	밀림이 발달하고 토양이 척박하다고 서술한 경우
하	밀림 발달과 토양이 척박한 특징 중 한 가지만 서술한 경우

3 예시답안 덥고 습한 기후가 나타나기 때문에 단순하고 개방적인 가옥 구조가 나타난다. 벽을 얇게 하고 바람이 잘 통하도록 창문을 크게 만들며, 강수량이 많기 때문에 빗물이 쉽게 흘러 내리도록 지붕의 경사를 급하게 만든다.

구분	채점 기준
상	제시된 용어 두 가지를 모두 활용하여 열대 우림 지역의 가옥 특징을 정확히 서술한 경우
하	제시된 용어 중 한 가지만 활용하여 서술한 경우

03 온대 지역 생활

꼼꼼 **개 념** 문제
40쪽

대표 자료 **확인하기**   ① 중 ② 온대 계절풍 ③ 서안 해양성
④ 지중해성 ⑤ 서안 해양성 ⑥ 지중해성

한눈에 **정리하기**   ① 벼농사 ② 혼합 농업 ③ 수목 농업

1 온대 **2** (1) ✕ (2) ◯ **3** (1) – ㉡ (2) – ㉠ (3) – ㉢ **4** (1) 작고
(2) 여름 **5** (1) 서안 해양성 (2) 온대 계절풍 (3) 지중해성 **6** (1) – ㉡
(2) – ㉠ **7** (1) 원예 농업 (2) 낙농업

탄탄 시험 문제
41~43쪽

01 ④ **02** ③ **03** ③ **04** ① **05** ④ **06** ② **07** ④ **08** ②
09 ③ **10** ⑤ **11** ③ **12** ④ **13** ② **14** ①

01 온대 기후의 종류로는 온대 계절풍 기후, 서안 해양성 기후, 지중해성 기후 등이 있다. 이중 서안 해양성 기후는 편서풍의 영향을 많이 받는 기후이다.

02 온대 계절풍 기후는 유라시아 대륙 동안과 북아메리카 대륙 동안 등지에서 주로 나타나며 계절풍의 영향을 많이 받는다.

03 ㈎는 온대 계절풍 기후, ㈏는 서안 해양성 기후 그래프에 해당한다. 온대 계절풍 기후는 연교차가 큰 반면, 서안 해양성 기후는 연교차가 작다.

04 제시된 기후 그래프는 지중해성 기후를 나타낸다. 지중해성 기후는 유럽과 북아프리카의 지중해 연안, 미국 캘리포니아 일대, 오스트레일리아 남서부 해안 등지에서 나타난다.

05 기온의 연교차가 작고, 연중 고른 강수량을 보이는 서안 해양성 기후 지역의 주민 생활 모습이다.

06 지중해성 기후는 여름철에는 덥고 건조하지만, 겨울철에는 온화하고 강수량이 풍부한 편이다.

07 제시된 내용은 온대 계절풍 기후에 대한 설명이다. 온대 계절풍 기후는 계절에 따라 기온과 강수량의 차이가 큰 편이다.

08 지중해성 기후 지역인 그리스 산토리니섬의 가옥들은 강한 햇볕을 반사시키기 위해 가옥의 벽을 하얗게 칠한다.

09 서안 해양성 기후 지역에서 발달하였으며 곡물 재배와 가축 사육이 결합된 것으로 볼 때 혼합 농업이다.

10 A 지역은 지중해성 기후 지역으로 여름철에는 고온 건조하고, 겨울철에는 온난 습윤하다.

11 지중해성 기후 지역에서는 고온 건조한 여름철에 포도, 올리브, 오렌지, 코르크 나무와 같이 뿌리가 깊고 잎이 단단한 나무 위주의 수목 농업이 이루어진다.

12 A는 영국과 프랑스 등 서부 유럽과 북부 유럽에 나타나는 서안 해양성 기후, B는 유럽과 북아프리카의 지중해 연안에서 나타나는 지중해성 기후, C는 유라시아 대륙 동안에서 나타나는 온대 계절풍 기후이다.

13 서안 해양성 기후 지역에서는 전통적으로 혼합 농업이 발달하였고, 최근 대도시 주변이나 교통이 편리한 곳에서는 상업적 농업인 원예 농업이나 낙농업이 발달하기도 하였다.

14 지중해성 기후 지역에서는 여름철에 포도, 레몬, 오렌지, 올리브, 코르크나무와 같이 고온 건조한 날씨에 잘 견디는 작물을 주로 재배한다.

---

1 (1) 서안 해양성

(2) **예시답안** 서안 해양성 기후는 연중 바다에서 불어오는 편서풍과 난류인 북대서양 해류의 영향을 받는다.

구분	채점 기준
상	편서풍과 난류의 영향이라고 정확히 서술한 경우
하	편서풍과 난류 중 한 가지만 서술한 경우

2 (1) 수목 농업

(2) **예시답안** 여름철 아열대 고압대의 영향으로 고온 건조하기 때문에 이러한 날씨에 잘 견디도록 뿌리가 깊고 잎이 단단한 나무 위주의 수목 농업이 이루어진다.

구분	채점 기준
상	여름철 고온 건조한 기후를 잘 견디기 때문이라고 정확히 서술한 경우
하	계절의 언급 없이 지중해성 기후의 특징만 서술한 경우

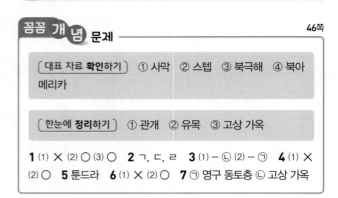

04 건조 지역 생활과 툰드라 지역 생활

꼼꼼 개념 문제 · · · · · · · · · · · 46쪽

[대표 자료 확인하기] ① 사막 ② 스텝 ③ 북극해 ④ 북아메리카

[한눈에 정리하기] ① 관개 ② 유목 ③ 고상 가옥

1 (1) ✕ (2) ◯ (3) ◯ **2** ㄱ, ㄷ, ㄹ **3** (1) - ⓒ (2) - ⓐ **4** (1) ✕ (2) ◯ **5** 툰드라 **6** (1) ✕ (2) ◯ **7** ⓐ 영구 동토층 ⓒ 고상 가옥

탄탄 시험 문제 · · · · · · · · · · · 47~49쪽

01 ③ **02** ③ **03** ② **04** ⑤ **05** ② **06** ① **07** ⑤ **08** ②
09 ③ **10** ⑤ **11** ④ **12** ① **13** ② **14** ⑤ **15** ②

01 건조 기후는 연 강수량이 250㎜ 미만으로 매우 적어 풀조차 자라지 못하는 사막 기후와 연 강수량이 250~500㎜ 미만으로 짧은 풀이 자라 초원을 이루는 스텝 기후로 구분한다.

02 지도에 표시된 지역은 건조 기후 중 사막 기후가 나타나는 지역이다. 사막 기후는 연 강수량이 250㎜ 미만으로 매우 적어 풀조차 자라기 어렵다.

03 사막은 아열대 고기압대의 영향을 받는 남·북회귀선 부근, 바다로부터 멀리 떨어져 있어 수증기의 공급이 적은 대륙의 내륙 지역, 대기가 안정되어 공기가 상승하기 어려운 한류가 흐르는 해안 지역에 주로 분포한다.

04 ⑤ 사막은 모래로만 되었다고 생각하기 쉬운데 실제로는 자갈이나 바위로 된 암석 사막이 전체 사막의 80%를 차지한다.

05 A는 건조 기후 중에서도 사막 기후, B는 스텝 기후 지역의 기후 그래프에 해당한다.

06 ① 사막 지역의 가옥은 일교차를 조절하고 뜨거운 바람을 막기 위해 벽을 두껍게 만들고 창문을 작게 내는 것이 특징이다.

07 제시된 그림은 카나트로 산지에 내린 비가 흘러들면서 만들어진 지하수층에 우물을 판 후, 이 물을 지하 수로를 통해 마을과 농경지로 끌어들이는 시설이다. 건조 기후 지역에서는 물의 증발을 막기 위해 이러한 시설을 설치하여 사용한다.

08 아시아와 아프리카 등의 스텝 지역에서는 말, 염소, 양 등의 가축을 이끌고 풀과 물을 찾아서 이동하는 유목 생활을 하기도 한다. 또한 아메리카와 오세아니아 등의 스텝 지역에서는 관개 시설을 확충하여 대규모로 소를 방목하거나 밀을 재배하기도 한다.

09 최근 서남아시아와 북아프리카 건조 지역에서는 석유 자원의 개발로 급격하게 산업화되면서 유목민 생활에 큰 변화가 나타났다. 국경선을 넘나드는 유목민들의 이동이 제한되고 각국

정부도 일자리를 제공하여 정착하여 생활하는 유목민들이 늘고 있다.

10 지도에 표시된 지역은 툰드라 기후 지역이다. 툰드라 기후 지역은 기온이 너무 낮아 나무가 자라기 어려우며, 땅속에는 일 년 내내 녹지 않고 얼어 있는 영구 동토층이 분포한다.

11 툰드라라는 말은 '나무라 자랄 수 없는 땅'이라는 라프족의 말에서 유래하였다. 본래 고위도나 해발 고도가 높은 지역에서 자라는 이끼나 풀 등의 식생을 의미하는 말이었으나, 지금은 한대 기후의 한 종류로도 사용되고 있다.

12 ① 툰드라 기후는 가장 더운 달의 평균 기온이 10℃ 미만으로 기온이 너무 낮아 나무가 자라기 어렵다.

13 툰드라 지역은 기온이 너무 낮아 농사를 지을 수 없기 때문에 주민들은 순록을 유목하거나 물고기, 바다표범 등을 사냥하며 살아간다. 또한 추운 날씨 때문에 폐쇄적 가옥 구조가 나타나며 지면에서 바닥을 띄운 고상 가옥이 발달하였다.

14 툰드라 지역은 기온이 매우 낮아 신선한 채소와 과일을 구하기 어렵기 때문에 생선과 고기를 날것으로 먹으며 부족한 비타민과 철분을 보충한다. ⓗ은 열대 기후 지역의 특징이다.

15 오늘날 툰드라 지역의 자원 개발과 도시 발달로 인해 이끼류가 훼손되고 강물이 오염되어 순록을 유목하며 살아가던 사람들이 전통적인 생활 방식을 버리고 도시로 이주하여 정착하는 경우가 늘고 있다.

학교 시험에 잘 나오는 서술형 문제

1 [예시답안] 사막 기후는 연 강수량 250㎜ 미만인 지역을 말하며, 스텝 기후는 연 강수량 250㎜ 이상 500㎜ 미만인 지역을 말한다. 사막 기후 지역은 강수량이 매우 적어 풀조차 자라지 못하는 불모지를 이루지만, 스텝 기후 지역은 짧은 풀이 자라는 초원을 이룬다.

구분	채점 기준
상	연 강수량, 식생 경관을 통해 사막 기후와 스텝 기후의 차이를 정확히 서술한 경우
하	연 강수량, 식생 경관 중 한 가지만을 포함하여 사막 기후와 스텝 기후의 차이를 서술한 경우

2 (1) 스텝 기후
(2) [예시답안] 스텝 지역에서는 말, 염소, 양 등의 가축을 이끌고 풀과 물을 찾아 이동하는 유목 생활을 한다. 이 때문에 유목 생활에 편리하게 조립과 분해가 쉬운 이동식 가옥에 거주한다.

구분	채점 기준
상	유목 생활과 조립 및 분해가 쉬운 이동식 가옥 특징을 모두 정확히 서술한 경우
하	유목 생활과 이동식 가옥의 특징 중 한 가지만 서술한 경우

3 [예시답안] 여름철 기온이 오르면서 얼었던 땅이 녹아 건물이 기울어지는 것을 막기 위해 기둥을 땅속 깊숙이 박고 지면에서부터 바닥을 높게 띄운 고상 가옥을 짓는다.

구분	채점 기준
상	여름철 기온이 오르면서 얼었던 땅이 녹아 건물이 기울어지는 것을 막기 위해 기둥을 땅속 깊숙이 박는다는 내용을 정확히 서술한 경우
하	건물이 기울어지는 것을 막기 위해 기둥을 땅속 깊숙이 박는다는 내용만 서술한 경우

쏙쏙 마무리 문제
52~57쪽

01 ①	02 ④	03 ③	04 ③	05 ③	06 ④	07 ②	08 ②
09 ④	10 ④	11 ⑤	12 ①	13 ④	14 ③	15 ④	16 ⑤
17 ④	18 ①	19 ④	20 ②	21 ④	22 ④	23 ②	24 ①
25 ②	26 ⑤	27 ⑤	28 ③	29 ①	30 ⑤	31 ⑤	32 ②
33 ②	34 ②						

01 짧은 시간 동안 나타나는 대기의 상태를 날씨라고 하는 반면, 여러 해 동안 한 지역에서 일정하게 나타나는 대기 상태를 기후라고 한다.

02 여러 해 동안 한 지역에서 일정하게 나타나는 대기 상태를 기후라고 한다. 기온, 강수량, 바람은 기후를 구성하는 기후 요소이고, 위도, 육지와 바다의 분포, 지형 등은 기후 요소를 변하게 하는 기후 요인이다.

03 ③ 같은 해안이라도 난류가 흐르는 지역은 강수량이 많고, 한류가 흐르는 지역은 대기가 안정되어 강수량이 적다.

04 ⓒ 대륙이 해양보다 가열 속도와 냉각 속도가 빨라 여름에는 해양보다 기온이 높고, 겨울에는 해양보다 기온이 낮다. 따라서 대륙이 해양보다 연교차가 크다.

05 중위도 지역에 분포하는 온대 기후는 가장 추운 달의 평균 기온이 −3~18℃이고 사계절의 변화가 비교적 뚜렷하다.

06 사진 속 경관에서 울창한 침엽수림이 발달하는 것으로 볼 때 냉대 기후 지역이다.

07 A, B 지역 모두 위도가 비슷하지만, A 지역은 해발 고도가 높아 열대 고산 기후 나타난다.

08 기후가 온화하고 비가 충분히 내려 농사짓기에 유리한 곳이 예전부터 인간 거주에 유리한 지역이다.

09 ㄷ. 적도 부근의 고산 지대는 연중 봄처럼 온화한 기후가 나타나 많은 사람이 거주하고 있다.

10 제시된 내용에 해당하는 기후는 열대 우림 기후이다. 열대 우림 기후는 일 년 내내 기온이 높고 강수량이 많아 덥고 습하다.

11 제시된 내용에 해당하는 지역은 열대 우림 지역으로 적도 주변에 분포한다.

12 열대 우림 지역에서는 대류성 강수인 스콜이 자주 내리며 밀림이 형성된다.

13 제시된 기후 그래프는 열대 우림 기후를 나타낸다. ④ 온대 계절풍 기후에 대한 설명이다.

14 ③ 열대 우림 기후 지역에서는 비가 내릴 때 빗물이 쉽게 흘러 내리도록 지붕의 경사를 급하게 만든다.

15 열대 우림 지역에서는 전통적으로 이동식 화전 농업이 행해졌고, 과거 유럽의 식민지였던 역사적 배경의 영향으로 플랜테이션이 발달하였다.

16 열대 우림 지역은 토양이 척박하여 전통적으로 이동식 화전 농업이 이루어졌다. 플랜테이션은 과거 유럽의 식민지였던 열대 우림 지역에서 발달한 상품 작물을 대규모로 재배하는 농업 방식이다.

17 오늘날 열대 우림 지역은 이동식 화전 농업, 플랜테이션, 삼림 자원 개발 등의 이유로 숲이 점차 파괴되고 있다.

18 ㄷ. 백야 현상과 극야 현상은 극지방에서 나타나는 현상이다. ㄹ. 열대 우림 지역의 개발로 원주민들의 생활 근거지가 파괴되면서 토착 문화가 점차 사라지고 있다.

19 A는 서안 해양성 기후, B는 지중해성 기후, C는 온대 계절풍 기후에 속한다.

20 B는 지중해성 기후 지역에 해당하며 여름철에 아열대 고압대의 영향으로 건조하다.

21 C는 온대 계절풍 기후 지역에 해당한다. 온대 계절풍 기후는 여름철에는 고온 다습하고, 겨울철에는 한랭 건조하여 기온의 연교차가 큰 편이다. ① 열대 우림 기후, ② 지중해성 기후, ③ 고산 기후, ⑤ 사막 기후이다.

22 A는 우리나라 서울의 기후 그래프로 온대 계절풍 기후 특성을 보여준다. 반면 B는 영국 런던의 기후 그래프로 서안 해양성 기후 지역에 해당한다.

23 서안 해양성 기후는 연중 바다에서 불어오는 편서풍과 난류인 북대서양 해류의 영향으로 기온의 연교차가 작고 계절별 강수량이 고르게 나타난다.

24 서안 해양성 기후 지역에서는 곡물 재배와 가축 사육을 동시에 하는 혼합 농업이 발달하였다. 동부 아시아 및 동남 아시아의 온대 계절풍 기후 지역에서는 기온이 높고 강수량이 많은 기후를 이용하여 벼농사를 짓는다. 일부 지역에서는 벼의 2기작이 이루어지기도 한다.

25 둥근 올리브 나무와 강렬한 햇볕 등 지중해 연안의 지리적 풍경을 뚜렷하게 보여주는 고흐의 그림과 관계 깊은 곳은 지중해성 기후 지역이다.

26 지중해성 기후 지역에서는 고온 건조한 여름철에 포도, 올리브, 오렌지와 같이 뿌리가 깊고 잎이 단단한 나무 위주의 수목 농업이 이루어진다.

27 A는 사막 기후, B는 스텝 기후 지역으로 모두 건조 기후에 속한다. 건조 기후 지역은 강수량이 부족하기 때문에 농사를 짓기 위해 관개 시설을 설치하기도 한다.

28 ③ 플랜테이션은 과거 식민 지배를 받았던 열대 기후 지역에서 발달한 농업 방식이다.

29 ㄷ. 최근 건조 기후 지역에서는 유목민들의 이동이 제한되면서 정착 생활을 하는 유목민들이 늘고 있다. ㄹ. 백야 현상과 오로라 현상은 툰드라 기후 지역에서 나타나는 현상이다.

30 ⑩ 사막 지역에서는 모래바람과 뜨거운 햇볕으로부터 몸을 보호하기 위해 헐렁한 옷으로 온몸을 감싼다.

31 ㄱ, ㄴ. 툰드라 기후는 가장 더운 달의 평균 기온이 10℃ 미만이다. 강수량은 적지만 기온이 낮아 증발량이 많지 않기 때문에 지표는 다습한 편이다.

32 ⓒ 툰드라 기후 지역은 북극해를 둘러싼 고위도 지역에 주로 분포한다.

33 ② 툰드라 기후 지역은 기온이 너무 낮아 농사를 지을 수 없어 주민들은 순록을 유목하거나 물고기, 바다표범 등을 사냥하며 살아간다.

34 A는 열대 우림 기후 지역, B는 툰드라 기후 지역이다. ② 툰드라 기후 지역은 농사가 어렵고, 작물이 자라기 어려운 환경이라 육식 위주의 식생활이 이루어지며, 날고기와 날생선을 먹어 지방과 비타민의 흡수를 높인다.

III 자연으로 떠나는 여행

01 산지 지형의 형성

꼼꼼 개념 문제
61쪽

대표 자료 확인하기 ① 신기 ② 고기 ③ 알프스 ④ 히말라야 ⑤ 티베트 ⑥ 안데스

한눈에 정리하기 ① 고원 ② 화산 ③ 이목 ④ 고산 도시 ⑤ 관광 산업

1 (1) ○ (2) ✕ (3) ✕ **2** (1) ㄱ (2) ㄷ (3) ㄴ **3** 신기 습곡 산지
4 (1) ⓒ (2) ⓒ **5** (1) ○ (2) ✕ (3) ○ **6** ㄱ, ㄴ **7** ⊙ 히말라야 ⓒ 셰르파

탄탄 시험 문제
62~63쪽

01 ④ **02** ② **03** ④ **04** ⑤ **05** ③ **06** ⑤ **07** ④ **08** ②
09 ③ **10** ①

01 지구 내부의 힘은 융기·침강 작용을 통해 지각을 솟아오르게 하거나 가라앉게 하고, 습곡·단층 작용을 통해 지각을 구부러지게 하거나 어긋나게 한다.

02 오랫동안 침식을 받아 상대적으로 해발 고도가 낮고 경사가 완만한 산지는 고기 습곡 산지이다. 그레이트디바이딩산맥, 우랄산맥, 애팔래치아산맥이 대표적인 예이다. 지도에서 A는 알프스산맥, B는 우랄산맥, C는 히말라야산맥, D는 로키산맥, E는 안데스산맥이다.

03 C 산지는 히말라야산맥으로, 과거에는 바다였지만 인도·오스트레일리아 대륙판과 유라시아 대륙판이 충돌하는 과정에서 습곡 작용에 의해 땅이 솟아올라 높고 가파른 산지를 형성하였다. 이곳에는 세계에서 가장 높은 에베레스트산이 자리하고 있다.

04 신기 습곡 산지는 지각판이 충돌하는 경계인 조산대에 주로 위치하며 지진, 화산 활동 등 지각 변동이 심하다.

05 제시문에서 설명하는 지형은 고원이다. 고원은 해발 고도가 높은 지역에 형성된 기복이 작은 평평한 지형으로, 티베트고원, 브라질고원, 아비시니아고원 등이 대표적이다.

06 사진은 에콰도르의 코토팍시산으로 세계에서 화산 활동이 가장 활발한 곳 중 하나이다. 화산 활동은 신기 습곡 산지 주변에서 활발하게 일어나며, 안데스산맥이 위치한 E 지역이 이에 해당한다.

07 ④ 석탄 등 지하자원이 풍부한 산지 지역은 광업이 발달하기도 하지만, 교통이 불편하기 때문에 산지에 산업 단지가 조성되기는 어렵다.

08 히말라야 산지는 춥고 건조하기 때문에 전통적으로 양이나 야크를 방목하며 생활하였는데 최근 산맥을 등반하려는 관광객이 늘어나면서 이들의 길 안내인이자 짐꾼 역할을 하는 셰르파가 증가하였다.

09 저위도에 위치한 안데스 산지의 고산 지역은 연중 봄처럼 온화한 날씨가 나타나 일찍부터 사람들이 모여 살았다. 이로 인해 페루 일대에서는 고대 잉카 문명이 탄생하였으며, 오늘날에도 많은 고산 도시가 발달해 있다.

10 알프스 산지(A)에서는 소나 염소를 방목하거나 계절에 따라 목초지를 옮겨다니며 가축을 키우는 이목이 이루어지며, 가축에서 얻은 우유로 치즈, 버터 등을 생산한다.

학교 시험에 잘 나오는 서술형 문제

1 (1) (가) – 신기 습곡 산지, (나) – 고기 습곡 산지
(2) **예시답안** 신기 습곡 산지는 형성 시기가 오래되지 않아 해발 고도가 높고 험준하며, 지각이 불안정하여 지진과 화산 활동이 활발하다. 고기 습곡 산지는 오랜 기간 침식을 받아 신기 습곡 산지에 비해 해발 고도가 낮고 경사가 완만하다.

구분	채점 기준
상	신기 습곡 산지와 고기 습곡 산지의 특징을 형성 시기, 해발 고도, 지각 운동 등으로 구분하여 정확히 서술한 경우
하	신기 습곡 산지와 고기 습곡 산지의 특징을 형성 시기 또는 해발 고도만 비교하여 서술한 경우

02 해안 지형의 형성

꼼꼼 개념 문제
66쪽

대표 자료 확인하기 ① 시 스택 ② 해식애 ③ 사빈 ④ 갯벌 ⑤ 사빈 ⑥ 빙하 ⑦ 산호초 ⑧ 파랑

한눈에 정리하기 ① 침식 ② 퇴적 ③ 조류 ④ 열대

1 (1) ○ (2) ✕ (3) ○ **2** (1) ㄷ, ㄹ, ㅂ (2) ㄱ, ㄴ, ㅁ **3** 갯벌 **4** 석호
5 (1) 리아스 (2) 열대 **6** ⊙ 양식업 ⓒ 관광 **7** (1) ㄴ (2) ㄱ (3) ㄷ

탄탄 시험 문제
67~69쪽

01 ③ **02** ② **03** ⑤ **04** ④ **05** ② **06** ④ **07** ① **08** ①
09 ⑤ **10** ③ **11** ② **12** ① **13** ② **14** ④

01 A는 만, B는 곶이다. 곶은 파랑 에너지가 집중되어 침식 작용이 활발하고, 만은 파랑 에너지가 분산되어 사빈, 사구, 석호, 갯벌 등의 퇴적 지형이 주로 발달한다.

02 사진은 프랑스 에트르타의 암석 해안이다. 육지가 바다로 돌출된 곳에는 파랑의 침식 작용이 활발하여 해식애, 해식 동굴, 시 스택 등의 암석 해안이 발달한다.

03 제시된 지역은 모두 세계적인 모래 해안이 나타나는 곳으로, 넓고 아름다운 모래사장을 바탕으로 발달한 해안 관광지이다. 모래사장(사빈)은 연안류와 파랑에 의해 해안가의 모래가 퇴적되어 형성된다.

04 바다 쪽으로 돌출한 해안의 경우 파도의 침식으로 암석이 깎이면서 절벽이 형성되는데, 암석의 단단한 부분이 파랑의 침식에 견디어 기둥 모양으로 남아 있는 것을 시 스택이라고 한다. 모래 해안에서는 사빈, 사구, 석호 등을 볼 수 있다.

05 제시된 그림에서 A는 시 스택, B는 해식애, C는 사빈을 나타낸 것으로, 시 스택과 해식애는 암석 해안, 사빈은 모래 해안에서 주로 발달하는 지형이다. ㄴ. 조류의 퇴적 작용으로 만들어지는 지형은 갯벌이며, ㄷ. 사빈은 파도의 작용이 강한 해안에서 발달한다.

06 D는 갯벌을 나타낸다. 갯벌은 조류의 작용으로 미세한 흙이 퇴적되어 형성된 지형으로, 조차가 큰 해안에서 발달하며 밀물 때 물에 잠기고 썰물 때 육지로 드러난다. ④ 파랑의 퇴적 작용으로 형성되는 모래로 이루어진 해안 지형은 사빈이다.

07 사진은 오스트레일리아 그레이트 오션 로드에서 볼 수 있는 해식애와 시 스택으로, 파랑의 침식 작용에 의해 형성된 암석 해안이다. 암석 해안은 주로 곶에 형성되며 해식애는 파랑의 침식으로 점차 육지 쪽으로 후퇴한다.

08 ㈎는 노르웨이의 피오르 해안, ㈏는 오스트레일리아의 산호초 해안(그레이트배리어리프)이다. 피오르 해안이 주로 고위도에서 나타나는 데 비해, 산호초 해안은 열대 기후 지역의 바다에서 자라는 산호로 이루어져 있어 적도 부근에서 나타난다. 따라서 피오르 해안은 A, 산호초 해안은 B에서 볼 수 있다.

09 전 세계 인구의 약 40%가 거주하고 있는 해안 지역의 주민들은 전통적으로 어업과 양식업에 종사하였으나, 최근에는 대규모 무역항과 공업 도시가 발달하고 관광지가 조성되어 경제 활동에 변화가 나타나고 있다. ⑤ 사빈은 파랑의 퇴적으로 형성된 지형이다.

10 제시문의 골드 코스트와 그레이트배리어리프, 그레이트 오션 로드는 오스트레일리아(C)의 대표적인 해안 관광지이다. 그레이트배리어리프는 세계 최대의 산호초 지대로 '대보초'라고도 불린다.

11 에트르타는 프랑스 노르망디 지방의 작은 어촌으로, 해안 경관이 아름다워 많은 예술가들에게 영향을 준 지역으로 유명하다. 지도의 A는 노르웨이, B는 프랑스, C는 오스트레일리아, D는 캐나다, E는 페루이다.

12 관광 산업이 발달하면 지역 주민의 일자리 창출, 소득 증대 등 경제적 효과가 나타난다. 하지만 도로, 휴양지 등의 시설 조성에 따른 해안 침식 및 생태계 파괴, 관광객과 지역 주민 간의 문화적 갈등, 외국 문화 유입에 따른 전통문화 소멸, 쓰레기 배출로 인한 환경 오염 등 부작용이 나타나기도 한다.

13 바덴 갯벌이 위치하고 있는 바덴해는 독일, 네덜란드, 덴마크 세 나라에 접한 바다로 세계에서 갯벌이 가장 잘 보존·관리되고 있는 곳으로 알려져 있다. ㄹ. 갯벌을 복원하면 농경지로 이용할 수 있는 땅이 줄어든다.

14 관광 산업 발달의 부정적인 영향을 극복하고 지속 가능한 관광지로 발전하기 위해서는 경제적 이익보다는 자연환경을 보호하고 다음 세대를 배려하는 자세로 관광 자원을 개발해야 한다. 국제적으로 보존의 가치가 높은 습지를 보호하기 위해 맺어진 람사르 협약도 이러한 노력의 한 모습이다.

학교 시험에 잘 나오는 서술형 문제

1 (1) 사빈

(2) **예시답안** 사빈은 파랑의 퇴적 작용으로 모래가 해안가에 쌓여 형성된다.

구분	채점 기준
상	사빈의 형성 과정을 지형 형성 작용(파랑의 퇴적)을 포함하여 정확하게 서술한 경우
하	모래가 쌓여서 형성되었다고만 서술한 경우

2 **예시답안** 피오르 해안은 빙하의 침식으로 형성된 좁고 깊은 만에 바닷물이 들어와 형성된 해안이고, 리아스 해안은 하천의 침식으로 형성된 골짜기에 바닷물이 들어와 형성된 해안이다.

구분	채점 기준
상	피오르 해안과 리아스 해안의 형성 과정을 모두 정확하게 서술한 경우
하	두 해안의 형성 과정 중 한 가지만 정확하게 서술한 경우

3 **예시답안** 시설물 조성에 따른 해안 지형과 생태계 파괴, 쓰레기 배출 증가로 인한 환경 오염, 관광객과 지역 주민 간의 문화적 갈등, 외국 문화 유입에 따른 전통문화의 소멸 등

구분	채점 기준
상	해안 관광지 개발의 부정적 효과를 두 가지 이상 서술한 경우
하	해안 관광지 개발의 부정적 효과를 한 가지만 서술한 경우

03 우리나라의 매력적인 자연 경관

꼼꼼 개념 문제 72쪽

대표 자료 확인하기 ① 돌산 ② 흙산 ③ 화강암 ④ 석회동굴 ⑤ 용암동굴 ⑥ 제주도

한눈에 정리하기 ① 리아스 ② 조차 ③ 사빈 ④ 석회암 ⑤ 돌리네 ⑥ 석회동굴 ⑦ 관광

1 (1) ○ (2) ○ (3) ✕ **2** (1) – ㉡ (2) – ㉠ **3** (1) 서 (2) 서 (3) 서 (4) 동 **4** (1) 갯벌 (2) 리아스 **5** 카르스트 **6** (1) ㄱ (2) ㄴ (3) ㄷ **7** ㉠ 제주도 ㉡ 세계 자연 유산

탄탄 시험 문제 73~75쪽

01 ② **02** ③ **03** ② **04** ② **05** ③ **06** ⑤ **07** ② **08** ⑤ **09** ④ **10** ③ **11** ① **12** ④ **13** 주상 절리 **14** ⑤ **15** ③

01 우리나라의 산지의 대부분은 북동쪽에 분포하고, 동해 쪽에 치우쳐 있어 동쪽이 높고 서쪽으로 갈수록 낮아지는 동고서저의 지형을 이룬다.

02 ㈎는 흙산, ㈏는 돌산에 대한 설명이다. 금강산, 설악산, 북한산 등은 돌산에 해당하며 지리산, 덕유산은 흙산에 해당한다.

03 지도의 A는 금강산, B는 설악산, C는 지리산, D는 한라산이다. 금강산과 설악산은 대표적인 돌산으로 기암괴석이 아름다운 화강암 산지이며, 지리산은 흙산의 대표적인 사례이다. ㄴ, ㄹ. 한라산은 용암이 분출하여 형성된 화산으로 전체적으로 경사가 완만하며 정상에 화구호가 나타난다.

04 우리나라의 서해안에는 해안선이 복잡한 리아스 해안이 나타난다. ㉡ 피오르는 빙하의 침식으로 형성된 골짜기에 바닷물이 들어와 형성된 좁고 긴 만으로 빙하 지형의 예이다.

05 밀물과 썰물의 퇴적 작용으로 형성되는 갯벌은 조차가 큰 서·남해안에서 잘 발달하며, 양식장이나 생태 체험장으로 활용된다. 또한 태풍, 해일 시 파도의 에너지를 흡수하여 해안 지역의 피해를 감소시켜 주기도 한다.

06 ㈎는 사빈, ㈏는 석호이다. 석호는 사주의 발달로 만의 입구가 막혀 바다와 분리된 호수로 강릉의 경포호가 대표적인 예이다. 사빈(모래사장)과 석호는 모두 동해안에서 볼 수 있다.

07 해안선이 단조로운 동해안은 파랑의 작용이 활발해 모래 해안과 암석 해안이 발달하는 데 비해 조차가 크고 해안선이 복잡한 서해안과 남해안에는 넓은 갯벌이 나타나고 섬이 많다. ㄴ. 해상 국립 공원은 서해안과 남해안에 위치해 있다.

08 ㉠은 석회암이 물에 녹아 땅이 꺼지면서 형성된 돌리네에 대한 설명이다. 돌리네를 포함한 카르스트 지형이 나타나는

지역은 물이 잘 빠지기 때문에 벼농사보다 밭농사가 주로 이루어지며, 석회암 지대의 지하에는 동굴이 형성되기도 한다. ⑤ 주상 절리의 형성 과정이다.

09 지도에 표시된 지역은 고생대에 바다 밑에서 조개 등이 쌓여 형성된 지층으로 석회암 분포 지역과 일치한다. ㄱ. 오름과 ㄷ. 용암동굴은 제주도에서 볼 수 있는 화산 지형이다.

10 우리나라의 화산 지형은 백두산, 제주도, 울릉도와 독도, 철원 일대에서 나타난다. 제주도의 한라산은 유동성이 큰 현무암질 용암이 분출하여 형성된 화산으로 전체적으로 경사가 완만하며, 정상에는 백록담이라는 화구호가 있다.

11 제주도는 화산 활동으로 형성되어 독특한 화산 지형이 나타나는데, 한라산을 비롯하여 용암동굴, 주상 절리, 오름(기생 화산) 등이 대표적이다. ㄷ은 강원도 동해의 촛대바위, ㄹ은 우리나라의 대표적 흙산인 지리산이다.

12 ㈎는 용암동굴, ㈏는 석회동굴이다. 용암동굴은 용암이 지표면을 흐를 때 표면이 먼저 굳고 안쪽으로 용암이 흐르면서 형성되며, 석회동굴은 석회암이 빗물이나 지하수에 녹아 형성된 것으로 동굴 내부에 종유석, 석순, 석주 등이 나타난다.

13 주상 절리는 용암이 다각형의 기둥 모양으로 굳으면서 형성되며, 제주도 등지에서 볼 수 있는 화산 지형이다.

14 제시된 일정은 돌산, 모래사장, 석회동굴을 모두 볼 수 있는 지역의 여행 프로그램이다. 강원도(E)에서는 돌산인 설악산과 동해안의 해수욕장, 삼척의 환선굴을 볼 수 있다.

15 ㈎는 충청북도 단양(B)의 도담삼봉, ㈏는 제주도(D)의 성산 일출봉을 촬영한 사진이다.

학교 시험에 잘 나오는 서술형 문제

1 **예시답안** 산 정상부에 화강암 바위가 드러나 있는 돌산으로, 금강산, 설악산, 북한산 등이 대표적이다.

구분	채점 기준
상	화강암이 드러나 있는 돌산임을 밝히고 산지의 사례를 두 개 제시한 경우
하	두 가지 조건 중 하나만 옳게 제시한 경우

2 **예시답안** 서해안은 수심이 얕고 만이 발달하여 해안선이 복잡한 데 반해 동해안은 수심이 깊고 해안선이 단조롭다. 서해안은 섬이 많고 갯벌이 발달한 반면, 동해안은 파랑의 작용이 활발하여 모래사장(사빈)과 석호 등의 지형이 발달해 있다.

구분	채점 기준
상	서해안과 동해안의 특징을 해안선의 형태, 수심, 주요 지형을 비교하여 정확하게 서술한 경우
하	서해안과 동해안의 해안선 형태만 비교하여 서술한 경우

3 (1) A – 돌리네, B – 석회동굴
(2) **예시답안** 돌리네, 석회동굴과 같은 카르스트 지형은 석회암이 빗물이나 지하수에 녹는 용식 작용에 의해 형성된다.

구분	채점 기준
상	카르스트 지형의 형성 과정을 정확하게 서술한 경우
하	카르스트 지형이라고만 서술한 경우

쏙쏙 마무리 문제

78~81쪽

01 ① **02** ④ **03** ⑤ **04** ④ **05** ① **06** ③ **07** ⑤ **08** ⑤
09 ① **10** ④ **11** ④ **12** ② **13** ④ **14** ④ **15** ④ **16** ②
17 ③ **18** ③ **19** ⑤ **20** ② **21** ③

01 ㈎는 지구 외부의 힘, ㈏는 지구 내부의 힘이다. ① 지각을 구부러지게 하는 습곡 작용과 어긋나게 하는 단층 작용은 지구 내부의 힘에 의한 것이다.

02 제시된 그림은 수평으로 쌓인 지층이 양쪽에서 누르는 힘을 받아 솟아오르는 습곡 작용으로 산지가 형성되는 모습이다. 히말라야산맥, 알프스산맥, 로키산맥, 안데스산맥 등 세계적으로 높은 산맥들은 대부분 습곡 작용에 의해 만들어졌다.

03 지도의 A는 알프스산맥, B는 우랄산맥, C는 히말라야산맥, D는 로키산맥, E는 안데스산맥이며, A, C, D, E는 신기 습곡 산지, B는 고기 습곡 산지이다. ⑤ 안데스산맥(E)은 신기 습곡 산지로 형성된지 오래되지 않아 해발 고도가 높고 험준하며, 지각이 불안정하여 지진과 화산 활동이 자주 발생한다.

04 A는 고기 습곡 산지인 우랄산맥이고, B는 신기 습곡 산지인 로키산맥이다. 상대적으로 높고 험준한 신기 습곡 산지는 지각판의 경계에 위치하여 현재도 지진, 화산 등 지각 변동이 활발하게 일어나고 있다.

05 신기 습곡 산지에는 알프스산맥, 히말라야산맥, 로키산맥, 안데스산맥, 아틀라스산맥이 해당된다. 스칸디나비아산맥, 우랄산맥, 그레이트디바이딩산맥, 애팔래치아산맥은 고기 습곡 산지에 속한다.

06 이목은 계절에 따라 산 위아래로 가축을 이동시키며 사육하는 목축업의 유형으로 알프스 산지에서 이루어지고, 유목은 물과 풀을 찾아 평지를 이동하며 가축을 기르는 방식으로 주로 건조 지역과 툰드라 지역에서 행해진다. 히말라야 산지의 주민들은 주로 유목으로 생계를 유지하였는데, 최근 히말라야 산지를 등반하는 관광객이 증가하면서 셰르파와 같이 서비스업에 종사하는 인구가 늘고 있다.

07 제시된 사진은 잉카 문명의 유적지인 마추픽추이다. 마추픽추가 위치한 안데스 산지의 고산 지대는 연중 기온이 15℃ 내외로 온화하여 사람들이 거주하기에 유리하다. 이 때문에 일찍부터 사람들이 거주하여 고대 문명이 발생하였다.

08 A는 바다가 육지 쪽으로 들어간 만이고, B는 육지가 바다 쪽으로 돌출한 곳이다. 만에서는 퇴적 작용이 활발하여 모래 해안이 발달하며, 곶에서는 침식 작용이 활발하여 암석 해안이 발달한다.

09 ① 사빈은 파랑의 작용에 의해 모래가 퇴적되어 형성된 모래 사장으로 만에서 발달하는 지형이다.

10 제시된 사진은 오스트레일리아 그레이트 오션 로드의 12사도 바위이다. 12사도 바위는 파랑의 침식 작용에 의해 형성된 돌기둥으로 계속되는 침식에 의해 그 수가 줄어들고 있다.

11 A는 시 스택, B는 해식애이다. 해식애에서 암석의 약한 부분은 파랑의 침식 작용을 받아 해식 동굴을 형성한다. 이후 침식이 계속 진행되면 아치 모양의 시 아치가 되고 시간이 더 흐르면 육지와 분리된 암석 기둥인 시 스택으로 남게 된다.

12 지도에 표시된 지역은 세계 5대 갯벌의 분포를 나타낸 것이다. 갯벌은 조류에 의해 미세한 토사가 쌓여 형성된 지형으로, 조차가 큰 해안에서 넓게 발달한다.

13 스칸디나비아반도의 노르웨이 서부 해안에는 과거 빙하가 흐르면서 형성된 깊은 골짜기에 후빙기 이후 해수면이 상승하면서 바닷물이 들어와 형성된 피오르가 나타난다. 만의 양쪽 절벽이 장관을 이루어 수많은 관광객이 이곳을 찾는다.

14 보령의 머드 축제는 서해안에 발달한 갯벌을 이용한 축제로, 보령시는 축제 개최와 함께 서비스 산업이 발달하면서 지역 경제가 활성화되는 효과가 나타났다. ㄴ. 우리나라에서 람사르 협약에 의해 보호되고 있는 갯벌은 순천만 갯벌이다.

15 돌산은 설악산, 금강산, 북한산 등과 같이 바위가 드러나 있는 산을 말하는데, 깎아지른 듯한 절벽과 기암괴석을 구경하거나 암벽 등반을 하기 위해 많은 사람들이 찾는다.

16 ㉡ 우리나라 서·남해안은 해안선이 매우 복잡하고 섬이 많이 분포하는데, 이러한 해안을 리아스 해안이라고 한다.

17 석호는 모래 해안이 발달하는 동해안에 주로 형성되며, 파랑이 모래를 운반하여 만의 입구를 막아 호수로 변한 것이다.

18 석호는 우리나라의 동해안(B)에 주로 발달하며 해수욕장과 함께 관광지로 이용된다. 용암이 식어 형성된 육각형 모양의 바위 기둥은 주상 절리로 현무암질 용암이 분출해 형성된 제주도(D)에서 볼 수 있다.

19 제시된 그림은 카르스트 지형의 모식도로 석회동굴과 돌리네를 볼 수 있다. 돌리네는 석회암이 빗물에 녹아 움푹 꺼져 형성된 지형으로 물 빠짐이 좋아 주로 밭농사에 이용된다.

20 A는 보령 머드 축제 포스터이고, B는 정선의 화암 동굴 체험 포스터이다. 보령은 넓은 갯벌을 이용하여 체험형 관광 프로그램을 성공시킨 해안 관광지이며, 화암동굴은 금을 캐던 금광과 석회동굴을 연계하여 관광지로 개발한 테마형 동굴이다.

21 지표면의 용암이 식는 속도의 차이로 인해 형성된 제주도의 화산 지형은 용암동굴이다.

Ⅳ 다양한 세계, 다양한 문화

01 다양한 문화 지역

꼼꼼 개념 문제

86쪽

[대표 자료 확인하기] ① 유럽　② 건조　③ 동아시아
④ 라틴 아메리카　⑤ 이슬람교　⑥ 불교　⑦ 힌두교

[한눈에 정리하기] ① 동아시아 문화 지역　② 인도 문화 지역
③ 이슬람교　④ 유럽 문화 지역

1 (1) ○ (2) ○ (3) ✕ (4) ○　**2** (1) – ㉢ (2) – ㉣ (3) – ㉠ (4) – ㉣
(5) – ㉤　**3** 크리스트교　**4** (1) 흙 (2) 인공적인 (3) 종교 (4) 개방적,
많은　**5** (1) ㄷ (2) ㄹ (3) ㄴ (4) ㄱ

탄탄 시험 문제

87~89쪽

01 ②　**02** ①　**03** ③　**04** ⑤　**05** ②　**06** ④　**07** ③　**08** ⑤
09 ③　**10** ③　**11** ⑤　**12** ④　**13** ①　**14** ③

01 ② 문화 지역은 비슷한 문화가 나타나는 지역으로, 구분하는 기준에 따라 범위가 달라진다.

02 제시된 내용에서는 아메리카 대륙을 언어와 종교를 통해 구분하고 있다.

03 벼농사와 한자·유교·불교는 우리나라, 일본, 중국이 포함되어 있는 동아시아 문화 지역의 공통적인 특징이다.

04 A는 북극 문화 지역, B는 유럽 문화 지역, C는 건조 문화 지역, D는 인도 문화 지역, E는 라틴 아메리카 문화 지역이다.

05 크리스트교의 영향을 받은 생활 양식이 나타나고, 일찍 산업화를 이루었으며 식민지 개척을 통해 전 세계에 자신들의 문화를 전파한 것은 유럽 문화 지역이다.

06 ㈎ 지역은 동남아시아 문화 지역으로 연중 고온 다습하여 벼농사가 발달하였고, 지표면의 습기와 열기를 피하기 위해 고상 가옥을 짓는다.

07 지도의 A는 앵글로아메리카 문화 지역, B는 라틴 아메리카 문화 지역이다. 앵글로아메리카 문화 지역은 영국계 앵글로 색슨족의 영향을 받아 영어를 사용하고 개신교를 믿는 데 비해, 라틴 아메리카 문화 지역은 에스파냐와 포르투갈의 식민 지배를 받았던 영향으로 에스파냐어와 포르투갈어를 사용하고 가톨릭교를 믿는다.

08 사막 지역은 햇볕이 강하고 일교차가 크기 때문에 이에 대비하기 위해 온몸을 감싸는 길고 헐렁한 옷을 입고 머리를 천으로 감싼다.

09 ㈎는 건조 기후 지역의 흙집, ㈏는 한대 기후 지역의 얼음집이다.

10 제시된 기후 그래프는 연중 기온이 낮은 툰드라 기후를 나타낸 것이다. 툰드라 기후는 극지방 주변에서 나타나며 주민들은 추위를 막기 위해 짐승의 털이나 가죽으로 만든 옷을 입는다.

11 A는 세계에서 가장 많은 사람들이 믿는 크리스트교이고, B는 이슬람교, C는 불교이다.

12 A는 크리스트교, B는 이슬람교, C는 불교, D는 힌두교, E는 기타 지역이다. 힌두교는 여러 신을 섬기는 다신교로 소를 숭배하여 소고기를 먹지 않으며, 갠지스강을 신성하게 여겨 강물에 몸을 씻는 종교 의식을 한다.

13 사진은 독일 쾰른의 대성당이다. 크리스트교 경관은 뾰족한 탑에 십자가가 세워진 성당이나 교회로 대표되며 성경, 포도주 등과 관련 있다.

14 제시된 사진은 튀르키예의 모스크인 술탄 아흐메트 사원으로 이슬람교와 관계가 깊다. 이슬람교 신자들은 하루에 다섯 번씩 메카를 향해 기도한다.

[학교 시험에 잘 나오는 서술형 문제]

1 **[예시답안]** 라틴 아메리카 문화 지역이 언어를 기준으로 구분할 때와 종교를 기준으로 구분할 때 다른 것으로 볼 때 문화 지역은 고정된 것이 아니라 언어, 종교 등 기준에 따라 다르게 구분될 수 있음을 알 수 있다.

구분	채점 기준
상	기준에 따라 다르게 문화 지역이 구분될 수 있음을 정확히 서술한 경우
하	기준에 따라 문화 지역이 다르게 구분될 수 있다고만 서술한 경우

2 **[예시답안]** 힌두교에서는 소를 숭배하기 때문에 소고기를 먹지 않고, 이슬람교에서는 돼지고기와 술을 금기시하여 먹지 않고 할랄 식품만 먹는다.

구분	채점 기준
상	종교의 계율이 식생활 문화에 영향을 미친 사례 두 가지를 정확히 서술한 경우
하	종교의 계율이 식생활 문화에 영향을 미친 사례를 한 가지만 서술한 경우

3 (1) 불교
(2) **[예시답안]** 사찰, 불상, 불탑, 승려 등을 자주 볼 수 있다.

구분	채점 기준
상	사찰, 불상, 불탑, 승려 등을 자주 볼 수 있음을 정확히 서술한 경우
하	사찰, 불상, 불탑, 승려 중 한 가지에 대해서만 서술한 경우

02 세계화와 문화 변용

꼼꼼 개념 문제
91쪽

대표 자료 확인하기 ① 문화 공존 ② 문화 동화 ③ 문화 융합 ④ 문화 변용

한눈에 정리하기 ① 이동 ② 획일화 ③ 문화 융합

1 (1) ○ (2) ○ (3) ○ **2** (1) ㄱ (2) ㄴ (3) ㄷ **3** 가톨릭교 **4** 문화 융합
5 (1) – ㉠ (2) – ㉡ **6** (1) 세계화 (2) 문화 융합 (3) 획일화

탄탄 시험 문제
92~93쪽

01 ① **02** ④ **03** 문화 동화 **04** ③ **05** ④ **06** ① **07** ④
08 ⑤ **09** ④ **10** ③

01 영국에서 시작된 축구와 크리켓이 전 세계로 전파되는 것에 대한 설명이므로 문화 전파와 가장 관련이 깊다.

02 ④ 문화 접촉에 대한 설명이다. 문화 획일화는 한 지역의 문화가 다른 지역에서 비슷하게 나타나거나 전 세계적으로 같은 문화를 공유하는 현상을 말한다.

04 에스파냐의 영향으로 멕시코에 가톨릭교가 전파되었으나 이를 변형하여 원주민의 모습을 닮은 갈색 피부의 성모상으로 만들었다.

05 서로 다른 문화가 한 지역에 함께 존재하는 것을 문화 공존이라 하고, 문화 수용 과정에서 하나의 문화는 남고 다른 문화가 사라지는 것을 문화 동화, 두 문화가 만나 새로운 문화가 만들어지는 것을 문화 융합이라고 한다.

06 ㈐는 두 문화가 만나 새로운 문화가 만들어지는 문화 융합이다. ①은 하나의 문화가 남고 다른 문화는 사라지는 문화 동화의 사례이다.

07 커리는 인도의 전통 음식이었는데, 문화 전파를 통해 전 세계로 퍼져 나갔고, 각 지역의 주식 작물과 주민 생활에 맞게 변형되었다.

08 세계화로 전 세계의 문화가 서로 비슷해지는 획일화 현상이 나타난다. 세계 여러 국가에 매장이 있는 패스트푸드점 M사와 커피 전문점 S사는 모두 같은 간판과 상표로 되어 있어 유사한 경관이 나타난다.

09 세계 여러 지역의 문화와 전통을 반영한 햄버거는 세계화에 따른 문화 융합의 대표적 사례이다.

10 ③ 오늘날 문화의 획일화는 주로 서구 문화를 중심으로 이루어지는 경우가 많다.

1 **예시답안** 건조 기후 지역에 위치한 말리는 주변에서 구하기 쉬운 진흙을 이용하여 이슬람 사원을 만들었다. 이것은 종교가 전파되는 과정에서 지역의 자연환경에 맞게 변용되는 대표적인 사례이다.

구분	채점 기준
상	이슬람교의 전파 과정에서 일어난 문화 변용임을 정확히 서술한 경우
하	이슬람교 또는 문화 변용 중 한 측면만 서술한 경우

03 문화의 공존과 갈등

꼼꼼 개념 문제
95쪽

대표 자료 확인하기 ① 공존 ② 갈등 ③ 파키스탄 ④ 인도

한눈에 정리하기 ① 싱가포르 ② 인도 ③ 파키스탄 ④ 프랑스어

1 다문화 **2** (1) ㄴ (2) ㄹ (3) ㄱ **3** 문화 갈등 **4** (1) – ㉠ (2) – ㉢
(3) – ㉡ **5** (1) × (2) × (3) ○ **6** 문화 상대주의

탄탄 시험 문제
96~97쪽

01 ② **02** ④ **03** ⑤ **04** ④ **05** ② **06** ③ **07** ③ **08** ②
09 ④ **10** ③ **11** ②

01 ② 세계화의 영향으로 서로 다른 문화 간의 교류가 활발해지면서 다문화 현상이 점차 증가하고 있다.

02 싱가포르는 해상 교통의 중심지로 다양한 민족과 문화의 교류가 이루어지면서 다양한 문화가 공존하는 대표적인 지역이다.

03 제시된 내용은 다양한 문화가 평화롭게 공존하는 지역에 대한 설명이다. ⑤ 인도 북서부에 위치한 카슈미르 지방은 이슬람교를 믿는 파키스탄과 힌두교를 믿는 인도 사이의 종교 갈등이 나타나고 있는 분쟁 지역이다.

04 스위스는 독일어, 프랑스어, 이탈리아어, 로만슈어 등 4개의 공용어를 사용하고 있으며, 과거에는 언어와 종교 갈등이 존재했으나 스위스 정부가 균형적이고 다양한 언어 정책을 펼치면서 오늘날 서로 다른 문화가 비교적 평화롭게 공존할 수 있게 되었다.

05 다문화주의를 정책 이념으로 선택하여 국적이나 종교와 상관없이 각 분야에 맞는 장관을 임명한 것으로 볼 때 캐나다이다.

06 ③ 종교 갈등은 서로 다른 종교 간에도 나타나지만 종교 내에서 종파 간의 차이를 이유로 갈등이 발생하기도 한다.

07 벨기에는 남부의 프랑스어권과 북부의 네덜란드어권 사이의 갈등이 심각한데 남북 간의 경제 격차로 인해 갈등이 더욱 심해졌다.

08 지도의 A는 스위스, B는 팔레스타인 지역, C는 카슈미르 지역, D는 캐나다 퀘벡주, E는 브라질이다.

09 카슈미르 지역은 힌두교와 이슬람교의 갈등이, 팔레스타인 지역은 유대교와 이슬람교 간의 갈등이 나타나고 있는 지역이다. 벨기에와 캐나다의 퀘벡주는 언어 갈등이 나타나는 지역이다.

10 A는 퀘벡주이다. 퀘벡주는 영어를 사용하는 다른 지역과는 달리 프랑스어를 사용하고 프랑스 문화가 많이 나타난다.

11 평화로운 문화 공존을 위해서는 서로의 차이를 인정하고 상대의 문화를 존중하며 이해하는 태도를 바탕으로 한 다문화주의와 문화 상대주의가 필요하다.

학교 시험에 잘 나오는 서술형 문제

1 예시답안 이슬람교를 믿는 파키스탄과 힌두교를 믿는 인도 간의 종교 갈등에 영토 분쟁이 더해져 분쟁이 자주 발생한다.

구분	채점 기준
상	인도와 파키스탄의 종교와 영토 분쟁을 들어 갈등의 원인을 정확히 서술한 경우
하	힌두교와 이슬람교의 갈등이라고만 서술한 경우

쑥쑥 마무리 문제
100~103쪽

01 ⑤	**02** ②	**03** ④	**04** ②	**05** ①	**06** ⑤	**07** ④	**08** ⑤
09 ④	**10** ③	**11** ②	**12** ⑤	**13** ④	**14** ③	**15** ⑤	**16** ③
17 ⑤	**18** ①	**19** ③	**20** ③	**21** ②	**22** ④		

01 문화 경관은 어떤 장소에 특정 문화를 가진 사람들이 오랜 기간 동안 생활하면서 만들어 놓은 지역의 특성으로 의식주, 언어, 종교 등에서 나타나는 공통된 생활 양식이다.

02 옷차림과 가옥 경관으로 볼 때 사진은 순서대로 건조 문화 지역, 동남아시아 문화 지역, 북극 문화 지역이다.

03 A는 유럽, B는 건조, C는 인도, D는 동남아시아, E는 라틴 아메리카 문화 지역이다. 쌀은 인도 남부와 동남아시아 지역이 주산지이다.

04 지붕이 평평한 흙집을 짓고 살고, 이슬람교 사원이 있는 것으로 볼 때 건조 문화 지역이다.

05 사진은 연중 기온이 높은 열대 지역의 전통 의복이다. 열대 지역의 사람들은 더위를 피하기 위해 통풍이 잘되는 얇은 옷을 입으며, 개방형 가옥에서 생활한다.

06 사진은 독일의 쾰른 대성당으로 뾰족한 탑 위에 십자가가 있는 교회와 성당은 대표적인 크리스트교 경관이다.

07 지도에 제시된 곳은 서남아시아와 북부 아프리카, 말레이시아이다. 이 지역에서 믿고 있는 종교는 이슬람교이다. ④ 갠지스강을 신성시하는 종교는 힌두교이다.

08 A는 크리스트교, B는 이슬람교, C는 불교, D는 힌두교이다.

09 라틴 아메리카는 16세기 에스파냐와 포르투갈의 식민 지배를 받으면서 남부 유럽 문화가 유입되었다.

10 축구와 청바지, 커피 등은 세계화로 인한 대표적인 문화 전파의 사례이다.

11 햄버거가 세계 각지로 퍼져 라이스 버거 등으로 변화한 것과 돌침대 등은 대표적인 문화 융합의 사례이다.

12 세계화란 세계 여러 국가가 국경을 초월하여 하나의 지구촌으로 통합되어 가는 현상을 말하며, 이는 교통·통신의 발달로 더욱 가속화되었다.

13 세계 여러 국가에 매장이 있는 커피 전문점은 각 지역의 고유한 음식 문화에 맞게 다양한 형태로 변형된 메뉴를 판매한다.

14 ㉢ 라틴 아메리카는 남부 유럽의 영향으로 가톨릭교를 주로 믿는다.

15 A는 이슬람교를 믿는 사우디아라비아고, B는 힌두교를 믿는 인도이다. 이슬람교에서는 돼지를 불결한 동물로 여기고, 힌두교에서는 소를 숭배하여 식재료로 사용하지 않기 때문에 사우디아라비아에 돼지가 주인공인 애니메이션을 수출하거나 인도에 소불고기 피자를 판매하는 것은 적절하지 않다.

16 A 지역은 브라질이다. 브라질은 오랜 역사 속에서 아메리카 원주민, 백인, 흑인 등 다양한 인종의 혼혈이 생겨 이들이 어우러져 살아가고 있기 때문에 민족과 인종 간의 갈등은 적은 편이다.

17 싱가포르는 다양한 인종과 민족이 모여 살지만 비교적 평화롭게 공존하는 대표적인 지역이다.

18 지도의 A는 벨기에, B는 스위스이다. 벨기에는 언어 갈등을 겪는 반면, 스위스는 서로 다른 언어가 비교적 평화롭게 공존하는 대표적인 나라이다.

19 유대교를 믿는 이스라엘이 제2차 세계 대전 이후에 이슬람교를 믿는 팔레스타인 지역에 나라를 세우면서 두 나라의 갈등이 시작되었다.

20 팔레스타인 지역은 유대교와 이슬람교, 스리랑카는 불교와 힌두교의 갈등을 겪고 있다. 카슈미르 지역은 힌두교와 이슬람교 간의 갈등이 나타나는 지역이다.

21 인도가 영국에서 독립하는 과정에서 이슬람교도가 많은 카슈미르 지역이 인도에 편입되면서 인도와 파키스탄은 종교 분쟁과 더불어 영토 분쟁이 함께 일어나며 갈등이 심해졌다.

22 ④ 종교와 언어 등 문화 차이로 인한 문화 갈등을 최소화하려면 문화의 다양성을 인정하고 소수 문화도 존중하려는 태도가 필요하다.

V 지구 곳곳에서 일어나는 자연재해

01 자연재해 발생 지역

꼼꼼 개념 문제 ─────── 108쪽

대표 자료 확인하기 ① 알프스·히말라야 ② 환태평양 ③ 태풍 ④ 허리케인

한눈에 정리하기 ① 지각 ② 지각판 ③ 지진 ④ 홍수 ⑤ 건조

1 (1) 자연재해 (2) 홍수 **2** ㄱ, ㄹ **3** ① 화산 활동 ⓒ 지진 **4** (1) ○ (2) × (3) ○ **5** (1) – ⓒ (2) – ㉠ (3) – ⓒ **6** (1) 느리 (2) 허리케인 (3) 홍수

탄탄 시험 문제 ─────── 109~111쪽

01 ① **02** ④ **03** ① **04** ④ **05** ⑥ **06** ④ **07** ⑤ **08** ②
09 ③ **10** ④ **11** ⑤ **12** ⑤ **13** ③ **14** ③

01 지각 변동에 의한 자연재해로는 지진, 화산 활동, 지진 해일 등이 있다.

02 지진은 지각이 불안정한 지역에서 지구 내부의 힘에 의해 땅이 흔들리거나 갈라지는 현상이다. 지진은 짧은 시간 동안 넓은 지역에 피해를 준다.

03 ① A는 알프스·히말라야 조산대, B는 환태평양 조산대이므로 '불의 고리'라고 불리는 지역은 환태평양 조산대(B)이다.

04 사진은 화산 활동을 나타낸다. 화산 활동은 땅속의 마그마가 지각이 갈라진 틈이나 약한 부분을 뚫고 나와 분출하는 현상으로, 지각판의 경계 부근에서 자주 발생한다.

05 ⑥ 하천이나 호수가 범람하여 사람들의 생활 터전이 물에 잠기는 현상은 홍수이다.

06 기상에 의한 자연재해로는 ㄴ. 가뭄, ㄷ. 홍수, ㅂ. 열대 저기압 등이 있다.

07 사진이 나타내는 자연재해는 홍수이다. ⑤는 가뭄이 자주 발생하는 지역이다.

08 ② 홍수와 가뭄은 모두 기상과 관련 있는 자연재해이다. 지각 변동과 관련된 자연재해로는 지진, 화산 활동, 지진 해일 등이 있다.

09 오랫동안 비가 내리지 않을 때 나타나는 점, 우리나라에서 봄철에 발생하면 농작물에 피해를 준다는 점으로 보아 제시된 내용은 가뭄에 대한 설명이다.

10 ④ 열대 저기압은 적도 부근의 해상에서 발생하여 중위도 지역으로 이동하는 특성이 있다.

11 인도양과 아라비아해 인근에서 발생한 열대 저기압은 사이클론이라고 불리고, 북태평양 서쪽의 필리핀 동부 해상에서는 태풍, 대서양에서는 허리케인이라고 불린다.

12 ㉠에 들어갈 자연재해는 짧은 시간 동안 많은 양의 눈이 내리는 현상인 폭설이다. 폭설이 발생하면 가옥이나 건축물이 붕괴하고, 교통이 마비된다.

13 ③ 가뭄은 오랜 기간 동안 넓은 지역에 큰 피해를 주는 자연재해이다.

14 ㉠에 들어갈 자연재해는 홍수, ⓒ에 들어갈 자연재해는 지진이다.

학교 시험에 잘 나오는 서술형 문제

1 (1) A – 알프스·히말라야 조산대, B – 환태평양 조산대
(2) **예시답안** 지진과 화산 활동은 지각 변동에 의해 발생하는 자연재해로, 알프스·히말라야 조산대와 환태평양 조산대는 지각판이 만나는 경계 부근이라 지각이 불안정하기 때문이다.

구분	채점 기준
상	지진과 화산 활동이 지각 변동에 의해 발생하는 자연재해라는 점을 들어 지각판들이 만나는 경계 부분임을 정확히 서술한 경우
하	지각판들이 만나는 경계 부분이라는 점만 서술한 경우

2 **예시답안** 바다 밑에서 지진이나 화산 활동이 발생하면 그 충격이 전달되어 바닷물이 위아래로 출렁인다. 그 파도가 해안에 접근할수록 높아지면서 해안을 덮치는 것이다.

구분	채점 기준
상	바다 밑에서 발생하는 지진, 화산 활동을 언급하여 서술한 경우
하	바다 밑에서 발생하는 지진이나 화산 활동 중 한 가지만 서술한 경우

3 **예시답안** 방글라데시는 큰 강 하류의 저지대이며, 계절풍의 영향으로 여름철에 집중 호우가 내려 홍수가 자주 발생한다. 또한 열대 저기압인 사이클론이 통과하는 지역이라 홍수 피해가 크게 발생한다.

구분	채점 기준
상	제시된 용어를 모두 포함하여 정확히 서술한 경우
중	제시된 용어 중 두 가지를 용어를 포함하여 서술한 경우
하	제시된 용어 중 한 가지를 용어만 포함하여 서술한 경우

02~03 자연재해와 주민 생활 ~ 자연재해 대응 방안

꼼꼼 개념 문제
114쪽

대표 자료 확인하기 ① 사하라 사막 ② 사헬 지대 ③ 가뭄 ④ 사막화 ⑤ 도시화 ⑥ 홍수

한눈에 정리하기 ① 화산재 ② 홍수 ③ 화산 ④ 녹색 댐 ⑤ 열대 저기압

1 (1) ✕ (2) ○ (3) ○ **2** (1) 지열 (2) 가뭄 **3** (1) ─ ㉠ (2) ─ ㉢ (3) ─ ㉡ (4) ─ ㉣ **4** 증가, 빠르게 **5** 사막화 **6** ㄱ, ㄷ, ㄹ **7** (1) ○ (2) ✕

탄탄 시험 문제
115~117쪽

01 ④ **02** ① **03** ⑤ **04** ① **05** ③ **06** ② **07** ① **08** ③
09 ③ **10** ③ **11** ② **12** ① **13** ② **14** ④ **15** ⑤

01 제시문이 설명하는 자연재해는 지진이다. ④는 열대 저기압의 영향에 대한 설명이다.

02 일본에서는 지진 피해를 줄이기 위해 고층 건물에 자료와 같은 내진 설계를 의무화한다.

03 ㉤ 지진과 화산 활동이 잦은 지역에서는 땅속의 열을 이용하여 지열 발전을 한다.

04 화산 활동과 지진이 활발한 일본, 뉴질랜드, 아이슬란드에서는 온천을 이용한 관광 산업이 발달하였으며 땅속의 열에너지를 이용해 지열 발전을 한다.

05 홍수는 강물이 범람하면서 토양에 영양분을 공급하는 긍정적인 영향이 있다. 이 때문에 나일강 유역에서는 농경과 문명이 일찍부터 발달하였다.

06 홍수가 발생하면 저지대의 농경지나 가옥이 물에 잠겨 재산, 인명 피해가 발생한다. 그러나 하천이 범람하여 토양에 영양분을 공급하는 등 긍정적인 영향도 있다.

07 사헬 지대는 수십 년간 계속된 가뭄으로 토양이 황폐해졌다. 폭설이 자주 발생하는 지역에서는 지붕에 쌓인 눈의 무게 때문에 가옥이 붕괴될 수 있기 때문에 지붕의 경사를 급하게 짓는다.

08 열대 저기압의 부정적 영향은 홍수, 산사태, 해일 피해가 발생하는 것이고 긍정적 영향은 적조 현상을 완화시켜주고 가뭄을 해소하며 지구의 열 균형을 유지해 준다는 점이다.

09 폭설이 자주 발생하는 지역에서는 눈을 이용한 관광 산업이 발달하고, 화산 활동이 자주 일어나는 곳에서는 비옥한 화산 회토를 활용한 농업이 발달한다.

10 ㈎의 녹지는 ㈏의 포장된 지면보다 많은 양의 빗물을 흡수하므로 ㈎에서 빗물의 토양 흡수율이 높다.

11 포장된 지표 면적을 늘리면 빗물이 곧장 하천으로 유입된다. 이때 강물이 최대 유량에 도달하는 시간이 짧아져 쉽게 범람하게 되면서 홍수 피해가 증가한다.

12 사막화는 오랜 가뭄과 인간 활동에 의해 가속화된다. ㄹ. 사막화 피해를 줄이기 위한 행동이다.

13 ② A 지역은 사막화 위험 지역으로, 농경지 개척이 이 지역 사막화의 원인 중 하나이다.

14 ④ 화산 활동으로 흘러나온 용암이 거주 지역을 덮치지 않도록 하기 위한 방안이다.

15 ⑤ 폭설 피해를 줄이기 위한 방안이다.

학교 시험에 잘 나오는 서술형 문제

1 예시답안 열대 저기압의 부정적인 영향은 집중 호우로 홍수와 산사태가 발생할 수 있고, 강한 바람으로 인해 시설물이 파괴되어 재산과 인명 피해가 발생할 수 있다는 것이다.

구분	채점 기준
상	열대 저기압의 부정적 영향 두 가지를 모두 정확하게 서술한 경우
하	열대 저기압의 부정적 영향을 한 가지만 서술한 경우

2 (1) 사막화
(2) 예시답안 과도한 목축 등 인위적 요인과 오랜 가뭄 등 자연적 요인으로 사막화 피해가 발생한다.

구분	채점 기준
상	사막화의 인위적 요인과 자연적 요인을 모두 정확하게 서술한 경우
하	사막화의 요인을 한 가지만 서술한 경우

3 (1) ㉠ 폭설, ㉡ 화산 활동
(2) 예시답안 주민들을 상대로 지진 대피 훈련을 실시하고, 건물의 내진 설계를 강화해야 한다.

구분	채점 기준
상	지진의 대응 방안 두 가지를 모두 정확하게 서술한 경우
하	지진의 대응 방안을 한 가지만 서술한 경우

쑥쑥 마무리 문제

120~123쪽

01 ③	02 ⑤	03 ②	04 ⑤	05 ④	06 ③	07 ④	08 ①
09 ⑤	10 ②	11 ④	12 ④	13 ⑤	14 ⑤	15 ③	16 ②
17 ⑤	18 ②	19 ③	20 ②	21 ①	22 ⑤	23 ③	

01 지각 변동에 의한 재해로는 지진, 지진 해일, 화산 활동 등이 있고, 기상에 의한 재해로는 홍수, 가뭄, 폭설 등이 있다.

02 A는 홍수이고 B는 지진이다. ⑤ 지진은 지각이 불안정한 지각판의 경계 부근에서 자주 발생한다.

03 지진은 지구 내부의 힘이 지표면에 전달되면서 발생한다. 지각이 불안정할 때 지진이 자주 발생한다.

04 고대 로마의 도시 폼페이는 베수비오 화산 폭발로 멸망하게 되었으므로 이와 가장 관계 깊은 자연재해는 화산 활동이다.

05 A는 환태평양 조산대이다. ④ 알프스산맥과 히말라야산맥은 알프스·히말라야 조산대에 분포한다.

06 ③ ⓒ 지진 해일은 매우 빠른 속도로 진행된다.

07 방글라데시는 열대 저기압인 사이클론의 영향을 받고 여름철에 집중 호우가 내려 홍수 피해가 자주 발생하는 지역이다.

08 A는 홍수, B는 가뭄이다. 홍수는 아시아 계절풍 지역의 대하천 유역에서 잦으며, 가뭄은 사헬 지대 등 건조한 지역에서 많이 발생한다.

09 가뭄(B)은 시헬 지대, 중국 내륙, 인도 서부 등 건조 지역에서 피해가 심각하게 나타난다.

10 열대 저기압은 많은 비와 강한 바람을 동반하며 우리나라는 주로 여름철에서 초가을 사이에 열대 저기압의 영향을 받는다. ㄴ. 북아메리카에서는 허리케인이라고 부른다. ㄷ. 열대 저기압이 차가운 해수면 위를 지나면 세력이 약해진다.

11 사진이 나타내는 자연재해는 지진이다. 지진으로 인해 건물과 도로가 붕괴되어 인명 및 재산 피해가 생길 수 있다.

12 ㄱ. 화산 활동이 활발한 지역은 토양이 비옥해 농작물이 잘 자란다. 독특한 화산 지형과 온천을 이용한 관광 산업이 발달하며, 또한 땅속의 열을 이용해 전력을 생산하기도 한다.

13 ⓛ에 들어갈 자연재해는 화산 활동이다. 아이슬란드는 화산 활동이 활발한 지역이다. 화산 활동이 발생하면 화산재가 하늘에 퍼져 시야를 가리고 항공기 운항에 지장을 준다.

14 사진이 나타내는 자연재해는 홍수이다. ⑤는 화산 활동의 영향에 대한 설명이다. 화산회토란 화산재가 쌓여 형성된 비옥한 토양을 말한다.

15 ⓛ에 들어갈 자연재해는 홍수, ⓒ에 들어갈 자연재해는 지진이다. 고대 이집트는 나일강이 범람하여 홍수가 주기적으로 발생했기 때문에 문명이 발달할 수 있었다. 일본은 지진이 잦기 때문에 전통 가옥은 탄력성이 높은 목조 가옥의 형태로 짓는다.

16 사진이 나타내는 자연재해는 열대 저기압이다. ② 열대 저기압은 바닷물을 뒤섞어 적조 현상을 완화시킨다.

17 제시문은 폭설에 적응한 주민 생활의 모습을 나타낸 것이다.

18 기사는 무분별한 도시화로 자연 배수로가 막히며 홍수 피해가 발생한 사례를 나타낸 것이다.

19 제시된 그림은 사막화의 진행 과정을 나타낸 것이므로 ⓛ에 들어갈 용어는 사막화이다.

20 ⓛ 현상은 사막화로, 사막 주변의 초원 지역이 사막과 같은 상태로 변화하는 것이다. ② 사막화 피해 지역은 사막을 둘러싼 주변 지역이다.

21 제시문은 사하라 사막 남쪽 가장자리인 사헬 지대(A)에 대한 설명이다.

22 ⑤ 포장된 지표 면적이 넓을수록 홍수 피해는 커진다.

23 갯벌은 태풍의 세력을 약화시키는 역할을 하므로 보존해야 한다. 바람과 비에 의해 시설물이 파손되지 않도록 관리해야 하며 태풍의 이동 경로를 미리 예측하여 주민들을 대피시켜야 한다.

Ⅵ 자원을 둘러싼 경쟁과 갈등

01 자원의 특성과 자원 갈등

꼼꼼 개념 문제

128쪽

대표 자료 확인하기 ① 기술적 ② 경제적 ③ 석유 ④ 편재성 ⑤ 석탄 ⑥ 쌀 ⑦ 밀

한눈에 정리하기 ① 증가 ② 국제 하천

1 ㉠ 천연자원 ㉡ 문화적 **2** (1) – ㉡ (2) – ㉠ (3) – ㉢ **3** (1) ㄷ (2) ㄴ **4** (1) × (2) ○ **5** 자원 민족주의 **6** (1) 석유 (2) 줄어들어

탄탄 시험 문제

129~131쪽

| 01 ④ | 02 ③ | 03 ③ | 04 ④ | 05 ⑤ | 06 ② | 07 ① | 08 ④ |
| 09 ④ | 10 ⑤ | 11 ④ | 12 ⑤ | 13 ③ | 14 ④ | 15 ② | |

01 ④ 좁은 의미의 자원은 식량 자원, 에너지 자원, 광물 자원 등을 포함하는 천연자원을 말한다. 문화적 자원은 넓은 의미의 자원에 해당된다.

02 A는 좁은 의미의 자원으로, 천연자원을 말한다. 천연자원에는 ㄱ. 쌀, ㄴ. 석유, ㅁ. 천연가스가 해당된다. ㄷ. 기술은 인적 자원, ㄹ. 전통과 ㅂ. 사회 제도는 문화적 자원으로 넓은 의미의 자원에 해당된다.

03 ㉠은 편재성이다. 자원의 유한성은 자원의 매장량이 한정되어 있는 특성이고, 자원의 가변성은 자원의 시대와 장소, 문화적 배경 등에 따라 가치가 변화하는 특성이다.

04 에너지 자원으로는 석유, 석탄, 천연가스 등이 있다. 쌀과 밀은 식량 자원으로, 에너지 자원과 함께 천연자원에 포함된다. 기술, 노동력은 인적 자원이고 예술, 사회 제도는 문화적 자원이다.

05 ⑤ B(석탄)가 아닌 A(석유)가 현재 세계에서 가장 많이 소비되는 에너지 자원이다.

06 ② 물 자원은 지역적으로 불균등하게 분포한다. 연 강수량이 많은 적도 지방은 물 자원이 풍부하지만 사막과 그 주변 지역은 물 부족 문제가 심각하다.

07 지도는 식량 자원인 쌀(A)과 밀(B)의 생산지 분포와 이동을 나타낸 것이다. A 자원은 아시아 지역에서 생산되며 국제 이동량이 비교적 적은 것으로 보아 쌀이다.

08 A는 쌀이고, B는 밀이다. 밀은 서늘하고 건조한 곳에서도 잘 자라므로 쌀보다 재배 범위가 넓다. 쌀은 고온 다습한 아시아의 계절풍 기후 지역에서 주로 생산되고 생산지에서 대부분 소비된다. 반면, 밀은 소비 지역이 널리 분포하여 국제 이동량이 많다.

09 ㈎는 옥수수, ㈏는 쌀에 대한 설명이다. 옥수수는 사료용 작물로 많이 사용되고 최근 바이오 에너지의 원료로 이용되면서 수요가 증가하고 있다.

10 자원 민족주의는 민족과 국가의 이익을 위해 자국이 가진 자원에 대한 지배권을 확대하려는 태도이다. 자원은 특정 지역에 치우쳐 있어 자원 생산국이 자원 민족주의를 강화한다면 자원의 공급이 감소하여 자원 갈등의 발생 원인이 되기도 한다.

11 육지로 둘러싸인 카스피해의 주변국들은 카스피해를 바다로 볼 것인지, 호수로 볼 것인지를 놓고 논쟁을 벌이고 있다. 바다로 보느냐, 호수로 보느냐에 따라 경계가 달라지기 때문이다. 카스피해처럼 경계가 분명하지 않은 바다에 석유 매장지가 있는 경우 주변국 간의 갈등이 발생할 수 있다.

12 ⑤ E는 오리노코강으로, 석유 자원의 국유화를 둘러싸고 베네수엘라 볼리바르와 미국 사이의 갈등이 발생한 지역이다. A는 나일강, B는 티그리스강과 유프라테스강, C는 갠지스강, D는 메콩강 유역으로, 모두 물 자원을 둘러싼 갈등이 발생한 국제 하천이다.

13 인구 증가와 산업 발달로 물 소비량이 빠르게 증가하면서 물 부족 문제가 심각해지고 있다. 이 같은 위기의식은 세계 여러 지역에서 물 자원을 둘러싼 갈등을 키우고 있다.

14 메콩강 상류에 위치한 중국이 댐을 건설하면서 유량이 줄어들어 하류에 있는 타이, 캄보디아, 베트남 등의 국가들과 물 자원을 둘러싼 갈등을 겪고 있다.

15 세계적으로 육류 소비가 증가하면서 옥수수 등의 사료용 곡물의 수요가 증가하고, 국제 곡물 대기업들의 영향력을 행사하여 국제 곡물 가격이 오른다면 일부 국가에서는 식량 부족 문제가 심각해질 수 있다.

학교 시험에 잘 나오는 서술형 문제

1 **예시답안** 자원은 인간에게 쓸모가 있고 기술적으로 개발할 수 있으며 경제적 가치가 있는 모든 것이다.

구분	채점 기준
상	자원은 인간에게 쓸모가 있고 기술적으로 개발할 수 있으며 경제적으로 가치가 있어야 함을 정확히 서술한 경우
하	자원은 인간에게 쓸모가 있는 것이라고만 서술한 경우

2 (1) 석유
(2) **예시답안** 석유는 자원의 편재성이 매우 크며, 매장되어 있는 국가와 주요 소비 국가가 달라 국제 이동량이 매우 많다.

구분	채점 기준
상	자원의 편재성이 커서 국제 이동량이 많음을 관련지어 정확히 서술한 경우
하	단순히 국제 이동량이 많다고 서술한 경우

3 **예시답안** 석유 매장지가 여러 국가에 걸쳐 있거나 경계가 분명하지 않은 바다에 있는 경우 석유 자원을 둘러싸고 주변국 간의 갈등이 발생할 수 있다.

구분	채점 기준
상	석유 매장지가 여러 국가에 걸쳐 있거나 경계가 분명하지 않은 바다에 있는 경우 석유 자원 분쟁의 원인이 됨을 정확하게 서술한 경우
하	석유 매장지가 여러 국가에 걸쳐있는 경우 갈등이 발생한다고만 서술한 경우

02~03 자원과 주민 생활 ~ 지속 가능한 자원 개발

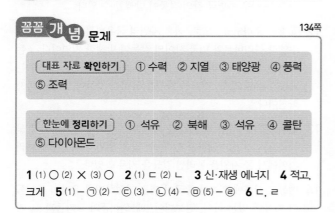

꼼꼼 개념 문제
134쪽

대표 자료 확인하기 ① 수력 ② 지열 ③ 태양광 ④ 풍력 ⑤ 조력

한눈에 정리하기 ① 석유 ② 북해 ③ 석유 ④ 콜탄 ⑤ 다이아몬드

1 (1) ○ (2) × (3) ○ **2** (1) ㄷ (2) ㄴ **3** 신·재생 에너지 **4** 적고, 크게 **5** (1) − ㉠ (2) − ㉢ (3) − ㉤ (4) − ㉣ (5) − ㉥ **6** ㄷ, ㄹ

탄탄 시험 문제
135~137쪽

01 ④ **02** ⑤ **03** ① **04** ④ **05** ④ **06** ⑤ **07** ⑤ **08** ⑤ **09** ② **10** ④ **11** ③ **12** ④ **13** ⑤ **14** ⑤

01 ④ 자원의 개발로 막대한 외화가 유입되면서 빈부 격차가 심화되는 것은 자원 개발의 부정적 영향이다.

02 쿠웨이트, 아랍 에미리트, 사우디아라비아는 석유 수출로 얻은 수익으로 사회 기반 시설을 확충하고 교육 및 의료 등에 투자하여 주민들의 생활 수준을 향상시켰다.

03 제시된 내용은 스칸디나비아반도에 위치한 자원 강국인 노르웨이(A)에 대한 설명이다. B는 사우디아라비아, C는 중국, D는 미국, E는 볼리비아이다.

04 자원 개발로 주민 생활이 어려워진 국가는 ㄴ. 나이지리아, ㄹ. 콩고 민주 공화국이다. ㄱ. 캐나다, ㄷ. 사우디아라비아는 풍부한 자원을 바탕으로 경제가 성장한 국가이다.

05 ④ 콩고 민주 공화국은 광물 자원이 풍부하지만 자원을 둘러싼 내전이 길어지면서 주민 생활이 어려워졌다.

06 ⑤ 무조건적으로 다국적 기업의 제품을 구매하기보다는 공정 무역 제품을 구매하는 윤리적 소비가 필요하다.

07 ㉠은 신·재생 에너지로, 신·재생 에너지의 대표적인 예로는 풍력, 태양열, 지열, 조력 에너지 등이 있다. ⑤ 석탄과 천연가스는 화석 연료이다.

08 ⑤ 우리나라는 화석 연료 고갈에 대비하고 환경 문제를 줄이기 위해 다양한 신·재생 에너지의 개발과 이용을 늘리고 있다.

09 태양광 에너지, 태양열 에너지 등 태양 에너지는 여름철에 고온 건조한 에스파냐처럼 일조 시간이 길고 맑은 날이 많은 지역에서 이용하기 유리하다.

10 사진은 세계 최대 규모의 조력 발전소인 우리나라 경기도 안산시에 위치한 시화호 조력 발전소의 모습이다. 조력 에너지는 만조 때와 간조 때의 수위 차를 이용해 전력을 생산해내므로 조석 간만의 차가 큰 해안에서 개발하기 유리하다.

11 지열 에너지는 화산 활동이 활발한 환태평양 조산대에 속하는 뉴질랜드(C)에서 개발하기 유리하다. 뉴질랜드의 북섬에서는 땅속의 열을 이용한 지열 발전을 통해 전력을 생산한다.

12 (가)는 풍력 에너지, (나)는 바이오 에너지를 생산하는 모습이다.

13 환경 문제가 적고, 생물체와 그 부산물을 이용하고, 곡물 가격을 상승시키는 부작용이 있다는 점으로 보아 학생들이 설명하는 것은 바이오 에너지이다.

14 ⑤ 태양광 에너지의 개발에 따른 부작용은 발전 단지 조성 시 삼림이 파괴된다는 것이다.

학교 시험에 잘 나오는 서술형 문제

1 (1) 나이지리아, 콩고 민주 공화국, 시에라리온 등
(2) **예시답안** 자원이 풍부해도 자원에 대한 인식과 자본이 부족하고 기술 수준이 낮은 나라의 경우 자원을 둘러싼 내전이 발생하거나 빈부 격차가 심화되면서 주민들의 생활이 어려워지기도 한다.

구분	채점 기준
상	자원에 대한 인식 부족, 낮은 기술 수준 등의 경우를 들어 정확히 서술한 경우
하	단순히 자원을 둘러싼 내전 발생, 빈부 격차 등만 서술한 경우

2 **예시답안** (가) 조력 발전은 조석 간만의 차가 큰 서해안 지역에서 유리하며, (나) 태양광 발전은 일사량이 풍부한 호남과 영남 북부 지방에서 유리하다.

구분	채점 기준
상	(가)는 조석 간만의 차가 큰 지역, (나)는 일사량이 풍부한 지역에서 유리하다고 정확히 서술한 경우
하	(가), (나) 중 한 가지만 서술한 경우

3 **예시답안** 바이오 에너지 개발의 부작용은 곡물 가격 상승으로 인하여 개발 도상국에서 식량 부족 문제가 발생한다는 것, 생산 과정에서 토양 및 수질 오염이 나타난다는 것 등이 있다.

구분	채점 기준
상	바이오 에너지 개발의 부작용을 두 가지 모두 정확히 서술한 경우
하	바이오 에너지 개발의 부작용을 한 가지만 서술한 경우

쑥쑥 마무리 문제

140~143쪽

01 ⑤	02 ③	03 ①	04 ③	05 ①	06 ②	07 ②	08 ④
09 ①	10 ④	11 ②	12 ⑤	13 ②	14 ①	15 ③	16 ①
17 ⑤	18 ④	19 ②	20 ②	21 ①	22 ②		

01 자원은 인간 생활에 유용하게 이용되는 모든 것으로 현재 기술로 개발이 가능해야 할 뿐만 아니라 경제적으로도 이용 가치가 있어야 한다.

02 모든 자연물에서 현재 기술적으로 개발할 수 있는 기술적 의미의 자원이 있고 그 안에 경제적으로 이용할 가치가 있는 경제적 의미의 자원이 포함된다.

03 좁은 의미의 자원은 천연자원만을 가리킨다. 천연자원에는 밀, 쌀 등의 식량 자원과 석탄, 석유 등의 에너지 자원 그리고 광물 자원 등이 있다.

04 고르게 분포하지 않고 일부 지역에 집중되어 분포하는 자원의 특성은 편재성이다.

05 A는 석유이다. ① 석유는 넓은 지역에 고르게 분포하지 않고 서남아시아 등 일부 지역에 집중되어 분포한다.

06 현재 세계에서 소비량이 가장 많은 에너지 자원은 석유이다. 인구 증가와 경제 발전으로 에너지 자원의 소비량이 증가하고 있다. 석유, 석탄, 천연가스 등의 화석 연료는 재생 불가능한 자원으로 고갈될 수 있다. 2015년에는 석유, 석탄, 천연가스, 수력, 원자력 순으로 소비량이 많았다.

07 물 자원은 연 강수량이 많은 적도 지방에서 풍부하지만 연 강수량이 적은 사막 지역과 그 주변 지역에서는 부족하다. 쌀은 고온 다습한 아시아 지역에서 주로 생산되는 식량 자원이다.

08 A 자원은 밀이다. 밀은 서늘하고 건조한 지역에서도 잘 자라 세계적으로 널리 재배되고 있다. 또한 소비 지역도 널리 분포하여 국제 이동량이 많다.

09 ① 자원이 지구상에 고르게 분포하지 않고 특정 지역에 치우쳐 있어(자원의 편재성) 자원을 둘러싼 경쟁과 갈등이 일어나는 것이다.

10 러시아, 캐나다, 미국, 노르웨이, 덴마크가 원유 매장지 영유권을 주장하고 있는 지역은 북극해(D)이다. A는 기니만, B는 카스피해, C는 아부 무사섬, E는 오리노코강으로 모두 석유를 둘러싼 분쟁이 일어난 지역들이다.

11 이집트와 수단은 1959년 체결한 나일 협약에 따라 나일강의 물을 거의 독점하고 있다. 이로 인해 하천 이용이 어려워진 케냐, 에티오피아 등이 댐 건설을 추진하면서 갈등이 발생하였다.

12 빠른 인구 증가에 따른 식량 수요 증가, 에너지용 곡물 수요 증가, 사료용 곡물 수요 증가와 농작물 생산량 감소로 인해 곡물 가격이 상승한다면 비싼 가격에 곡물을 수입하기 어려운 국가에서는 식량 부족 문제가 발생한다.

13 ② 나이지리아, 시에라리온은 풍부한 자원을 가졌지만 자원 개발로 인해 어려움에 처한 국가들이다.

14 ㄷ은 노르웨이에 대한 설명이다. ㄹ. 나이지리아는 석유와 천연가스가 풍부하지만 자원 개발로 빈부 격차가 심화되고 환경 문제가 발생하였다.

15 지도에 표시된 국가는 나이지리아와 콩고 민주 공화국이다. 두 나라 모두 자원 개발로 환경이 오염되고 빈부 격차가 심해지며 어려움을 겪고 있다.

16 ① ㉠ 자원을 지속 가능하게 사용하기 위해서는 재생이 불가능한 자원인 화석 연료의 사용량을 점차 줄여나가고 신·재생 에너지로 대체해야 한다.

17 ⑤ 신·재생 에너지는 저장이나 수송이 어렵다. 신·재생 에너지는 고갈되지 않으며, 환경 문제가 적고, 지구상에 고르게 분포한다는 장점이 있다. 그러나 개발 초기에 많은 비용이 발생하고, 자연환경의 영향을 크게 받는 문제점도 있다.

18 ㈎는 태양광 에너지, ㈏는 지열 에너지를 나타낸다. 태양광 에너지는 일사량이 많은 지역에서 개발하기 유리하고, 지열 에너지는 일본, 뉴질랜드, 아이슬란드 등 화산 활동이 활발한 지역에서 개발하기 유리하다.

19 ② ㉠은 조력 발전으로, 조석 간만의 차가 큰 해안 지역에 입지하기 유리하다. 우리나라 서해안은 조석 간만의 차가 커서 조력 에너지를 개발하기 유리한 자연환경을 갖추었다.

20 유량이 풍부하고 낙차가 큰 하천에서 개발하기 유리한 신·재생 에너지는 수력 에너지이다.

21 A는 태양광 에너지이다. 태양광 에너지는 호남 지방과 영남 북부 지방처럼 일사량이 많은 지역에서 개발하기 유리하다.

22 바이오 에너지 개발의 부작용으로는 곡물 가격 상승으로 인한 식량 부족 문제를 초래하는 점과 원료 작물의 생산 과정에서 토양 및 수질 오염이 발생하는 점 등이 있다.

100점 도전! 실전 문제

4~9쪽

01 ①	**02** ②	**03** ⑤	**04** ④	**05** ④	**06** ④	**07** ②	**08** ⑤
09 ⑤	**10** ⑤	**11** ②	**12** ③	**13** ⑤	**14** ③	**15** ①	**16** 백야
17 ⑤	**18** ③	**19** ④	**20** ④	**21** ③	**22** ③	**23** ②	**24** ⑤
25 ④	**26** ③	**27** ⑤	**28** ①	**29** ②			

01 우리가 사는 지구의 표면은 약 30%가 육지, 약 70%가 바다로 이루어져 있다. 육지는 크게 유럽, 아시아, 아프리카, 오세아니아, 북아메리카, 남아메리카, 남극 대륙으로 구분할 수 있으며, 바다는 태평양, 인도양, 대서양의 3대양과 북극해, 남극해 등으로 구분할 수 있다.

02 지도에는 산과 산맥, 강과 호수, 사막, 평야, 바다 등의 지형을 비롯하여 기후, 식생과 같은 자연환경 정보와 인구, 도시, 산업, 교통, 문화 등의 인문 환경 정보가 표현된다.

03 지도는 지표면의 여러 가지 지리적 현상을 약속된 기호로써 평면에 나타낸 그림으로 실제 공간을 일정한 비율로 줄여서 나타낸다. 지도는 축척, 방위, 기호, 등고선 등을 이용하여 표현한다. 이 중 방위는 지도에서 방향을 나타내는 것으로 방위 표시가 없을 경우 지도의 위쪽이 북쪽이다.

04 지구의 육지는 크게 유럽, 아시아, 아프리카, 오세아니아, 북아메리카, 남아메리카, 남극 대륙으로 구분할 수 있다. 바다는 태평양, 인도양, 대서양의 3대양과 북극해, 남극해, 지중해 등으로 구분할 수 있으며, 이 중 가장 넓은 바다는 태평양이다.

05 제시된 지도는 라틴 아메리카의 지형과 기후를 나타낸 것이다. 라틴 아메리카는 서쪽에 안데스산맥과 같이 높은 산맥이 자리잡고 있다. 안데스산맥은 해발 고도가 높아 고산 도시들이 많이 분포하며, 도시가 위치한 이 지역은 연중 온화한 고산 기후가 나타난다.

06 ㈎는 좁은 지역을 자세하게 표현한 대축척 지도이고 ㈏는 넓은 지역을 간략하게 표현한 소축척 지도이다. 동네에서 길을 묻는 사람에게 도로나 집의 위치를 설명할 때에는 대축척 지도가 더 유용하다.

07 A는 북극과 남극으로부터 같은 거리에 있는 지점들을 이은 선 중에서 위도 0°에 해당하는 선으로 적도라고 부른다. B는 같은 경도를 연결한 세로선으로 경선이라고 하며, C는 경도 0°에 해당하는 선으로 본초 자오선이라고 부른다.

08 경도는 지구상에 그려진 가상의 세로선으로 본초 자오선을 기준으로 동경 180°에서 서경 180°까지 나타낸다. 필리핀의 경도는 동경 122° 정도로 우리나라와 비슷한 위치에 있다.

09 오스트레일리아는 남반구에 위치한 국가로 남위 10°~40°, 동경 110°~150°에 위치한다. 양질의 양모가 생산되는 국가로 유명하다.

10 영국은 본초 자오선(경도 0°선)이 지나는 국가이고 뉴질랜드는 태평양에 위치한 섬나라이다. 이집트는 북위 20°~32°, 동경 24°~37° 사이에 위치하고 있고, 브라질은 남아메리카에 위치하며 대서양에 접하고 있다. ⑤ 인도는 북반구에 위치한 나라로 인도양에 접하고 있다.

11 공간 범위가 좁은 지역의 위치를 표현할 때에는 주소를 이용하거나 대표적인 장소, 건물 등 랜드마크를 활용하여 설명할 수 있다.

12 지구는 둥글기 때문에 지역에 따라 햇볕을 받는 양에 차이가 있다. 햇볕이 수직으로 닿는 적도 부근은 기온이 높고, 햇볕이 가장 비스듬히 닿는 극지방은 기온이 낮다. 대체로 저위도에서 고위도 지역으로 갈수록 기온이 낮아진다.

13 A는 고위도 지역, B는 중위도 지역, C는 저위도 지역이다. 저위도 지역은 햇볕이 수직으로 닿아 기온이 높고, 고위도 지역은 햇볕이 비스듬히 닿아 기온이 낮다.

14 지구는 자전축이 23.5° 기울어진 채로 태양 주위를 공전하기 때문에 지역에 따라 계절의 변화가 뚜렷하게 나타난다. 그림은 북반구 중위도와 태양과의 거리가 가까워지는 시기(6~8월)로 북반구(A)가 여름, 남반구(B)가 겨울이 된다.

15 지구는 자전축이 23.5° 기울어진 채로 태양 주위를 공전하기 때문에 세계 여러 지역은 계절에 따라 태양의 고도와 낮의 길이가 변하고 중위도 지역은 계절의 변화가 뚜렷하게 나타난다. ㄷ. 시차가 발생하는 것은 지구의 자전 현상과 관련이 있고, ㄹ. 적도 지방에서 극지방으로 갈수록 연평균 기온이 낮아지는 것은 지구가 둥글기 때문에 지역에 따라 햇볕을 받는 양에 차이가 나기 때문이다.

16 극지방은 여름철에 해가 지지 않고 밤에도 어두워지지 않는 백야 현상이 발생한다. 반대로 겨울철에는 해가 뜨지 않고 낮에도 어둠이 지속되는 극야 현상이 발생한다.

17 ⑤ 지구는 자전축이 23.5° 기울어진 채로 태양 주위를 공전하기 때문에 계절의 변화가 나타난다.

18 준비물이 털모자, 귀마개, 간이 손난로, 목도리 등인 것을 통해 비상이는 여름 방학에 계절이 겨울인 나라로 여행을 가는 것을 알 수 있다. 우리나라가 여름일 때 겨울인 지역은 남반구 중위도에 위치한 뉴질랜드(C)이다.

19 남반구와 북반구는 계절이 달라 생활 모습에서도 차이가 난다. ㄴ. 북반구는 햇볕이 잘 들도록 주로 남향집을 선호하지만 남반구에서는 북향집을 선호한다. ㄹ. 적도에서 멀어질수록 기온이 낮아지기 때문에 남반구는 남쪽으로 갈수록, 북반구는 북쪽으로 갈수록 대체로 기온이 낮아진다.

20 날짜 변경선은 동경 180°선과 서경 180°선이 만나는 선으로 날짜 변경선의 서쪽에서 동쪽으로 이동하면 하루가 늦어지고 동쪽에서 서쪽으로 이동하면 하루가 빨라진다.

21 지도에 제시된 도시 중 표준시가 가장 빠른 도시는 시드니이다. 시드니는 동경 150°선을 표준시 경선으로 사용하기 때문에 우리나라 서울보다 1시간이 더 빠르다.

22 본초 자오선은 경도 0°선을 말하며 1884년 영국 그리니치 천문대를 지나는 경선을 본초 자오선으로 정하였다. 이를 기준으로 세계 표준시를 설정한다.

23 러시아, 미국, 캐나다, 오스트레일리아 등 국토가 동서로 긴 국가들은 여러 개의 경선이 지나가기 때문에 한 국가 안에서도 시차가 발생하므로 여러 개의 표준시를 사용한다. 하지만 중국은 영토가 넓음에도 불구하고 단일 표준시를 사용한다. 과거에는 여러 개의 표준시를 사용했으나 현재는 베이징을 기준으로 하는 하나의 표준시를 사용한다.

24 이집트의 카이로는 우리나라보다 7시간이 느리다. 따라서 서울이 5월 5일 오전 9시일 때 카이로는 5월 5일 오전 2시가 된다.

25 ㄴ. 최근에는 컴퓨터와 인터넷 등 정보 통신 기술의 발달로 지리 정보를 수집하고 다루는 기술 수준이 높아져 전자 지도, 위성 사진 등과 같은 도구들이 많이 생겨났고 이를 통해 세계 여러 지역의 지리 정보를 쉽게 얻을 수 있게 되었다.

26 (개)는 종이 지도, (내)는 인터넷 전자 지도이다. 종이 지도에 비해 인터넷 전자 지도는 확대와 축소가 자유롭고 거리나 면적 측정이 쉽다. 또한 특정 장소의 위치를 검색하여 찾을 수 있으며, 다양한 형태로 저장하거나 출력이 가능하다는 장점이 있다.

27 제시문에서 설명하는 지리 정보 기술은 위성 위치 확인 시스템(GPS)이다. 인공위성이 지구 상공에서 정해진 궤도를 돌며 보내 주는 신호를 이용하여 세계 어느 곳에서든지 위치를 정확히 알아낼 수 있는 기술이다.

28 지리 정보 시스템(GIS)이란 지리 정보를 컴퓨터에 입력·저장하고 다양한 방법으로 분석·종합하여 사용자에게 제공하는 종합적인 관리 체계로 일상생활과 공공 부문에서 다양하게 활용된다. ① 인공위성을 활용하여 사용자의 위치를 경위도 좌표로 알려 주는 시스템은 위성 위치 확인 시스템(GPS)이다.

29 오늘날 지리 정보 기술은 내비게이션, 교통 안내 서비스, 길찾기 프로그램 등을 통해 생활 속에서 다양한 방식으로 활용된다. ② 인터넷을 통해 신문 기사를 검색하는 것은 지리 정보 기술을 활용했다고 보기 어렵다.

서술형 문제

1 예시답안 우리나라는 아시아 대륙 동쪽에 있으며 태평양에 접해 있다. 경위도 좌표로는 동경 124°~132°, 북위 33°~43°에 위치한다.

구분	채점 기준
상	제시된 조건을 모두 충족시켜 정확히 서술한 경우
하	제시된 조건 중 한 가지만 충족시켜 서술한 경우

2 (1) 오스트레일리아

(2) 예시답안 남반구에 위치한 오스트레일리아는 북반구의 주요 국가들과 밀 수확 시기가 달라 국제 시장에서 비교적 높은 가격에 밀을 수출할 수 있다.

구분	채점 기준
상	밀의 수확 시기가 북반구와 다른 점, 이로 인해 높은 가격으로 밀을 수출할 수 있다는 점을 모두 서술한 경우
하	밀의 수확 시기가 다르다고만 서술한 경우

정답과 해설

Ⅱ 우리와 다른 기후, 다른 생활

100점 도전! 실전 문제 12~17쪽

01 ③	02 ④	03 ②	04 ④	05 ⑤	06 ④	07 ③	08 ①
09 ②	10 ③	11 ④	12 ⑤	13 ④	14 ⑤	15 ③	16 ②
17 ③	18 ④	19 ②	20 ①	21 ⑤	22 ⑤	23 ③	24 ④
25 ⑤	26 ③	27 ④	28 ②	29 ⑤	30 ⑤	31 ②	32 ④

01 짧은 시간 동안 나타나는 대기의 상태를 날씨라고 하는 반면, 여러 해 동안 한 지역에 일정하게 나타나는 대기 상태를 기후라고 한다. ③은 날씨에 해당한다.

02 ㄱ. 대륙은 해양보다 연교차가 크다. ㄷ. 세계의 기온 분포는 위도에 따라 달라지고 연평균 기온은 적도에서 고위도로 갈수록 낮아진다.

03 A는 일 년 내내 기온이 높고 강수량이 풍부한 열대 기후, B는 가장 따뜻한 달의 평균 기온이 10℃ 미만인 한대 기후에 해당한다.

04 A는 열대 기후, B는 건조 기후, C는 온대 기후, D는 냉대 기후, E는 한대 기후 지역이다.

05 A 지역은 열대 기후 지역으로 일 년 내내 기온이 높고 가장 추운 달의 평균 기온이 18℃ 이상이다. 남아메리카의 아마존강 부근과 같이 열대 기후 중 강수량이 많은 곳에는 밀림이 형성된다.

06 B 지역은 건조 기후 지역이다. 건조 기후 지역은 연 강수량이 500㎜ 미만으로 매우 건조하여 사막이 발달하거나 사막 주변에 스텝이 분포한다. 강수량이 부족하므로 관개 수로를 설치하여 각종 용수를 확보한다.

07 적도 부근의 고산 지대는 해발 고도가 높기 때문에 연중 온화한 기후가 나타난다.

08 ㄷ. 최근 적도 주변이나 극지방도 개발로 인해 사람들이 모여들고 있다. ㄹ. 과거에 비해 오늘날 자연환경이 인간 거주에 미치는 영향은 줄어들고 있다.

09 ② 열대 우림 기후는 많은 비에 흙 속의 양분이 녹아 빠져나가 농사짓기에 불리하다.

10 열대 우림 지역은 비가 많이 내려 다양한 종류의 나무와 풀이 우거져 밀림을 이룬다.

11 열대 우림 기후는 덥고 습하기 때문에 바람이 잘 통하도록 집의 벽을 얇게 하고 문과 창문을 크게 낸다. 또한 음식이 쉽게 상하지 않도록 기름이나 향신료를 많이 사용한다.

12 열대 우림 지역은 비가 많이 내려 다양한 종류의 나무와 풀이 우거져 밀림을 형성한다.

13 열대 우림 지역에서는 전통적으로 이동식 화전 농업이 행해졌고, 과거 유럽의 식민지였던 영향으로 플랜테이션이 발달하였다. ④ 툰드라 기후 지역에 대한 설명이다.

14 그림은 열대 우림 지역의 전통적 농업 방식인 이동식 화전 농업을 나타낸다.

15 열대 우림 기후 지역은 토양이 척박하기 때문에 숲에 불을 지른 후 농작물을 재배하고 지력이 떨어지면 다른 곳으로 이동하여 농사를 짓는다.

16 ㉡ 백야 현상, 극야 현상이 나타나는 곳은 극지방이다.

17 A는 우리나라 서울의 기후 그래프로 온대 계절풍 기후에 속한다. 반면 B는 영국 런던의 기후 그래프로 서안 해양성 기후에 해당한다.

18 B는 기온의 연교차가 작고 계절별 강수량이 고른 것으로 볼 때 서안 해양성 기후에 해당한다.

19 우리나라는 계절풍의 영향을 많이 받는다. 겨울철에는 북서 계절풍의 영향으로 한랭 건조하고, 여름철에는 남동·남서 계절풍이 불어와 고온 다습하다. ② 온대 계절풍 기후는 여름철에는 주로 해양에서 바람이 불어오고 겨울철에는 대륙에서 바람이 불어온다.

20 지도에 표시된 지역은 지중해성 기후 지역이다. 지중해성 기후는 여름철 고온 건조하고 겨울철 온난 다습한 특징이 나타난다.

21 지중해성 기후 지역에서는 고온 건조한 여름철에 포도, 올리브, 오렌지 등의 작물을 기르는 수목 농업이 발달하였다.

22 그림에 제시된 농업은 서부 유럽에서 발달한 혼합 농업이다. 일 년 내내 강수량이 고르고 겨울철 기온이 온화하여 목초지 조성에 알맞아 곡물 재배와 가축 사육을 동시에 하는 혼합 농업이 발달하게 되었다.

23 사진은 그리스 산토리니섬의 가옥 모습으로 햇볕의 흡수를 줄이기 위해 건물의 벽을 흰색으로 칠했다. 또한 가옥의 벽이 두껍고 창문이 작은데, 이는 외부의 열기가 집 안으로 들어오는 것을 차단하기 위함이다.

24 건조 지역은 풀조차 자라기 힘든 사막 기후와 짧은 풀이 자라 초원을 이루는 스텝 기후로 구분한다. 사막은 모래로만 이루어진 곳보다 자갈 및 바위로 이루어진 암석 사막이 훨씬 더 많다.

25 기후 그래프의 연 강수량이 250㎜ 미만인 것으로 볼 때 사막 기후에 해당한다. 사막 기후 지역에서는 모래바람과 뜨거운 햇볕으로부터 몸을 보호하기 위해 헐렁한 옷으로 온몸을 감싼다.

26 사막이 주로 발달하는 지역은 남·북회귀선 부근, 바다로부터 멀리 떨어져 수증기의 공급이 적은 대륙 내부, 대기가 안정되어 공기가 상승하기 어려운 한류가 흐르는 해안 지역 등이다.

27 A 지역은 사막 기후 지역, B 지역은 스텝 기후 지역이다. 스텝 지역은 사막을 둘러싼 지역에 분포하며, 우기에 짧은 풀이 자라면서 초원을 이룬다.

28 스텝 지역에서는 전통적으로 유목 생활이 이루어졌고, 최근 관개 시설을 확충하여 대규모로 소를 방목하거나 밀을 재배하기도 한다.

29 가장 따뜻한 달의 평균 기온이 10℃ 미만이고 짧은 여름 기간 동안 기온이 0℃ 이상으로 올라가는 것으로 볼 때 한대 기후 중 하나인 툰드라 기후이다.

30 A 지역은 툰드라 기후 지역이다. 툰드라 기후는 가장 따뜻한 달의 평균 기온이 10℃ 미만으로 기온이 너무 낮아 나무가 자라기 어렵다. 2~3개월의 짧은 여름 동안 기온이 0℃ 이상 올라가고 이때 땅이 녹으며 풀과 이끼류가 자란다.

31 툰드라 지역에서는 기온이 너무 낮아 농사지을 수 없기 때문에 주민들은 순록을 유목하거나 물고기, 바다표범 등을 사냥하며 살아간다. 또한 이 지역 사람들은 지방과 비타민 섭취를 위해 직접 잡은 날고기와 날생선을 먹는다.

32 ④ 자원 개발, 도시 개발, 도로 건설, 농경지나 방목지 조성을 목적으로 한 삼림 벌채가 이루어지는 지역은 열대 우림 지역이다.

서술형 문제

1 (1) 건조 기후 지역
(2) **예시답안** 건조 기후 지역에서는 물의 증발로 인한 손실을 막기 위해 지하에 수로를 설치하여 산기슭의 물을 마을과 농경지까지 끌어와서 생활용수나 농업용수로 사용한다.

구분	채점 기준
상	물의 증발로 인한 손실을 막기 위해 지하에 수로를 설치한다는 점, 마을과 농경지까지 물을 끌어와 농업용수나 생활용수로 사용한다는 점을 정확히 서술한 경우
하	마을과 농경지로 물을 끌어와 농업 및 생활 용수로 활용한다는 점을 서술한 경우

2 (1) 고상 가옥
(2) **예시답안** 열대 우림 지역에서는 바닥으로부터 올라오는 열기 및 습기를 차단하고 해충의 피해를 막기 위해, 툰드라 지역에서는 여름철에 지표면이 녹아 건물이 붕괴되는 것을 막기 위해 고상 가옥을 짓는다.

구분	채점 기준
상	열대 우림 지역과 툰드라 지역의 고상 가옥 발달 이유를 모두 정확히 서술한 경우
하	열대 우림 지역과 툰드라 지역의 고상 가옥 발달 이유 중 한 가지만 옳게 서술한 경우

100점 도전! 실전 문제

01 ③	**02** ②	**03** ②	**04** ③	**05** ①	**06** ②	**07** ③	**08** ①
09 ③	**10** ⑤	**11** ④	**12** ④	**13** ①	**14** ④	**15** ①	**16** ①
17 ⑤	**18** ①	**19** ②	**20** ②	**21** 석호	**22** ②	**23** ④	**24** ④
25 ①	**26** ⑤	**27** ③	**28** ①				

01 (가)는 태양 에너지에 의한 대기와 물의 순환과 같은 지구 외부의 힘에 의한 지형 형성 작용이다. 지구 외부의 힘은 높은 땅을 깎고 낮은 땅에 쌓아 지형의 기복을 줄어들게 만든다. 하천, 빙하, 바람 등에 의한 침식·운반·퇴적·풍화 작용이 이에 해당한다.

02 히말라야산맥, 안데스산맥 등 세계적인 대산맥은 지각판이 충돌하는 곳에서 압력을 받아 솟아오르는 습곡 작용에 의해 형성되었으며, 높고 험준하지만 경관이 뛰어나 매력적인 지형 관광지가 된다.

03 (가)는 신생대에 형성된 해발 고도가 높고 험준한 신기 습곡 산지이고, (나)는 형성 시기가 오래되어 많은 침식을 받아 신기 습곡 산지에 비해 해발 고도가 낮고 경사가 완만한 고기 습곡 산지이다.

04 지도의 A는 히말라야산맥이다. 히말라야산맥은 지각판이 충돌하는 과정에서 땅이 솟아 올라 형성된 습곡 산지이다.

05 지도에 표시된 (가) 지역은 강원도의 대관령 일대이다. 대관령 일대는 해발 고도가 높아 여름철이 서늘하여 이러한 기후를 이용해 무와 배추를 재배하는 고랭지 농업이 이루어진다.

06 (가)는 알프스 산지에 위치한 융프라우 스키장(스위스), (나)는 히말라야 산지의 셰르파(네팔)이다. (다)와 (라)는 안데스 산지에 위치한 마추픽추(페루)와 코토팍시산(에콰도르)이다. 지도의 A는 스위스, B는 네팔, C는 에콰도르, D는 페루이다.

07 네팔 동부 히말라야 산지의 주민들은 전통적으로 양과 야크를 방목하며 생활하였으나, 최근 히말라야산맥을 찾는 관광객들이 증가하면서 관광업이 발달하여 등반객들의 산악 안내자이자 짐꾼인 셰르파가 증가하고 있다. 지도의 A는 알프스산맥, B는 우랄산맥, C는 히말라야산맥, D는 로키산맥, E는 안데스산맥이다.

08 만은 파랑 에너지가 분산되는 곳으로 사빈, 석호, 갯벌 등의 퇴적 지형이 주로 발달한다.

09 (가)는 노르웨이의 송네 피오르이다. 피오르는 빙하의 침식에 의해 형성된 깊은 골짜기에 바닷물이 들어와 형성되었기 때문에 만의 양쪽에 깎아지른 절벽이 나타나는 것이 특징이다. 또 수심이 깊어 육지 깊숙한 곳까지 큰 배가 운항하는 모습도 볼 수 있다.

10 오스트레일리아는 남북으로 열대 기후부터 온대 기후가 나타나는 국가로, 북부 해안에서는 맹그로브 숲과 산호초 해안(그레이트배리어리프)을 볼 수 있으며, 남동부의 그레이트 오션

로드에서는 깎아지른 해안 절벽과 12사도 바위라고 불리는 시 스택을 볼 수 있다.

11 그림은 곶에서 시 스택이 형성되는 과정을 나타낸 것이다. 곶은 바다로 돌출된 육지로 파랑의 침식 작용이 활발해 해식애, 해식 동굴, 시 아치, 시 스택 등의 암석 해안이 발달한다.

12 사진은 프랑스의 에트르타 해안으로 파도에 의해 깎이고 남은 바위의 모습이 코끼리를 닮아 유명한 곳이기도 하다.

13 관광 산업이 발달하면 서비스업에 종사하는 사람들이 늘어나며, 해안 지형이 파괴되고 생태계가 오염되면서 어업과 양식업에 종사하는 사람들은 생활 터전이 감소할 수 있다.

14 A는 스칸디나비아반도의 노르웨이 동부 해안 지역으로 피오르 해안을 볼 수 있으며, B는 에스파냐에서 리아스 해안을 볼 수 있는 지역이다. 피오르 해안과 리아스 해안은 해안선이 복잡하다는 공통점이 있으나, 빙하의 침식과 하천의 침식으로 형성된 골짜기에 바닷물이 들어와 형성된 만이라는 차이점이 있다.

15 갯벌에 대한 설명이다. 갯벌은 조류의 퇴적 작용에 의해 형성되는 지형으로 다양한 해양 생물의 서식지이자 생태 관광의 체험장으로 활용되기도 한다.

16 1일차 여행지는 피오르 해안, 2일차는 알프스 산지, 3일차는 리아스 해안이다. 피오르 해안은 빙하의 침식으로 형성된 지형으로 스칸디나비아반도와 같은 고위도 지역에서 주로 나타난다. 리아스 해안은 본래 에스파냐의 리아스라는 지역의 복잡한 해안선을 보고 붙여진 이름이다.

17 자료는 화강암 산지가 형성되는 과정을 나타낸 것이다. 설악산은 땅속 깊은 곳에서 마그마가 굳어져 형성된 화강암이 오랜 침식을 받아 지표로 드러나 돌산을 이룬다. ① 강릉 경포호는 석호, ② 태백 구문소는 카르스트 지형, ③ 철원 용암 대지와 ④ 제주 거문오름은 화산 지형이다.

18 ㈎는 돌산인 북한산, ㈏는 흙산인 지리산이다. 돌산은 과거 땅속 깊은 곳에서 형성된 화강암이 오랜 침식으로 지표에 드러나 산 정상부가 바위로 이루어져 있으며, 흙산은 산 전체가 토양으로 두껍게 덮여 있고 나무와 풀이 우거져 있다.

19 ㈎는 돌산인 북한산, ㈏는 흙산인 지리산이다. 지도의 A는 북한산, B는 울릉도, C는 지리산, D는 한라산이다. 울릉도와 한라산은 화산 활동에 의해 형성되었다.

20 우리나라의 서·남해안은 해안선이 복잡하며 수심이 얕고 조차가 커서 넓은 갯벌이 나타난다.

21 동해안에서는 모래 해안을 따라 바다와 마주보고 있는 석호를 볼 수 있다.

22 사진은 갯벌에서 조개를 캐는 모습니다. 우리나라 서해안은 하천이 운반해 온 모래와 진흙이 바닷가에 쌓여 갯벌이 넓게 발달하였다. 또한 수심이 얕고 해안선이 복잡하여 간척 사업에 유리하다.

23 제시된 그림은 카르스트 지형의 형성 과정을 나타낸 것이다. ⑤ 카르스트 지형은 우리나라 강원도 남부와 충청북도 북동부 일대에서 볼 수 있다.

24 제시된 사진은 충청북도 단양의 고수 동굴과 도담삼봉으로, 석회암이 용식되는 과정에서 만들어진 카르스트 지형이다.

25 ㈎는 한라산, ㈏는 주상 절리이다. 한라산은 현무암질 용암이 분출하여 만들어진 화산체이고, 주상 절리는 현무암이 냉각·수축하는 과정에서 다각형의 기둥 모양으로 굳어지면서 만들어진 지형으로 모두 화산 활동에 의해 형성되었다.

26 우리나라의 화산 지형은 제주도, 울릉도, 독도 등에서 나타나는데 한라산과 같은 경사가 완만한 화산체와 주상 절리가 분포하는 지역은 제주도(E)이다.

27 강원도 남부와 충청북도 북동부, 경상북도 북부 지역에 분포하는 ㈎ 동굴은 석회동굴, 제주도에 분포하는 ㈏ 동굴은 용암동굴이다. 용암동굴은 용암의 식는 속도의 차이로 형성되며 지표면 아래가 용암이 흘러나간 자리이기 때문에 천장이 둥글고 종유석, 석순, 석주 등의 동굴 생성물은 나타나지 않는다.

28 A는 군산 앞바다로 넓은 갯벌이 분포하여 세계적인 규모의 간척 사업이 추진된 지역이고, B는 수많은 섬이 아름다운 경관을 이루어 해상 국립 공원으로 지정된 곳이며, C는 우리나라의 대표적인 화산섬인 제주도이다. ① 화구호는 제주도 한라산에서 볼 수 있다.

서술형 문제

1 (1) A – 우랄산맥, B – 히말라야산맥, C – 그레이트디바이딩산맥, D – 로키산맥, E – 안데스산맥

(2) **예시답안** 신기 습곡 산지에 해당하는 산맥은 B, D, E이고, 고기 습곡 산지에 속하는 산맥은 A와 C이다. 신기 습곡 산지는 형성 시기가 오래되지 않아 아 높고 험준한 반면, 고기 습곡 산지는 오랫동안 침식을 받아 신기 습곡 산지에 비해 고도가 낮고 경사가 완만한다.

구분	채점 기준
상	신기 습곡 산지와 고기 습곡 산지를 정확히 구분하고 각각의 특징을 서술한 경우
하	신기 습곡 산지와 고기 습곡 산지로만 구분한 경우

2 (1) 석회암의 용식 작용

(2) **예시답안** 석회동굴을 관광지로 개발하여 이용하며, 물이 잘 빠지는 토양의 특성상 밭농사가 주로 이루어진다.

구분	채점 기준
상	카르스트 지형이 발달한 지역의 생활 모습 두 가지를 정확하게 서술한 경우
하	카르스트 지형이 발달한 지역의 생활 모습을 한 가지만 서술한 경우

Ⅳ 다양한 세계, 다양한 문화

100점 도전! 실전 문제

28~33쪽

01 ⑤	02 ①	03 ④	04 ②	05 ④	06 ④	07 ②	08 ①
09 ②	10 ①	11 ③	12 ②	13 ④	14 ①	15 ④	16 ②
17 ⑤	18 ⑤	19 ①	20 ③	21 ④	22 ⑤	23 ②	24 ①
25 ③	26 ②	27 ②	28 ②				

01 ⑫ 문화 지역은 고정된 것이 아니라 구분 기준에 따라 달라질 수 있다. 어떤 문화 요소를 기준으로 구분하는지에 따라 하나의 지역이 서로 다른 문화 지역으로 나뉘기도 하고 여러 지역이 하나의 문화 지역에 포함되기도 한다.

02 A는 이탈리아, B는 모로코이다. 지중해의 북쪽에 있는 이탈리아는 유럽 문화 지역에 속하고, 북아프리카 지역에 있는 모로코는 건조 문화 지역에 속하며 주민들이 대부분 유목 생활을 한다.

03 A는 유럽 문화 지역, B는 건조 문화 지역, C는 인도 문화 지역, D는 동아시아 문화 지역, E는 오세아니아 문화 지역, F는 앵글로아메리카 문화 지역, G는 라틴 아메리카 문화 지역이다.

04 ② 건조 문화 지역의 주민들은 대부분 이슬람교를 믿으며, 건조 기후에 적응한 유목과 오아시스 농업이 발달한다.

05 한자와 젓가락, 유교, 불교 문화를 공유하는 지역은 우리나라, 중국, 일본 등으로 동아시아 문화 지역에 속한다.

06 ④ 덥고 건조한 사막에서는 강한 햇볕과 모래바람을 막기 위해 온몸을 감싸는 길고 헐렁한 옷을 입는다.

07 지역의 전통적 의복 문화는 기본적으로 기후에 적응하기 위한 형태로 발달하는데, 여기에 종교적 계율이나 신분제 등의 인문환경 차이가 더해져 다양한 의복 문화가 나타나게 된다.

08 제시된 기후 그래프는 기온이 높고 강수량이 극도로 적은 것으로 보아 적도 주변의 사막 지역이다. 사막 지역에서는 주변에서 구하기 쉬운 진흙으로 지은 집이 일반적이며, 비가 거의 오지 않기 때문에 지붕을 평평하게 만든다.

09 지도에 표시된 지역은 인도 남부에서 동남아시아, 동아시아에 이르는 벼농사 지대로 쌀을 주식으로 한다.

10 그림은 각각 한대 기후 지역과 건조 지역의 경관을 보여주고 있다. 기온이 매우 낮은 한대 기후 지역에서는 추위로부터 몸을 보호하기 위해 두꺼운 옷을 입으며, 건조 지역에서는 강한 햇볕과 모래바람을 막기 위해 온몸을 감싸는 긴 옷을 입는다.

11 세계에서 종교별 인구가 가장 많은 A는 크리스트교이고, B는 이슬람교, C는 힌두교, D는 불교이다. 이중 힌두교는 특정 민족이 특정 지역에서 믿는 민족 종교이다.

12 할랄 식품은 이슬람 계율이 허락하는 것으로 계율에 따라 도살된 가축과 곡식, 우유 등 다양한 식품을 포함한다.

13 유럽과 아메리카에서 주로 믿는 A는 크리스트교, 서남아시아와 북부 아프리카에서 주로 믿는 B는 이슬람교, 인도차이나반도와 동아시아 지역에서 믿는 C는 불교, 인도에서 주로 믿는 D는 힌두교이고, E는 토속 신앙을 비롯한 기타 종교이다.

14 (가)는 크리스트교 성당, (나)는 이슬람 사원인 모스크, (다)는 불교의 불탑이다.

15 문화가 다른 지역에 전파되는 과정에서 그 지역의 자연환경이나 인문환경의 특성에 맞게 변형되는 것을 문화 변용이라고 한다.

16 ㄴ. 이탈리아는 빵을 주로 먹기 때문에 기존 햄버거의 형태가 크게 변화하지 않는다. ㄹ. 서남아시아는 이슬람교의 영향으로 돼지고기를 먹지 않는다.

17 ㉠은 문화의 획일화, ㉡은 기존 문화를 지역 특성에 맞게 변형한 문화 융합과 관계 깊은 사례이다.

18 유럽 문화는 아메리카 대륙과 오세아니아로 전해져 오세아니아 문화 지역, 앵글로아메리카 문화 지역, 라틴 아메리카 문화 지역에 영향을 주었다.

19 A는 문화 공존, B는 문화 동화, C는 문화 융합 등 기존의 문화가 변화하는 현상을 나타내는데 이를 문화 변용이라고 한다.

20 탱고와 삼바는 유럽의 문화에 아프리카계 흑인의 음악과 율동이 합쳐져 만들어진 새로운 춤으로 위 그림의 C에 해당한다.

21 가톨릭교의 성모상은 흰옷에 하얀 베일을 쓴 백인이 주를 이루지만 멕시코의 과달루페 성모상과 같이 라틴 아메리카 여러 지역에서는 현지 문화를 반영하여 다양한 인종과 복장으로 표현되기도 한다.

22 서로 다른 문화가 만나는 것을 문화 접촉이라 하고 문화 접촉에 의해 문화 전파가 일어난다. 필리핀에서 고유 언어와 영어를 함께 사용하는 것은 문화 공존의 사례이다.

23 독일어, 프랑스어, 이탈리아어, 로만슈어를 사용하며, 네 가지 언어가 모두 공용어로 지정된 것으로 볼 때 스위스이다.

24 A는 인도차이나반도 끝에 위치한 싱가포르이다. 싱가포르는 해상 교통의 중심지로 일찍부터 무역항으로 성장하여 다양한 문화가 유입되었기 때문에 다양한 민족, 언어, 종교를 가진 사람들이 함께 살고 있다.

25 이스라엘 사람들이 믿는 유대교와 팔레스타인 사람들이 믿는 이슬람교 간의 갈등이 나타나는 지역이다.

26 캐나다의 퀘벡주는 프랑스의 식민 지배를 받았던 지역으로 여전히 많은 사람들이 프랑스 전통문화를 유지하며 살고 있다.

27 네덜란드어를 사용하는 북부와 프랑스어를 사용하는 남부 사이에 갈등이 첨예한 나라는 벨기에이다.

28 유네스코의 세계 문화 다양성 선언은 문화의 세계화로 인해 나타나는 문화의 획일화를 경계하고 문화의 다양성을 지켜야 한다는 취지에서 발표되었다.

시험대비 문제집

정답과 해설 **27**

서술형 문제

1 **예시답안** (가)는 기후가 건조한 스텝 지역의 이동식 가옥이고, (나)는 한대 지역 주민들이 사냥을 나갔을 때 거처하는 얼음집이다. 이 두 지역은 모두 농사를 짓기에는 기후 조건이 불리하여 유목이 이루어지고 있다.

구분	채점 기준
상	(가), (나)의 기후와 산업을 모두 정확히 서술한 경우
중	(가), (나)의 기후와 산업 중 한 가지만 정확히 서술한 경우
하	(가), (나)의 기후 중 한 쪽만 정확히 서술한 경우

2 (1) 한국, 중국, 일본
(2) **예시답안** 유교와 불교가 발달하였으며, 한자와 젓가락을 사용한다. 또한 벼농사가 발달하였다.

구분	채점 기준
상	유교와 불교 발달, 한자와 젓가락 사용, 벼농사 발달 등을 모두 정확하게 서술한 경우
중	동아시아 문화 지역의 문화적 공통점을 두 가지 서술한 경우
하	동아시아 문화 지역의 문화적 공통점을 한 가지만 서술한 경우

Ⅴ 지구 곳곳에서 일어나는 자연재해

01 ④	02 ②	03 ②	04 ⑤	05 ⑤	06 ⑤	07 ③	08 ⑤
09 ①	10 ①	11 ⑤	12 ⑤	13 ①	14 ①	15 ③	16 ⑤
17 ④	18 ④	19 ①	20 ④	21 ④	22 ③	23 ④	24 ①
25 ⑤	26 ③	27 ⑤	28 ④	29 ②	30 ①	31 ⑤	32 ⑤
33 ⑤							

01 자연재해는 인간과 인간 활동에 피해를 주는 자연 현상을 말한다. 대표적으로 홍수나 태풍에 의한 풍수해, 가뭄, 폭설, 해일 등이 있다.

02 제시문은 지각 변동에 의한 자연재해에 대한 설명으로, 지진과 화산 활동 등이 해당된다.

03 ② 표시된 지역은 알프스·히말라야 조산대와 환태평양 조산대로 지각판의 경계 부근에 위치하여 지각이 불안정한 곳이다.

04 A는 알프스산맥과 히말라야산맥을 잇는 알프스·히말라야 조산대이고, B는 태평양 가장자리를 따라 필리핀, 뉴질랜드로 이어지는 환태평양 조산대이다.

05 A, B 지역에서는 지진이나 화산 활동이 자주 발생한다. ㄷ은 지진, ㄹ은 화산 활동에 해당된다.

06 ⑤ 사진이 나타내는 자연재해는 지진 해일로, 발생 지점으로부터 수천 ㎞ 떨어진 곳까지 영향을 준다.

07 ㄴ은 지진 해일에 해당되고, ㄷ은 지진에 해당된다.

08 ⑤ 지진 해일에 대한 설명이다.

09 사헬 지대, 인도 서부, 대륙의 내륙 지역에 분포하는 점으로 보아 A에 들어갈 자연재해는 가뭄이다.

10 가뭄은 진행 속도가 느리지만 피해 지역이 넓고 장기간에 걸쳐 악화된다. ㄷ과 ㄹ은 홍수에 대한 설명이다.

11 제시된 것들은 지역에 따라 다른 이름으로 불리는 열대 저기압이다. 열대 저기압은 적도 부근에서 형성되어 중위도 지역으로 이동하며, 차가운 해수면 위를 이동하면서 세력이 점점 약해진다.

12 사진이 나타내는 자연재해는 폭설이다. 폭설은 겨울철 습한 공기가 많이 유입되는 곳에서 발생한다.

13 표시된 지역들은 아이슬란드, 일본, 뉴질랜드로 지각판의 경계 부근에 위치하여 화산 활동이 활발하다. 이 지역들에서는 땅속의 열을 이용하여 지열 발전을 하기 유리하다.

14 제시된 국가는 모두 환태평양 조산대에 해당하는 곳으로 지각 변동에 의한 자연재해가 자주 발생한다. 독특한 화산 지형을 이용한 관광 산업이 발달한 곳들도 있다.

15 ③ 화산 활동이 활발한 지역에서는 땅속의 열을 이용한 지열 발전소가 입지하기 유리하다.

16 사진이 나타내는 자연재해는 홍수이다. 홍수의 부정적인 영향은 저지대의 가옥과 도로, 농경지가 물에 잠긴다는 것이다.

17 제시문이 나타내는 자연재해는 홍수이다. 홍수는 토양에 영양분을 공급하여 땅을 비옥하게 만들기도 한다.

18 A 지역은 사하라 사막 남쪽의 사헬 지대이다. 이곳은 오랜 가뭄으로 토양이 황폐해져 농작물을 기르기 어려워졌다.

19 ㉠에 들어갈 자연재해는 열대 저기압이다. ㄷ은 지진, ㄹ은 가뭄의 영향이다.

20 사진이 나타내는 자연재해는 열대 저기압이다. 열대 저기압은 강한 바람으로 시설물을 파괴하는 등 부정적인 영향을 준다.

21 열대 저기압이 주는 긍정적인 영향에는 가뭄 해소, 지구의 열 균형 유지, 적조 현상 완화 등이 있다.

22 제시문은 폭설이 주민 생활에 주는 긍정적인 영향을 나타낸 것이다. 폭설이 자주 발생하는 지역에서는 눈을 이용한 관광 산업이 발달한다.

23 ④ 폭설은 가옥이나 건축물을 붕괴시키고 도로 교통과 항공 교통을 마비시킨다. 겨울철에 습한 공기가 많이 유입되는 지역에서 많이 발생한다.

24 지진, 가뭄, 화산 활동은 넓은 지역에 피해를 준다는 공통점이 있다.

25 ⑤ 지표의 녹지 면적이 감소하면 빗물이 하천으로 곧장 유입되고 하천이 금방 범람하여 홍수 피해가 발생한다.

26 홍수 피해를 줄이기 위해서는 하천 주변에 습지를 조성하여 빗물이 하천에 유입되는 속도를 최대한 늦춰야 하며, 상습 침수 지역에는 도로와 건물 건설을 금지하는 대신 녹지를 조성해야 한다.

27 무분별한 도시 개발로 포장된 지표의 면적이 증가하고, 하천 직선화로 유속이 빨라지면 홍수 피해가 증가할 수 있다.

28 사하라 사막의 주변인 A 지역에서는 초원이 사막처럼 변해 토양이 황폐해지는 사막화 현상이 일어나고 있다.

29 사막화 피해는 지구 온난화에 따른 오랜 가뭄이 주요 원인이지만 최근 인구 증가로 과도한 목축 및 농경지 개발이 이루어지면서 심각해지고 있다.

30 인구가 증가하면서 삼림을 파괴하고 농경지를 개척하며 가축을 과다하게 방목하여 황폐해진 땅에 지구 온난화로 인한 가뭄이 가세하면서 사막화 현상이 발생한다.

31 기사가 나타내는 자연재해는 지진이다. ⑤는 열대 저기압의 피해를 줄이기 위한 노력이다.

32 ⑤ 아스팔트로 포장된 지표의 면적을 늘리면 빗물이 토양에 흡수되는 비율이 줄어들어 하천에 유입되는 속도가 빨라지면서 홍수 피해가 더욱 심각해진다.

33 ⑤ 화산 활동의 대응 방안이다. 열대 저기압에 대한 대응 방안으로는 열대 저기압의 이동 경로 예측, 시설물 관리 등이 있다.

서술형 문제

1 **예시답안** 알프스·히말라야 조산대와 환태평양 조산대는 지각판의 경계 부근에 위치한다. 이곳은 지각판이 움직이면서 서로 충돌하거나 분리되는 등 지각이 불안정하기 때문에 지진과 화산 활동이 자주 발생한다.

구분	채점 기준
상	해당 지역의 위치와 지진, 화산 활동의 발생 원리의 관계를 논리적으로 서술한 경우
하	해당 지역들이 지각판의 경계 부근에 위치한다는 점만 서술한 경우

2 **예시답안** 화산 폭발로 화산재가 쌓여 만들어진 화산회토는 매우 비옥하여 농사를 짓기에 유리하다. 또한 화산 활동이 활발한 지역에서는 온천을 이용한 관광 산업이 발달한다.

구분	채점 기준
상	화산 활동이 주민 생활에 미치는 영향을 두 가지 이상 정확하게 서술한 경우
하	화산 활동이 주민 생활에 미치는 영향을 한 가지만 서술한 경우

3 **예시답안** 사진이 나타내는 자연재해는 열대 저기압이다. 열대 저기압에 대응하기 위해서는 이동 경로를 예측하여 주민들을 미리 대피 시키고, 풍수해를 대비하여 시설물을 미리 관리해야 한다.

구분	채점 기준
상	열대 저기압의 대응 방안을 두 가지 이상 정확하게 서술한 경우
하	열대 저기압의 대응 방안을 한 가지만 서술한 경우

Ⅵ 자원을 둘러싼 경쟁과 갈등

100점 도전 실전 문제

01 ④	02 ⑤	03 ①	04 ②	05 ③	06 ④	07 ②	08 ②
09 ⑤	10 ④	11 ①	12 ⑤	13 ②	14 ⑤	15 ②	16 ④
17 ④	18 ③	19 ②					

01 ④ 전통, 사회 제도, 예술은 넓은 의미의 자원인 문화적 자원에 포함된다. 좁은 의미의 자원은 천연자원을 의미한다.

02 ⑤ 과학 기술이 발달하면 자원의 가치는 변화할 수 있다. 대표적으로 셰일 오일 추출 기술이 발달하면서 최근 셰일 오일의 가치가 각광받게 된 것이 있다.

03 ㉠은 석유, ㉡은 석탄이다. 석유는 서남아시아의 페르시아만 지역 등에 편재하여 우리나라나 일본은 수입에 의존한다. 석탄은 주로 제철 공업이나 화력 발전에 많이 쓰이는 에너지 자원이다.

04 페르시아만 지역의 유전 지대에서 출발하여 세계 각지로 이동하는 것으로 보아 A는 석유이다.

05 ③ 석유는 운송 수단의 연료 등으로 많이 쓰인다. 제철 공업에서 철광석을 녹일 때 주로 사용되는 에너지 자원은 석탄이다.

06 A는 밀이다. 밀은 쌀보다 국제 이동량이 많고 서늘하거나 건조한 지역에서도 잘 자란다. 소비 지역이 널리 분포하여 국제 이동량이 많다.

07 제시문에서 설명하는 지역은 카스피해(B)이다. 지도의 A는 기니만, C는 아부 무사섬, D는 북극해, E는 오리노코강 유역이다.

08 제시된 지도의 D는 북극해이다. 석유와 천연가스가 풍부하게 매장되어 있는 북극해를 둘러싸고 주변국 간 갈등이 발생하고 있다.

09 아시아의 여러 국가를 거쳐 흐르는 국제 하천이며, 중국의 댐 건설로 주변 국가와 물 자원을 둘러싸고 갈등이 발생한 하천은 메콩강(E)이다. A는 나일강, B는 요르단강, C는 티그리스강과 유프라테스강, D는 인더스강이다.

10 제시된 내용은 북해의 유전 개발로 경제가 성장한 북유럽의 자원 강국 노르웨이에 관한 설명이다.

11 ① 사우디아라비아에서는 최근 유목민 수가 감소하고 있다. 과거 이 지역의 주민들은 전통적으로 유목 생활을 했지만 최근 자원 개발과 도시화로 유목민의 수가 줄어들고 있다.

12 나이지리아, 시에라리온, 콩고 민주 공화국은 자원은 풍부하지만 자본과 기술이 부족하다. 또한 자원 개발로 인해 빈부 격차가 심화되었다.

13 ② 자원이 풍부하다고 해서 반드시 경제가 풍요로운 것은 아니다. 나이지리아, 시에라리온 등은 자원 개발로 인해 주민들이 어려움을 겪고 있다.

14 ⑤ 자원을 지속 가능하게 사용하기 위해서는 화석 연료를 신·재생 에너지로 대체하기 위해 노력해야 한다.

15 신·재생 에너지는 주로 재생 가능한 자원을 이용하여 고갈 걱정이 없다. 그러나 자연환경의 영향을 크게 받고 저장이나 수송이 어렵다는 단점이 있다.

16 ㉠는 풍력 에너지로, ④가 덴마크의 풍력 발전 모습이다. ①은 수력 발전, ②는 조력 발전, ③은 지열 발전, ⑤는 태양광 발전을 나타내는 사진이다.

17 A는 조력이다. 조력 발전 시설을 입지시킬 때에는 조석 간만의 차가 큰 해안인지를 반드시 고려해야 한다.

18 수력 발전은 댐 건설로 상류에 수몰 지구가 발생하고, 상류와 하류의 생태계 순환이 단절되면서 하천 오염 및 생태계 변화를 초래한다는 부작용이 있다. ㄹ. 양쯔강은 국제 하천이 아니므로 하천 이용을 둘러싼 국가 간 분쟁이 발생하지는 않는다.

19 제시문은 바이오 에너지에 대한 설명이다. ② 바이오 에너지는 환경 오염 물질과 온실가스 배출이 적은 에너지원이다.

서술형 문제

1 **예시답안** 오늘날 쌀은 고온 다습한 아시아의 계절풍 지역에서 주로 생산된다. 쌀은 생산지에서 대부분 소비되기 때문에 밀보다 국제 이동량이 적다. 반면, 밀은 소비 지역이 널리 분포하여 국제 이동량이 많다.

구분	채점 기준
상	쌀의 생산지 분포와 주요 소비지를 언급하여 서술한 경우
하	생산지에서 대부분 소비된다는 점만 서술한 경우

2 **예시답안** 석유가 중요한 에너지 자원이 되면서 경제가 성장했다. 석유 수출로 얻은 수익으로 도로, 항만, 공항 등 사회 기반 시설을 확충하고 교육 및 의료에 투자하여 국민의 생활 수준을 높였다.

구분	채점 기준
상	석유를 개발한 점과 석유 수출로 인한 수익을 이용한 방법에 대해 서술한 경우
하	석유 자원을 개발한 점만 서술한 경우

3 (1) 조력 에너지

(2) **예시답안** 조력 발전은 방조제를 건설하면서 갯벌 등의 해안 생태계를 파괴할 수 있고, 어획량을 감소시킬 수 있다.

구분	채점 기준
상	조력 발전의 부작용을 두 가지 이상 정확하게 서술한 경우
하	조력 발전의 부작용을 한 가지만 서술한 경우

VISANG 수학 시리즈와 함께라면

야, 너두
수학 할수 있어

기초	교과서 개념 잡기	교과서 개념을 꼼꼼하게 기초 문제로 쉽고, 빠르게 공부하고 싶다면!	하 90% / 중 10%
연산	개념+연산	연산 문제 중심으로 기본기를 확실하게 다지고 싶다면!	하 80% / 중 20%
기본	개념+유형 라이트	선행 학습을 하거나 기초부터 탄탄히 하고 싶다면!	하 60% / 중 40%
실력	개념+유형 파워	다양한 문제 유형을 익혀 내신 만점에 도전하고 싶다면!	하 20% / 상 10% / 중 70%
응용	개념+유형 탑	상 수준의 문제들로 문제 해결력을 높이고 싶다면!	중 40% / 최상 10% / 상 50%
유형	만렙	출제율 높은 다양한 유형의 문제를 풀고 싶다면!	하 10% / 상 20% / 중 70%
최상위	최고득점 수학	다양한 심화 문제로 최상위권으로 도약하고 싶다면!	중 35% / 최상 15% / 상 50%
	내공의 힘	단기간에 내신을 완벽하게 대비하고 싶다면!	하 20% / 상 10% / 중 70%
시험 대비	수학만 기출문제집	적중률 높은 문제로 시험을 완벽하게 대비하고 싶다면!	하 10% / 상 10% / 중 80%

한·끝·시·리·즈 필수 개념과 시험 대비를 한 권으로 끝! 사회 공부의 진리입니다.

대표전화 1544-0554
주소 서울특별시 구로구 디지털로33길 48 대륭포스트타워 7차 20층
협의 없는 무단 복제는 법으로 금지되어 있습니다.

비상 누리집에서 더 많은 정보를 확인해 보세요.
http://book.visang.com/

15개정 교육과정

한끝

시험 대비 문제집

중등사회

1·1

ABOVE IMAGINATION

우리는 남다른 상상과 혁신으로
교육 문화의 새로운 전형을 만들어
모든 이의 행복한 경험과 성장에 기여한다

한끝

시험 대비 문제집

중등 **사회 ①-1**

I 내가 사는 세계

01 다양한 지도 읽기

01 다양한 지도 읽기

●● 세계를 바라보는 창, 지도

1. 지구의 모습

육지	❶□□, 아시아 아프리카, 오세아니아, 북아메리카, 남아메리카, 남극 대륙
바다	❷□□□, 인도양, 대서양, 남극해, 북극해, 지중해

⬆ 주요 대륙과 해양의 위치

2. 지도의 원리

(1) ❸□□: 지표면의 여러 가지 지리적 현상을 약속된 기호로써 평면에 나타낸 그림으로 실제 공간을 일정한 비율로 줄여서 표현함

(2) 지도의 구성 요소

❹□□	실제 거리를 지도 상에 줄여서 나타낸 비율
방위	동서남북 방향 표시, 방위 표시가 없으면 지도의 위쪽이 ❺□□임
기호	지표면에 나타나는 여러 가지 현상을 지도에 간단히 표현하는 약속
등고선	❻□□ □□가 같은 지점을 연결한 선, 등고선 간격이 넓으면 경사가 완만하고 간격이 좁으면 경사가 급함

●● 다양한 정보를 담은 지도

축척에 따른 분류	대축척 지도	좁은 지역을 자세하게 표현
	소축척 지도	넓은 지역을 간략하게 표현
사용 목적에 따른 분류	일반도	지형, 토지 이용, 행정 경계 등 지표면에 분포하는 일반적인 사항들을 종합적으로 표현
	❼□□□	특별한 목적에 따라 필요한 내용만 상세하게 표현

02 위치와 인간 생활

●● 공간 규모에 따른 위치 표현

1. 큰 규모의 위치 표현

(1) 대륙과 해양 활용: 국가의 위치는 대륙과 해양, 주변에 있는 국가를 이용하여 나타낼 수 있음 예 우리나라는 아시아 대륙 동쪽에 위치하며, 태평양에 접하고 있다.

(2) 위도와 경도 활용

위도	• ❽□□(위도 0°)를 기준으로 북위(N)와 남위(S) 각각 90°까지 표현 • 같은 위도를 연결한 가로선을 위선이라고 함
경도	• ❾□□ □□□(경도 0°)을 기준으로 동경(E)과 서경(W) 각각 180°까지 표현 • 같은 경도를 연결한 세로선을 경선이라고 함

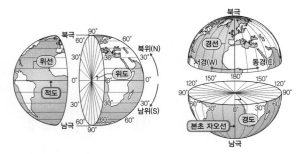

⬆ 위도와 경도

2. 작은 규모의 위치 표현

(1) 주소: 행정구역을 근거로 위치를 나타낸 것으로 국가마다 정해진 체계대로 표현, 우리나라는 ❿□□□ □□ 체계가 시행되고 있음

(2) ⓫□□□□: 지역의 대표적인 장소나 건물 등을 활용하여 위치를 표현

●● 위도와 인간 생활

1. 위도에 따른 기온 차이

(1) 발생 원인: 지구가 둥글기 때문에 지역에 따라 햇볕을 받는 양에 차이가 발생

(2) 위도와 기온 분포: 의식주 및 생활 양식, 산업 등 생활 모습에 영향

저위도	햇볕이 수직으로 닿아 기온이 높음, 적도 부근
중위도	비교적 온화한 기후가 나타남
고위도	햇볕이 비스듬히 닿아 기온이 낮음, 극지방

2. 위도에 따른 계절 차이

(1) **발생 원인**: 지구의 자전축이 23.5° 기울어진 채 ⑫☐☐ 하기 때문

(2) **지역별 계절 차이**

① ⑬☐☐☐ 지역: 사계절의 변화가 나타남

| 6~8월 | 북반구는 여름, 남반구는 겨울 |
| 12~2월 | 북반구는 겨울, 남반구는 여름 |

② 적도 부근 저위도 지역: 일 년 내내 기온이 높음

③ 극지방: 일 년 내내 기온이 낮음, ⑭☐☐와 극야 현상

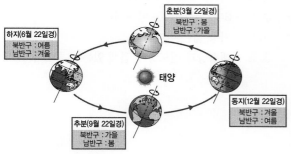

춘분(3월 22일경)
북반구 : 봄
남반구 : 가을

하지(6월 22일경)
북반구 : 여름
남반구 : 겨울

태양

동지(12월 22일경)
북반구 : 겨울
남반구 : 여름

추분(9월 22일경)
북반구 : 가을
남반구 : 봄

▲ 지구의 공전과 계절 변화

3. 계절 차이에 따른 인간 생활

가옥	북반구는 ⑮☐☐☐, 남반구는 북향집을 선호함
농업	남반구와 북반구는 농작물의 수확 시기가 달라 농산물의 국제 교역이 활발함
관광	남반구와 북반구의 계절 차이를 이용하여 관광 산업이 발달함

●● 경도와 인간 생활

1. 경도에 따른 시간 차이

(1) **시차 발생 원인**: 지구가 하루에 한 바퀴씩 서쪽에서 동쪽으로 ⑯☐☐하기 때문 → 경도 15°마다 1시간의 차이 발생

---

(2) **표준시와 날짜 변경선**

| 표준시 | ⑰☐☐ ☐☐☐을 기준으로 동쪽으로 갈수록 빨라지고 서쪽으로 갈수록 늦어짐 |
| ⑱☐☐☐☐ | 동경 180°와 서경 180°가 만나는 선으로, 이 선을 기준으로 24시간의 시차 발생 |

2. 시간 차이와 인간 생활

(1) **시차가 생활에 미치는 영향**: 여행, 지역 간 교류, 국제 무역 등 인간 생활에 큰 영향을 미침

(2) **시차를 활용한 협력**: 시차가 큰 두 지역에서 인터넷을 이용해 24시간 업무가 가능 예 미국 실리콘밸리와 인도 소프트웨어 업체의 협업

03 지리 정보와 지리 정보 기술

●● 지리 정보 기술의 발달과 활용

1. 지리 정보 기술

원격 탐사	인공위성이나 항공기를 통해 멀리 떨어진 곳의 정보를 수집
⑲☐☐☐ 시스템	지리 정보를 컴퓨터에 입력·저장하고 다양한 방법으로 분석·종합하여 사용자에게 제공하는 종합적 관리 체계
⑳☐☐☐☐ 시스템	인공위성을 활용하여 사용자의 위치를 경위도 좌표로 알려주는 시스템

2. 지리 정보 기술의 활용

| 일상생활 | 내비게이션이나 스마트폰을 통한 위치 검색 및 길찾기, 버스 도착 알림 시스템 등 |
| 공공 부문 | 도시 계획 수립, 각종 시설의 입지 선정, 재해·환경·교통 관리 등 |

〔 정답 확인하기 〕

❶ 유럽	❷ 태평양	❸ 지도	❹ 축척
❺ 북쪽	❻ 해발 고도	❼ 주제도	❽ 적도
❾ 본초 자오선	❿ 도로명 주소	⑪ 랜드마크	⑫ 공전
⑬ 중위도	⑭ 백야	⑮ 남향집	⑯ 자전
⑰ 본초 자오선	⑱ 날짜 변경선	⑲ 지리 정보	⑳ 위성 위치 확인

〔 스스로 점검하기 〕

맞은 개수	이렇게 해봐
10개 이하	본책으로 돌아가 복습해봐!
11 ~ 15개	틀린 문제의 답을 다시 확인하고 100점 도전 실전 문제를 풀도록 해!
16 ~ 20개	자신감을 가지고 100점 도전 실전 문제를 풀어봐. 학교 시험 100점 도전!

실전 문제

01 다양한 지도 읽기

01 대륙과 해양의 분포에 대한 설명으로 옳지 **않은** 것은?

① 북극해, 남극해, 태평양을 3대양이라고 한다.

② 남반구보다 북반구에 육지가 더 많이 분포한다.

③ 바다의 전체 면적이 육지의 전체 면적보다 넓다.

④ 유럽과 아시아 대륙을 합쳐서 유라시아라고 부르기도 한다.

⑤ 대륙과 해양의 분포를 이용하여 국가의 위치를 표현하기도 한다.

02 ㉠, ㉡에 해당하는 지리 정보를 옳게 연결한 것은?

> 지도에는 세계를 이해하는 데 도움을 주는 다양한 지리 정보가 담겨 있다. 따라서 지도를 보면 어떤 지역에 직접 가지 않고도 그 지역의 ㉠ 자연환경과 ㉡ 인문 환경의 특성을 파악할 수 있다.

	㉠	㉡		㉠	㉡
①	지형	기후	②	기후	인구
③	인구	문화	④	문화	지형
⑤	인구	기후			

잘 나와!

03 지도에 대한 설명으로 옳은 것만을 〈보기〉에서 있는 대로 고른 것은?

┤보기├

ㄱ. 방위 표시가 없을 때는 지도의 아래쪽이 북쪽이다.

ㄴ. 축척은 실제 거리를 지도 상에 줄여서 나타낸 비율이다.

ㄷ. 땅의 높낮이는 등고선이나 색깔을 이용하여 나타낼 수 있다.

ㄹ. 기호는 지표의 여러 현상을 지도 상에 간략하게 나타내는 약속이다.

① ㄱ, ㄴ ② ㄴ, ㄷ ③ ㄷ, ㄹ

④ ㄱ, ㄴ, ㄷ ⑤ ㄴ, ㄷ, ㄹ

04 지도의 A~E에 대한 설명으로 옳은 것은?

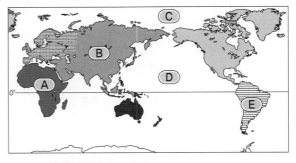

① A - 가장 넓은 대륙이다.

② B - 미국, 캐나다가 속해 있다.

③ C - 3대양에 속하는 바다이다.

④ D - 가장 넓은 바다이다.

⑤ E - 태평양과 인도양에 접해 있는 대륙이다.

100점이 코앞!

05 ⑷, ⑷ 지도를 통해 알 수 있는 내용으로 옳지 **않은** 것은?

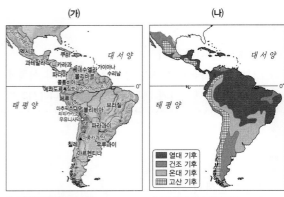

↑ 라틴 아메리카의 지형   ↑ 라틴 아메리카의 기후

① 높은 산맥은 주로 태평양 연안에 분포한다.

② 아마존강 주변은 대체로 열대 기후가 나타난다.

③ 라틴 아메리카는 태평양과 대서양을 접하고 있다.

④ 고산 기후가 나타나는 지역은 해발 고도가 낮은 편이다.

⑤ ⑷와 ⑷ 지도는 모두 자연환경 정보를 담고 있다.

06 (가), (나) 지도에 대한 설명으로 옳은 것을 〈보기〉에서 고른 것은?

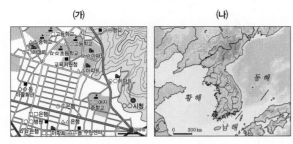

| 보기 |

ㄱ. (가)는 소축척 지도, (나)는 대축척 지도이다.

ㄴ. (가) 지도는 (나) 지도에 비해 좁은 지역을 자세하게 나타낸 지도이다.

ㄷ. (나) 지도는 (가) 지도보다 건물의 위치와 도로망 등이 잘 표현되어 있다.

ㄹ. 동네에서 길을 묻는 사람에게 위치를 설명할 때는 (가) 지도가 (나) 지도보다 더 유용하다.

① ㄱ, ㄴ   ② ㄱ, ㄷ   ③ ㄴ, ㄷ

④ ㄴ, ㄹ   ⑤ ㄷ, ㄹ

[08~10] 지도를 보고 물음에 답하시오.

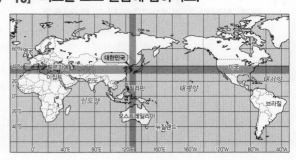

08 우리나라와 경도가 가장 비슷한 위치에 있는 국가를 위 지도에서 고른 것은?

① 영국   ② 인도   ③ 이집트

④ 브라질   ⑤ 필리핀

09 다음 설명에 해당하는 국가를 위 지도에서 고른 것은?

남위 10°~40°, 동경 110°~150°에 위치한 국가로, 이곳에서 생산되는 양모는 세계적으로 품질이 좋기로 유명하다.

① 인도   ② 튀르키예   ③ 이집트

④ 브라질   ⑤ 오스트레일리아

---

02 위치와 인간 생활

07 그림의 A~C에 해당하는 것을 옳게 짝지은 것은?

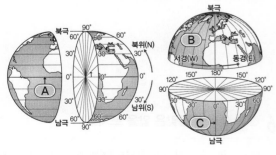

	A	B	C
①	적도	위선	날짜 변경선
②	적도	경선	본초 자오선
③	경선	적도	날짜 변경선
④	경선	위선	본초 자오선
⑤	위선	날짜 변경선	본초 자오선

잘나와!

10 위 지도에 표시된 국가의 위치에 대한 설명으로 옳지 **않은** 것은?

① 영국은 경도 0°선이 지나간다.

② 뉴질랜드는 태평양에 위치한 섬나라이다.

③ 이집트는 북위 20°~32°, 동경 24°~37° 사이에 위치한다.

④ 브라질은 남아메리카에 위치하며 대서양에 접하고 있다.

⑤ 인도는 남반구 중위도에 위치하며 인도양에 접하고 있다.

11 다음과 같은 상황에서 두리가 위치를 설명하는 방법으로 적절한 것을 〈보기〉에서 고른 것은?

> • 하나: 두리야. 이번에 너희 집에서 모둠 과제 하기로 했지?
> • 두리: 응. 이번 주 토요일 오후 2시에 우리집에서 모이기로 했어.
> • 하나: 너희 집이 어디였지? 새로 이사 간 집 위치를 정확히 모르겠어.

> ┤보기├
> ㄱ. 도로명 주소를 이용하여 설명한다.
> ㄴ. 경도와 위도의 좌표를 이용하여 설명한다.
> ㄷ. 대륙과 해양의 분포를 이용하여 설명한다.
> ㄹ. 약도를 그린 후 랜드마크를 이용하여 설명한다.

① ㄱ, ㄴ   ② ㄱ, ㄹ   ③ ㄴ, ㄷ
④ ㄴ, ㄹ   ⑤ ㄷ, ㄹ

 잘 나와!

12 위도에 따른 기온 차이에 대한 설명으로 옳지 <u>않은</u> 것은?

① 적도 부근은 햇볕이 수직으로 닿아 기온이 높다.
② 극지방은 햇볕이 가장 비스듬히 닿아 기온이 낮다.
③ 대체로 저위도에서 고위도로 갈수록 기온이 높아진다.
④ 지구가 둥글기 때문에 지역에 따라 햇볕을 받는 양에 차이가 있다.
⑤ 위도에 따라 기온 차이가 발생하며 이는 생활 양식에 영향을 미친다.

13 A~C 지역을 연평균 기온이 높은 순서대로 옳게 나열한 것은?

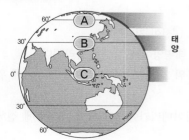

① A〉B〉C   ② A〉C〉B   ③ B〉A〉C
④ C〉A〉B   ⑤ C〉B〉A

[14~15] 그림을 보고 물음에 답하시오.

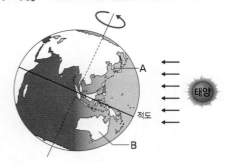

14 위 그림과 같이 지구와 태양의 모습이 나타났을 때, A와 B 지역의 계절을 옳게 짝지은 것은?

	A	B		A	B
①	봄	가을	②	여름	봄
③	여름	겨울	④	겨울	여름
⑤	겨울	가을			

15 위 그림과 같이 지구의 자전축이 기울어져 있기 때문에 나타나는 현상을 〈보기〉에서 고른 것은?

> ┤보기├
> ㄱ. 중위도 지역은 사계절 변화가 나타난다.
> ㄴ. 계절에 따라 낮과 밤의 길이가 달라진다.
> ㄷ. 경도가 다른 지역 사이에서 시차가 발생한다.
> ㄹ. 적도 부근에서 극지방으로 갈수록 연평균 기온이 낮아진다.

① ㄱ, ㄴ   ② ㄱ, ㄷ   ③ ㄴ, ㄷ
④ ㄴ, ㄹ   ⑤ ㄷ, ㄹ

16 ㉠에 들어갈 알맞은 말을 쓰시오.

> (㉠) 현상이란 고위도 지방에서 여름철에 해가 지지 않고 밤이 되도 어두워지지 않는 현상을 말한다. 이 현상은 지구의 자전축이 23.5° 기울어져 있기 때문에 나타나는 현상으로, 북극이나 남극 지방은 여름철에 태양 쪽으로 기운 상태가 되기 때문에 계속 낮이 지속되는 것이다.

17 계절에 대한 설명으로 옳지 <u>않은</u> 것은?

① 중위도 지역은 사계절의 변화가 나타난다.
② 북반구와 남반구의 중위도 지역은 계절이 서로 반대로 나타난다.
③ 극지방은 일 년 내내 기온이 낮은 편으로 계절의 변화가 뚜렷하지 않다.
④ 적도 주변은 일 년 내내 기온이 높은 편으로 계절의 변화가 뚜렷하지 않다.
⑤ 지구의 자전축이 23.5° 기울어져 자전하기 때문에 계절의 변화가 나타난다.

18 다음은 여름 방학에 해외여행을 떠나는 비상이의 준비물이다. 이를 통해 알 수 있는 목적지를 지도에서 고른 것은?

> • 털모자   • 귀마개   • 간이 손난로   • 목도리

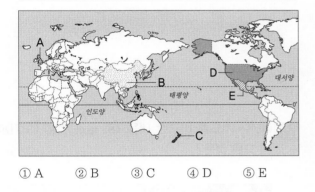

① A   ② B   ③ C   ④ D   ⑤ E

잘 나와!

19 남반구와 북반구의 모습을 비교한 내용으로 옳은 것을 〈보기〉에서 고른 것은?

┤ 보기 ├
ㄱ. 6~8월은 북반구가 여름, 남반구가 겨울이 된다.
ㄴ. 북반구는 북향집을, 남반구는 남향집을 선호한다.
ㄷ. 남반구에 위치한 오스트레일리아는 한여름에 크리스마스와 관련된 행사를 한다.
ㄹ. 남반구는 대체로 남쪽으로 갈수록 기온이 높아지고 북반구는 대체로 북쪽으로 갈수록 기온이 높아진다.

① ㄱ, ㄴ   ② ㄱ, ㄷ   ③ ㄴ, ㄷ
④ ㄴ, ㄹ   ⑤ ㄷ, ㄹ

[20~21] 지도를 보고 물음에 답하시오.

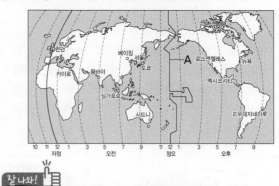

잘 나와!

20 위 지도의 A 선에 대한 설명으로 옳지 <u>않은</u> 것은?

① 날짜 변경선이다.
② 본초 자오선과 경도 180° 차이가 난다.
③ 동경 180°와 서경 180°이 만나는 선이다.
④ 미국 서부에서 A선을 지나 우리나라로 오면 하루를 빼야 한다.
⑤ 사람들이 살고 있는 육지나 섬을 피해 설정하여 구불구불한 형태이다.

21 위 지도에서 시간이 가장 빠른 도시는?

① 런던   ② 베이징   ③ 시드니
④ 싱가포르   ⑤ 리우데자네이루

22 밑줄 친 ㉠~㉤ 중 옳지 <u>않은</u> 것은?

> 지구는 ㉠ 하루 동안 서쪽에서 동쪽으로 360° 회전하므로 ㉡ 경도 15°마다 1시간씩 차이가 난다. 세계 여러 국가는 ㉢ 영국의 그리니치 천문대를 지나는 경선인 날짜 변경선을 경도 0°로 설정하고 이를 기준으로 세계 표준시를 정하였다. ㉣ 우리나라는 동경 135°선의 시각을 표준시로 사용하며, ㉤ 영국 런던보다 9시간 빠르다.

① ㉠   ② ㉡   ③ ㉢   ④ ㉣   ⑤ ㉤

23 다음 설명에 해당하는 국가를 지도의 A~E에서 고른 것은?

> 세계에서 국토 면적이 5위 안에 드는 국가로 동부 지역과 서부 지역 간의 경도 차이가 커서 과거에는 여러 개의 시간대를 사용하였다. 하지만 시차로 인한 혼란을 막기 위해 현재는 수도를 기준으로 단일 표준시를 사용하고 있다.

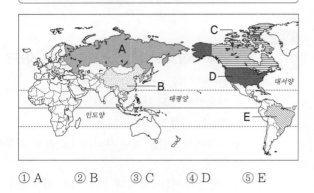

① A   ② B   ③ C   ④ D   ⑤ E

100점이 코 앞!

24 지도를 보고 설명한 내용으로 옳지 않은 것은?

① 서울은 런던보다 9시간이 더 빠르다.
② 시드니는 서울보다 1시간이 더 빠르다.
③ 로스앤젤레스와 뉴욕은 3시간의 시차가 발생한다.
④ 리우데자네이루는 서울과 낮과 밤이 정반대인 도시이다.
⑤ 서울이 5월 5일 오전 9시일 때 카이로는 5월 5일 오후 4시이다.

03 지리 정보와 지리 정보 기술

25 지리 정보에 대한 설명으로 옳은 것만을 〈보기〉에서 있는 대로 고른 것은?

> **보기**
> ㄱ. 우리가 살아가는 공간 및 지역에 관련된 지식과 정보를 말한다.
> ㄴ. 최근 정보 통신 기술의 발달로 지리 정보의 활용도는 낮아지고 있다.
> ㄷ. 원격 탐사 방법을 활용하여 과거에는 접근하지 못했던 지역의 정보를 획득할 수 있게 되었다.
> ㄹ. 도로 표지판, 관광 안내도, 버스나 지하철 노선도 등에서도 위치와 지역에 대한 지리 정보를 파악할 수 있다.

① ㄱ, ㄴ   ② ㄱ, ㄷ   ③ ㄴ, ㄹ
④ ㄱ, ㄷ, ㄹ   ⑤ ㄴ, ㄷ, ㄹ

26 (개), (내) 지도를 비교한 내용으로 옳은 것을 〈보기〉에서 고른 것은?

(개)   (내)

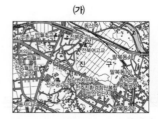 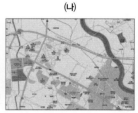

> **보기**
> ㄱ. (개) 지도는 특정 장소의 위치를 검색해서 찾을 수 있다.
> ㄴ. (내) 지도는 다양한 형태로 저장하거나 출력이 가능하다.
> ㄷ. (내) 지도는 (개) 지도에 비해 확대 및 축소가 자유롭다.
> ㄹ. (내) 지도는 (개) 지도에 비해 거리나 면적 측정이 어렵다.

① ㄱ, ㄴ   ② ㄱ, ㄹ   ③ ㄴ, ㄷ
④ ㄴ, ㄹ   ⑤ ㄷ, ㄹ

27 다음에서 설명하는 지리 정보 기술로 옳은 것은?

> 인공위성을 활용하여 사용자의 위치를 경위도 좌표로 알려 주는 기술로, 오늘날 자동차나 선박의 내비게이션이나 항공기의 위치 파악 등 다양한 분야에 이용되고 있다.

① 원격 탐사
② 지리 정보 시스템
③ 인터넷 전자 지도
④ 지능형 교통 체계
⑤ 위성 위치 확인 시스템

28 지리 정보 시스템에 대한 설명으로 옳지 <u>않은</u> 것은?

① 인공위성을 이용하여 위치를 알아내는 기술을 말한다.
② 인터넷 전자 지도, 내비게이션, 지능형 교통 체계 등에 활용된다.
③ 국가나 지방 자치 단체에서 각종 시설의 입지를 선정하는 데 활용되기도 한다.
④ 길 찾기, 교통 안내 서비스, 특정 장소 위치 검색 등 일상생활에서도 활용도가 높다.
⑤ 다양한 자료를 분석하여 사용자의 요구에 따라 결과물을 생산하는 현대적인 기술이다.

잘나와!

29 생활 속에서 지리 정보 기술을 활용한 사례로 가장 거리가 <u>먼</u> 것은?

① 스마트폰으로 약속 장소의 위치를 검색하고 찾아간다.
② 인터넷을 통해 좋아하는 연예인과 관련된 신문 기사를 검색한다.
③ 모르는 길을 운전할 때 내비게이션으로 목적지를 검색하여 찾아간다.
④ 버스 정류장의 버스 도착 알림 서비스를 통해 버스 도착 시간을 확인한다.
⑤ 생활 안전 지도 사이트에서 우리 동네의 재난 정보와 교통사고 정보를 확인하여 안전 사고를 예방한다.

서술형 문제

1 우리나라의 위치를 제시된 조건에 맞추어 서술하시오.

> ┤조건├
> • 대륙과 해양의 분포를 활용하여 설명할 것
> • 우리나라의 경위도 좌표를 제시하여 설명할 것

_____

_____

_____

2 그림은 국가별 밀 수확 시기를 나타낸 것이다. 이를 보고 물음에 답하시오.

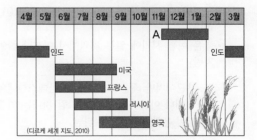

(디르케 세계 지도, 2010)

(1) 다음 설명을 참고하여 A에 해당하는 국가의 명칭을 쓰시오.

> A 국가는 우리나라와 경도가 비슷한 국가로 영토가 가로로 넓어 여러 개의 표준시를 사용하고 있다. A 국가의 수도와 서울의 시차는 1시간이다.

_____

(2) 그림을 보고 A 국가가 가질 수 있는 이점을 서술하시오.

_____

_____

II 우리와 다른 기후, 다른 생활

01 세계 기후 지역

●● 세계의 기후 지역 구분

1. 기후의 의미
- (1) **날씨**: 짧은 시간 동안 나타나는 대기의 상태
- (2) **기후**: 여러 해 동안 한 지역에 일정하게 나타나는 대기 상태 → ❶◻◻, 강수량, 바람 등 기후 요소로 표현

2. 세계의 다양한 기후

열대 기후	• 적도 부근, 가장 추운 달의 평균 기온 18℃ 이상 • 강수량이 많은 곳에는 밀림이 형성됨 ⓓ 아마존 밀림 등
❷◻◻ 기후	• 남·북위 20°~30°일대, 연 강수량 500㎜ 미만으로 매우 적음 • 강수량보다 증발량이 많아 식생이 자라기 어려움
온대 기후	• 가장 추운 달의 평균 기온이 −3~18℃, 중위도 지역 • 사계절의 변화가 비교적 뚜렷함
냉대 기후	• 가장 추운 달의 평균 기온 −3℃ 미만, 가장 따뜻한 달의 평균 기온 10℃ 이상 • 기온의 연교차 크며, ❸◻◻◻라 불리는 침엽수림 분포
한대 기후	• 극지방 부근, 가장 따뜻한 달의 평균 기온 10℃ 미만 • 짧은 여름 시기에 일부 지역에서 이끼나 풀이 자람
고산 기후	적도 부근이지만 해발 고도가 높은 안데스산맥의 고산 지대나 아프리카 동부의 고원 지대는 연중 봄과 같이 온화한 기후가 나타남

●● 인간 거주에 영향을 미치는 다양한 기후

1. 인간 거주에 유리한 기후 조건
- (1) **냉·온대 기후**: 북위 20°~40° 지역에 전체 인구의 절반 정도가 집중됨, 농업 활동에 유리, 상공업과 도시 발달
- (2) **열대 계절풍 기후**: 벼농사에 유리하여 사람들이 밀집
- (3) **열대 ❹◻◻ 기후**: 아프리카 동부의 고원 지대, 남아메리카 안데스산맥의 고산 지대 등으로 도시 발달

2. 인간 거주에 불리한 기후 조건
- (1) **건조 기후**: 연 강수량이 부족하여 농업에 부적합하기 때문에 인구도 적은 편 ⓓ 사막 기후 지역
- (2) **❺◻◻ 기후**: 너무 춥기 때문에 농업 활동을 하기 어려워 인구도 적은 편 ⓓ 빙설 기후 지역

02 열대 우림 지역 생활

●● 열대 우림 지역

1. 열대 우림 기후의 특색
- (1) **열대 우림 기후 특성**: 일 년 내내 기온이 높고 강수량이 많아 매우 덥고 습함, ❻◻◻이 자주 내림
- (2) **분포**: 아프리카 콩고강 유역, 남아메리카의 아마존강 유역, 동남아시아의 인도네시아 등 → 적도 주변

2. 열대 우림 지역의 모습: 다양한 종류의 나무와 풀이 우거져 밀림을 이룸, ❼◻◻은 양분이 적어 척박함

●● 열대 우림 지역 사람들의 생활 모습

1. 열대 우림 지역의 주민 생활
- (1) **의생활**: 가볍고 통풍이 잘되는 간편한 옷차림
- (2) **식생활**: 음식이 쉽게 상하는 것을 방지하기 위해 기름에 튀기거나 ❽◻◻◻를 많이 사용함
- (3) **주생활**: 단순하고 개방적인 가옥 구조, 지붕의 경사가 급함, 고상 가옥과 수상 가옥 발달

2. 열대 우림 지역의 농업
- (1) **이동식 화전 농업**: 전통적인 농업 방식, 많은 비로 흙 속의 양분이 빠져나가 토양이 척박하기 때문에 발달함
- (2) **❾◻◻◻◻◻**: 선진국의 자본과 기술, 원주민의 노동력을 결합하여 천연고무, 카카오, 바나나 등 상품 작물을 대규모로 재배하여 수출

03 온대 지역 생활

●● 온대 기후의 특색

온대 계절풍 기후	• 분포: 유라시아 및 북아메리카 대륙 동안 등 • 특징: 대륙 동안에 위치하여 ❿◻◻◻의 영향을 많이 받음, 기온의 연교차가 매우 큰 대륙성 기후가 나타남
서안 해양성 기후	• 분포: 서부 유럽 및 북부 유럽, 북아메리카의 북서 해안과 칠레 남부 해안, 뉴질랜드 등지 • 특징: ⓫◻◻◻과 난류의 영향으로 기온의 연교차가 작고 계절별 강수량이 고르게 나타남
지중해성 기후	• 분포: 유럽과 북아프리카의 지중해 연안, 미국 캘리포니아 일대, 오스트레일리아 남서부 해안 등 • 특징: 여름에는 덥고 건조한 날씨가 이어지며 겨울에는 온화하고 비교적 많은 비가 내림

●● 온대 지역의 주민 생활과 농업

온대 계절풍 기후	• 추위와 더위에 대비한 시설이 발달함 ⑩ 우리나라의 온돌, 대청 등 • 동부 아시아와 동남아시아에서는 ⑫□□□가 발달함, 북아메리카에서는 밀, 목화 등을 대규모로 재배
서안 해양성 기후	• 흐리고 비 내리는 날이 많아 외출 시 가벼운 겉옷 준비, 맑은 날이면 일광욕을 즐김, 집안에 벽난로를 설치하기도 함 • 가축의 사육과 작물의 재배를 함께 하는 ⑬□□□□ 발달 → 밀, 호밀, 감자 등을 주로 재배 • 대도시 주변 또는 교통이 편리한 곳을 중심으로 원예 농업과 낙농업 등 상업적 농업 발달
지중해성 기후	• 외부의 열기가 집안으로 들어오는 것을 차단하기 위해 가옥의 벽이 두껍고 창문을 작게 지음, 가옥 외부를 ⑭□□으로 칠함 • 여름철 고온 건조한 날씨를 이용한 수목 농업 발달 ⑩ 포도, 올리브, 오렌지, 코르크나무 등 • 겨울철 온난 습윤한 날씨를 이용하여 밀, 귀리, 보리 등의 곡물과 채소 재배

04 건조 지역과 툰드라 지역 생활

●● 건조 기후의 특색과 주민 생활

1. 건조 기후의 특색: 강수량보다 증발량이 많아 나무가 거의 자라지 못함, 황량한 사막이나 초원 지대로 이루어짐

2. 건조 기후의 구분: 사막 기후와 스텝 기후로 구분함

사막 기후	연 강수량이 250mm 미만, 풀조차 자라지 못하는 사막 → 남·북회귀선 부근, 대륙의 내륙 지역, 한류가 흐르는 해안 지역 등
스텝 기후	연 강수량 250~500mm 미만인 지역, 짧은 풀이 자라 초원을 이룸 → ⑮□□을 둘러싼 지역

3. 건조 지역의 주민 생활

(1) 사막 기후 지역

① 농업: ⑯□□□□ 농업, 관개 농업 발달

② 의식주 생활: 온몸을 감싸는 긴 옷, 지붕이 평평한 흙집이나 흙벽돌집 발달, 벽은 두껍고 창문은 작게 함

(2) 스텝 기후 지역: 유목 발달, 이동식 가옥에 거주, 관개 시설을 확충하여 대규모로 소를 방목하거나 밀을 재배

(3) 건조 기후 지역의 변화

① 유목민 생활 변화: 국경선이 그어지면서 유목민의 이동이 제한되고, 정착 생활을 하는 유목민이 증가

② 급격한 산업화: 서남아시아는 풍부한 ⑰□□ 자원을 바탕으로 경제 발전, 인공 수로나 해수 담수화 시설 등을 건설하여 불리한 자연 조건 극복, 현대적 도시 발달 ⑩ 아랍 에미리트 두바이 등

●● 툰드라 기후의 특색과 주민 생활

1. 툰드라 기후의 특색

(1) 기후 특성: 가장 따뜻한 달의 평균 기온이 10℃ 미만, 나무가 자라기 어려움, ⑱□□이 낮아 증발량이 많지 않기 때문에 지표면은 다습한 편

(2) 분포 지역: 유라시아 대륙 북부와 북아메리카 대륙 북부, 그린란드 주변 해안 지역, 남극해 주변의 섬 등

(3) 경관: 일 년 내내 녹지 않고 얼어 있는 ⑲□□□□ 발달, 짧은 여름 동안 땅이 녹으면서 풀이나 이끼류가 자람, 백야 현상

2. 툰드라 기후 지역의 주민 생활

(1) 주민 생활: 순록 유목이나 물고기, 바다표범 등을 사냥함, 동물의 털과 가죽을 활용한 두꺼운 옷을 입음, ⑳□□□□에서 주로 살아감

(2) 툰드라 지역의 변화: 신비한 자연 경관을 체험하기 위한 관광객 증가, 천연가스·석유 등 자원이 대규모로 개발, 툰드라 생태계의 근원인 이끼류 훼손 등 환경 문제 발생

┌ 정답 확인하기 ┐

❶ 기온	❷ 건조	❸ 타이가	❹ 고산
❺ 한대	❻ 스콜	❼ 토양	❽ 향신료
❾ 플랜테이션	❿ 계절풍	⑪ 편서풍	⑫ 벼농사
⑬ 혼합 농업	⑭ 흰색	⑮ 사막	⑯ 오아시스
⑰ 석유	⑱ 기온	⑲ 영구 동토층	⑳ 고상 가옥

┌ 스스로 점검하기 ┐

맞은 개수	이렇게 해봐
10개 이하	본책으로 돌아가 복습해봐!
11 ~ 15개	틀린 문제의 답을 다시 확인하고 **100점 도전 실전 문제**를 풀도록 해!
16 ~ 20개	자신감을 가지고 **100점 도전 실전 문제**를 풀어봐. 학교 시험 100점 도전!

01 세계 기후 지역

01 기후에 대한 설명으로 옳지 <u>않은</u> 것은?

① 우리나라의 여름은 고온 다습해.
② 저위도 지역에서는 열대 기후가 나타나.
③ 오늘밤 기온은 25℃ 이상으로 열대야가 나타날 거래.
④ 우리나라의 겨울은 기온이 낮고 강수량이 적은 편이야.
⑤ 고위도 지역은 한대 기후가 나타나 기온이 낮은 편이야.

100점이 코앞!

02 세계의 기온 분포에 대한 옳은 설명을 〈보기〉에서 고른 것은?

┤보기├
ㄱ. 대륙은 해양보다 연교차가 작다.
ㄴ. 대륙의 동안은 서안보다 연교차가 크다.
ㄷ. 연평균 기온은 적도 부근에서 고위도로 갈수록 높아진다.
ㄹ. 세계의 기온 분포는 위도에 따라 다르고 연평균 등온선은 대체로 위도와 평행하다.

① ㄱ, ㄴ   ② ㄱ, ㄷ   ③ ㄴ, ㄷ
④ ㄴ, ㄹ   ⑤ ㄷ, ㄹ

잘 나와!

03 A, B 기후 그래프에 해당하는 기후를 옳게 연결한 것은?

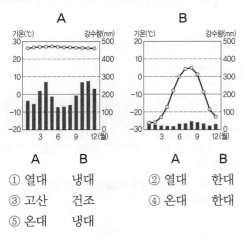

	A	B
①	열대	냉대
②	열대	한대
③	고산	건조
④	온대	한대
⑤	온대	냉대

[04~06] 지도를 보고 물음에 답하시오.

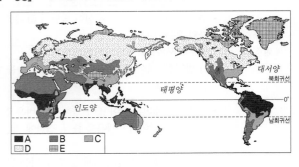

04 A~E 지역의 기후를 옳게 연결한 것은?

① A – 건조 기후   ② B – 열대 기후
③ C – 고산 기후   ④ D – 냉대 기후
⑤ E – 온대 기후

잘 나와!

05 A 지역에 대한 설명으로 옳은 것은?

① 사계절의 변화가 뚜렷하게 나타난다.
② 강수량보다 증발량이 많아 건조하다.
③ 기온의 연교차가 크고 겨울이 춥고 길다.
④ 가장 따뜻한 달의 평균 기온이 10℃ 미만이다.
⑤ 일 년 내내 기온이 높고 강수량이 많은 곳에서는 밀림이 형성된다.

06 B 지역의 모습으로 옳은 것을 〈보기〉에서 고른 것은?

┤보기├
ㄱ. 빽빽한 침엽수림이 넓게 펼쳐진다.
ㄴ. 사막과 사막 주변에서 스텝을 볼 수 있다.
ㄷ. 나무는 없지만 짧은 여름철에 이끼류가 자란다.
ㄹ. 강수량이 적어 관개 수로를 이용하여 각종 용수를 공급하여 생활하기도 한다.

① ㄱ, ㄴ   ② ㄱ, ㄷ   ③ ㄴ, ㄷ
④ ㄴ, ㄹ   ⑤ ㄷ, ㄹ

07 A 지역이 B 지역에 비해 인간 거주에 유리한 이유로 가장 적절한 것은?

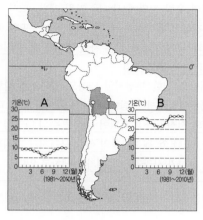

① 강수량이 많다.
② 사계절이 뚜렷하게 나타난다.
③ 연중 온화한 기후가 나타난다.
④ 고온 다습하여 벼농사에 유리하다.
⑤ 저지대에 위치하여 대규모의 평야가 발달한다.

08 인간 거주와 자연환경에 대한 설명으로 옳은 것을 〈보기〉에서 고른 것은?

┤보기├
ㄱ. 기후 조건은 의식주나 농업에 많은 영향을 미친다.
ㄴ. 자연환경은 인간의 삶의 모습을 결정짓는 일차적 요인이기도 하다.
ㄷ. 적도 부근이나 극지방은 과거에 비해 인간 거주에 더 불리해지고 있다.
ㄹ. 과거에 비해 오늘날 자연환경이 인간 거주에 미치는 영향이 커지고 있다.

① ㄱ, ㄴ   ② ㄱ, ㄷ   ③ ㄴ, ㄷ
④ ㄴ, ㄹ   ⑤ ㄷ, ㄹ

02 열대 우림 지역 생활

09 열대 우림 지역에 대한 설명으로 옳지 않은 것은?

① 기온이 높고 강수량이 많다.
② 토양이 비옥하고 강수량이 풍부하다.
③ 열대성 소나기인 스콜이 자주 나타난다.
④ 가장 추운 달의 평균 기온이 18℃ 이상이다.
⑤ 아프리카 콩고강 유역, 남아메리카 아마존강 등지에서 나타난다.

[10~11] 제시된 기후 그래프를 보고 물음에 답하시오.

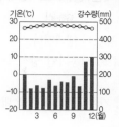

10 위 지역의 식생 경관을 옳게 설명한 것은?

① 침엽수림 지대가 대규모로 나타난다.
② 짧은 여름 동안 지표면에 풀이나 이끼류가 자란다.
③ 다양한 종류의 나무와 풀이 우거져 밀림을 이룬다.
④ 나무가 거의 자라지 못하는 황량한 사막이 분포한다.
⑤ 짧은 우기 동안 키가 작은 풀들이 자라 초원을 이룬다.

11 위 지역의 주민 생활에 대한 옳은 설명을 〈보기〉에서 고른 것은?

┤보기├
ㄱ. 가옥의 벽은 두껍고 창문은 작게 만든다.
ㄴ. 가볍고 통풍이 잘되는 간편한 옷을 입는다.
ㄷ. 비타민의 섭취를 위해 날고기나 날생선을 주로 먹는다.
ㄹ. 음식이 쉽게 상하지 않도록 조리시 기름이나 향신료를 많이 사용한다.

① ㄱ, ㄴ   ② ㄱ, ㄷ   ③ ㄴ, ㄷ
④ ㄴ, ㄹ   ⑤ ㄷ, ㄹ

12 다음에서 설명하는 지역은?

광합성을 통해 지구에 산소를 공급하는 역할을 하여 지구의 허파라고도 불린다. 다양한 종류의 나무와 풀이 우거져 있으며 키가 큰 나무와 작은 나무가 어우러져 여러 층의 구조를 형성한다. 상층부에는 키가 큰 나무들이 빽빽하게 뻗어 있지만 하층부에는 키가 큰 나무들 때문에 햇빛을 잘 받지 못하여 키가 작은 나무들과 덩굴들이 자란다. 전체 지구에서 서식하는 동식물 종의 절반 이상이 분포하여 '생태계의 보고'라고 불린다.

① 사막   ② 스텝   ③ 타이가
④ 툰드라   ⑤ 열대 우림

13 열대 우림 지역의 농업에 대한 설명으로 옳지 <u>않은</u> 것은?

① 전통적으로 이동식 화전 농업이 행해진다.

② 카사바, 얌, 타로 등은 주로 전통적인 방식으로 재배된다.

③ 판매를 목적으로 바나나, 카카오, 커피 등을 대량으로 재배한다.

④ 짧은 여름철에 자라는 풀과 이끼류를 찾아 순록을 이끄는 유목 생활을 한다.

⑤ 선진국의 자본과 기술, 원주민의 노동력을 결합하여 상품 작물을 대규모로 재배하기도 한다.

16 밑줄 친 ㉠~㉤ 중 옳지 <u>않은</u> 것은?

> 오늘날 열대 우림 지역에서는 ㉠ 자원 개발, 도시 개발, 도로 건설이 활발하게 이루어지고 있다. 또한 ㉡ 백야 현상과 극야 현상과 같은 자연 경관을 보기 위해 관광객들도 많이 찾고 있다.
> 그러나 개발로 인한 부정적인 영향도 있다. ㉢ 삼림 벌채가 이루어지면서 밀림이 빠르게 줄어들고 있고, ㉣ 동식물의 서식지가 파괴되어 동식물 수의 다양성이 줄고 있다. 또한 ㉤ 원주민들의 생활 근거지가 파괴되면서 토착 문화가 사라지는 문제가 발생하고 있다.

① ㉠ ② ㉡ ③ ㉢ ④ ㉣ ⑤ ㉤

[14~15] 그림을 보고 물음에 답하시오.

14 위 그림과 같은 농업 방식은?

① 유목 ② 관개 농업

③ 플랜테이션 ④ 오아시스 농업

⑤ 이동식 화전 농업

15 위 그림과 같은 농업이 이루어지는 이유는?

① 강수량보다 증발량이 많아 물이 부족하기 때문이다.

② 겨울철 온난 다습한 기후를 이용하여 농사를 짓기 때문이다.

③ 많은 비에 흙 속의 양분이 녹아서 빠져나가 토양이 척박하기 때문이다.

④ 여름철 고온 건조한 기후에 잘 견디는 작물을 재배해야 하기 때문이다.

⑤ 여름철 기온이 높고 강수량이 풍부하여 벼의 2기작이 이루어지기 때문이다.

03 온대 지역 생활

[17~18] 제시된 기후 그래프를 보고 물음에 답하시오.

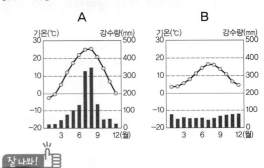

17 A, B 기후 그래프에 대한 설명으로 옳은 것은?

① A는 런던의 기후 그래프이다.

② A는 연중 강수량이 고른 편이다.

③ A는 여름철 기온이 높고 강수량이 여름에 집중된다.

④ B는 주로 대륙 동안에서 나타나는 기후이다.

⑤ B는 A보다 기온의 연교차가 큰 편이다.

18 B 기후 그래프가 나타내는 기후는?

① 건조 기후 ② 지중해성 기후

③ 열대 우림 기후 ④ 서안 해양성 기후

⑤ 온대 계절풍 기후

19 온대 계절풍 기후에 대한 설명으로 옳지 <u>않은</u> 것은?

① 겨울철에 북서 계절풍의 영향을 많이 받는다.

② 겨울철에는 해양에서 바람이 불어와 습한 날씨가 지속된다.

③ 여름철에는 남동·남서 계절풍의 영향을 많이 받아 고온 다습하다.

④ 유라시아 대륙 동안과 북아메리카 대륙 동안 등지에서 주로 나타난다.

⑤ 우리나라는 유라시아 대륙 동안에 위치하여 계절풍의 영향을 많이 받는다.

[20~21] 지도를 보고 물음에 답하시오.

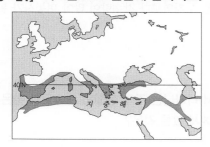

20 위 지도에 표시된 지역의 기후 특성에 대한 설명으로 옳은 것은?

① 여름철 덥고 건조한 편이다.

② 계절풍의 영향을 강하게 받는다.

③ 연중 고른 강수 분포가 나타난다.

④ 겨울철 한랭 건조한 기후가 나타난다.

⑤ 난류의 영향으로 기온의 연교차가 작다.

21 위 지도에 표시된 지역에서 주로 이루어지는 농업에 대한 설명으로 옳은 것은?

① 여름철 벼농사가 활발하게 이루어진다.

② 오아시스 주변에서 대추야자, 목화 등을 재배한다.

③ 이동식 화전 농업을 통해 카사바, 얌 등을 재배한다.

④ 곡물 재배와 가축 사육을 동시에 하는 농업이 발달한다.

⑤ 덥고 건조한 여름철 날씨를 잘 견디는 포도, 올리브, 오렌지 등의 작물을 키운다.

22 그림이 나타내는 농업 방식에 대한 설명으로 옳은 것은?

① 주로 천연고무, 카카오 등의 작물을 재배하는 농업 방식이다.

② 풀과 물을 찾아 가축을 이동시키며 기르는 농업 방식이다.

③ 여름철 고온 건조한 기후에 잘 견디는 작물을 재배한다.

④ 토양이 척박하여 숲에 불을 지르고 농사를 짓고, 지력이 떨어지면 다른 곳으로 이동하는 방식이다.

⑤ 일 년 내내 강수량이 고르고 겨울철 기온이 온화하여 목초지 조성에 유리한 기후 특성을 이용하였다.

23 사진과 같은 가옥이 나타나는 지역의 생활 모습에 대한 설명으로 옳은 것은?

① 연중 흐리고 비 내리는 날이 많아 맑은 날 일광욕을 즐긴다.

② 추위와 더위를 대비하기 위한 시설로 온돌방과 대청이 발달하였다.

③ 여름철 강한 햇볕의 영향으로 외벽을 흰색으로 칠한 가옥이 많이 나타난다.

④ 건물의 붕괴를 막기 위해 바닥을 지표면에서 띄운 고상 가옥이 발달하였다.

⑤ 일 년 내내 강수량이 많고 소나기가 자주 내려 지붕의 경사를 급하게 만든다.

04 건조 지역 생활과 툰드라 지역 생활

24 건조 지역을 여행하는 사람이 볼 수 있는 경관으로 옳은 것을 〈보기〉에서 고른 것은?

┤보기├
ㄱ. 침엽수림 지대가 펼쳐진 모습
ㄴ. 자갈이나 바위로 된 암석 사막
ㄷ. 짧은 여름철에 지표면이 녹아 풀이나 이끼류가 자란 모습
ㄹ. 짧은 우기 동안 키가 작은 풀들이 자라 초원을 이룬 모습

① ㄱ, ㄴ   ② ㄱ, ㄷ   ③ ㄴ, ㄷ
④ ㄴ, ㄹ   ⑤ ㄷ, ㄹ

25 제시된 기후 그래프에 해당하는 지역의 주민 생활 모습으로 옳은 것은?

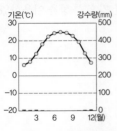

① 계단식 논에서 벼를 재배한다.
② 대규모의 플랜테이션이 이루어진다.
③ 집을 지을 때 지붕의 경사를 가파르게 만든다.
④ 풀이나 이끼가 자라는 여름에 순록을 유목한다.
⑤ 가볍고 통풍이 잘되는 천으로 만든 온몸을 감싸는 형태의 옷을 입는다.

26 사막이 주로 분포하는 지역을 〈보기〉에서 고른 것은?

┤보기├
ㄱ. 적도 부근
ㄴ. 남·북회귀선 부근
ㄷ. 한류가 흐르는 해안 지역
ㄹ. 북극해 주변의 고위도 지역
ㅁ. 바다에서 멀리 떨어진 대륙 내부
ㅂ. 편서풍과 난류의 영향을 받는 지역

① ㄱ, ㄴ, ㄷ   ② ㄱ, ㄹ, ㅁ   ③ ㄴ, ㄷ, ㅁ
④ ㄴ, ㄹ, ㅁ   ⑤ ㄷ, ㄹ, ㅂ

[27~28] 지도를 보고 물음에 답하시오.

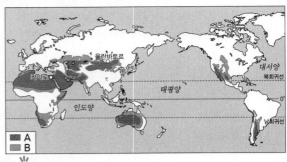

잘 나와!

27 A, B 지역에 대한 설명으로 옳은 것은?

① A 지역은 스텝, B 지역은 사막이다.
② A 지역은 연 강수량 250~500mm이다.
③ A 지역은 B 지역에 비해 나무가 잘 자란다.
④ B 지역은 우기에 짧은 풀이 자라면서 초원을 이룬다.
⑤ B 지역은 A 지역보다 강수량이 많아 벼농사가 활발하다.

28 B 지역에서 나타나는 주민 생활의 모습으로 옳은 것을 〈보기〉에서 고른 것은?

┤보기├
ㄱ. 가축을 이끌고 풀과 물을 찾아 이동 생활을 한다.
ㄴ. 강수량이 풍부하고 기온이 높아 벼농사가 활발하다.
ㄷ. 관개 시설을 확충하여 밀을 재배하거나 소를 방목한다.
ㄹ. 유럽인의 자본과 원주민의 노동력을 결합해 천연고무, 카카오 등의 작물을 대량으로 생산한다.

① ㄱ, ㄴ   ② ㄱ, ㄷ   ③ ㄴ, ㄷ
④ ㄴ, ㄹ   ⑤ ㄷ, ㄹ

29 제시된 기후 그래프가 나타내는 기후는?

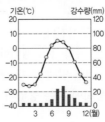

① 사막 기후   ② 스텝 기후   ③ 온대 기후
④ 냉대 기후   ⑤ 툰드라 기후

[30~31] 지도를 보고 물음에 답하시오.

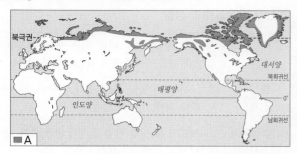

30 A 지역에 대한 설명으로 옳은 것은?

① 대규모 침엽수림 지대가 나타난다.
② 강수량이 적어 지표가 매우 건조하다.
③ 가장 추운 달의 평균 기온이 18℃ 이상이다.
④ 가장 따뜻한 달의 평균 기온이 10℃ 이상이다.
⑤ 일 년 중 2~3개월의 짧은 기간 동안 영상의 기온이 나타나 풀과 이끼류가 자란다.

31 A 지역에서 나타나는 주민 생활의 모습을 〈보기〉에서 고른 것은?

| 보기 |
ㄱ. 순록을 유목하거나 물고기, 바다표범 등을 사냥한다.
ㄴ. 오아시스 주변에서 대추야자나 목화를 재배하기도 한다.
ㄷ. 가옥은 주로 창문을 크게 만들고 개방적인 구조로 짓는다.
ㄹ. 날고기나 날생선을 주로 먹으며, 동물의 털과 가죽으로 옷을 만들어 입는다.

① ㄱ, ㄴ   ② ㄱ, ㄹ   ③ ㄴ, ㄷ
④ ㄴ, ㄹ   ⑤ ㄷ, ㄹ

32 툰드라 지역의 최근 변화 모습에 대한 설명으로 옳지 않은 것은?

① 천연가스, 석유 등의 자원이 개발되고 있다.
② 툰드라 생태계의 근원인 이끼가 훼손되고 있다.
③ 지구 온난화의 영향으로 원주민들의 삶의 터전이 파괴되고 있다.
④ 도시 개발, 농경지와 방목지 조성을 목적으로 삼림 벌채가 이루어지고 있다.
⑤ 백야 현상, 빙하, 오로라 등의 자연 경관을 체험하기 위한 관광객이 증가하고 있다.

서술형 문제

1 그림을 보고 물음에 답하시오.

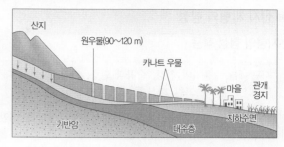

(1) 위 그림과 같은 시설이 발달하는 기후 지역을 쓰시오.

(2) (1)의 지역에서 그림과 같은 시설을 이용하는 이유를 서술하시오.

2 사진을 보고 물음에 답하시오.

↑ 열대 우림 지역

↑ 툰드라 지역

(1) 위 두 지역에서 공통적으로 나타나는 가옥의 특징을 쓰시오.

(2) (1)과 같은 가옥 형태가 두 지역에서 나타나는 이유를 기후 특성과 연관지어 서술하시오.

Ⅲ 자연으로 떠나는 여행

01 산지 지형의 형성

●● 산지 지형의 형성

1. 지형의 형성 작용

지구 내부의 힘	융기와 침강, 습곡과 단층, 화산 활동 → 대산맥, 고원, 화산 등 대지형 형성
지구 외부의 힘	침식, 운반, 퇴적, 풍화 작용 등 → 하천·해안·사막·빙하 지형 등 소지형 형성

2. 세계의 산지

(1) 습곡 산지

❶□□ 습곡 산지	형성 시기가 오래되지 않아 해발 고도가 높고 험준함 ⓔ 알프스·히말라야·안데스·로키산맥 등
❷□□ 습곡 산지	오랜 기간 침식을 받아 해발 고도가 낮고 경사가 완만함 ⓔ 우랄·애팔래치아·그레이트디바이딩산맥 등

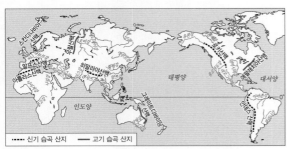

↑ 세계의 산지

(2) ❸□□: 해발 고도가 높은 곳에 있지만 지형의 높낮이가 크지 않고 평탄한 지형

(3) 화산: 땅속 깊은 곳에 있는 마그마가 분출하여 만들어짐 → 지각이 불안정한 지역에 주로 분포

●● 산지의 주민 생활

1. 산지의 특징과 이용

(1) 산지: 평지에 비해 기온이 낮고 경사진 지형 → 농업 및 거주에 불리

(2) 산지의 이용

농업	밭농사, 계단식 농업, 여름철 서늘한 기후 이용하여 ❹□□□ 채소 재배, 목축업과 낙농업
자원 개발	지하자원이 풍부한 곳에서는 광업 도시 발달
관광 산업	수려한 자연 경관 이용 → 산악 스포츠 및 관광 산업 발달

2. 산지 지역의 주민 생활

❺□□□ 산지	이목 발달, 우유·버터·치즈 생산, 깨끗한 자연환경을 이용한 관광 산업(스키장 발달)
❻□□□ 산지	고산 도시 발달, 고대 문명 발상지, 감자·옥수수 재배, 야마와 알파카 사육
히말라야 산지	셰르파 등 관광 산업 종사자 비중 증가, 양이나 야크 등을 방목하는 목축업 발달

02 해안 지형의 형성

●● 다양한 해안 지형

1. 곶과 만

곶	육지가 바다 쪽으로 돌출한 곳, 파랑의 ❼□□ 작용 활발
만	바다가 육지 쪽으로 들어간 곳, 파랑의 ❽□□ 작용 활발

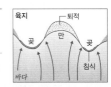

↑ 해안 지형의 형성 작용

2. 주요 해안 지형

암석 해안	파랑의 침식 작용으로 형성 → 해안 절벽(해식애), 육지와 분리된 돌기둥(❾□□□□), 해식 동굴 등
모래 해안	파랑의 퇴적 작용으로 형성 → 모래사장(사빈), 해안 사구, 석호 등
❿□□ 해안	조류의 작용으로 미세한 흙이 퇴적되어 형성, 밀물 때 물에 잠기고 썰물 때 육지로 드러남
산호초 해안	⓫□□ 기후 지역의 얕은 바닷속에 사는 산호가 자라서 형성
복잡한 해안선	• ⓬□□□ 해안: 빙하의 침식으로 생긴 골짜기에 바닷물이 들어오면서 형성 • 리아스 해안: 하천의 침식으로 생긴 골짜기에 바닷물이 들어오면서 형성

●● 해안 지역의 주민 생활

1. 해안의 특징과 기능

(1) 해안의 특징: 내륙에 비해 연교차가 작고 온화하며, 다른 지역과의 교류에 유리함 → 전 세계 인구의 약 40%가 해안 지역에 거주

(2) 해안의 기능: 모래 저장 및 육지 보호, 전력 생산, 식량 공급, 여가와 휴식 공간 제공, 해양 생물의 서식지

2. 해안 지역의 이용

(1) **수산업**: 전통적으로 어업과 양식업에 종사

(2) **교통과 교역의 중심지**: 해상 교통 발달, 국가 간 교류 증가로 대규모 무역항이나 공업 도시로 성장

(3) **관광 산업**: 경치가 아름다운 해안 지역은 관광지로 이용

긍정적 영향	인구 증가 및 편의 시설 확대, 일자리 창출 및 소득 증대, 지역 경제 활성화 등
부정적 영향	휴양지 개발에 따른 해안 지형 및 생태계 파괴, 환경 오염, 외국 문화 유입에 따른 전통문화 소멸 등

3. 해안의 개발과 보존

(1) **해안 개발로 인한 문제점**: 간척 사업, 산업 단지와 휴양지 개발에 따른 해안 지형 및 생태계 파괴, 유조선에서 배출된 오염 물질로 인한 해양 오염

(2) **해안 지역 보전 방안**: 갯벌 보전을 위한 람사르 협약 체결, 해안 생태계 복원, ⑬◯◯ ◯◯한 관광 발달

03 우리나라의 매력적인 자연 경관

●● 우리나라의 산지

1. 우리나라의 지형

(1) **산지가 많은 지형**: 국토의 70%가 산지, 대부분 오랜 침식을 받아 해발 고도가 낮고 경사가 완만함

(2) ⑭◯◯◯◯의 **지형**: 동쪽이 높고 서쪽으로 갈수록 낮아짐 → 북동부에 높은 산지, 남서부에는 평야 분포, 대부분의 큰 하천은 황해와 남해로 흘러들어감

2. 돌산과 흙산

돌산	⑮◯◯◯으로 이루어진 산 정상부에 바위가 드러나 있음 ⑩ 금강산, 설악산, 북한산, 월출산 등
흙산	토양으로 두껍게 덮여 있음 ⑩ 지리산, 덕유산 등

●● 우리나라의 해안

1. 우리나라의 서·남해안

(1) **특징**: 수심이 얕고 해안선이 복잡함

(2) **주요 지형**

① ⑯◯◯◯ 해안과 다도해: 크고 작은 섬이 많이 분포

② **갯벌**: 조차가 크기 때문에 갯벌이 넓게 발달 → 염전, 양식장, 체험 학습장·머드 축제 등 관광 자원으로 활용

2. 우리나라의 동해안

(1) **특징**: 수심이 깊고 해안선이 단조로움

(2) **주요 지형**

① **모래사장(사빈)**: 해수욕장으로 이용

② ⑰◯◯: 파랑의 퇴적 작용으로 발달한 사주가 만의 입구를 막아 형성된 호수

●● 카르스트 지형과 화산 지형

1. 우리나라의 카르스트 지형

형성	⑱◯◯◯이 빗물과 지하수에 용식되어 형성
분포	강원도 남부와 충청북도 북동부 일대
주요 지형	• 돌리네: 물 빠짐이 좋아 주로 밭농사에 이용 • 석회동굴: 종유석, 석순, 석주 등의 동굴 생성물 분포 → 관광 자원으로 활용

2. 화산 활동으로 형성된 제주도

형성	여러 차례의 화산 활동으로 형성 → 특이하고 아름다운 자연 경관을 활용한 관광 산업 발달
주요 지형	• 한라산: 정상에 화구호인 백록담 분포 • ⑲◯◯(기생 화산): 화산 중턱이나 기슭에 형성된 작은 화산체 • ⑳◯◯◯◯: 용암이 식을 때 다각형의 기둥 모양으로 굳어지며 형성 • 용암동굴: 용암이 지하에서 식으면서 냉각 속도의 차이에 의해 형성

정답 확인하기

❶ 신기	❷ 고기	❸ 고원	❹ 고랭지
❺ 알프스	❻ 안데스	❼ 침식	❽ 퇴적
❾ 시 스택	❿ 갯벌	⓫ 열대	⓬ 피오르
⓭ 지속 가능	⓮ 동고서저	⓯ 화강암	⓰ 리아스
⓱ 석호	⓲ 석회암	⓳ 오름	⓴ 주상 절리

스스로 점검하기

맞은 개수	이렇게 해봐
10개 이하	본책으로 돌아가 복습해봐!
11 ~ 15개	틀린 문제의 답을 다시 확인하고 **100점 도전 실전 문제**를 풀도록 해!
16 ~ 20개	자신감을 가지고 **100점 도전 실전 문제**를 풀어봐. 학교 시험 100점 도전!

01 산지 지형의 형성

01 (가) 작용으로 형성된 지형에 대한 설명으로 옳은 것을 〈보기〉에서 고른 것은?

| (가) | — | 태양 에너지에 의한 물과 공기의 순환 | → | 소지형 형성 |
| 지구 내부의 힘 | — | 맨틀의 움직임에 따른 지각 변동 | → | 대지형 형성 |

┌ 보기 ┐
ㄱ. 마그마가 분출하여 화산이 형성되었다.
ㄴ. 바람에 의해 모래가 쌓이면서 해안 사구가 형성되었다.
ㄷ. 빙하가 흘러내리면서 산 정상부가 뾰족한 봉우리가 형성되었다.
ㄹ. 지각이 서로 다른 방향으로 힘을 받아 끊어지면서 고원과 계곡을 형성하였다.

① ㄱ, ㄴ   ② ㄱ, ㄷ   ③ ㄴ, ㄷ
④ ㄴ, ㄹ   ⑤ ㄷ, ㄹ

02 선생님의 질문에 적절하게 대답한 학생만을 있는 대로 고른 것은?

- 선생님: 세계의 산지 지형에 대해 이야기해 볼까요?
- 가은: 산지는 형성 시기에 따라 신기 습곡 산지와 고기 습곡 산지로 구분합니다.
- 나은: 세계적인 대산맥은 지각판이 충돌하면서 가라앉는 침강 운동에 의해 형성되었습니다.
- 다은: 화산은 땅속 깊은 곳에 있는 마그마가 분출하여 형성된 지형입니다.
- 라은: 높고 험준한 산지는 위험해서 사람이 많이 찾지 않아 관광지로 이용되지는 않습니다.

① 가은, 나은   ② 가은, 다은
③ 나은, 다은   ④ 가은, 나은, 라은
⑤ 나은, 다은, 라은

[03~04] 지도를 보고 물음에 답하시오.

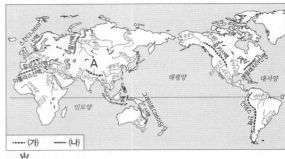

----- (가)   —— (나)

잘 나와!

03 위 지도의 (가), (나) 산지에 대한 설명으로 옳은 것을 〈보기〉에서 고른 것은?

┌ 보기 ┐
ㄱ. (가)는 평균 해발 고도가 높고 가파르다.
ㄴ. (나)는 화산과 지진의 발생 빈도가 높다.
ㄷ. (가)는 (나)보다 오랜 기간 침식을 받았다.
ㄹ. 지형 형성 시기는 (나)가 (가)보다 이르다.

① ㄱ, ㄴ   ② ㄱ, ㄹ   ③ ㄴ, ㄷ
④ ㄴ, ㄹ   ⑤ ㄷ, ㄹ

04 사진은 A 지역에서 볼 수 있는 산지의 모습이다. 이러한 산지 지형의 형성 작용으로 옳은 것은?

① 화산 활동
② 단층 작용
③ 습곡 작용
④ 운반 작용
⑤ 퇴적 작용

05 지도에 표시된 (가) 지역에 대한 설명으로 옳은 것은?

① 고랭지 농업과 목축업이 발달하였다.
② 기후가 온화해 고산 도시가 발달하였다.
③ 매년 세계적인 치즈 관련 축제가 열린다.
④ 춥고 건조해 양이나 야크 등을 방목한다.
⑤ 화산 폭발로 분화구와 화구호가 형성되었다.

06 (가)~(라)는 세계의 산지 지역을 여행하면서 촬영한 사진이다. 각각의 지역을 지도의 A~D에서 찾아 옳게 연결한 것은?

(가)　　　　　　　(나)

(다)　　　　　　　(라)

	(가)	(나)	(다)	(라)		(가)	(나)	(다)	(라)
①	A	B	C	D	②	A	B	D	C
③	B	C	A	D	④	B	D	A	C
⑤	C	A	D	B					

07 다음에서 설명하는 지역을 지도에서 고른 것은?

> 양이나 야크를 방목하던 주민들이 최근 급증하고 있는 등반객들의 산악 안내자이자 짐꾼인 셰르파라는 새로운 직업을 얻게 되었다.

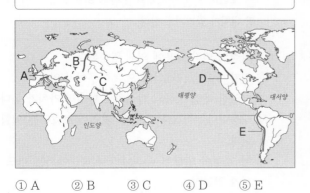

① A　　② B　　③ C　　④ D　　⑤ E

08 만에서 주로 볼 수 있는 지형으로 옳은 것을 〈보기〉에서 고른 것은?

┌ 보기 ┐
ㄱ. 석호　　　　　　　ㄴ. 갯벌
ㄷ. 시 스택　　　　　　ㄹ. 해식 동굴

① ㄱ, ㄴ　　② ㄱ, ㄷ　　③ ㄴ, ㄷ
④ ㄴ, ㄹ　　⑤ ㄷ, ㄹ

[09~10] 사진을 보고 물음에 답하시오.

(가)　　　　　　　(나)

(다)　　　　　　　(라)

09 (가) 지형의 이름과 형성 원인이 옳게 연결된 것은?

	지형	형성 원인
①	해식애	파랑의 침식
②	해식애	바람의 침식
③	피오르	빙하의 침식
④	피오르	하천의 침식
⑤	시 스택	조류의 침식

10 오스트레일리아에서 볼 수 있는 해안 지형을 (가)~(라)에서 고른 것은?

① (가), (나)　　② (가), (다)　　③ (나), (다)
④ (나), (라)　　⑤ (다), (라)

11 그림과 같은 과정으로 형성되는 지형을 〈보기〉에서 고른 것은?

┤ 보기 ├
ㄱ. 사주　　　　　　　　ㄴ. 시 스택
ㄷ. 모래사장　　　　　　ㄹ. 해식 동굴

① ㄱ, ㄴ　　　　② ㄱ, ㄷ　　　　③ ㄴ, ㄷ
④ ㄴ, ㄹ　　　　⑤ ㄷ, ㄹ

12 사진에 나타난 해안 지형의 형성 과정을 탐구해 보려고 할 때 조사 주제로 적절한 것을 〈보기〉에서 고른 것은?

┤ 보기 ├
ㄱ. 지반의 융기　　　　　ㄴ. 파랑의 침식
ㄷ. 기반암의 특성　　　　ㄹ. 조석 간만의 차

① ㄱ, ㄴ　　　　② ㄱ, ㄷ　　　　③ ㄴ, ㄷ
④ ㄴ, ㄹ　　　　⑤ ㄷ, ㄹ

13 관광 산업 발달이 해안 지역에 미친 영향으로 옳지 않은 것은?

① 어업 및 양식업 종사자 증가
② 교통로, 공항 등 기반 시설 확충
③ 휴양지 개발로 인한 해안 생태계 파괴
④ 외국 문화 유입에 따른 전통문화 소멸
⑤ 일자리와 소득 증가에 따른 지역 경제 활성화

14 지도의 A, B 지역의 해안에 대한 설명으로 옳은 것을 〈보기〉에서 고른 것은?

┤ 보기 ├
ㄱ. A 해안은 조류의 작용이 활발한 지역에서 발달한다.
ㄴ. B 해안은 하천의 침식으로 형성된 계곡에 바닷물이 들어와 형성된다.
ㄷ. A에는 리아스 해안, B에는 피오르 해안이 나타난다.
ㄹ. A, B 모두 해안선의 드나듦이 매우 복잡하다.

① ㄱ, ㄴ　　　　② ㄱ, ㄷ　　　　③ ㄴ, ㄷ
④ ㄴ, ㄹ　　　　⑤ ㄷ, ㄹ

15 다음 글에 밑줄 친 '이 지형'에 대한 설명으로 옳지 않은 것은?

이 지형은 밀물 때 물에 잠기고 썰물 때 육지로 드러나는 곳이다. 유네스코 세계 자연 유산으로 등재되어 있는 독일의 바덴 만에서는 바람을 이용한 육상 윈드서핑 대회가 열리기도 한다.

① 파랑의 퇴적 작용에 의해 형성된다.
② 입자가 고운 모래와 흙으로 이루어져 있다.
③ 다양한 해양 생물의 서식처로 환경적 가치가 높다.
④ 태풍이나 해일로부터 해안 지역을 보호하는 역할을 한다.
⑤ 이 지형이 발달한 우리나라 서해안에서는 머드 축제가 열린다.

16 다음은 여행 기록의 일부이다. 여행 코스를 순서대로 옳게 연결한 것은?

> • 1일차: 좁고 긴 만에서 유람선을 타고 만 양쪽의 깎아지른 절벽을 보았다. 이렇게 큰 배가 육지 깊숙한 곳까지 들어올 수 있다니 이곳은 수심이 매우 깊은가보다.
> • 3일차: 여름 동안 산지에서 방목하던 소 떼를 평지로 몰고 내려오는 행사를 발전시킨 소몰이 축제에 참가하였다.
> • 7일차: 복잡하고 섬이 많은 해안으로 우리나라의 다도해와 비슷한 풍경이다. 이 해안은 하천이 깎아 낸 골짜기에 바닷물이 차올라 형성된 것이라고 한다.

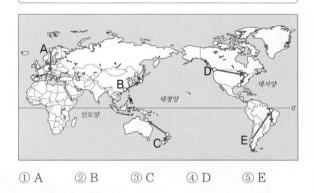

① A   ② B   ③ C   ④ D   ⑤ E

03 우리나라의 매력적인 자연 경관

17 다음과 같은 과정을 거쳐 형성된 지형으로 옳은 것은?

> 지하 깊은 곳에 화강암이 형성된다.
>
> ↓
>
> 지표면이 침식되어 압력이 줄어들면 절리(갈라진 틈)가 형성된다.
>
> ↓
>
> 절리를 따라 침식이 주로 이루어져 남은 부분은 암석이 드러난 봉우리가 된다.

① 강릉 경포호   ② 태백 구문소
③ 철원 용암 대지   ④ 제주 거문오름
⑤ 설악산 울산바위

[18~19] 사진을 보고 물음에 답하시오.

(가)   (나)

잘 나와!

18 (가), (나) 산지에 대한 설명으로 옳은 것을 〈보기〉에서 고른 것은?

> ┤보기├
> ㄱ. (가)는 바위가 그대로 드러난 봉우리가 절경을 이룬다.
> ㄴ. (나)는 두꺼운 토양층으로 덮여 있다.
> ㄷ. (나)의 기반암은 땅속 깊은 곳에서 굳은 화강암이다.
> ㄹ. (가)는 (나)보다 나무와 풀이 많아 식생 밀도가 높다.

① ㄱ, ㄴ   ② ㄱ, ㄷ   ③ ㄴ, ㄷ
④ ㄴ, ㄹ   ⑤ ㄷ, ㄹ

19 (가), (나) 산지를 볼 수 있는 지역을 지도에서 찾아 옳게 연결한 것은?

	(가)	(나)
①	A	B
②	A	C
③	B	C
④	B	D
⑤	C	D

잘 나와!

20 다음은 우리나라 해안의 특징을 비교하여 정리한 것이다. ㄱ~ㅁ 중 옳지 않은 것은?

> 우리나라의 해안 지형
> 1. 서·남해안
>   (1) 복잡한 리아스 해안 ──────── ㄱ
>   (2) 조차가 작아 갯벌이 발달 ──── ㄴ
>   (3) 양식업과 간척 사업 발달 ──── ㄷ
> 2. 동해안
>   (1) 단조로운 해안선, 모래사장, 석호 ── ㄹ
>   (2) 관광 산업 발달 ──────────── ㅁ

① ㄱ   ② ㄴ   ③ ㄷ   ④ ㄹ   ⑤ ㅁ

21 다음에서 설명하는 지형을 쓰시오.

> 원래 바닷물이 들어온 만이었는데, 파랑이 모래를 운반하여 만의 입구를 막아 호수로 바뀌었다. 우리나라의 동해안에서 주로 볼 수 있으며, 인근의 모래 해안과 함께 관광지로 이용된다.

잘 나와!

22 사진에 나타난 해안 지역의 특징으로 옳은 것을 〈보기〉에서 고른 것은?

> ┤ 보기 ├
> ㄱ. 수심이 얕아 간척 사업에 유리하다.
> ㄴ. 해안선이 단조로우며 파랑의 작용이 활발하다.
> ㄷ. 해안까지 흐른 용암이 풍화되어 형성된 모래사장이 있다.
> ㄹ. 하천이 운반해 온 모래와 진흙이 바닷가에 쌓여 갯벌이 발달하였다.

① ㄱ, ㄴ   ② ㄱ, ㄹ   ③ ㄴ, ㄷ
④ ㄴ, ㄹ   ⑤ ㄷ, ㄹ

잘 나와!

23 그림과 같은 과정으로 형성된 지형이 분포하는 지역에 대한 내용으로 옳지 않은 것은?

① 주로 밭농사가 이루어진다.
② 석회암의 용식 작용이 활발하다.
③ 다양한 카르스트 지형이 나타난다.
④ 경기도 북부와 전라남도 남동부 일대에 잘 나타난다.
⑤ 종유석, 석순, 석주 등을 보기 위한 관광객이 많다.

24 사진에 나타난 두 지형의 공통점으로 옳은 것을 〈보기〉에서 고른 것은?

↑ 고수 동굴   ↑ 도담삼봉

> ┤ 보기 ├
> ㄱ. 화강암   ㄴ. 석회암
> ㄷ. 화산 지형   ㄹ. 카르스트 지형

① ㄱ, ㄴ   ② ㄱ, ㄷ   ③ ㄴ, ㄷ
④ ㄴ, ㄹ   ⑤ ㄷ, ㄹ

[25~26] 사진을 보고 물음에 답하시오.

(가)   (나)

25 (가), (나) 지형의 공통점으로 옳은 것은?

① 화산 활동에 의해 형성된 지형이다.
② 빙하의 침식 작용으로 형성된 지형이다.
③ 지하수의 용식 작용으로 형성된 지형이다.
④ 파랑 에너지가 집중된 해안 지역에서 발달한다.
⑤ 주변에서 모래사장, 석호 등의 지형이 나타난다.

26 (가), (나) 지형을 모두 볼 수 있는 지역을 지도에서 고른 것은?

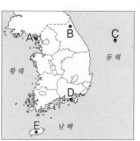

① A   ② B   ③ C   ④ D   ⑤ E

27 지도는 (가), (나) 동굴의 분포를 나타낸 것이다. 이에 대한 설명으로 옳은 것을 〈보기〉에서 고른 것은?

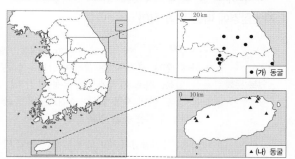

┌ 보기 ┐
ㄱ. (가) 동굴의 기반암은 현무암이다.
ㄴ. (가) 동굴 주변의 토양은 투수성이 좋다.
ㄷ. (나) 동굴은 용암의 식는 속도 차이에 의해 형성된다.
ㄹ. (나) 동굴의 내부에는 종유석, 석순, 석주 등이 잘 나타난다.

① ㄱ, ㄴ   ② ㄱ, ㄷ   ③ ㄴ, ㄷ
④ ㄴ, ㄹ   ⑤ ㄷ, ㄹ

28 지도의 A~C를 답사한 후 작성한 기록으로 옳지 않은 것은?

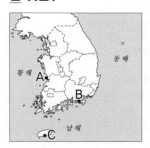

A	경사가 급한 산 정상에 물이 고인 호수인 화구호가 나타남	㉠
	밀물과 썰물의 작용으로 넓은 갯벌이 나타남	㉡
B	해안선이 복잡하고 섬이 많은 다도해를 볼 수 있음	㉢
C	구멍이 많이 뚫려 있는 검은 빛깔의 현무암이 분포함	㉣
	용암이 식으며 형성된 단면이 다각형인 기둥 모양의 암석이 있음	㉤

① ㉠   ② ㉡   ③ ㉢   ④ ㉣   ⑤ ㉤

서술형 문제

1 지도를 보고 물음에 답하시오.

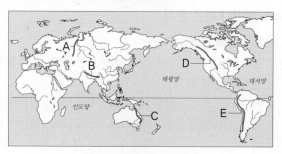

(1) 지도의 A~E 산맥의 이름을 쓰시오.

_____

(2) A~E를 신기 습곡 산지와 고기 습곡 산지로 구분하고 특징을 비교하여 서술하시오.

_____

_____

2 사진을 보고 물음에 답하시오.

(가)   (나)

⬆ 촛대바위(강원도 동해)   ⬆ 고수 동굴(충청북도 단양)

(1) (가), (나)의 공통된 지형 형성 과정을 쓰시오.

_____

(2) (가), (나) 지형이 발달한 지역의 생활 모습을 두 가지만 서술하시오.

_____

_____

IV. 다양한 세계, 다양한 문화

01 다양한 문화 지역

지역마다 다른 문화

1. 문화와 문화 지역

(1) 문화: 인간과 환경이 상호 작용하는 과정에서 형성된 공통된 생활 양식

(2) ❶☐☐ ☐☐: 같은 문화 요소를 공유하거나 비슷한 문화 경관이 공통적으로 나타나는 공간적 범위 → 문화 지역은 고정된 것이 아니라 언어, 종교, 민족, 의식주 등의 기준에 따라 달라질 수 있음

2. 세계의 다양한 문화 지역

동아시아 문화 지역	유교와 ❷☐☐ 발달, 한자와 젓가락 사용, 벼농사 발달
동남아시아 문화 지역	다양한 종교·인종·언어 분포, 벼농사 발달, 중국과 인도의 영향을 많이 받음
인도 문화 지역	다양한 종교·인종·언어 분포, 불교와 힌두교의 발상지, 카스트 제도의 영향이 남아 있음
건조 문화 지역	대부분의 주민들이 이슬람교를 믿음, 유목과 오아시스 농업 발달
아프리카 문화 지역	❸☐☐☐ 사막 이남, 부족 단위의 공동체 문화가 남아 있음
유럽 문화 지역	크리스트교 문화 발달, 주로 백인들이 거주, 산업 혁명의 발상지로 일찍 산업화를 이룸
앵글로아메리카 문화 지역	❹☐☐☐☐☐(개신교) 문화 발달, 대부분 영어 사용, 산업이 발달하여 경제 수준이 높음, 인종 구성이 다양함
라틴 아메리카 문화 지역	크리스트교(가톨릭교) 문화 발달, 주로 에스파냐어와 포르투갈어 사용, 원주민·백인·흑인·혼혈족의 문화 형성
오세아니아 문화 지역	유럽인이 개척하여 ❾☐☐ 문화의 영향을 많이 받음, 원주민 문화의 전통이 남아 있음
북극 문화 지역	순록 유목, 추운 기후에 적응한 독특한 생활 양식이 나타남

⬆ 세계의 문화 지역

문화의 지역 차

1. 자연환경에 따른 문화 차이

의복 문화	• 특징: ❻☐☐에 적응하기 위한 형태로 발달 • 사례: 열대 지역에서는 통풍이 잘되는 얇은 옷을 입음, 건조 지역에서는 온몸을 감싸는 긴 옷 입음, 한대 지역에서는 추위로부터 몸을 보호하는 두꺼운 옷을 입음
음식 문화	• 특징: 자연환경의 차이로 발달하는 농업 방식, 생산되는 음식 재료가 다양함 → 지역에 따라 다양한 조리 방식과 먹는 방법 발달 • 사례: 계절풍 기후 지역에서는 ❼☐☐, 서늘하고 건조한 지역에서는 밀, 고산 지역에서는 감자 또는 옥수수가 주식임
주거 문화	• 특징: 주변에서 쉽게 구할 수 있는 재료를 이용하여 만든 가옥, 지역의 기후 환경을 극복할 수 있는 가옥 구조 발달 • 사례: 열대 지역의 개방형 가옥, 사막 지역의 흙집, 유목 지역의 이동식 가옥, 냉대 지역의 통나무집, 한대 지역의 얼음집 등

2. 경제·사회적 환경에 따른 문화의 지역 차

(1) 경제 수준에 따른 문화의 지역 차

① 경제 수준이 ❽☐은 지역: 높은 건물, 넓은 도로, 상점 등이 밀집한 경관과 현대적인 의식주 생활 모습이 나타남

② 경제 수준이 ❾☐은 지역: 오래전부터 전해진 전통적인 생활 양식과 문화 경관을 유지하는 경우가 많음

(2) 종교에 따른 문화의 지역 차

크리스트교	• 십자가를 세운 교회나 성당에 모여 기도함 • 부활절에 달걀을 나누어 먹음
이슬람교	• 둥근 지붕과 뾰족한 탑의 모스크 • ❿☐☐고기와 술을 금기시하여 먹지 않고, 할랄 식품만 먹음 • 하루에 다섯 번씩 성지인 메카를 향해 기도함
힌두교	• 지역마다 다른 신을 모시는 사원이 있음 • ⓫☐를 숭배하여 소고기를 먹지 않음, 갠지스강에서 몸을 씻는 종교 의식을 행함
불교	• 사찰, 불상, 불탑, 승려 등을 볼 수 있음 • '부처님 오신 날'에 연등 행사를 함

⬆ 크리스트교　　⬆ 이슬람교　　⬆ 불교

02 세계화와 문화 변용

●● 문화 변용과 지역 변화

1. 문화 접촉과 ⑫□□ □□

문화 접촉	지리적으로 인접한 지역의 서로 다른 문화가 지속적으로 만나는 현상
문화 전파	한 지역의 문화가 다른 지역으로 이동하거나 주변으로 퍼져나가는 현상

2. 문화 전파에 따른 문화 변용

(1) ⑬□□ □□: 서로 다른 문화를 가진 집단 사이에 문화 접촉과 문화 전파가 일어나면서 한쪽 또는 양쪽의 문화에 변화가 나타나는 현상

(2) 문화 변용의 유형

문화 공존	서로 다른 문화가 함께 존재함
문화 ⑭□□	하나의 문화가 남고 다른 문화는 사라짐 ⑩ 필리핀 사람들은 에스파냐와 미국의 영향으로 대부분 크리스트교를 믿음
문화 융합	서로 다른 문화가 만나 새로운 문화가 만들어짐

●● 세계화와 문화 변용

1. 문화의 세계화: 교통·통신의 발달로 지역 간 교류가 늘고 세계화는 과거에 비해 넓은 지역에서 빠르게 진행됨 → 음식, 의복, 음악 등 다양한 분야의 문화가 빠르게 확산

2. 세계화에 따른 문화의 ⑮□□□: 한 지역의 문화가 다른 지역에서 비슷하게 나타나거나 전 세계적으로 같은 문화를 공유하는 현상 → 커피 전문점의 확산

3. 세계화에 따른 문화 ⑯□□: 세계화에 따라 확산된 문화가 각 지역의 특성에 맞게 지역 문화와 섞이는 현상 → 지역별로 특화된 햄버거와 피자, 돌침대 등

03 문화의 공존과 갈등

●● 서로 다른 문화의 공존

1. ⑰□□□ 현상: 한 지역 안에 다양한 문화가 나타나는 현상, 서로 다른 문화의 상호 작용으로 새로운 문화 형성

2. 서로 다른 문화가 공존하는 지역

⑱□□□	독일계·프랑스계·이탈리아계 국민이 독일어·프랑스어·이탈리아어·로만슈어를 공용어로 사용
싱가포르	다양한 민족과 종교의 공존, 영어·중국어·말레이어·타밀어 등 네 가지 언어를 공용어로 사용
말레이시아	말레이계·중국계·인도계 등 여러 민족으로 구성, 이슬람교·불교·힌두교 등 다양한 종교가 공존
미국	유럽계 백인, 아프리카계 흑인, 라틴 아메리카 및 아시아 이주민, 원주민 등이 다양한 문화를 이룸
캐나다	'다문화주의'를 정책 이념으로 선택 → 모자이크 사회 지향

●● 서로 다른 문화 간 갈등

1. ⑲□□ □□: 자신만의 문화를 상대에게 강요하거나 주장하면서 대립과 갈등이 발생 → 주로 민족, 종교, 언어와 관련

2. 문화 갈등이 발생하는 지역

종교 갈등	• 팔레스타인 지역: ⑳□□□를 믿는 이스라엘과 이슬람교를 믿는 팔레스타인 간의 갈등 • 카슈미르 지역: 힌두교를 믿는 인도와 이슬람교를 믿는 파키스탄 간의 갈등 • 스리랑카: 불교 신자인 싱할라족과 힌두교 신자인 타밀족 간의 갈등
언어 갈등	• 벨기에: 네덜란드어를 사용하는 북부 지역과 프랑스어를 사용하는 남부 지역 간의 갈등 • 캐나다 퀘벡주: 주로 프랑스어를 사용하는 퀘벡주의 분리 독립 요구

정답 확인하기

❶ 문화 지역	❷ 불교	❸ 사하라	❹ 크리스트교
❺ 유럽	❻ 기후	❼ 쌀	❽ 높
❾ 낮	❿ 돼지	⑪ 소	⑫ 문화 전파
⑬ 문화 변동	⑭ 동화	⑮ 획일화	⑯ 융합
⑰ 다문화	⑱ 스위스	⑲ 문화 갈등	⑳ 유대교

스스로 점검하기

맞은 개수	이렇게 해봐
10개 이하	본책으로 돌아가 복습해봐!
11 ~ 15개	틀린 문제의 답을 다시 확인하고 **100점 도전 실전 문제**를 풀도록 해!
16 ~ 20개	자신감을 가지고 **100점 도전 실전 문제**를 풀어봐. 학교 시험 100점 도전!

01 다양한 문화 지역

01 밑줄 친 ㉠~㉢에 대한 설명으로 옳지 않은 것은?

㉠ 인간과 환경이 상호 작용하는 과정에서 형성된 공통된 생활 양식을 ㉡ 문화라고 한다. 세계 여러 지역은 저마다 독특한 문화를 이루고 살지만, ㉢ 지리적으로 가까운 지역은 오랜 기간 접촉하고 교류하면서 비슷한 문화가 나타나기도 한다. 이처럼 ㉣ 같은 문화 요소를 공유하거나 유사한 문화 경관이 나타나는 공간적 범위를 문화 지역이라고 한다. 문화 지역은 ㉤ 고정된 것으로 언어, 종교, 의식주 등의 기준에 따라 구분한다.

① ㉠   ② ㉡   ③ ㉢   ④ ㉣   ⑤ ㉤

100점이 코 앞!

02 지중해 지역에 분포하는 A, B 국가에 대한 옳은 설명을 〈보기〉에서 고른 것은?

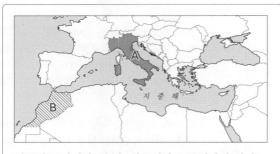

지중해는 아시아, 유럽, 아프리카로 둘러싸인 바다로, 지중해 주변에는 다양한 문화가 나타난다. 지중해의 북쪽은 크리스트교와 유럽 문화가 나타나며, 남쪽은 이슬람교와 아랍어, 그리고 유목 중심의 이슬람 문화가 나타난다.

┤보기├
ㄱ. B의 주민들은 대부분 유목 생활을 한다.
ㄴ. A는 유럽 문화 지역, B는 건조 문화 지역이다.
ㄷ. A는 이슬람교, B는 크리스트교 문화 지역에 속한다.
ㄹ. A, B 지역은 공통적으로 지중해성 기후가 나타난다.

① ㄱ, ㄴ   ② ㄱ, ㄷ   ③ ㄴ, ㄷ
④ ㄴ, ㄹ   ⑤ ㄷ, ㄹ

[03~04] 지도는 세계의 문화 지역을 나타낸 것이다. 이를 보고 물음에 답하시오.

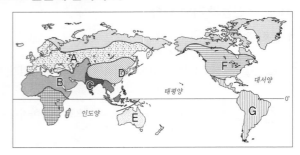

03 A~G 문화 지역과 관계 깊은 종교를 옳게 연결한 것을 〈보기〉에서 고른 것은?

┤보기├
ㄱ. 힌두교 – A 문화 지역
ㄴ. 이슬람교 – B 문화 지역
ㄷ. 유대교 – C, D 문화 지역
ㄹ. 크리스트교 – E, F, G 문화 지역

① ㄱ, ㄴ   ② ㄱ, ㄷ   ③ ㄴ, ㄷ
④ ㄴ, ㄹ   ⑤ ㄷ, ㄹ

04 A~G 문화 지역에 대한 설명으로 옳은 것은?
① A는 다신교를 신봉하며 다양한 언어를 사용한다.
② B 지역 주민들은 유목 생활을 주로 하며, 이슬람교를 믿는다.
③ C는 한자 문화권으로 벼농사가 널리 이루어진다.
④ E는 D로부터 문화가 전파되어 언어와 종교가 형성되었다.
⑤ F와 G는 대부분 영어를 사용하며, 산업이 발달하여 경제 수준이 높다.

05 밑줄 친 '이곳'에 해당하는 문화 지역은?

이곳은 문자로는 한자 문화 지역에 속하고, 식사 도구로는 젓가락 문화 지역에 속하며, 사회 제도 형성에 영향을 준 사상 측면에서는 유교 문화 지역에 속한다. 또한 불교로부터 건축이나 조각, 회화 등 전통문화에 깊은 영향을 받았다.

① 유럽 문화 지역   ② 인도 문화 지역
③ 아프리카 문화 지역   ④ 동아시아 문화 지역
⑤ 동남아시아 문화 지역

06 자연환경의 영향을 받아 형성된 문화 경관의 사례로 보기 <u>어려운</u> 것은?

① 유목 지역 사람들은 주로 이동식 가옥에서 산다.

② 여름철에 고온 다습한 동남아시아에서는 벼농사를 짓는다.

③ 라틴 아메리카의 고산 지대에서는 감자와 옥수수를 재배한다.

④ 덥고 건조한 사막 지역 사람들은 통풍이 잘되는 짧은 옷을 입는다.

⑤ 한대 기후 지역 사람들은 짐승의 털이나 가죽으로 만든 두꺼운 옷을 입는다.

07 지역마다 전통 의복 문화가 다르게 나타나는 이유로 가장 적절한 것은?

① 지역 간에 교류가 확대되었기 때문이다.

② 기후, 지형 등 자연환경이 다르기 때문이다.

③ 다른 지역의 의복 문화에 영향을 받기 때문이다.

④ 지역마다 기술과 경제 수준의 차이가 나기 때문이다.

⑤ 세계화에 따라 문화가 빠른 속도로 확산되기 때문이다.

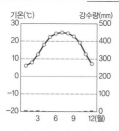

08 기후 그래프가 나타나는 지역에서 볼 수 있는 문화 경관으로 보기 <u>어려운</u> 것은?

① 지붕의 경사가 급한 가옥

② 벽이 두껍고 창문이 작은 흙집

③ 밀과 대추야자를 주식으로 하는 주민들

④ 온몸을 감싸는 헐렁하고 긴 옷을 입은 사람들

⑤ 가축을 몰고 물과 풀을 찾아 이동하는 유목민

09 지도는 주식 작물의 종류에 따라 지역을 구분한 것이다. A 지역의 음식 문화에 대한 설명으로 옳은 것은?

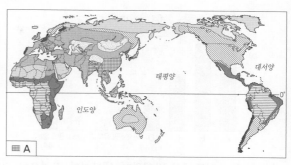

① 돼지고기와 술을 먹지 않고 채식을 주로 한다.

② 벼농사가 발달하여 다양한 쌀 요리가 나타난다.

③ 옥수수로 토르티야를 만들어 음식을 싸 먹는다.

④ 비타민 섭취를 위해 날고기와 날생선을 주로 먹는다.

⑤ 밀로 빵을 만들고 포크와 나이프를 사용해 식사를 한다.

10 제시된 사진을 통해 알 수 있는 문화의 특성으로 옳은 것을 〈보기〉에서 고른 것은?

┤ 보기 ├

ㄱ. 자연환경의 차이로 의복 문화가 다르다.

ㄴ. 문화 경관은 지역에 따라 다르게 나타난다.

ㄷ. 문화 경관은 지역 간 교류에 의해 변화한다.

ㄹ. 경제 수준의 차이에 의해 주거 문화가 달라진다.

① ㄱ, ㄴ   ② ㄱ, ㄹ   ③ ㄴ, ㄷ

④ ㄴ, ㄹ   ⑤ ㄷ, ㄹ

11 그래프는 세계의 종교별 인구 비율을 나타낸 것이다. A~D 종교에 대한 설명으로 옳은 것은?

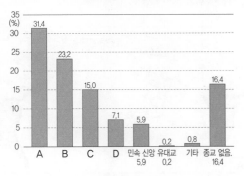

① A는 인도에서 발생하여 동아시아 지역으로 전파되었다.
② B는 아메리카와 오세아니아에 전파되어 영향을 주었다.
③ C는 인도의 민족 종교로 여러 신을 숭배하는 다신교이다.
④ D는 유일신을 섬기며 건조 지역에 신자가 많다.
⑤ 카슈미르 지역에서는 A와 B 간의 갈등이 심하다.

12 ㉠ 문화 지역에 대한 설명으로 옳은 것은?

> ○○ 기업은 2011년부터 할랄(Halal) 전용 생산 시설을 갖추고 '할랄 ◇라면'을 생산하여 사우디아라비아, 파키스탄, 인도네시아 등 (㉠) 문화 지역의 국가들에 수출하였다. 이곳에 수출되는 라면은 국내 유통되는 제품과 맛은 비슷하지만 고기 성분 대신 고기 맛을 내는 버섯, 콩 등의 식재료를 사용한다.

① 불상과 불탑이 대표적인 문화 경관이다.
② 하루에 다섯 번씩 성지인 메카를 향해 기도한다.
③ 사람들은 십자가를 세운 교회와 성당에서 기도를 한다.
④ 강가에서 목욕하고 기도하는 종교 의식이 자주 행해진다.
⑤ 주민들은 소를 숭배하여 소고기를 식재료로 사용하지 않는다.

[13~14] 지도는 세계의 종교 분포를 나타낸 것이다. 이를 보고 물음에 답하시오.

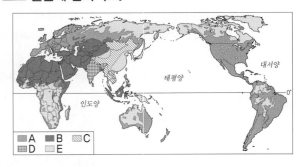

13 다음 내용과 관계 깊은 종교 지역은?

> 지역마다 다른 신을 모시는 사원을 볼 수 있으며, 소를 숭배하여 길거리에 소가 누워 있는 모습도 일상적이다. 또 갠지스강을 신성하게 여겨 이곳에서 목욕하는 것이 종교 의식 중의 하나이다.

① A   ② B   ③ C   ④ D   ⑤ E

14 ㈎~㈐와 같은 종교 경관이 주로 나타나는 지역을 지도에서 골라 옳게 연결한 것은?

(가)

(나)

(다)

	(가)	(나)	(다)
①	A	B	C
②	A	D	D
③	B	A	C
④	B	C	E
⑤	C	A	D

02 세계화와 문화 변용

[15~16] 다음 내용을 보고 물음에 답하시오.

> 문화가 전파되면서 원래의 모습이 변형되는 현상이 나타나는데, 이러한 현상을 (㉠)(이)라고 한다. (㉠)의 원인은 문화가 처음 시작된 지역과 새롭게 전파된 지역의 자연환경이나 경제·사회적 환경이 서로 다르기 때문이다. ㉡ 음식 문화가 전파되는 과정에서 음식의 재료나 조리 방식이 지역의 자연환경이나 고유문화를 반영하여 변형되는 것은 (㉠)의 대표적인 사례이다.

15 ㉠에 해당하는 문화 현상은?

① 문화 접촉　　　　② 문화 전파
③ 문화 동화　　　　④ 문화 변용
⑤ 문화의 획일화

16 밑줄 친 ㉡의 사례로 옳은 것을 〈보기〉에서 고른 것은?

> ┤보기├
> ㄱ. 열대 과일을 듬뿍 넣은 하와이의 피자
> ㄴ. 빵 대신 밥으로 만든 이탈리아의 햄버거
> ㄷ. 밀 대신 쌀 면을 이용한 베트남의 쌀국수
> ㄹ. 소고기를 넣지 않은 서남아시아의 햄버거

① ㄱ, ㄴ　　　② ㄱ, ㄷ　　　③ ㄴ, ㄷ
④ ㄴ, ㄹ　　　⑤ ㄷ, ㄹ

17 밑줄 친 ㉠, ㉡과 관계 깊은 문화의 특성을 옳게 연결한 것은?

> 피자는 이탈리아에서 기원하여 전 세계로 퍼진 음식으로 ㉠ 오늘날에는 세계 어디서나 쉽게 먹을 수 있다. 피자는 각 지역의 음식 문화와 섞여 다양한 형태로 나타나는데, ㉡ 우리나라에서는 불고기, 쌀, 김치 등을 이용한 불고기 피자가 판매되고 오스트레일리아에서는 캥거루 고기를 넣은 피자가 만들어졌다.

	㉠	㉡
①	문화 융합	문화 갈등
②	문화 융합	문화 획일화
③	문화 갈등	문화 획일화
④	문화 획일화	문화 갈등
⑤	문화 획일화	문화 융합

잘 나와!

18 유럽 문화가 전파되어 새로운 문화가 형성된 지역만을 지도에서 있는 대로 고른 것은?

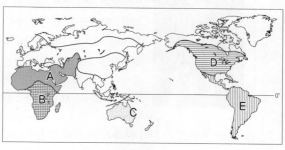

① A, C　　　② B, C　　　③ A, D, E
④ B, C, E　　⑤ C, D, E

[19~20] 그림은 서로 다른 두 문화가 상호 작용하여 변화하는 현상을 나타낸 것이다. 이를 보고 물음에 답하시오.

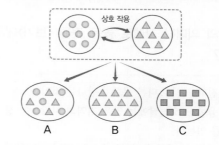

19 위 그림에 대한 설명으로 옳지 않은 것은?

① A~C는 모두 문화 융합에 해당한다.
② A는 서로 다른 두 문화가 함께 존재하는 문화 현상이다.
③ B는 하나의 문화는 남고 다른 문화는 사라지는 문화 현상이다.
④ C는 두 문화가 만나 새로운 문화가 만들어지는 문화 현상이다.
⑤ 지역 간 문화 전파로 외부에서 새로운 문화가 들어오면서 A~C의 현상이 나타난다.

20 위 그림의 A~C 중 다음 내용이 해당하는 것만을 있는 대로 고른 것은?

> 탱고는 유럽에서 아르헨티나로 건너온 사람들이 흑인들의 음악과 리듬, 율동에 영향을 받아 발생시킨 춤이다. 브라질은 화려하고 정열적인 춤인 삼바로 유명한데, 삼바는 아프리카에서 이주한 사람들의 아픔을 달래 주던 것에서 시작되었다.

① A　② B　③ C　④ A, B　⑤ B, C

21 자료를 통해 알 수 있는 문화의 특성은?

 천주교의 성모상은 보통 흰 옷에 하얀 베일을 쓴 백인이 주를 이루지만 에스파냐의 영향으로 가톨릭교를 믿는 멕시코에서는 원주민의 외모를 닮은 검은 머리, 갈색 피부의 성모상을 만들었다.

① 문화 전파로 기존의 문화가 파괴되었다.
② 문화는 다른 지역에 원형 그대로 전파된다.
③ 외래문화가 기존 문화에 동화되어 사라졌다.
④ 문화는 수용 과정에서 형태가 바뀌기도 한다.
⑤ 가톨릭교의 성모상은 어느 지역에서나 동일한 모습이다.

22 문화 현상의 의미나 사례로 옳은 것을 〈보기〉에서 고른 것은?

┤보기├
ㄱ. 문화 전파 – 서로 다른 문화가 만나는 것이다.
ㄴ. 문화 융합 – 오늘날에는 많은 지역의 사람들이 청바지를 입는다.
ㄷ. 문화 동화 – 필리핀 사람들은 에스파냐와 미국의 영향으로 대부분 크리스트교를 믿는다.
ㄹ. 문화 공존 – 우리나라로 전파된 불교, 유교, 크리스트교는 우리 문화의 일부를 이루고 있다.

① ㄱ, ㄴ   ② ㄱ, ㄷ   ③ ㄴ, ㄷ
④ ㄴ, ㄹ   ⑤ ㄷ, ㄹ

---

03 문화의 공존과 갈등

23 다음 내용과 가장 관계 깊은 국가는?

이 나라는 독일어, 프랑스어, 이탈리아어, 로만슈어를 공용어로 사용한다. 따라서 공공 기관의 모든 문서를 네 가지 공용어로 각각 발행하고, 언어별 인구에 비례하여 공무원을 채용하며, 모든 학교에서 주로 사용하는 언어 외에 다른 언어를 하나 이상 배우도록 의무화하는 등 다양한 노력을 기울이고 있어 언어 갈등이 거의 나타나지 않는다.

① 미국   ② 스위스   ③ 싱가포르
④ 캐나다   ⑤ 말레이시아

---

24 자료의 A 국가에 대한 설명으로 옳지 않은 것은?

 도시 국가인 A는 인도양과 태평양 사이에 있다. 1819년 영국의 식민지가 되었으며 1959년 영국으로부터 내부적인 자치권을 인정받았다. 또한 1963년 말레이시아 연방에 포함되었다가 1965년 말레이시아에서 독립하였다.

① 영어를 유일한 공용어로 사용한다.
② 서로 다른 문화가 한 지역 안에서 공존하고 있다.
③ 해상 교역로에 위치하여 일찍 무역항으로 성장하였다.
④ 불교, 힌두교, 크리스트교, 이슬람교의 문화 경관을 볼 수 있다.
⑤ 말레이계, 인도계, 영국계, 중국계 등 다양한 민족이 살고 있다.

🖋 100점이 코앞!

25 자료가 나타내는 지역의 갈등과 관련된 종교를 옳게 짝지은 것은?

 1차 세계 대전 이후 유대인들이 팔레스타인 사람들이 사는 땅으로 들어오기 시작하면서 갈등이 시작되었다. 유대인들이 이스라엘을 세운 뒤 땅을 점차 넓혀가자, 팔레스타인 사람들은 자신이 살던 땅을 빼앗겼다. 팔레스타인 사람들은 이스라엘의 지배에 대항하고 있으며, 이스라엘은 팔레스타인에 앙갚음하기 위한 공격을 가하고 있다.

① 불교와 힌두교   ② 힌두교와 이슬람교
③ 유대교와 이슬람교   ④ 유대교와 크리스트교
⑤ 이슬람교와 크리스트교

26 ㉠에 공통으로 들어갈 언어는?

> 캐나다의 다른 지역에서는 주로 영어를 사용하지만 퀘벡주에서는 주민의 80% 이상이 (㉠)를 사용하고 있으며, 도로 표지판이나 상점의 간판도 (㉠)로 쓰여진 것이 많다.

① 독일어   ② 프랑스어   ③ 에스파냐어

④ 이탈리아어   ⑤ 네덜란드어

27 밑줄 친 '이 나라'를 지도에서 고른 것은?

> 이 나라는 네덜란드어, 프랑스어, 독일어 3개의 공용어를 사용하는 국가이다. 인구의 60%는 네덜란드어를, 나머지 40%는 프랑스어를 사용하고 독일어는 1% 미만의 국민만이 사용한다. 언어권이 분리되어 있어 네덜란드어를 사용하는 북부의 플랑드르 지방과 프랑스어를 사용하는 남부의 왈롱 지방 사이의 갈등이 심각하다.

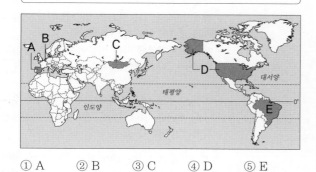

① A   ② B   ③ C   ④ D   ⑤ E

28 다음은 유네스코 세계 문화 다양성 선언의 일부이다. 이와 관계 깊은 용어를 〈보기〉에서 고른 것은?

> 문화는 시·공간을 통해 다양한 형태로 모습을 드러낸다. 이러한 다양성은 인류를 구성하고 있는 집단과 사회의 독특하고도 다원적 정체성으로 구현된다. 자연에는 생물의 다양성이 요구되듯이, 인류에게는 교류와 혁신과 창조성의 원천으로서 문화의 다양성이 요구된다.

> ┤보기├
> ㄱ. 다문화주의   ㄴ. 문화 사대주의
> ㄷ. 문화 상대주의   ㄹ. 자문화 중심주의

① ㄱ, ㄴ   ② ㄱ, ㄷ   ③ ㄴ, ㄷ

④ ㄴ, ㄹ   ⑤ ㄷ, ㄹ

서술형 문제

1 (가), (나)와 같은 가옥 문화가 나타나는 지역의 기후 및 산업을 서술하시오.

(가)	(나)

_____

_____

_____

2 그림을 보고 물음에 답하시오.

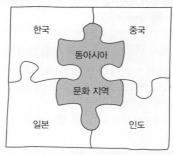

(1) 제시된 문화 요소를 기준으로 같은 문화 지역에 해당하는 국가를 골라 이름을 써보자.

> • 종교   • 언어   • 의식주

_____

(2) (1)의 국가들의 문화적 공통점을 세 가지만 서술하시오.

_____

_____

_____

V 지구 곳곳에서 일어나는 자연재해

01 자연재해 발생 지역

●● 자연재해의 의미와 종류

1. **❶◻◻◻◻의 의미**: 인간과 인간 활동에 피해를 주는 자연 현상

2. **자연재해의 종류**
   (1) 지각 변동에 의한 재해: 화산 활동, 지진, 지진 해일 등
   (2) **❷◻◻에 의한 재해**: 풍수해, 가뭄, 폭설, 우박, 해일, 안개, 토네이도, 폭염, 한파 등

●● 지각 변동에 의한 재해가 자주 발생하는 지역

1. 화산 활동과 지진

의미	❸◻◻ 활동	지구 내부에서 암석이 녹아 만들어진 마그마가 지각의 갈라진 틈이나 약한 부분을 뚫고 나와 분출하는 현상
	지진	지구 내부의 힘이 지표면에 전달되면서 땅이 흔들리거나 갈라지는 현상
원인		지구의 표면은 여러 개의 ❹◻◻◻으로 구성되어 있는데 지각판이 서로 충돌하거나 분리될 때 생기는 충격으로 발생함
주요 발생 지역		지각판의 경계 부근 ⑩ ❺◻◻◻◻ 조산대, 알프스·히말라야 조산대

2. 지진 해일: 바다 밑에서 ❻◻◻이나 화산 활동이 발생하면서 그 충격이 전달되어 일어나는 거대한 파도

특징	• 매우 빠른 속도로 진행됨 • 발생 지점으로부터 수천 km 떨어진 곳까지 영향을 줌 • 바닷물이 높은 파도와 함께 해안으로 밀려오면서 해안 지역에 큰 피해를 줌
주요 발생 지역	화산 활동과 지진이 잦은 인도양과 태평양 일대

●● 기상에 의한 재해가 자주 발생하는 지역

1. **홍수**: 하천이나 호수가 범람하여 사람들의 생활 터전이 물에 잠기는 등의 피해를 입는 현상
   (1) 원인
   ① 비가 단기간에 집중적으로 내리거나 장기간에 지속적으로 내릴 경우
   ② 고산 지역에서 겨울철에 쌓였던 눈이 봄철에 녹아 갑자기 강으로 흘러들 경우
   ③ 건조 지역에서 일시적으로 비가 내릴 경우에도 발생
   (2) **주요 발생 지역**: 큰 강의 하류 및 저지대, 열대 ❼◻◻◻이 자주 통과하는 지역, 아시아의 계절풍 기후 지역 등 ⑩ 방글라데시

2. **가뭄**: 오랫동안 비가 내리지 않아 물이 부족하고 땅이 메마른 현상

특징	• 진행 속도가 느리지만 피해 지역이 넓고 장기간에 걸쳐 점점 악화됨 • 계절풍의 영향을 받는 우리나라의 경우 가을부터 이듬해 봄까지 강수량이 적어 가뭄이 듦 → 봄철 가뭄은 농작물에 큰 피해를 줌
주요 발생 지역	❽◻◻ 기후 지역과 그 주변에서 비가 적게 내리는 시기에 발생 ⑩ 사헬 지대

3. **열대 저기압**: 열대 지역의 해상에서 발생하여 중위도 지역으로 이동하면서 강한 바람과 많은 비를 동반하는 저기압

특징	• 따뜻한 해수면 위를 이동하면서 세력이 점점 커지지만, 육지나 차가운 해수면 위를 이동하면서 세력이 약해지거나 소멸됨 • 발생하는 지역에 따라 이름이 다름 ⑩ 태풍(북태평양), 허리케인(대서양), ❾◻◻◻◻(인도양) • 태풍은 주로 여름철에서 초가을 사이에 우리나라 부근을 지나며, 일 년에 2~3개 정도가 직접적인 영향을 줌
주요 발생 지역	동부 및 동남아시아 해안 지역, 남아시아 해안 지역, 북아메리카 해안 지역, 오스트레일리아 북동부 해안 지역 등

4. **폭설**: 짧은 기간 동안 많은 양의 ❿◻이 내리는 현상 → 겨울철에 습한 공기가 많이 유입되는 지역에서 자주 발생함

02 자연재해와 주민 생활

●● 지각 변동에 의한 재해와 주민 생활

1. **지진의 영향**
   (1) **지진으로 인한 피해**: 짧은 시간에 넓은 지역에 피해 → 건물과 도로가 붕괴, 화재·산사태·지진 해일 동반
   (2) **지진에 적응하는 주민 생활**: 지진이 잦은 일본의 전통 가옥은 목조 가옥이며, 현대식 고층 건축물은 내진 설계를 의무화함

2. 화산 활동의 영향

부정적	• 용암, 화산재가 분출하여 각종 시설물과 농경지, 삼림을 덮치고 재산과 인명에 피해를 끼침 • 화산재가 퍼지면서 햇빛을 차단하여 기온을 낮추고 시야를 흐리게 하여 항공기 운항에 지장을 줌
긍정적	• ⑪□□□가 쌓여 만들어진 토양은 비옥하여 농업 활동에 도움이 됨 • 화산 지형과 온천을 이용한 관광 산업이 발달함 • 땅속의 열에너지를 이용해 지열 발전을 함

●● 기상에 의한 재해와 주민 생활

1. 홍수의 영향

부정적	• 하천 주변 저지대에 위치한 가옥이 물에 잠김 • 산사태가 일어나는 등 인명과 재산 피해가 큼
긍정적	• 한꺼번에 많은 물을 공급하여 ⑫□□을 해소함 • 토양에 영양분을 공급하여 땅을 비옥하게 만듦

2. 가뭄의 영향: 농업 활동이 어려워지고 식량과 물이 부족해 ⑬□□이 발생하기도 함 ◑ 사헬 지대

3. 열대 저기압의 영향

부정적	• 집중 호우로 홍수, 산사태 발생 • 강한 바람으로 시설물이 파괴됨
긍정적	• 무더위를 식혀주고 가뭄을 해소함 • 바닷물을 뒤섞어 ⑭□□ □□을 완화함

4. 폭설의 영향

(1) 폭설로 인한 피해: 가옥 및 건축물 붕괴, 도로와 항공 교통 마비

(2) 폭설에 적응하는 주민 생활

① 가옥 구조의 특징: ⑮□□의 경사를 급하게 만들고, 고립될 때를 대비한 구조가 발달함

② 관광 산업 발전: 스키장, 눈 축제 ◑ 일본의 삿포로

03 자연재해 대응 방안

●● 자연재해 대응 방안

1. 인간 활동과 자연재해: 인간의 활동에 따라 자연재해에 의한 피해가 증가하거나 감소하기도 함

(1) 인간 활동으로 증가하는 홍수 피해

① 무분별한 ⑯□□ 개발로 숲이 사라지고 포장된 지표 면적이 증가하면서 빗물이 토양에 흡수되지 못하고 하천으로 빠르게 흘러듦

② 곡류 하천을 직선화하면 하천의 유속이 빨라져 하류 지역에 홍수 피해가 발생함

(2) 인간 활동으로 증가하는 사막화 피해

① 사막화: 사막 주변의 초원 지역이 사막과 같은 상태로 변화하는 현상

② 오랜 가뭄이 주요 원인이지만 과도한 목축이나 농경지 개발, 삼림 벌채, 관개 농업 등 인간 활동으로 가속화됨

③ 사하라 사막 남쪽의 ⑰□□ □□, 중앙아시아의 초원, 중국의 내륙, 오스트레일리아의 내륙 등에서 주로 발생함

2. 자연재해의 대응 방안

(1) ⑱□□□ □□에 의한 재해 대응 방안

지진	정밀한 예보 체계 구축, 내진 설계 강화 등
화산 활동	지속적인 화산 관측, 용암이 거주 지역을 덮치지 않도록 인공 벽이나 인공 하천 만들기 등

(2) ⑲□□에 의한 재해 대응 방안

홍수와 가뭄	다목적 ⑳□ 건설, 배수 시설 정비, 숲을 잘 가꾸어 녹색 댐으로 활용하기 등
열대 저기압	이동 경로 예측, 시설물 관리, 갯벌 보존 등
폭설	제설 장비 확보, 교통 대책 마련 등

정답 확인하기

❶ 자연재해	❷ 기상	❸ 화산	❹ 지각판
❺ 환태평양	❻ 지진	❼ 저기압	❽ 건조
❾ 사이클론	❿ 눈	⑪ 화산재	⑫ 가뭄
⑬ 난민	⑭ 적조 현상	⑮ 지붕	⑯ 도시
⑰ 사헬 지대	⑱ 지각 변동	⑲ 기상	⑳ 댐

스스로 점검하기

맞은 개수	이렇게 해봐
10개 이하	본책으로 돌아가 복습해봐!
11 ~ 15개	틀린 문제의 답을 다시 확인하고 **100점 도전 실전 문제**를 풀도록 해!
16 ~ 20개	자신감을 가지고 **100점 도전 실전 문제**를 풀어봐. 학교 시험 100점 도전!

01 자연재해 발생 지역

01 자연재해에 대한 설명으로 옳은 것을 〈보기〉에서 고른 것은?

┤보기├
ㄱ. 피해의 정도는 인간의 활동과 관련이 없다.
ㄴ. 풍수해, 가뭄, 폭설, 해일, 폭염, 한파 등이다.
ㄷ. 지구 온난화의 영향으로 발생 빈도가 줄었다.
ㄹ. 인간과 인간 활동에 피해를 주는 자연 현상이다.

① ㄱ, ㄴ   ② ㄱ, ㄷ   ③ ㄴ, ㄷ
④ ㄴ, ㄹ   ⑤ ㄷ, ㄹ

02 다음 내용과 관계 깊은 자연재해만을 〈보기〉에서 있는 대로 고른 것은?

지구 표면은 여러 개의 지각판으로 구성되어 있는데, 지구 내부의 에너지에 의해 지각판이 움직이면서 서로 충돌하거나 분리될 때 생기는 충격으로 땅이 흔들리거나 약해진 지각의 틈으로 용암이 분출된다.

┤보기├
ㄱ. 지진   ㄴ. 가뭄   ㄷ. 홍수
ㄹ. 폭설   ㅁ. 화산 활동   ㅂ. 열대 저기압

① ㄱ   ② ㄱ, ㅁ   ③ ㄴ, ㄷ, ㄹ
④ ㄱ, ㄹ, ㅂ   ⑤ ㄱ, ㄴ, ㄷ, ㅁ

03 지도에 표시된 지역에 대한 설명으로 옳지 <u>않은</u> 것은?

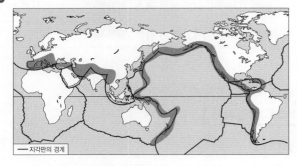

—— 지각판의 경계

① 화산 활동이 활발하다.
② 지각이 안정되어 있다.
③ 지진이 자주 발생한다.
④ 판과 판의 경계 부근이다.
⑤ 세계적인 조산대로 지각 변동이 일어난다.

[04~05] 지도는 지각 변동에 의한 재해의 분포를 나타낸 것이다. 이를 보고 물음에 답하시오.

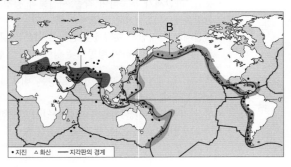

• 지진   △ 화산   —— 지각판의 경계

04 A, B 지역에 대한 설명으로 옳은 것은?

① A는 '불의 고리'라고 불린다.
② A는 지각판의 가운데에 위치한다.
③ A는 필리핀, 뉴질랜드로 이어진다.
④ B에는 우리나라, 중국, 일본이 속한다.
⑤ B는 태평양의 가장자리를 따라 분포한다.

05 A, B 지역에서 자주 발생하는 자연재해의 피해에 해당하는 것을 〈보기〉에서 고른 것은?

┤보기├
ㄱ. 적조 현상을 일으킨다.
ㄴ. 지구의 열 균형을 무너뜨린다.
ㄷ. 산사태나 지진 해일을 동반하기도 한다.
ㄹ. 용암이 분출하여 농경지, 삼림을 덮친다.

① ㄱ, ㄴ   ② ㄱ, ㄹ   ③ ㄴ, ㄷ
④ ㄴ, ㄹ   ⑤ ㄷ, ㄹ

06 자료가 나타내는 자연재해에 대한 설명으로 옳지 <u>않은</u> 것은?

1단계 해저에서 지진이나 화산 활동에 의한 충격으로 파도가 발생함.

2단계 파도가 빠른 속도로 퍼져 나감.

3단계 해안에 가까워지면 파도의 속도는 느려지지만 높이가 점점 높아져 해일이 발생함.

① 매우 빠른 속도로 진행된다.
② 해안 지역에 큰 피해를 준다.
③ 단층 운동 등으로 높은 파도가 발생한다.
④ 주로 인도양과 태평양 일대에서 발생한다.
⑤ 발생 지점으로부터 멀리 떨어진 곳에는 영향을 주지 않는다.

07 자연재해와 개념이 옳게 연결된 것을 〈보기〉에서 고른 것은?

┤보기├
ㄱ. 가뭄 – 오랫동안 비가 내리지 않아 물이 부족하고 땅이 메마른 현상
ㄴ. 지진 – 바다 밑의 단층 운동으로 그 충격이 전달되어 일어나는 거대한 파도
ㄷ. 지진 해일 – 지구 내부의 힘이 지표면에 전달되면서 땅이 흔들리거나 갈라지는 현상
ㄹ. 화산 활동 – 땅속 마그마가 지각의 갈라진 틈이나 약한 부분을 뚫고 나와 분출하는 현상

① ㄱ, ㄴ   ② ㄱ, ㄷ   ③ ㄱ, ㄹ
④ ㄴ, ㄹ   ⑤ ㄷ, ㄹ

잘 나와!

08 홍수에 대한 설명으로 옳지 <u>않은</u> 것은?

① 하천이나 호수가 범람하여 생활 터전이 물에 잠기는 현상이다.
② 비가 단기간에 집중적으로 내리거나 장기간에 지속적으로 내리는 경우 발생한다.
③ 북극해 연안에서는 봄철에 눈이 녹은 물이 갑자기 강으로 흘러들 경우에 발생한다.
④ 열대 저기압이 자주 통과하는 지역이나 큰 강의 하류 및 저지대에서 자주 발생한다.
⑤ 바다 밑에서 지진이나 화산 활동이 발생하면서 그 충격이 전달되어 발생하는 것이다.

09 A에 들어갈 자연재해로 옳은 것은?

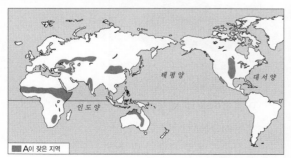

■ A이 잦은 지역

① 가뭄   ② 지진   ③ 폭설
④ 화산 활동   ⑤ 지진 해일

10 사진과 관련된 자연재해에 대한 설명으로 옳은 것을 〈보기〉에서 고른 것은?

┤보기├
ㄱ. 진행 속도가 느리다.
ㄴ. 피해 지역이 넓고 장기간에 걸쳐 악화된다.
ㄷ. 계절풍의 영향을 받아 우리나라에서는 여름철에 집중적으로 나타난다.
ㄹ. 큰 강의 하류 및 저지대, 열대 저기압이 자주 통과하는 지역에서 자주 발생한다.

① ㄱ, ㄴ   ② ㄱ, ㄷ   ③ ㄴ, ㄷ
④ ㄴ, ㄹ   ⑤ ㄷ, ㄹ

100점이 코앞!

11 제시된 자연재해들의 공통점으로 옳은 것은?

• 태풍   • 허리케인   • 사이클론

① 열대성 고기압이다.
② 동부 및 동남아시아에서 불리는 명칭이다.
③ 적도 부근에서 형성되어 중위도 지역으로 이동한다.
④ 차가운 해수면 위를 이동하면서 세력이 점점 커진다.
⑤ 주로 늦가을에서 초봄 사이에 우리나라 부근을 지난다.

12 사진의 자연재해에 대한 설명으로 옳은 것은?

① 적도 부근의 해상에서 자주 발생한다.
② 지각판의 경계 부근에서 자주 발생한다.
③ 동남아시아 해안 지역에서 자주 발생한다.
④ 오스트레일리아 북동부 해안 지역에서 자주 발생한다.
⑤ 겨울철에 습한 공기가 많이 유입되는 지역에서 자주 발생한다.

02 자연재해와 주민 생활

13 지도에 표시된 지역에서 공통적으로 유리한 발전 양식은?

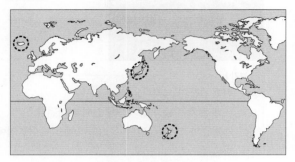

① 지열 발전　　　② 조력 발전
③ 조류 발전　　　④ 수력 발전
⑤ 파력 발전

14 제시된 지역에 대한 설명으로 옳은 것만을 〈보기〉에서 있는 대로 고른 것은?

| • 일본 | • 칠레 | • 필리핀 |

┤보기├
ㄱ. 지각 변동에 의한 자연재해가 자주 발생한다.
ㄴ. 독특한 화산 지형을 이용한 관광 산업이 발달하기도 한다.
ㄷ. 화산 활동이 잦아 농사짓기가 어렵고 식량과 물이 부족하다.
ㄹ. 세계적으로 눈이 많이 내리는 지역으로 해마다 눈 축제를 연다.

① ㄱ, ㄴ　　② ㄱ, ㄷ　　③ ㄱ, ㄴ, ㄷ
④ ㄱ, ㄴ, ㄹ　　⑤ ㄱ, ㄴ, ㄷ, ㄹ

잘 나와!
15 화산 활동의 영향으로 옳지 <u>않은</u> 것은?
① 온천을 이용할 수 있다.
② 화산재가 쌓여 토양이 비옥해진다.
③ 화력 발전소가 입지하기에 유리하다.
④ 화산재로 인해 항공기 운항에 지장을 준다.
⑤ 독특한 화산 지형을 활용한 관광 산업이 발달한다.

16 사진이 나타내는 자연재해의 부정적인 영향으로 옳은 것은?

① 토양이 황폐해진다.
② 사막화가 가속화된다.
③ 시야가 흐려 항공 교통이 마비된다.
④ 지진 해일이 일어나 인명 피해가 발생한다.
⑤ 저지대의 가옥과 도로, 농경지가 물에 잠긴다.

17 다음에서 나타내는 자연재해의 긍정적인 영향으로 옳은 것은?

나일강은 주기적으로 범람하여 비옥한 평야를 형성했다. 그 덕분에 나일강을 중심으로 세계 4대 문명 중 하나인 이집트 문명이 발달할 수 있었다.

① 온천욕을 즐길 수 있게 한다.
② 비옥한 화산회토가 형성돼 농업에 유리하다.
③ 용암이 각종 시설물과 농경지, 삼림을 덮친다.
④ 토양에 영양분을 공급하여 땅을 비옥하게 만든다.
⑤ 생태계가 파괴되고 산사태가 발생해 재산 피해가 일어난다.

18 A 지역에 대한 설명으로 옳은 것은?

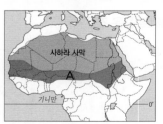

① 지진이 자주 발생한다.
② 사이클론의 영향을 받는다.
③ 집중 호우로 홍수가 발생했다.
④ 오랜 가뭄으로 토양이 황폐해졌다.
⑤ 하천 범람으로 고대 문명이 발생했다.

19 ㉠에 들어갈 자연재해의 영향으로 옳은 것을 〈보기〉에서 고른 것은?

(㉠)은 해수면의 온도가 높고 대기가 따뜻하여 공기 중에 수증기가 많은 해상에서 잘 발생하며, 30m/s 이상의 강풍과 많은 비를 동반하여 인명과 재산 피해를 끼친다.

┤보기├
ㄱ. 바닷물을 뒤섞어 적조 현상을 완화한다.
ㄴ. 집중 호우로 홍수나 산사태가 발생할 수 있다.
ㄷ. 건물이 붕괴되고 화재와 지진 해일을 동반한다.
ㄹ. 농업 활동이 어려워지고 식량과 물이 부족해 난민이 발생한다.

① ㄱ, ㄴ 　　 ② ㄱ, ㄷ 　　 ③ ㄴ, ㄷ
④ ㄴ, ㄹ 　　 ⑤ ㄷ, ㄹ

20 사진이 나타내는 자연재해의 영향으로 옳은 것은?

① 지진 해일을 동반한다.
② 가뭄 피해가 더욱 심각해진다.
③ 화산재가 퍼지면서 햇빛을 차단한다.
④ 강한 바람으로 인해 시설물이 파괴된다.
⑤ 토양이 황폐해지고 식량과 물이 부족해 난민이 발생한다.

100점이 코 앞!

21 열대 저기압의 긍정적인 영향으로만 짝지은 것은?
① 가뭄 해소, 홍수 발생
② 산사태 발생, 해일 발생
③ 적조 현상 강화, 농경지 침수
④ 가뭄 해소, 지구의 열 균형 유지
⑤ 선박 및 양식장 피해, 적조 현상 완화

22 다음 두 지역의 사례를 보고 알 수 있는 점으로 가장 적절한 것은?

• 연 강설량이 314㎝에 이르는 캐나다의 퀘벡은 매년 눈을 활용한 윈터 카니발을 개최한다.
• 폭설이 자주 발생하는 일본의 삿포로에서는 매년 눈 축제가 열리고 스키장을 찾는 사람들로 붐빈다.

① 자연재해는 주민 생활에 부정적인 영향만 준다.
② 폭설이란 짧은 기간 동안 많은 양의 우박이 내리는 현상이다.
③ 폭설에 적응하고 자연환경을 잘 이용하면 관광 산업을 발전시킬 수 있다.
④ 폭설은 겨울철 습한 공기가 많이 유입되는 아열대 기후 지역에서 자주 발생한다.
⑤ 폭설이 자주 내리는 지역에서는 고립될 때를 대비하여 지붕의 경사를 완만하게 만든다.

23 자연재해의 영향과 주요 발생 지역을 정리한 내용으로 옳지 <u>않은</u> 것은?

구분		영향	주요 발생 지역
①	지진	건물과 도로 붕괴	환태평양 조산대
②	홍수	생태계 파괴, 저지대 침수	아시아의 계절풍 기후 지역
③	가뭄	농업 활동이 어려워짐, 식량과 물 부족	사헬 지대
④	폭설	항만 시설, 선박, 양식장에 피해를 줌	동남아시아 해안 지역
⑤	화산 활동	용암, 화산재가 각종 시설물과 농경지를 덮침	환태평양 조산대

24 제시된 자연재해들의 공통점으로 옳은 것만을 〈보기〉에서 있는 대로 고른 것은?

• 지진　　　 • 가뭄　　　 • 화산 활동

┤보기├
ㄱ. 넓은 지역에 피해를 준다.
ㄴ. 관광 산업 발달에 도움이 된다.
ㄷ. 도로 및 항공 교통에 지장을 준다.
ㄹ. 짧은 시간 동안 빠른 속도로 진행된다.

① ㄱ　　　 ② ㄱ, ㄴ　　　 ③ ㄱ, ㄴ, ㄷ
④ ㄴ, ㄷ, ㄹ　　　 ⑤ ㄱ, ㄴ, ㄷ, ㄹ

03 자연재해 대응 방안

25 인간 활동과 자연재해에 대해 옳지 <u>않은</u> 설명을 한 학생은?

① 가희: 자연재해의 피해 정도는 인간 활동에 따라 달라져.

② 나희: 산업화, 도시화로 자연재해의 발생은 잦아지고 있어.

③ 다희: 포장된 지표 면적이 증가함에 따라 홍수 피해가 증가하고 있어.

④ 라희: 하천을 인위적으로 직선화하면 하류 지역에 홍수가 발생하기도 해.

⑤ 마희: 도시화로 지표의 녹지 면적이 감소하면 빗물이 하천으로 곧장 유입되어 홍수를 막을 수 있어.

26 ㉠, ㉡에 들어갈 내용으로 옳은 것을 〈보기〉에서 고른 것은?

> 브라질 쿠리치바는 대표적인 생태 도시로, 주민 1인당 녹지 면적이 세계 보건 기구(WHO)가 권장하는 양보다 4배 이상 넓다. 쿠리치바의 녹지 공간 확보는 대부분 홍수 조절과 배수 처리에 관련된다. 홍수 피해가 자주 일어나는 하천 주위를 깊이 파서 호수와 도랑을 만들고 그 주변에 습지를 만들어 _____㉠_____
> 또한 상습 침수 지역에는 _____㉡_____

> ┤ 보기 ├
> ㄱ. ㉠ – 유량을 조절하였다.
> ㄴ. ㉠ – 빗물이 빠르게 하천으로 유입되도록 했다.
> ㄷ. ㉡ – 도로와 건물을 건설하였다.
> ㄹ. ㉡ – 주변에 나무를 심는 정책을 시행하였다.

① ㄱ, ㄴ ② ㄱ, ㄷ ③ ㄱ, ㄹ
④ ㄴ, ㄷ ⑤ ㄷ, ㄹ

27 홍수 피해를 증가시키는 인간 활동으로 옳은 것을 〈보기〉에서 고른 것은?

> ┤ 보기 ├
> ㄱ. 녹색 댐 조성 ㄴ. 생태 하천 정비
> ㄷ. 곡류 하천 직선화 ㄹ. 무분별한 도시 개발

① ㄱ, ㄴ ② ㄱ, ㄷ ③ ㄱ, ㄹ
④ ㄴ, ㄷ ⑤ ㄷ, ㄹ

[28~29] 자료는 아프리카 지역에서 발생하고 있는 현상에 대한 것이다. 이를 보고 물음에 답하시오.

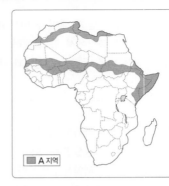

A 지역의 전체 인구 1억 4,500만 명 중에 기아에 시달리는 사람은 2,020만 명이다. 영양실조에 처한 5세 미만 어린이는 약 500만 명이다.

28 A 지역에서 피해가 큰 현상에 대한 설명으로 옳은 것은?

① 발생 지역에 따라 이름이 다르다.
② 강한 바람과 집중 호우를 동반한다.
③ 하천의 물이 범람하여 농경지가 침수된다.
④ 초원이 사막처럼 변해 토양이 황폐해진다.
⑤ 화산재가 분출하여 농경지, 삼림을 덮친다.

29 A 지역에서 일어나는 현상이 심각해진 원인으로 옳은 것만을 〈보기〉에서 있는 대로 고른 것은?

> ┤ 보기 ├
> ㄱ. 인구 감소 ㄴ. 과도한 목축
> ㄷ. 농경지 개발 ㄹ. 지구 온난화에 의한 홍수

① ㄱ, ㄴ ② ㄴ, ㄷ ③ ㄱ, ㄴ, ㄷ
④ ㄱ, ㄴ, ㄹ ⑤ ㄱ, ㄴ, ㄷ, ㄹ

🖊 100점이 코앞!

30 ㉠, ㉡에 들어갈 용어를 옳게 연결한 것은?

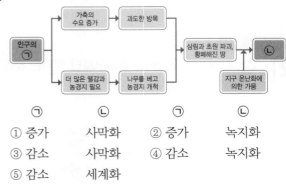

	㉠	㉡		㉠	㉡
①	증가	사막화	②	증가	녹지화
③	감소	사막화	④	감소	녹지화
⑤	감소	세계화			

31 신문 기사가 나타내는 자연재해의 피해를 줄이기 위한 노력으로 옳지 <u>않은</u> 것은?

> **○○ 신문**
>
> 2015년 4월 네팔의 수도 카트만두 근처에서 리히터 규모 7.8의 강진이 발생하였다. 이로 인해 2만 6,000여 명의 사상자가 발생하였다. 또한 세계에서 가장 높은 에베레스트산의 높이가 약 2.5cm 정도 낮아졌다.

① 과학적인 예측 시스템을 준비한다.
② 내진 설계 및 소방 설비를 철저히 한다.
③ 평소 주민들을 상대로 대피 훈련을 실시한다.
④ 재해 발생 이후의 복구 체계를 사전에 마련한다.
⑤ 갯벌과 늪 등 습지를 잘 보존하고 가꾸도록 한다.

32 홍수 피해를 줄이기 위한 방안으로 적절하지 <u>않은</u> 것은?

① 홍수터를 만든다.
② 다목적 댐을 건설한다.
③ 숲을 잘 가꾸어 녹색 댐으로 활용한다.
④ 빗물 처리장 같은 배수 시설을 정비한다.
⑤ 아스팔트로 포장된 지표의 면적을 늘린다.

잘 나와!

33 자연재해의 대응 방안으로 옳지 <u>않은</u> 것은?

	자연재해	대응 방안
①	지진	대피 훈련 실시
②	폭설	제설 장비 확보
③	가뭄	다목적 댐 건설
④	화산 활동	지속적인 화산 관측
⑤	열대 저기압	인공 벽이나 인공 하천 건설

서 술 형 문제

1 밑줄 친 곳들에서 지진과 화산 활동이 활발하게 일어나는 이유를 서술하시오.

> 지진과 화산 활동은 유라시아 대륙의 알프스산맥과 히말라야산맥을 잇는 <u>알프스·히말라야 조산대</u>와 태평양의 가장자리를 따라 이어지는 <u>환태평양 조산대</u>에서 활발하게 일어난다.

2 화산 활동이 주민 생활에 미치는 긍정적 영향에 대해서 사진을 참고하여 <u>두 가지만</u> 서술하시오.

3 사진이 나타내는 자연재해에 대응하기 위한 방안을 <u>두 가지만</u> 쓰시오.

열대 지역의 해상에서 발생하여 중위도 지역으로 이동하는 저기압이 나타날 때의 위성 사진이다.

Ⅵ 자원을 둘러싼 경쟁과 갈등

01 자원의 특성과 자원 갈등

●● 자원의 의미와 특성

1. 자원의 의미
- (1) 자원: 인간에게 쓸모가 있고 기술적으로 개발할 수 있으며 ❶□□□ 가치가 있는 모든 것
- (2) 좁은 의미의 자원: ❷□□□□
- (3) 넓은 의미의 자원: 천연자원 + 인적 자원 + 문화적 자원

2. 자원의 특성
- (1) ❸□□□: 고르게 분포하지 않고 일부 지역에 분포함
- (2) 유한성: 대부분 매장량이 한정되어 있음
- (3) 가변성: 자원의 가치는 시대와 장소 등에 따라 변화함

●● 자원의 분포와 소비

에너지 자원	❹□□	• 서남아시아의 페르시아만 지역에 많이 매장됨, 편재성이 매우 큼 • 현재 세계에서 가장 많이 소비하는 에너지 자원으로 우리나라, 일본, 유럽의 많은 국가가 대부분 수입에 의존함
	석탄	• 중국, 미국, 인도 등 고루 분포함 • 중국, 인도 등에서 소비량이 많음
물 자원		• 지역적으로 불균등하게 분포함 • 생활용수, 농업용수, 수력 발전 등에 이용됨
식량 자원	쌀	• 고온 다습한 아시아 계절풍 기후 지역에서 주로 생산됨 • 생산지에서 대부분 소비되어 국제 이동량이 적음
	❺□	• 서늘하거나 건조한 곳에서도 잘 자라 세계적으로 널리 재배되고 있음 • 소비 지역이 널리 분포하여 국제 이동량이 많음

●● 자원을 둘러싼 경쟁과 갈등

1. 자원 갈등의 발생 원인
- (1) 수요 증가: 인구 증가와 경제 발전으로 자원 수요 증가
- (2) 공급 불안정: 자원 생산국의 정책 변화, 자연재해, 자원 민족주의 강화 등에 의해 공급이 감소하기도 함

2. 자원을 둘러싼 경쟁과 갈등
- (1) 석유 자원을 둘러싼 경쟁과 갈등
- ① 수입국과 보유국 간의 갈등: 석유를 안정적으로 공급받기를 원하는 수입국과 석유를 보유한 국가 간 갈등 발생
- ② 석유 소유권을 둘러싼 갈등: 석유 매장지가 여러 국가에 걸쳐 있거나 경계가 분명하지 않은 ❻□□에 있는 경우 주변국 간의 갈등이 발생
- (2) 물 자원을 둘러싼 경쟁과 갈등
- ① 원인: 인구가 늘고 산업이 발달하면서 물 소비량이 증가하고 물 자정 능력이 한계에 이름 → 물 부족 문제 발생
- ② ❼□□ □□을 둘러싼 갈등: 하천의 이용을 둘러싸고 상류에 있는 국가와 하류에 있는 국가 간 갈등이 일어남

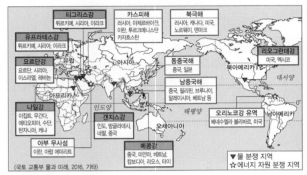

⬆ 세계의 주요 자원 갈등

- (3) 식량 자원을 둘러싼 경쟁과 갈등
- ① 원인: 기후 변화에 따른 농작물 생산량 감소, 인구 증가
- ② 식량 자원을 둘러싼 갈등: 국제 곡물 대기업의 영향력 행사로 자원의 생산과 이동이 원활하지 못한 경우 국가 간 경쟁과 갈등 심화

02 자원과 주민 생활

●● 자원과 주민 생활

1. 풍부한 자원을 바탕으로 부유해진 지역
- (1) ❽□□ □□의 긍정적 영향: 자원을 이용하여 산업을 발달시키거나 자원을 수출하여 소득을 벌어들이면서 경제가 발전하고 주민들의 생활 수준이 향상될 수 있음
- (2) 풍부한 자원을 바탕으로 경제가 성장한 국가

미국, 캐나다, 오스트레일리아	풍부한 자원, 뛰어난 기술력을 바탕으로 경제가 성장함, 산업 구조가 고도화됨
사우디아라비아, 쿠웨이트, 아랍 에미리트	• ❾□□가 중요한 에너지 자원이 되면서 경제가 빠르게 성장함 • 도로, 항만, 공항 등 사회 기반 시설을 확충하고 교육 및 의료에 투자함
❿□□□□	• 북해의 유전이 개발되면서 경제 성장 • 석유로 창출된 부를 국가가 직접 관리하여 복지 정책 등에 사용함

2. 자원이 풍부하지만 어려움을 겪는 지역

(1) **자원 개발의 부정적 영향**: 자원은 풍부하지만 자원에 대한 인식과 자본이 부족하고 기술 수준이 낮은 나라의 경우 주민 생활이 어려워지기도 함, 막대한 외화 유입으로 ⑪□□ □□가 심화됨

(2) 자원은 풍부하지만 어려움을 겪는 국가

⑫□□□□□	• 석유와 천연가스 생산량이 많음 • 자원 개발 이후 빈부 격차 및 갈등이 심화됨 • 석유 생산 및 운송 과정에서 다양한 환경 문제가 발생함
콩고 민주 공화국	• 다양한 광물 자원이 풍부함 • ⑬□□을 많이 생산함 • 자원을 둘러싸고 오랜 기간 내전을 거치면서 주민 생활이 어려워짐 • 열대 우림의 생태 환경이 파괴됨
시에라리온	• ⑭□□□□□ 등의 자원이 풍부하게 매장되어 있음 • 자원 개발로 빈부 격차가 심화되고 내전이 발생함

03 지속 가능한 자원 개발

●● 지속 가능한 자원 개발

1. 자원의 지속 가능한 활용 방안: 자원을 지속 가능하게 사용하기 위해서 재생 불가능한 화석 연료의 사용을 줄여야 함

(1) **자원 절약**: 냉난방 절제, 대중교통 이용, 에너지 소비 효율 등급 표시제 및 탄소 포인트제 등 정책 확충

(2) **신·재생 에너지 개발 및 이용**: ⑮□□ □□를 신·재생 에너지로 대체하기 위한 노력이 전 세계적으로 활발하게 이루어지고 있음 예 수력, 조력, 지열, 풍력, 태양광, 태양열, 폐기물, 바이오 에너지 등

2. 신·재생 에너지의 특징

(1) **장점**: 고갈되지 않고 환경 문제가 적으며 지구상에 고르게 분포함

(2) **단점**: 저장이나 수송이 어려우며 ⑯□□□□의 영향을 크게 받음, 개발 초기에 많은 비용이 발생함, 복잡한 공정이 필요하기도 해 국가별 기술력의 차이에 따라 개발 속도와 공급 비중이 달라짐

3. 세계 여러 지역의 신·재생 에너지

⑰□□ 에너지	유량이 풍부하고 낙차가 큰 하천에서 유리함 예 브라질
조력 에너지	조석 간만의 차가 큰 해안에서 유리함 예 우리나라
지열 에너지	화산 활동이 활발한 지역에서 유리함 예 뉴질랜드, 일본
⑱□□ 에너지	산지, 해안처럼 강한 바람이 지속적으로 부는 지역에서 유리함 예 덴마크
태양광 에너지	사막과 같이 일사량이 많은 지역에서 유리함 예 에스파냐
바이오 에너지	원료를 대량 생산할 수 있는 지역에서 유리함 예 독일

4. 신·재생 에너지 개발의 부작용

수력 에너지	댐 건설로 상류에 수몰 지구 발생, 상류와 하류의 생태계 순환 단절, 수질 오염
⑲□□ 에너지	방조제 건설로 해안 생태계 파괴
지열 에너지	주민들이 사용할 지하수 감소
풍력 에너지	삼림 파괴, 심각한 소음 문제
태양광 에너지	발전 단지 조성으로 삼림 파괴
⑳□□□ 에너지	곡물 가격의 상승으로 인한 식량 부족 문제, 토양 및 수질 오염

【 정답 확인하기 】

❶ 경제적	❷ 천연자원	❸ 편재성	❹ 석유
❺ 밀	❻ 바다	❼ 국제 하천	❽ 자원 개발
❾ 석유	❿ 노르웨이	⑪ 빈부 격차	⑫ 나이지리아
⑬ 콜탄	⑭ 다이아몬드	⑮ 화석 연료	⑯ 자연환경
⑰ 수력	⑱ 풍력	⑲ 조력	⑳ 바이오

【 스스로 점검하기 】

맞은 개수	이렇게 해봐
10개 이하	본책으로 돌아가 복습해봐!
11 ~ 15개	틀린 문제의 답을 다시 확인하고 **100점 도전 실전 문제**를 풀도록 해!
16 ~ 20개	자신감을 가지고 **100점 도전 실전 문제**를 풀어봐. 학교 시험 100점 도전!

실전 문제

01 자원의 특성과 자원 갈등

01 자원에 대한 설명으로 옳지 <u>않은</u> 것은?

① 인간에게 쓸모가 있어야 한다.
② 노동력, 창의력은 인적 자원에 포함된다.
③ 좁은 의미의 자원은 천연자원을 의미한다.
④ 전통, 사회 제도, 예술은 좁은 의미의 자원에 포함된다.
⑤ 기술적으로 개발이 가능할 뿐만 아니라 경제적으로도 가치가 있어야 한다.

02 자원의 특성에 대한 설명으로 옳지 <u>않은</u> 것은?

① 자원은 매장량이 한정되어 있다.
② 자원은 일부 지역에 집중되어 분포한다.
③ 시대와 장소에 따라 자원의 가치가 변하기도 한다.
④ 자원의 가치는 문화적 배경에 따라 변화할 수 있다.
⑤ 과학 기술이 발달해도 자원의 가치는 변하지 않는다.

잘 나와!

03 ㉠, ㉡에 들어갈 자원을 옳게 연결한 것은?

• (㉠)은/는 서남아시아의 페르시아만 지역에 많이 매장된 에너지 자원으로, 우리나라와 일본은 대부분 수입에 의존한다.
• (㉡)은/는 중국, 미국, 인도 등에 고루 분포하는 에너지 자원이다. 제철 공업이나 화력 발전 등에 쓰이는 화석 연료이다.

	㉠	㉡		㉠	㉡
①	석유	석탄	②	석탄	석유
③	석유	철광석	④	석탄	천연가스
⑤	석유	천연가스			

[04~05] 지도는 어떤 자원의 분포와 이동을 나타낸 것이다. 이를 보고 물음에 답하시오.

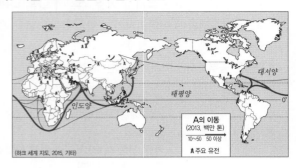

04 A 자원으로 옳은 것은?

① 밀　　② 석유　　③ 석탄
④ 철광석　　⑤ 천연가스

05 A 자원에 대한 설명으로 옳지 <u>않은</u> 것은?

① 지역적인 편재가 심하다
② 국제적으로 이동량이 많다.
③ 제철 공업의 주요 원료로 쓰인다.
④ 세계에서 가장 많이 사용하는 에너지 자원이다.
⑤ 자원 보유국에서 생산량과 가격 조절에 국제적인 영향력을 행사하기도 한다.

06 A 자원에 대한 설명으로 옳은 것을 〈보기〉에서 고른 것은?

| 보기 |
ㄱ. 옥수수이다.
ㄴ. 쌀보다 국제 이동량이 많다.
ㄷ. 생산지에서 대부분 소비된다.
ㄹ. 서늘하거나 건조한 곳에서도 잘 자란다.

① ㄱ, ㄴ　　② ㄱ, ㄷ　　③ ㄴ, ㄷ
④ ㄴ, ㄹ　　⑤ ㄷ, ㄹ

[07~08] 지도는 세계의 주요 자원 분쟁 지역을 나타낸 것이다. 이를 보고 물음에 답하시오.

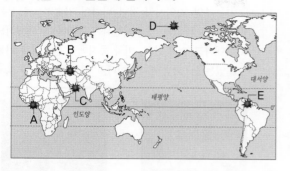

07 다음에서 설명하는 지역을 위 지도에서 고른 것은?

> 이곳은 석유와 천연가스가 풍부하게 매장되어 있다. 따라서 주변에 위치한 국가들은 자국의 이익에 따라 이곳을 바다로 볼 것인지, 호수로 볼 것인지를 놓고 상반된 주장을 펼치고 있다.

① A　　② B　　③ C　　④ D　　⑤ E

08 위 지도의 D 지역에 대한 옳은 설명을 〈보기〉에서 고른 것은?

> **┤ 보기 ├**
> ㄱ. 석유와 천연가스가 풍부하게 매장되어 있다.
> ㄴ. 자원 개발에 따른 환경 오염 문제가 심각하다.
> ㄷ. 물 자원 확보를 둘러싸고 국가 간 분쟁이 발생하였다.
> ㄹ. 자원 매장지의 경계가 불분명하여 주변국 간에 자원 소유권을 둘러싼 갈등이 발생하였다.

① ㄱ, ㄴ　　② ㄱ, ㄹ　　③ ㄴ, ㄷ
④ ㄴ, ㄹ　　⑤ ㄷ, ㄹ

09 다음에서 설명하는 하천을 지도에서 고른 것은?

> 하천 상류에 있는 중국이 물 자원 확보를 위해 댐을 건설하면서 하천 하류의 미얀마, 라오스, 타이, 캄보디아, 베트남 등이 물 부족으로 어려움을 겪고 있다.

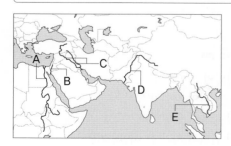

① A　　② B　　③ C　　④ D　　⑤ E

---

02 **자원과 주민 생활**

10 다음에서 설명하는 국가는?

> 북해 유전이 개발되면서 경제가 빠르게 성장한 국가이다. 석유로 창출된 부를 국가가 직접 관리하여 복지 정책 등에 사용하며 모범을 보여 준 자원 강국이다.

① 미국　　　　　　② 캐나다
③ 쿠웨이트　　　　④ 노르웨이
⑤ 아랍 에미리트

11 ⑺에 들어갈 내용으로 옳지 <u>않은</u> 것은?

> 전 세계에서 석유를 가장 많이 수출하고 있는 사우디 아라비아는 　　　　⑺　　　　

① 최근 유목민의 수가 증가하고 있다.
② 전 세계 석유 생산량의 약 13%를 차지하고 있다.
③ 도로, 항만, 공항 등 사회 기반 시설을 확충하였다.
④ 교육 및 의료에 투자하여 국민의 생활 수준을 높였다.
⑤ 외부 세계와의 접촉이 늘어나면서 사람들의 전통적 사고방식이 변화하고 있다.

12 제시된 국가들의 공통점으로 옳은 것을 〈보기〉에서 고른 것은?

> • 나이지리아　　• 시에라리온　　• 콩고 민주 공화국
>
> **┤ 보기 ├**
> ㄱ. 고도화된 산업 구조
> ㄴ. 질 높은 국민의 생활 수준
> ㄷ. 자본 부족과 낮은 기술 수준
> ㄹ. 자원 개발로 인한 빈부 격차 심화

① ㄱ, ㄴ　　② ㄱ, ㄷ　　③ ㄴ, ㄷ
④ ㄴ, ㄹ　　⑤ ㄷ, ㄹ

13 자원과 주민 생활에 대한 설명으로 옳지 **않은** 것은?

① 자원을 둘러싸고 내전이 발생하기도 한다.
② 자원이 풍부한 지역은 모두 경제가 풍요롭다.
③ 자원 개발 이후 빈부 격차가 심화된 지역도 있다.
④ 자원을 이용하여 주민들의 생활 수준을 향상시킬 수 있다.
⑤ 자원 개발로 환경이 오염되어 주민들의 건강이 나빠진 경우도 있다.

03 지속 가능한 자원 개발

14 자원을 지속 가능하게 사용하기 위한 방안으로 적절하지 **않은** 설명을 한 학생은?

① 하나: 냉난방을 절제해야 해.
② 두나: 대중교통을 이용해야 해.
③ 세나: 탄소 포인트제를 실천해야 해.
④ 사나: 에너지 소비 효율 등급 표시제를 적극적으로 활용해야 해.
⑤ 다나: 신·재생 에너지를 화석 연료로 대체하기 위해 활발하게 노력해야 해.

15 ㉠~㉢에 들어갈 내용을 옳게 연결한 것은?

> 신·재생 에너지는 화석 연료를 재활용하거나 태양, 바람, 물, 등의 재생 (㉠)한 자원을 변환하여 이용하는 에너지이다. 고갈되지 않고 환경 문제가 적은 것이 장점이다. 그러나 자연환경의 영향을 (㉡) 받고, 저장이나 수송이 (㉢)는 단점도 있다.

	㉠	㉡	㉢
①	가능	크게	쉽다
②	가능	크게	어렵다
③	가능	작게	어렵다
④	불가능	작게	쉽다
⑤	불가능	작게	어렵다

16 ㉠에 들어갈 신·재생 에너지의 발전 모습은?

> 산지나 해안 지역처럼 강한 바람이 지속적으로 부는 지역에서는 (㉠)를 개발하기 유리하다. 세계적으로는 덴마크, 네덜란드, 미국 등지에서 활발하게 이용하고 있는 신·재생 에너지이다.

17 지도에 표시된 A 에너지를 이용한 발전 시설이 입지할 때 가장 중요하게 고려해야 할 조건은?

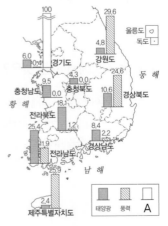

① 일사량이 풍부한가?
② 파도의 힘이 강한가?
③ 화산 활동이 활발한가?
④ 조석 간만의 차가 큰 해안인가?
⑤ 유량이 풍부하고 낙차가 큰 하천인가?

18 밑줄 친 부분에 대한 설명으로 옳은 것만을 〈보기〉에서 있는 대로 고른 것은?

> 사회 신문
>
> ### 세계 최대 수력 발전소 '싼샤 댐'의 명암
>
> 중국의 양쯔강에 건설된 싼샤 댐은 세계적인 수력 발전용 댐이다. 싼샤 댐은 재생 가능한 에너지를 사용하여 화석 연료보다 대기 오염 물질을 적게 배출하며, 홍수를 조절하고 관광지로 이용하는 등 많은 경제적 이익을 주고 있다. 하지만 여러 가지 <u>부정적인 영향</u>도 나타나고 있다.

> ┤ 보기 ├
> ㄱ. 유량 감소로 하천 오염이 증가하였다.
> ㄴ. 주민이 삶의 터전을 잃고 이주하였다.
> ㄷ. 상류와 하류의 생태계 순환이 단절되었다.
> ㄹ. 하천 이용을 둘러싸고 주변국과 분쟁이 발생하였다.

① ㄱ, ㄷ   ② ㄴ, ㄹ   ③ ㄱ, ㄴ, ㄷ
④ ㄴ, ㄷ, ㄹ   ⑤ ㄱ, ㄴ, ㄷ, ㄹ

19 다음에서 설명하는 신·재생 에너지의 특징으로 옳지 않은 것은?

> 옥수수, 사탕수수 등의 생물체와 그 부산물 등이 액체, 가스, 고체 연료나 전기 및 열에너지로 변화한 에너지이다.

① 바이오 에탄올, 바이오 디젤, 바이오 가스 등이 있다.
② 화석 연료보다 많은 온실가스를 배출한다는 부작용이 있다.
③ 연료로 변환하기 위한 공정이 복잡하고 개발에 많은 비용이 든다.
④ 자연에서 얻을 수 있는 자원을 활용하기 때문에 고갈될 염려가 적다.
⑤ 곡물을 원료로 사용하기도 하여 곡물 가격 상승에 따른 식량 부족 문제를 초래한다.

서 술 형 문제

1 쌀이 밀보다 국제 이동량이 적은 이유를 서술하시오.

_____
_____
_____

2 제시된 국가들의 경제가 성장하고 주민 생활이 풍요로워진 이유를 서술하시오.

> • 쿠웨이트   • 사우디아라비아   • 아랍 에미리트

_____
_____
_____

3 사진을 보고 물음에 답하시오.

(1) 사진과 관련된 신·재생 에너지를 쓰시오.

(2) (1)의 발전 양식이 야기하는 부작용을 <u>두 가지만</u> 서술하시오.

_____
_____

시작부터 남다른 한끝

한끝이 반이다

내신 만점과 **실력 향상**이 한 권에

3,200만 권
돌파

• 새 교육 과정에 따른 상세한 교과 내용 정리
• 내신을 대비할 수 있는 풍부한 시험 대비 문제

국어 통합편 / 국어 교과서편 / 국어 문법편 / 사회 / 역사
중등 1~3학년

한·끝·시·리·즈 필수 개념과 시험 대비를 한 권으로 끝! 사회 공부의 진리입니다.

대표전화 1544-0554
주소 서울특별시 구로구 디지털로33길 48 대륭포스트타워 7차 20층
협의 없는 무단 복제는 법으로 금지되어 있습니다.

한·끝·시·리·즈 필수 개념과 시험 대비를 한 권으로 끝! 사회 공부의 진리입니다.

http://book.visang.com/

비상교재 누리집에 방문해보세요

발간 이후에 발견되는 오류 비상교재 누리집 〉 학습자료실 〉 중등교재 〉 정오표
본 교재의 정답 비상교재 누리집 〉 학습자료실 〉 중등교재 〉 정답·해설

ISBN 979-11-6940-080-0
53300

정가 15,500원
품질혁신코드 VS01QI23_6

한 권 으 로 끝 내 기

한끝

시험 전 한끝

중등 **사회 ①-1**

주제 ① 세계를 바라보는 창, 지도

(1) 지도의 원리

① 지도: 지표면의 여러 가지 지리적 현상을 약속된 기호로써 평면에 나타낸 그림으로 실제 공간을 일정한 비율로 줄여서 나타냄

② 지도의 구성 요소

축척	실제 거리를 지도 상에 줄여서 나타낸 비율
방위	동서남북 방향 표시. 방위 표시가 없으면 지도의 위쪽이 북쪽
기호	지표면의 여러 가지 현상을 지도에 간단히 표현하는 약속
등고선	해발 고도가 같은 지점을 연결한 선. 등고선 간격이 넓으면 경사가 완만하고 간격이 좁으면 경사가 급함

(2) 지도의 종류

① 축척에 따른 구분: 좁은 지역을 자세하게 표현한 대축척 지도와 넓은 지역을 간략하게 표현한 소축척 지도

② 사용 목적에 따른 구분

일반도	지표면의 형태와 그 위에 분포하는 일반적인 사항들을 종합적으로 표현한 지도 ◉ 세계 전도, 우리나라 전도, 지세도 등
주제도	특별한 목적에 따라 필요한 내용만 상세하게 나타낸 지도 ◉ 기후도, 인구분포도 등

1 ㉠~㉢에 들어갈 용어를 쓰시오.

(㉠)는 지표면의 여러 가지 지리적 현상을 약속된 기호로써 평면에 나타낸 그림이다. 실제 공간을 일정한 비율로 줄여서 나타낸 것으로 좁은 지역을 자세하게 표현한 (㉡)와 넓은 지역을 간략하게 표현한 (㉢)가 있다.

2 다음에서 설명하는 지도의 구성 요소를 [보기]에서 골라 기호를 쓰시오.

> **보기**
> ㄱ. 기호   ㄴ. 방위   ㄷ. 등고선

① 해발 고도가 같은 지점을 연결한 선 (   )
② 지도에서 동서남북 방향을 나타내는 것 (   )
③ 지표면의 여러 가지 현상을 지도에 간단히 표현하는 약속 (   )

3 주제도에 해당하는 것만을 [보기]에서 있는 대로 골라 기호를 쓰시오.

> **보기**
> ㄱ. 기후도   ㄴ. 지세도   ㄷ. 세계 전도   ㄹ. 인구분포도   ㅁ. 우리나라 전도

주제 ② 공간 규모에 따른 위치 표현

(1) 큰 규모의 위치 표현

① 대륙과 해양 활용: 한 국가의 위치는 대륙과 해양, 주변에 있는 국가를 이용하여 나타낼 수 있음

⑩ 남아프리카 공화국은 아프리카 대륙 남쪽 끝에 위치하며, 동쪽으로는 인도양 서쪽으로는 대서양과 만난다.

② 위도와 경도 활용: 넓은 지역의 위치를 좀 더 정확하게 표현할 수 있음

위도	· 적도(위도 0°)를 기준으로 북위(N)와 남위(S) 각각 90°까지 표현 · 같은 위도를 연결한 가로선을 위선이라고 함
경도	· 본초 자오선(경도 0°)을 기준으로 동경(E)과 서경(W) 각각 180°까지 표현 · 같은 경도를 연결한 세로선을 경선이라고 함

(2) 작은 규모의 위치 표현

① 주소: 행정 구역을 근거로 위치를 나타낸 것으로 각 국가마다 정해진 체계대로 표현, 현재 우리나라는 도로명 주소 체계가 시행되고 있음

② 랜드마크: 지역의 대표적인 장소나 건물 등을 활용하여 위치를 표현할 수 있음

1 ⊙, ⓒ에 들어갈 용어를 쓰시오.

> 우리나라의 위치를 대륙과 해양을 활용하여 표현하면 '(⊙) 대륙의 동쪽에 위치하며 (ⓒ)에 접해 있다.'라고 표현할 수 있다.

2 그림을 보고 A~D의 명칭을 각각 쓰시오.

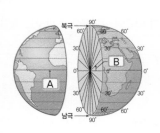
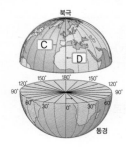

① A ( )
② B ( )
③ C ( )
④ D ( )

3 ⊙에 들어갈 용어를 쓰시오.

> 친구에게 내가 사는 동네를 설명할 때는 '대화역 3번 출구에서 킨텍스 방향으로 걷다 왼편의 대화 중학교 옆에 있다.'와 같이 지역의 대표적인 장소나 건물 등 (⊙)를 활용하여 위치를 표현한다.

주제 ③ 위도와 인간 생활

(1) 위도에 따른 기온 차이

① 발생 원인: 지구가 둥글기 때문에 지역에 따라 햇볕을 받는 양(일사량)에 차이가 발생

② 위도와 기온 분포: 의식주 및 생활 양식, 산업 등 인간 생활에 영향

저위도 지역	햇볕이 수직으로 닿아 기온이 높음. 적도 부근
중위도 지역	비교적 온화한 기후가 나타남
고위도 지역	햇볕이 비스듬히 닿아 기온이 낮음. 극지방

(2) 위도에 따른 계절 차이

① 발생 원인: 지구의 자전축이 23.5° 기울어진 채 공전하기 때문

② 지역별 계절 차이

중위도 지역	· 사계절의 변화가 나타남 · 6~8월: 북반구는 여름, 남반구는 겨울 · 12월~2월: 북반구는 겨울, 남반구는 여름
저위도 지역	일 년 내내 태양열을 많이 받아 기온이 높음
극지방	일 년 내내 태양열을 적게 받아 기온이 낮음, 백야와 극야 현상이 발생함

(3) 계절 차이에 따른 인간 생활

가옥	북반구에서는 주로 남향집, 남반구에서는 주로 북향집을 선호함
농업	남반구와 북반구의 계절이 반대이기 때문에 농작물의 수확 시기가 다름
관광	남반구와 북반구의 계절 차이를 이용한 관광 산업 발달

1 ㉠, ㉡에 들어갈 용어를 쓰시오.

> 지구의 자전축이 (㉠) 기울어진 채 (㉡)하기 때문에 남반구와 북반구는 계절이 서로 반대로 나타난다.

2 우리나라와 계절이 반대로 나타나는 국가는?

① 일본   ② 미국   ③ 프랑스   ④ 아일랜드   ⑤ 뉴질랜드

3 북반구에 해당하면 '북', 남반구에 해당하면 '남'이라고 쓰시오.

① 주민들이 북향집을 선호한다. (   )

② 여름에 크리스마스를 맞이한다. (   )

③ 6월이면 극지방에서 백야 현상이 나타난다. (   )

주제 ④ 경도와 인간 생활

(1) 경도에 따른 시간 차이

① 시차의 발생 원인: 지구가 하루에 한 바퀴씩 서쪽에서 동쪽으로 자전하기 때문 → 경도 15°마다 I시간의 차이 발생

② 표준시: 각 국가나 지방에서 사용하는 통일된 표준 시각

세계	본초 자오선을 기준으로 함 → 동쪽으로 갈수록 빨라지고 서쪽으로 갈수록 늦어짐
우리나라	동경 135°선을 기준으로 함 → 세계 표준시(영국 런던)보다 9시간 빠름

③ 날짜 변경선: 동경 180°선과 서경 180°선이 만나는 선 → 날짜 변경선을 기준으로 24시간의 시차 발생

(2) 시간 차이와 인간 생활

① 시차가 생활에 미치는 영향: 비행기 도착 시간 및 국제 경기의 생중계 시간이 다름. 국제 대회를 앞둔 운동선수들의 시차 적응 훈련 등

② 시차를 활용한 협력: 시차가 큰 두 지역에서 인터넷을 이용해 24시간 업무가 가능 ⑩ 미국 서부와 인도의 소프트웨어 업체 협업

---

1 ㉠~㉤에 들어갈 숫자로 옳지 **않은** 것은?

> 세계 표준시는 경도 (㉠)°를 기준으로 하며, 경도 (㉡)°마다 (㉢) 시간의 시차가 발생한다. 우리나라의 표준 경선은 동경 (㉣)°로, 세계 표준시보다 (㉤) 시간 빠르다.

① ㉠ - 0   ② ㉡ - 15   ③ ㉢ - 1   ④ ㉣ - 130   ⑤ ㉤ - 9

---

2 다음 도시와 영국 런던과의 시차를 [보기]에서 골라 기호를 쓰시오.

┤ 보기 ├
ㄱ. 2시간 느림   ㄴ. 5시간 느림   ㄷ. 2시간 빠름   ㄹ. 5시간 빠름

① 뉴욕(표준 경선 75°W) (   )
② 카이로(표준 경선 30°E) (   )

---

3 다음과 같은 현상이 나타나게 된 원인을 쓰시오.

> • 국제 대회를 앞둔 선수들이 현지에 가서 시차 적응 훈련을 한다.
> • 시차가 큰 두 지역에서는 인터넷을 이용해 24시간 작업을 할 수 있다.

주제 5 세계의 기후 지역 구분

(1) 기후의 의미

  ① 날씨: 짧은 시간 동안 나타나는 대기의 상태

  ② 기후: 여러 해 동안 한 지역에 일정하게 나타나는 대기 상태

기후 요소	기온, 강수량, 바람 등
기후 요인	위도, 육지와 바다의 분포, 지형, 해류 등

(2) 세계의 기온과 강수량 분포

  ① 세계의 기온 분포

위도의 영향	등온선은 대체로 위도와 평행함, 연평균 기온은 적도에서 고위도 지역으로 갈수록 낮아짐
대륙과 해양의 분포에 따른 영향	같은 위도의 지역이라도 대륙이 해양보다 연교차가 큼, 난류와 편서풍의 영향으로 대륙 서안은 대륙의 동안보다 연교차가 작음

  ② 세계의 강수량 분포

위도의 영향	적도 부근과 남·북위 40°~50° 부근은 강수량이 많고, 위도 20°~30°의 남·북회귀선 부근과 극지방은 강수량이 적음
바다의 영향	해안은 강수량이 많고 바다에서 먼 대륙 내부는 강수량이 적음, 같은 해안이라도 난류가 흐르는 지역은 강수량이 많고, 한류가 흐르는 지역은 강수량이 적음
지형과 바람의 영향	산맥의 바람받이 지역은 강수량이 많고, 바람 그늘 지역은 강수량이 적음

1 다음에서 설명하는 용어를 쓰시오.

> 여러 해 동안 한 지역에 일정하게 나타나는 대기의 평균적이고 종합적인 상태를 말한다.

2 ㉠에 들어갈 용어를 쓰시오.

> 세계의 기온 분포에 가장 큰 영향을 주는 기후 요인은 (㉠)로, 적도에서 극지방으로 갈수록 일사량이 줄어들어 연평균 기온이 낮아진다.

3 강수량이 많은 지역과 적은 지역을 [보기]에서 골라 기호를 쓰시오.

> ┤ 보기 ├
> ㄱ. 적도 부근   ㄴ. 바람받이 지역   ㄷ. 바람 그늘 지역
> ㄹ. 남·북위 40°~50°   ㅁ. 남극과 북극 주변   ㅂ. 남·북회귀선 부근

  ① 강수량이 많은 지역 (   )   ② 강수량이 적은 지역 (   )

주제 ⑥ 세계의 다양한 기후

(1) 세계의 다양한 기후

열대 기후	· 적도 부근, 가장 추운 달의 평균 기온 18℃ 이상 · 강수량이 많은 곳에는 밀림이 형성됨 ⓔ 아마존 밀림 등
건조 기후	· 남·북위 20°∼30° 일대, 연 강수량 500mm 미만으로 매우 적음 · 강수량보다 증발량이 많아 식생이 거의 분포하지 않음
온대 기후	· 중위도 지역, 가장 추운 달의 평균 기온이 -3∼18℃ · 기온이 온화하고, 강수량이 풍부함, 사계절의 변화가 비교적 뚜렷함
냉대 기후	· 가장 추운 달의 평균 기온 -3℃ 미만, 가장 더운 달의 평균 기온 10℃ 이상 · 기온의 연교차 크며, 타이가라고 불리는 침엽수림이 분포
한대 기후	· 극지방 부근, 가장 따뜻한 달의 평균 기온 10℃ 미만, 나무가 자랄 수 없을 정도로 기온이 낮음 · 짧은 여름 시기에 일부 지역에서 이끼나 풀이 자람
고산 기후	· 해발 고도가 높은 산지에서 나타나는 기후 ⓔ 안데스산맥의 고산 지대, 아프리카 동부의 고원 지대 · 적도 부근이지만 연중 봄과 같이 온화한 기후가 나타남 → 도시가 발달하여 인구 밀집

(2) 인간 거주에 영향을 미치는 다양한 기후

① 인간 거주에 유리한 기후 조건

냉·온대 기후	사계절이 나타나고, 기온과 강수 조건이 농업 활동에 유리, 상공업과 도시 발달
열대 계절풍 기후	벼농사에 유리하여 사람들이 밀집하여 거주
열대 고산 기후	아프리카 동부의 고원 지대, 남아메리카 안데스산맥의 고산 지대에는 고산 도시 발달

② 인간 거주에 불리한 기후 조건

건조 기후	연 강수량이 부족하여 농업에 부적합하기 때문에 인구도 적은 편 ⓔ 사막 기후 지역
한대 기후	너무 춥기 때문에 농업 활동을 하기 어려워 인구도 적은 편 ⓔ 빙설 기후 지역

---

1 다음에서 설명하는 기후를 [보기]에서 골라 기호를 쓰시오.

┤ 보기 ├
ㄱ. 건조 기후　　　ㄴ. 냉대 기후　　　ㄷ. 온대 기후　　　ㄹ. 한대 기후

① 연 강수량이 500mm 미만으로 강수량보다 증발량이 많다. (　　　)
② 기온의 연교차가 크고 타이가라고 불리는 침엽수림이 분포한다. (　　　)
③ 나무가 자랄 수 없을 정도로 기온이 낮아 인간이 거주하기에 불리하다. (　　　)

2 다음에서 설명하는 기후를 쓰시오.

안데스산맥의 고산 지대, 아프리카 동부의 고원 지대 등과 같이 해발 고도가 높은 산지에서는 연중 봄과 같은 온화한 기후가 나타나 인간 거주에 적합하다.

주제 ⑦ 열대 우림 기후

(1) 열대 우림 기후의 특색

① 기후 특성: 가장 추운 달의 평균 기온이 18℃ 이상으로, 일 년 내내 기온이 높고 강수량이 많아 매우 덥고 습함, 열대성 소나기인 스콜(대류성 강수)이 자주 내림

② 분포: 아프리카 콩고강 유역, 남아메리카의 아마존강 유역, 동남아시아의 인도네시아 등

③ 식생과 토양: 키가 큰 나무와 작은 나무가 어우러져 밀림을 이룸, 토양의 양분이 빈약한 편

(2) 열대 우림 지역의 주민 생활

의생활	가볍고 통풍이 잘 되는 간편한 옷차림
식생활	음식이 쉽게 상하는 것을 방지하기 위해 기름에 튀기거나 향신료를 많이 사용함
주생활	· 단순하고 개방적인 가옥 구조, 벽을 얇게 하고 통풍이 잘 되도록 함 · 지붕의 경사가 급함 ← 강수량이 많기 때문 · 고상 가옥(열기와 습기, 해충의 피해를 막기 위함), 수상 가옥 발달

(3) 열대 우림 지역의 농업

이동식 화전 농업	전통적인 농업 방식, 많은 비로 흙 속의 양분이 빠져 나가 토양이 척박하기 때문, 카사바·얌·옥수수 등을 재배
플랜테이션	선진국의 자본과 기술, 원주민의 노동력을 결합하여 천연 고무·카카오·바나나 등 상품 작물을 대규모로 재배하여 수출

---

1 열대 우림 기후 지역과 관련 있는 것만을 [보기]에서 있는 대로 골라 기호를 쓰시오.

┤ 보기 ├
ㄱ. 열대성 소나기   ㄴ. 오아시스 농업   ㄷ. 간편한 옷차림
ㄹ. 기름에 튀긴 음식   ㅁ. 이동식 화전 농업   ㅂ. 온몸을 감싸는 옷차림

2 ㉠, ㉡에 들어갈 용어를 쓰시오.

열대 우림 지역에서는 강수량이 많기 때문에 비가 내릴 때 쉽게 흘러내리도록 지붕의 경사를 (㉠) 한다. 또한 지표면에서 전달되는 열기와 습기를 피하고, 해충과 뱀이 들어오는 것을 막기 위해 바닥을 지면에서 띄운 (㉡)을 짓는다.

3 다음에서 설명하는 용어를 쓰시오.

선진국의 자본과 기술, 원주민의 노동력을 결합하여 천연 고무·카카오·바나나 등 상품 작물을 대규모로 재배하여 수출하는 농업 방식이다.

주제 ⑧ 온대 기후의 특색

(1) 온대 기후의 특징

① 가장 추운 달의 평균 기온이 -3 ~ 18℃, 중위도 지역을 중심으로 분포

② 계절에 따라 태양 고도가 크게 달라지기 때문에 계절에 따라 기온 차이가 큼

③ 기온이 온화하고 강수량이 풍부하여 인간 활동과 농업 발달에 유리함 → 일찍부터 많은 사람들이 거주하여 상공업과 도시 발달, 세계적인 인구 밀집 지역

(2) 다양한 온대 기후

온대 계절풍 기후	· 분포 지역: 유라시아 대륙 동안과 북아메리카 대륙 동안 등 · 특징: 대륙 동안에 위치하여 계절풍의 영향을 많이 받음. 여름철에는 고온 다습하고, 겨울철에는 한랭 건조한 편. 기온의 연교차가 매우 큰 대륙성 기후가 나타남
서안 해양성 기후	· 분포 지역: 서부 유럽 및 북부 유럽, 북아메리카의 북서 해안과 칠레 남부 해안 등 · 특징: 연중 바다에서 불어오는 편서풍과 난류인 북대서양 해류의 영향으로 기온의 연교차가 작고 계절별 강수량이 고르게 나타남
지중해성 기후	· 분포 지역: 유럽과 북아프리카의 지중해 연안, 미국 캘리포니아 일대 등 · 특징: 여름에는 아열대 고압대의 영향으로 덥고 건조한 날씨가 이어짐. 겨울에는 온대 해양성 기단 및 전선대의 영향으로 온화하고 비교적 많은 비가 내림

1 ㉠, ㉡에 들어갈 용어를 쓰시오.

온대 기후는 주로 (㉠) 지역을 중심으로 분포하며, 기온이 온화하고 강수량이 풍부하여 인간 활동과 농업 발달에 유리하다. 일찍부터 많은 사람들이 거주하여 상공업과 도시가 발달하여 세계적인 인구 (㉡) 지역이다.

2 서안 해양성 기후에 영향을 준 기후 요소와 기후 요인만을 [보기]에서 있는 대로 골라 기호를 쓰시오.

┤ 보기 ├
ㄱ. 계절풍 ㄴ. 편서풍 ㄷ. 북대서양 해류 ㄹ. 아열대 고압대

3 ㉠~㉢에 해당하는 기후를 각각 쓰시오.

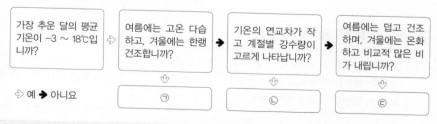

가장 추운 달의 평균 기온이 -3 ~ 18℃입니까?	여름에는 고온 다습하고, 겨울에는 한랭 건조합니까?	기온의 연교차가 작고 계절별 강수량이 고르게 나타납니까?	여름에는 덥고 건조하며, 겨울에는 온화하고 비교적 많은 비가 내립니까?

⇨ 예 ➡ 아니요   ㉠   ㉡   ㉢

주제 9 온대 지역 사람들의 생활

(1) 온대 지역의 주민 생활

온대 계절풍 기후	추위와 더위에 대비한 시설이 발달함 예 우리나라의 전통 가옥은 겨울철 생활 공간인 온돌방과 여름철 생활 공간인 대청을 갖춤
서안 해양성 기후	흐리고 비 내리는 날이 많아 외출 시 가벼운 겉옷 준비. 맑은 날이면 해변이나 공원에서 일광욕을 즐김. 집안의 습기를 제거하고 온도를 높이기 위해 벽난로를 설치하기도 함
지중해성 기후	· 외부의 열기가 집안으로 들어오는 것을 막기 위해 가옥의 벽은 두껍게 창문은 작게 냄 · 가옥 외부를 흰색으로 칠해 햇빛이 흡수되는 것을 줄이기도 함

(2) 온대 지역의 농업

온대 계절풍 기후	· 동부 아시아와 동남아시아: 기온이 높고 강수량이 많은 기후를 이용하여 벼농사가 발달함 → 쌀을 주식으로 하는 음식 문화 발달 · 북아메리카: 밀, 목화 등의 작물을 대규모로 재배
서안 해양성 기후	· 주요 작물: 선선한 여름 날씨에서도 잘 자라는 밀, 호밀, 감자 등을 주로 재배 · 혼합 농업 발달: 일 년 내내 강수량이 고르고 겨울철 기온이 온화하여 목초지 조성에 유리하기 때문 → 곡물 재배와 가축 사육을 동시에 함. 빵과 유류를 즐겨 먹음 · 원예 농업과 낙농업 발달: 대도시 주변 또는 교통이 편리한 곳에서 상업적 농업 발달
지중해성 기후	· 겨울철: 비교적 온난하고 습윤하기 때문에 밀, 귀리, 보리 등의 곡물과 채소 재배 · 여름철: 포도, 올리브, 오렌지, 코르크나무와 같이 뿌리가 깊고 잎이 단단하여 고온 건조한 날씨에 잘 견디는 작물을 재배하는 수목 농업이 이루어짐 → 올리브와 포도를 활용한 파스타와 와인을 즐겨 먹음

1 온대 기후 지역의 주민 생활을 비교한 표이다. ㉠~㉤ 중 옳지 않은 것은?

구분	식생활	주생활
서안 해양성 기후	㉠ 빵과 육류를 즐겨 먹음	㉡ 집안의 습기를 제거하고 온도를 높이기 위해 벽난로를 설치하기도 함
지중해성 기후	㉢ 올리브와 포도를 활용한 파스타와 와인을 즐겨 먹음	외부의 열기가 집안으로 들어오는 것을 막기 위해 ㉣ 가옥의 벽은 두껍게 창문은 작게 만든다. 또한 ㉤ 가옥 외부를 검은색으로 칠해 햇빛이 흡수되는 것을 줄이기도 함

① ㉠   ② ㉡   ③ ㉢   ④ ㉣   ⑤ ㉤

2 ㉠, ㉡에 들어갈 용어를 쓰시오.

지중해성 기후 지역에서는 비교적 온난하고 습윤한 (㉠)에는 밀, 귀리, 보리 등의 곡물과 채소를 재배하고 고온 건조한 (㉡)에는 포도, 올리브 등과 같이 뿌리가 깊고 잎이 단단한 작물을 재배한다.

정답 1 ⑤ 2 ㉠ 겨울철 ㉡ 여름철

주제 ⑩ 건조 기후 지역의 특색과 주민 생활

(1) 건조 기후의 구분

① 사막 기후

특성	연 강수량이 250mm 미만으로 매우 적음. 풀조차 자라지 못하는 사막
주요 분포 지역	· 적도 부근에서 상승한 공기가 하강하는 남·북회귀선 부근 ⑩ 아프리카의 사하라 사막, 오스트레일리아의 그레이트빅토리아 사막 등 · 바다에서 먼 대륙의 내륙 지역 ⑩ 중국의 타클라마칸 사막과 고비 사막 · 한류가 흐르는 해안 지역 ⑩ 칠레의 아타카마 사막

② 스텝 기후: 연 강수량이 250~500mm 미만, 짧은 풀이 자라 초원을 이룸

(2) 사막 기후 지역의 주민 생활

농업	· 오아시스 농업: 물을 구하기 쉬운 오아시스 주변에 마을을 이루고 대추야자, 밀 등을 재배 · 관개 농업: 지하 관개 수로를 통해 물을 끌어와 생활용수로 사용하거나 목화, 밀 등을 재배
의생활	모래 바람과 강한 햇볕으로부터 몸을 보호하기 위해 온몸을 감싸는 헐렁하고 긴 옷을 입음
주생활	· 흙집이나 흙벽돌집 발달 ← 주변에서 재료를 쉽게 구할 수 있음 · 지붕이 평평함 ← 강수량이 적기 때문

(3) 스텝 기후 지역의 주민 생활

① 아시아와 아프리카 등의 스텝 지역: 가축을 데리고 물과 풀을 찾아 이동하는 유목 발달, 가축의 가죽이나 털로 만든 옷을 입고, 조립과 분해가 쉬운 이동식 가옥에 거주

② 아메리카와 오세아니아 등의 스텝 지역: 관개 시설을 확충하여 대규모의 가축 방목 및 밀 재배

---

1 건조 기후를 구분한 표이다. ㉠, ㉡에 들어갈 알맞은 말을 쓰시오.

구분	기후 특성	식생
(㉠)	연 강수량이 250mm 미만	풀조차 자라지 못함
(㉡)	연 강수량이 250~500mm 미만	짧은 풀이 자라 초원을 이룸

2 사막이 주로 분포하는 지역의 대표적인 사례를 각각 쓰시오.

① 대륙의 내륙 지역 ( )
② 남·북회귀선 부근 ( )
③ 한류가 흐르는 해안 지역 ( )

3 건조 기후 지역에서 이루어지는 농업만을 [보기]에서 있는 대로 골라 기호를 쓰시오.

┤ 보기 ├
ㄱ. 유목 ㄴ. 수목 농업 ㄷ. 관개 농업 ㄹ. 오아시스 농업 ㅁ. 이동식 화전 농업

주제 ⑪ 툰드라 지역의 특색과 주민 생활

(1) 툰드라 기후의 특색

① 연중 기온이 낮음: 가장 더운 달의 평균 기온이 10℃ 미만

② 강수량이 적음: 기온이 낮아 증발량이 적기 때문에 지면은 다습한 편

③ 주요 분포 지역: 북극해를 둘러싼 유라시아 대륙 북부와 북아메리카 대륙 북부, 그린란드 주변 해안 지역, 남극해 주변의 섬 등

(2) 툰드라 지역의 모습: 일 년 내내 녹지 않고 얼어 있는 영구 동토층 발달

여름	일 년 중 2~3개월 정도로 짧음. 땅이 녹으면서 풀이나 이끼류가 자람. 백야 현상
겨울	일 년 중 대부분을 차지. 눈과 얼음으로 덮임. 극야 현상

(3) 툰드라 지역의 주민 생활

의생활	동물의 털과 가죽을 활용한 두꺼운 옷을 입음
식생활	순록 유목이나 물고기, 바다표범 등을 사냥함 → 날고기나 날생선을 먹고 남은 것은 냉동, 훈제, 염장하여 저장
주생활	바닥을 지면에서 띄워 지은 고상 가옥이나 구조물이 많음

1 ㉠, ㉡에 들어갈 용어를 쓰시오.

> 툰드라 기후는 가장 더운 달의 평균 기온이 (㉠)℃ 미만으로, 일 년 내내 기온이 낮으며 겨울이 매우 길다. 여름은 일 년 중 2~3개월 정도로 짧고 (㉡) 현상이 나타난다.

2 툰드라 기후 지역에서 볼 수 있는 모습으로 보기 어려운 것은?

① 동물의 털옷을 입은 원주민

② 풀이나 이끼류가 자란 들판

③ 순록을 이끌고 이동하는 유목민

④ 향신료를 넣어 만든 바나나 음식

⑤ 바닥을 지면에서 띄워 지은 고상 가옥

3 다음에서 설명하는 용어를 쓰시오.

> 툰드라 지역의 지표 아래에는 여름에도 녹지 않고 일 년 내내 얼어있는 토양층이 발달하였다. 이 때문에 여름에 지표가 녹아도 물이 지하로 흡수되지 못하고 고여서 연못이나 늪이 형성된다.

주제 ⑫ 산지 지형의 형성

(1) 지형의 형성 작용

구분	지구 내부의 힘	지구 외부의 힘
원인	맨틀의 움직임 → 지각 변동	태양 에너지 → 물과 공기의 순환
특징	융기와 침강, 습곡과 단층, 화산 활동 등 → 대산맥, 고원, 화산 등 대지형 형성	침식, 운반, 퇴적, 풍화 작용 등 → 하천·해안·사막·빙하 지형 등 소지형 형성

(2) 세계의 산지

  ① 습곡 산지

신기 습곡 산지	형성된 지 오래되지 않아 해발 고도가 높고 험준함. 지각이 불안정하여 지진과 화산 활동이 활발함 ⓔ 알프스산맥, 히말라야산맥, 안데스산맥, 로키산맥 등
고기 습곡 산지	오랜 기간 침식을 받아 해발 고도가 낮고 경사가 완만함 ⓔ 우랄산맥, 애팔래치아산맥, 그레이트디바이딩산맥 등

  ② 고원: 해발 고도가 높은 곳에 있지만 지형의 높낮이가 크지 않고 평탄한 지형 ⓔ 티베트(시짱) 고원, 아비시니아 고원 등

  ③ 화산: 땅속 깊은 곳에 있는 마그마가 분출하여 만들어짐 → 지각이 불안정한 지역에 주로 분포 ⓔ 에콰도르의 코토팍시산

---

1 지구 내부의 힘에 의해 형성된 지형은?

① 지층이 구부러지면서 형성된 거대한 산
② 지하의 석회암이 녹아서 형성된 석회동굴
③ 바닷물의 퇴적 작용으로 모래가 쌓여 형성된 모래 해안
④ 하천에 의해 운반된 흙이 하구에 퇴적되어 형성된 삼각주
⑤ 건조 기후 지역에서 바람에 의한 침식 작용으로 형성된 버섯 바위

2 신기 습곡 산지에 해당하는 산맥만을 [보기]에서 있는 대로 골라 기호를 쓰시오.

┌ 보기 ┐
ㄱ. 로키산맥   ㄴ. 우랄산맥   ㄷ. 안데스산맥
ㄹ. 알프스산맥   ㅁ. 히말라야산맥   ㅂ. 애팔래치아산맥

3 ㉠, ㉡에 들어갈 용어를 쓰시오.

해발 고도가 높은 곳에 있지만 지형의 높낮이가 크지 않고 평탄한 지형을 (㉠), 땅속 깊은 곳에 있는 마그마가 분출하여 만들어진 지형을 (㉡)이라고 한다.

정답 1 ① 2 ㄱ, ㄷ, ㄹ, ㅁ 3 ㉠ 고원 ㉡ 화산

주제 ⑬ 산지의 주민 생활

(1) **산지**: 평지에 비해 기온이 낮고 경사진 지형 → 농업 및 거주에 불리
(2) **산지의 이용**
　① 농업: 밭농사, 계단식 농업 발달, 고랭지 채소 재배, 목축업과 낙농업
　② 자원 개발: 지하자원이 풍부한 곳에서는 광업 발달
　③ 관광 산업: 수려한 자연 경관 이용 → 산악 스포츠 및 관광 산업 발달
(3) **산지 지역의 주민 생활**

알프스 산지	·여름에는 더위를 피해 산 위에서 가축을 키우고, 추운 겨울에는 산 아래로 내려와 축사에서 가축을 키우는 이목 발달 → 우유·버터·치즈 생산 ·아름답고 깨끗한 자연환경 → 관광 산업, 스키장 발달
안데스 산지	·고산 도시 발달, 고대 잉카 문명 발상지 ·감자·옥수수 재배, 야마와 알파카 사육
히말라야 산지	·양이나 야크 등을 방목하는 목축업 발달 ·셰르파 등 관광 산업 종사자 비중 증가

1 다음에서 설명하는 산지를 쓰시오.

- 고대 잉카 문명의 발상지
- 보고타, 키토, 라파스 등의 고산 도시 발달
- 감자, 옥수수를 재배하고 야마와 알파카를 사육함

2 산지 지역에서 볼 수 있는 모습으로 옳지 않은 것은?

① 경사지에서 고랭지 채소를 재배하는 모습
② 셰르파가 산악인들에게 길을 안내하는 모습
③ 양과 야크가 경사지에서 풀을 뜯어 먹는 모습
④ 기계를 이용하여 대규모로 밀농사를 짓는 모습
⑤ 알프스 산지에서 관광객들이 스키를 타는 모습

3 다음에서 설명하는 목축의 형태를 쓰시오.

알프스 산지에서는 여름에는 더위를 피해 산 위에 있는 방목지에서 소와 양을 키우고, 추운 겨울에는 산 아래로 내려와 축사에서 가축을 키운다.

주제 14 다양한 해안 지형

(1) 암석 해안: 파랑의 침식 작용으로 형성

해식애	파랑의 침식으로 형성된 해안 절벽
해식 동굴	해안 절벽이 침식을 받으면서 움푹 파여 형성된 동굴
시 스택	해안가에서 암석의 단단한 부분이 침식에 견디어 기둥 모양으로 남은 것 ⑩ 그레이트 오션 로드(오스트레일리아)

(2) 모래 해안: 파랑의 퇴적 작용으로 형성

사빈	모래가 해안가에 쌓여 넓은 모래사장 형성 → 해수욕장으로 이용
해안 사구	해안의 모래가 바람에 날려 형성된 모래 언덕
석호	파도에 의해 운반된 모래가 해안을 따라 길게 쌓여 형성된 사주가 만의 입구를 막아 형성된 호수

(3) 갯벌 해안: 조류의 작용으로 미세한 흙이 퇴적되어 형성. 조차가 큰 해안에서 발달하며 밀물 때 물에 잠기고 썰물 때 육지로 드러남

(4) 피오르 해안과 리아스 해안

피오르 해안	빙하의 침식으로 생긴 골짜기에 바닷물이 들어오면서 형성된 좁고 긴 만. 수심이 깊음 ⑩ 송네 피오르(노르웨이)
리아스 해안	하천의 침식으로 생긴 골짜기에 바닷물이 차올라 형성된 해안. 해안선이 복잡하고 섬이 많음

---

1 다음에서 설명하는 지형과 형성 원인이 같은 것은?

> 해안의 모래가 바람에 날려 형성된 모래 언덕이다.

① 사빈　　② 해식애　　③ 시 스택　　④ 해식 동굴　　⑤ 피오르 해안

2 (가), (나) 지형의 형성 요인을 각각 쓰시오.

(가) 　(나)

(가) (　　　　　)

(나) (　　　　　)

3 다음에서 설명하는 지형을 쓰시오.

- 조류의 작용으로 미세한 흙이 퇴적되어 형성된 지형
- 조차가 큰 해안에서 발달하며 밀물 때 물에 잠기고 썰물 때 육지로 드러나는 지형

주제 15 해안 지역의 주민 생활

(1) **해안의 특징**: 바다와 육지가 만나는 곳으로 내륙에 비해 연교차가 작고 온화하며 다른 지역과의 교류에 유리함 → 전 세계 인구의 약 40%가 해안 지역에 거주

(2) **해안의 기능**

모래 저장 및 육지 보호	해안 사구는 해안 모래의 저장고이자 태풍이나 해일로부터 육지를 보호함
전력 생산	해상 풍력 발전으로 전기 에너지를 생산함
여가와 휴식 공간 제공	아름다운 해변, 섬 등은 여가 활동과 휴식 공간을 제공하고, 다양한 해양 스포츠 활동을 즐길 기회를 제공함
해양 생물의 서식지	해안가의 맹그로브숲은 영양분이 풍부하여 다양한 해양 생물의 산란장 및 서식지가 되고 있음

(3) **해안의 이용**

① **수산업 발달**: 전통적으로 어업과 양식업에 종사하면서 생활

② **교통과 교역의 중심지**: 해상 교통 발달과 국가 간 교류 증가로 대규모 무역항이나 공업 도시로 성장함

③ **관광 산업 발달**: 경치가 아름다운 해안 지역은 관광지로 이용

긍정적 영향	· 인구 증가 및 편의 시설 확대 · 지역 주민의 일자리 창출 및 소득 증대 → 지역 경제 활성화 등의 경제적 효과
부정적 영향	· 휴양지 개발에 따른 해안 지형 및 생태계 파괴, 쓰레기 증가로 인한 환경 오염 · 지역 주민과 관광객과의 문화적 갈등, 외국 문화 유입에 따른 전통문화 소멸 등

1 해안 지역의 특징으로 옳은 설명만을 [보기]에서 있는 대로 골라 기호를 쓰시오.

┤ 보기 ├
ㄱ. 바다와 육지가 만나는 곳 ㄴ. 다른 지역과의 교류에 유리함
ㄷ. 내륙 지역에 비해 연교차가 큼 ㄹ. 전 세계 인구의 약 40%가 거주함
ㅁ. 해상 교통의 중심지에 무역항이 성장함

2 해안의 기능으로 옳지 <u>않은</u> 것은?

① 전력 생산 ② 모래의 저장고 ③ 여가 공간 제공
④ 고랭지 채소 재배지 ⑤ 해양 생물의 서식지

3 해안 지역에 관광 산업이 발달하면서 미친 긍정적·부정적 영향을 각각 <u>두 가지씩</u> 쓰시오.

① 긍정적 영향 (   )
② 부정적 영향 (   )

주제 16 우리나라의 산지와 해안

(1) 우리나라의 지형

① 산지가 많은 지형: 국토의 70%가 산지, 대부분 오랜 침식을 받아 해발 고도가 낮고 경사가 완만함

② 동고서저의 지형: 동쪽이 높고 서쪽으로 갈수록 낮아짐

(2) 돌산과 흙산

돌산	· 화강암으로 이루어진 산 정상부에 바위가 드러나 있음 예 금강산, 설악산, 북한산, 월출산 등 · 수려한 기암괴석을 감상하기 위해 많은 관광객들이 방문
흙산	· 토양으로 두껍게 덮여 있고 오랜 기간 풍화·침식을 받아 완만하고 평탄함 예 지리산, 덕유산 등 · 등반이나 산의 둘레길을 걷는 관광 활동이 이루어짐

(3) 우리나라의 해안

① 우리나라의 서·남해안: 수심이 얕고 해안선이 복잡함

리아스 해안	섬이 많고 만이 발달하여 해안선의 드나듦이 복잡함
다도해	섬이 많고 경관이 아름다워 해상 국립공원으로 지정 예 한려 해상 국립공원 등
갯벌	조차가 크기 때문에 갯벌이 넓게 발달 → 염전·양식장·생태 학습장·머드 축제 등 관광 자원으로 활용

② 우리나라의 동해안: 수심이 깊고 해안선이 단조로움

모래 해안(사빈)	동해로 흐르는 하천이 운반해 온 모래를 파도가 해안을 따라 퇴적하여 형성 → 해수욕장과 관광지로 이용
석호	파도의 퇴적 작용으로 발달한 사주에 의해 만의 입구가 막혀 형성된 호수

1 ㉠, ㉡에 들어갈 용어를 쓰시오.

> 우리나라는 전 국토의 70%가 산지이다. 산지의 대부분은 오랜 (㉠)을 받아 해발 고도가 낮고 경사가 완만하며, 평평했던 땅이 동쪽으로 치우쳐 융기하여 (㉡) 지형이 나타난다.

2 우리나라의 돌산과 흙산의 사례를 각각 두 가지씩 쓰시오.

① 돌산 (   )　　　② 흙산 (   )

3 우리나라의 해안을 비교한 표이다. ㉠~㉢에 들어갈 용어를 쓰시오.

구분	서·남해안	동해안
수심	얕다	(㉠)
조차	(㉡)	작다
해안선	복잡하다	(㉢)

주제 ⑰ 우리나라의 카르스트 · 화산 지형

(1) 우리나라의 카르스트 지형
① 카르스트 지형의 형성: 석회암이 빗물이나 지하수에 용식되어 형성
② 분포 지역: 강원도 남부와 충청북도 북동부 일대
③ 주요 카르스트 지형

돌리네	석회암이 빗물에 녹아 움푹 꺼져 형성된 웅덩이 모양의 지형 → 물이 잘 빠지기 때문에 주로 밭농사에 이용
석회동굴	동굴 내부에 종유석, 석순, 석주 등 발달 → 관광 자원으로 활용 ⑩ 단양의 고수 동굴, 삼척의 환선굴, 울진의 성류굴 등

(2) 화산 활동으로 형성된 제주도
① 제주도의 형성: 여러 차례의 화산 활동으로 형성, 섬 전체가 다양한 화산 지형으로 이루어져 있음
② 제주도의 주요 지형

한라산	현무암질 용암이 분출하여 형성, 정상부를 제외하고는 전체적으로 경사가 완만함, 정상에 화구호인 백록담이 있음
오름	화산의 중턱이나 기슭에 소규모 화산 폭발로 만들어진 작은 화산체로 측화산이라고도 함
주상 절리	용암이 식으면서 다각형 기둥 모양으로 굳어져 형성
용암동굴	용암이 흐를 때 공기와 접하는 표면이 먼저 식어서 굳고, 속에서는 계속 흘러가면서 속이 빈 동굴이 형성 ⑩ 만장굴 등

1 우리나라의 동굴을 비교한 표이다. ㉠~㉣에 들어갈 용어를 쓰시오.

구분	(㉠)	(㉡)
지형	카르스트 지형	화산 지형
형성 원인	(㉢)이 물에 녹는 작용	(㉣)이 식는 속도의 차이
분포 지역	강원도 남부, 충청북도 북동부 일대	제주도
주요 동굴	고수 동굴, 환선굴, 성류굴	만장굴

2 제주도에서 볼 수 <u>없는</u> 지형은?

① 오름　　② 돌리네　　③ 한라산　　④ 용암동굴　　⑤ 주상 절리

3 다음에서 설명하는 제주도의 지형을 쓰시오.

> 현무암질 용암이 분출하여 형성되었으며 정상부를 제외하고는 전체적으로 경사가 완만한 편이다. 정상에 화구호인 백록담이 있다.

정답 1 ㉠ 석회동굴 ㉡ 용암동굴 ㉢ 석회암 ㉣ 용암 2 ② 3 한라산

주제 ⑱ 세계의 다양한 문화 지역

문화 지역	특징
동아시아	우리나라와 중국·일본이 해당하는 지역. 유교와 불교 발달. 한자와 젓가락 사용. 벼농사 발달
동남아시아	다양한 종교 및 인종·언어 분포. 벼농사 발달. 중국과 인도의 영향을 많이 받음
인도	다양한 종교와 언어 분포. 불교와 힌두교의 발상지. 카스트 제도의 영향이 남아 있음
건조	대부분의 주민들이 이슬람교를 믿음. 유목과 오아시스 농업 발달
아프리카	사하라 사막 이남 아프리카에 해당. 유럽의 식민 지배를 받은 국가가 많음. 부족 단위의 공동체 문화가 남아 있음
유럽	크리스트교 문화 발달. 주로 백인들이 거주. 산업 혁명의 발상지로 일찍 산업화를 이룸
앵글로아메리카	크리스트교(개신교) 문화 발달. 대부분 영어 사용. 산업이 발달하여 경제 수준이 높음. 인종 구성이 다양함
라틴 아메리카	크리스트교(가톨릭교) 문화 발달. 주로 에스파냐어와 포르투갈어 사용. 원주민·백인·흑인·혼혈족의 문화 형성
오세아니아	유럽인이 개척하여 유럽 문화의 영향을 많이 받음. 원주민 문화의 전통이 남아 있음
북극	순록을 유목하는 지역이 있음. 추운 기후에 적응한 독특한 생활 양식이 나타남

1 동아시아 문화 지역의 공통적인 특징만을 [보기]에서 있는 대로 골라 쓰시오.

┤ 보기 ├
ㄱ. 불교   ㄴ. 유목   ㄷ. 한자   ㄹ. 벼농사   ㅁ. 힌두교

2 다음에서 설명하는 ㈎, ㈏ 문화 지역을 쓰시오.

㈎ 중국과 인도의 영향을 많이 받으며 다양한 종교와 언어가 분포한다.
㈏ 주민 대부분이 이슬람교를 믿으며 유목과 오아시스 농업이 발달하였다.

3 앵글로아메리카 문화 지역의 특징이 <u>아닌</u> 것은?

① 영어 ② 카스트 제도 ③ 높은 경제 수준 ④ 크리스트교 문화 ⑤ 다양한 인종 구성

4 세계의 다양한 문화 지역을 정리한 표이다. ㉠, ㉡에 들어갈 문화 지역을 쓰시오.

구분	특징
(㉠) 문화 지역	가톨릭교 문화가 발달하였고 주로 에스파냐어와 포르투갈어 사용함
(㉡) 문화 지역	유럽의 식민 지배를 받은 국가가 많고 부족 단위의 공동체 문화가 남아 있음

[답] 1. ㄱ, ㄷ, ㄹ 2. ㈎ 동남아시아 문화 지역 ㈏ 건조 문화 지역 3. ② 4. ㉠ 라틴 아메리카 ㉡ 아프리카

주제 19 문화의 지역 차

(1) 자연환경에 따른 문화 차이

① 의복 문화: 기후에 적응하기 위한 형태의 옷차림 발달

② 음식 문화: 자연환경의 차이로 발달하는 농업 방식, 생산되는 음식 재료가 다양함 → 지역에 따라 다양한 조리 방식과 먹는 방법 발달

③ 주거 문화: 주변에서 쉽게 구할 수 있는 재료를 이용하여 만든 가옥, 지역의 기후 환경을 극복할 수 있는 가옥 구조 발달

(2) 경제·사회적 환경에 따른 문화의 지역 차이

① 경제 수준에 따른 문화의 지역 차: 경제 수준이 높은 지역보다 경제 수준이 낮은 지역에서 전통적 생활 양식과 문화 경관을 유지하는 경우가 많음

② 종교에 따른 문화의 지역 차

크리스트교	· 십자가를 세운 교회나 성당에 모여 기도함 · 부활절에 달걀을 나누어 먹음
이슬람교	· 둥근 지붕과 뾰족한 탑의 모스크 · 돼지고기와 술을 금기시하여 먹지 않고 할랄 식품만 먹음 · 하루에 다섯 번씩 성지인 메카를 향해 기도함
힌두교	· 지역마다 다른 신을 모시는 사원이 있음 · 소를 숭배하여 소고기를 먹지 않음, 갠지스강에서 몸을 씻는 종교 의식을 행함
불교	· 사찰, 불상, 불탑, 승려 등을 볼 수 있음 · '부처님 오신 날'에 연등 행사를 함

1 사진과 같이 가옥의 형태에 차이가 나타나게 된 가장 큰 원인은?

① 종교
② 언어
③ 자연환경
④ 경제 수준
⑤ 교통 조건

2 다음 설명에 해당하는 종교를 [보기]에서 골라 기호를 쓰시오.

┌─ 보기 ├─
ㄱ. 불교   ㄴ. 힌두교   ㄷ. 이슬람교   ㄹ. 크리스트교
└─────

① 소를 숭배하여 소고기를 먹지 않는다. (   )
② 십자가를 세운 교회나 성당에 모여 기도한다. (   )
③ 하루에 다섯 번씩 성지인 메카를 향해 기도한다. (   )

정답 | 1 ③ 2 ① ㄴ ② ㄹ ③ ㄷ

주제 ⑳ 세계화와 문화 변용

(1) **문화 변용**: 서로 다른 문화를 가진 집단 사이에 문화 접촉과 문화 전파가 일어나면서 한쪽 또는 양쪽의 문화에 변화가 나타나는 현상

(2) **문화 변용의 유형**

문화 공존	서로 다른 문화가 함께 존재함 ⓐ 우리나라는 불교, 유교, 크리스트교 문화가 모두 나타남
문화 동화	하나의 문화가 남고 다른 문화는 사라짐 ⓐ 우리나라는 오늘날 대부분 가로쓰기를 함(과거 세로쓰기 방식 사라짐), 필리핀 사람들은 에스파냐와 미국의 영향으로 대부분 가톨릭교를 믿음 (전통 신앙 사라짐)
문화 융합	서로 다른 문화가 만나 새로운 문화가 만들어짐 ⓐ 미국에서 다양한 인종과 문화가 결합하면서 재즈 문화가 발달함

(3) **문화의 획일화**: 한 지역의 문화가 다른 지역에서 비슷하게 나타나거나 전 세계적으로 같은 문화를 공유하는 현상, 강력한 영향력을 가진 외래문화가 유입되면 전통문화가 사라지면서 문화가 획일화 됨 ⓐ 패스트푸드 음식점과 커피 전문점의 확산, 청바지 입는 문화의 보편화 등

(4) **문화의 융합**: 세계화에 따라 확산된 문화가 각 지역의 특성에 맞게 지역 문화와 섞이는 현상 ⓐ 지역별로 특화된 햄버거와 피자, 퓨전 국악 뮤지컬, 돌침대 등

---

1 다음에서 설명하는 용어를 쓰시오.

> 서로 다른 문화를 가진 집단 사이에 문화 접촉과 문화 전파가 일어나면서 한쪽 또는 양쪽의 문화에 변화가 나타나는 현상이다.

2 밑줄 친 ㉠, ㉡을 옳게 고쳐 쓰시오.

> 불교, 유교, 크리스트교는 서로 다른 시기에 우리나라로 들어왔지만 모두 우리 문화의 일부를 이루는데, 이는 ㉠ 문화 융합의 사례가 된다. 또한 우리나라에서는 과거 글을 쓸 때 세로쓰기를 하였으나, 가로쓰기 방식이 들어오고 확산되면서 세로쓰기를 찾기 어려워졌는데, 이는 ㉡ 문화 공존의 사례에 해당한다.

3 다음 사례에 해당하는 용어를 [보기]에서 골라 기호를 쓰시오.

> ┤ 보기 ├
> ㄱ. 문화 융합　　　　ㄴ. 문화 동화　　　　ㄷ. 문화의 획일화

① 미국에서 다양한 인종과 문화가 결합하면서 재즈 문화가 발달하였다. (　　　)
② 대부분의 국가에서 패스트푸드 음식점이나 커피 전문점을 쉽게 볼 수 있다. (　　　)

정답 1. 문화 변용 2. ㉠ 문화 공존 ㉡ 문화 동화 3. ① ㄱ ② ㄷ

주제 21 서로 다른 문화의 공존

(1) **다문화 현상**: 한 지역 안에 다양한 문화가 나타나는 현상. 서로 다른 문화의 상호 작용으로 새로운 문화 형성 → 오늘날 세계 곳곳에서 서로 다른 문화가 한 지역에 공존하는 모습을 발견할 수 있음

(2) **서로 다른 문화가 공존하는 지역**

스위스	독일계·프랑스계·이탈리아계 국민이 독일어·프랑스어·이탈리아어·로만슈어를 공용어로 사용
싱가포르	중국계·말레이계·인도계·영국계 등 다양한 민족 구성. 다양한 종교의 공존. 영어·중국어·말레이어·타밀어 등 네 가지 언어를 공용어로 사용 ← 해상 교통의 길목에 위치
말레이시아	말레이계·중국계·인도계 등 여러 민족으로 구성. 이슬람교·불교·힌두교·크리스트교 등 다양한 종교가 평화롭게 공존
미국	유럽계 백인, 아프리카계 흑인, 라틴 아메리카 및 아시아 이주민, 원주민 등 다양한 인종과 민족이 다양한 문화를 이룸
캐나다	'다문화주의'를 정책 이념으로 선택 → 모자이크 사회 지향
브라질	유럽계 백인, 아프리카계 흑인, 혼혈인, 원주민(인디오) 등이 함께 문화를 이루고 있음

1 ㉠에 들어갈 용어를 쓰시오.

오늘날 세계 곳곳에서 서로 다른 문화가 한 지역에 공존하는 (㉠)이 확산되고 있다. 이를 통해 서로 다른 문화의 상호 작용으로 새로운 문화가 형성되기도 한다.

2 ㉠, ㉡에 들어갈 해당하는 국가를 쓰시오.

(㉠)는 말레이계·중국계·인도계 등 여러 민족으로 구성되어 있으며, 이슬람교·불교·힌두교·크리스트교 등 다양한 종교가 평화롭게 공존하고 있다. (㉡)은 유럽계 백인, 아프리카계 흑인, 라틴 아메리카 및 아시아 이주민, 원주민 등 다양한 인종과 민족이 다양한 문화를 이루고 있다.

3 다음에서 설명하는 국가는?

독일계·프랑스계·이탈리아계 국민이 독일어·프랑스어·이탈리아어·로만슈어를 공용어로 사용한다. 모든 학교에서 주로 사용하는 언어 외에 다른 언어를 하나 이상 배우도록 의무화하는 등 정부의 언어 정책으로 비교적 평화롭게 공존하고 있다.

① 미국　　　② 브라질　　　③ 캐나다　　　④ 스위스　　　⑤ 싱가포르

주제 22 서로 다른 문화 간 갈등

(1) **문화 갈등**: 자신만의 문화를 상대에게 강요하거나 주장하면서 대립과 갈등이 발생 → 주로 민족, 종교, 언어와 관련된 갈등이 많음

(2) **문화 갈등이 발생하는 지역**

① 종교 차이로 인한 갈등: 영토, 자원, 민족 문제와 섞여 복잡함

팔레스타인 지역	유대교를 믿는 이스라엘과 이슬람교를 믿는 팔레스타인 간의 갈등
카슈미르 지역	힌두교를 믿는 인도와 이슬람교를 믿는 파키스탄 간의 갈등
스리랑카	불교 신자인 싱할라족과 힌두교 신자인 타밀족 간의 갈등

② 언어로 인한 갈등: 한 나라에서 다양한 언어를 사용할 경우 발생

벨기에	네덜란드어를 사용하는 북부 지역과 프랑스어를 사용하는 남부 지역 간의 갈등
캐나다 퀘벡주	주로 프랑스어를 사용하는 퀘벡주의 분리 독립 요구

(3) **문화 갈등의 극복**: 서로 다른 문화를 인정하고 자신의 문화를 상대방에게 강요하지 않은 문화 상대주의적 태도를 유지해야 함 → 여러 개의 공용어 지정, 종교의 자유를 법으로 보장, 상대방의 문화를 존중하는 태도와 자세를 가지는 것이 중요

1 밑줄 친 ㉠, ㉡을 옳게 고쳐 쓰시오.

인도 북서부의 카슈미르 지역은 많은 주민이 ㉠ 힌두교를 믿기 때문에 영국으로부터 독립할 때 파키스탄의 땅이 될 예정이었다. 그러나 ㉡ 유대교를 믿던 카슈미르의 지배층이 인도에 통치권을 넘기면서 이 지역을 놓고 인도와 파키스탄 간에 갈등이 시작되었다.

2 ㉠에 들어갈 국가를 쓰시오.

(㉠)는 프랑스어, 네덜란드어, 독일어를 공용어로 사용하고 있다. 그러나 경제적 격차가 원인이 되어 북부 지역의 네덜란드어 사용자들과 남부 지역의 프랑스어 사용자들 간의 갈등이 발생하고 있다.

3 문화 갈등을 극복하기 위한 방안으로 적절하지 <u>않은</u> 것은?
① 여러 개의 공용어 지정　② 종교의 자유를 법으로 보장
③ 문화 상대주의적 태도 유지　④ 자문화 중심주의 태도 유지
⑤ 소수의 문화를 존중하는 태도 유지

정답 1. ㉠ 이슬람교 ㉡ 힌두교 2. 벨기에 3. ④

주제 23 지각 변동에 의한 재해가 자주 발생하는 지역

(1) 화산 활동과 지진

① 의미

화산 활동	땅속 마그마가 지각의 갈라진 틈이나 약한 부분을 뚫고 나와 분출하는 현상
지진	지구 내부의 힘이 지표면에 전달되면서 땅이 흔들리거나 갈라지는 현상

② 발생 원인: 지구 내부의 에너지에 의해 지각판이 움직이면서 서로 충돌하거나 분리될 때 생기는 충격으로 발생함

③ 주요 발생 지역: 지각판의 경계 부근 ⑩ 알프스산맥과 히말라야산맥을 잇는 알프스·히말라야 조산대와 태평양 가장자리를 따라 안데스산맥, 아메리카 서부와 알래스카, 일본 열도, 필리핀, 뉴질랜드로 이어지는 환태평양 조산대

(2) 지진 해일

① 의미: 바다 밑에서 지진이나 화산 활동이 발생하면서 그 충격이 전달되어 일어나는 거대한 파도

② 발생 원인: 바닷물이 일시적으로 멀리까지 빠져나갔다가 높은 파도와 함께 해안으로 밀려오면서 큰 피해를 줌

③ 주요 발생 지역: 화산 활동과 지진이 잦은 인도양과 태평양 일대

---

1 밑줄 친 ㉠~㉤ 중 옳지 <u>않은</u> 것은?

> ㉠ 지진은 지구 내부의 힘이 지표면에 전달되면서 땅이 흔들리거나 갈라지는 현상이고 ㉡ 화산 활동은 땅속 마그마가 지각의 갈라진 틈이나 약한 부분을 뚫고 나와 분출하는 현상이다. 지진과 화산 활동은 주로 ㉢ 지각판의 중앙부에 위치한 ㉣ 알프스·히말라야 조산대와 ㉤ 환태평양 조산대에서 활발하게 일어난다.

① ㉠   ② ㉡   ③ ㉢   ④ ㉣   ⑤ ㉤

2 ㉠에 들어갈 용어를 쓰시오.

> 지구 표면은 여러 개의 (㉠)으로 구성되어 있는데, 지구 내부의 에너지에 의해 (㉠)이 움직이면서 서로 충돌하거나 분리될 때 생기는 충격으로 화산 활동이나 지진이 발생한다.

3 다음에서 설명하는 자연재해를 쓰시오.

> 바다 밑에서 지진이나 화산 활동으로 그 충격이 전달되어 일어나는 거대한 파도로, 바닷물이 높은 파도와 함께 해안으로 밀려오면서 큰 피해를 입히는 현상

정답 1. ③ 2. 지각판 3. 지진 해일

주제 24 기상에 의한 재해가 자주 발생하는 지역

(1) **홍수**: 하천이나 호수가 범람하여 사람들의 생활 터전이 물에 잠기는 등 피해를 입는 현상

원인	· 비가 단기간에 집중적으로 내리거나 장기간에 지속적으로 내릴 경우 · 고산 지역에서 겨울철에 쌓였던 눈이 봄철에 녹아 갑자기 강으로 흘러들 경우나 가끔 건조 지역에서 일시적으로 비가 내릴 경우에도 발생
주요 발생 지역	큰 강의 하류 및 저지대, 열대 저기압이 자주 통과하는 지역, 아시아의 계절풍 기후 지역

(2) **가뭄**: 오랫동안 비가 내리지 않아 물이 부족하고 땅이 메마른 현상

① 특징: 진행 속도가 느리지만 피해 지역이 넓고 장기간에 걸쳐 점점 악화됨

② 주요 발생 지역: 강수량이 적고 증발량이 많은 건조 기후 지역과 그 주변에서 비가 적게 내리는 시기에 발생 예 사헬 지대

(3) **열대 저기압**: 열대 지역의 해상에서 발생하여 중위도 지역으로 이동하면서 강한 바람과 많은 비를 동반하는 저기압

① 특징: 따뜻한 해수면 위를 이동하면서 세력이 점점 커지지만 육지나 차가운 해수면 위를 이동하면 세력이 약해지거나 사라짐

② 주요 피해 지역: 동부 및 동남아시아 해안 지역, 남아시아 해안 지역, 북아메리카 해안 지역, 오스트레일리아 북동부 해안 지역 등

---

1 다음에서 설명하는 자연재해는?

- 비가 단기간에 집중적으로 내리거나 장기간에 지속적으로 내릴 경우에 발생함
- 봄철에 기온이 급격히 상승하여 겨울철에 쌓였던 눈이 일시에 녹을 경우에 발생함

① 가뭄 ② 지진 ③ 우박 ④ 홍수 ⑤ 폭설

2 홍수와 가뭄이 자주 발생하는 지역을 [보기]에서 골라 기호를 쓰시오.

┌ 보기 ┐
ㄱ. 큰 강의 하류 및 저지대 ㄴ. 아시아의 계절풍 기후 지역
ㄷ. 건조 기후 지역과 그 주변 ㄹ. 열대 저기압이 자주 통과하는 지역

① 홍수가 자주 발생하는 지역 (　　　　) ② 가뭄이 자주 발생하는 지역 (　　　　)

3 ⊙, ⓒ에 들어갈 용어를 쓰시오.

열대 저기압이란 (　⊙　) 지역의 해상에서 발생하여 중위도 지역으로 이동하면서 강한 바람과 많은 비를 동반하는 (　ⓒ　)를 말한다.

정답 1 ④ 2 ① ㄱ, ㄴ, ㄹ ② ㄷ 3 ⊙ 열대 ⓒ 저기압

주제 25 자연재해와 주민 생활

(1) 지각 변동에 의한 재해와 주민 생활

지진	· 피해: 건물과 도로 붕괴, 댐이 무너질 경우 홍수 발생, 화재 · 산사태 · 지진 해일 동반
	· 주민 생활: 지진이 잦은 일본의 전통 가옥은 목조 가옥이며, 내진 설계를 의무화함

화산 활동	부정적	용암, 화산재 분출로 재산과 인명 피해
	긍정적	· 비옥한 화산회토를 이용한 벼농사
		· 화산 지형, 온천을 이용한 관광 산업 발달
		· 땅속의 열에너지를 이용한 지열 발전

(2) 기상에 의한 재해와 주민 생활

홍수	부정적	저지대가 물에 잠기거나 산사태가 발생
	긍정적	가뭄 해소 및 토양에 영양분 공급
가뭄		농업 활동이 어려워지고 식량과 물이 부족해짐 → 난민 발생
열대 저기압	부정적	집중 호우로 홍수, 산사태 발생, 강한 바람으로 시설물 파괴 및 재산 피해
	긍정적	바닷물을 뒤섞어 적조 현상 완화, 지구의 열 균형 유지 및 가뭄 해소

1 ㉠에 들어갈 자연재해를 쓰시오.

> 칠레 남부에서 (㉠)이 발생하였다. 분출물이 상공으로 치솟아 인접 국가를 오가는 항공기 운항에 차질이 생겼다. 또한 분출물이 바람을 타고 100km 떨어진 아르헨티나 하늘까지 뒤덮어 일부 지역의 상점들은 문을 닫기도 하였다.

2 사진과 같은 자연재해가 오랫동안 지속되는 지역에서 나타나는 현상으로 옳은 것은?

① 산사태가 발생한다.
② 식량이 부족해진다.
③ 저지대가 물에 잠긴다.
④ 지진 해일이 발생한다.
⑤ 건물과 도로가 붕괴된다.

3 화산 활동과 열대 저기압의 긍정적 영향에 해당하는 것을 [보기]에서 골라 기호를 쓰시오.

> **보기**
> ㄱ. 가뭄 해소   ㄴ. 지열 발전   ㄷ. 적조 현상 완화
> ㄹ. 관광 산업 발달   ㅁ. 지구의 열 균형 유지   ㅂ. 비옥한 화산회토 형성

① 화산 활동의 긍정적 영향 (   )   ② 열대 저기압의 긍정적 영향 (   )

주제 26 인간 활동과 자연재해

(1) 인간 활동으로 증가하는 홍수 피해
  ① 도시 개발로 숲이 사라지고 포장된 지표 면적이 증가하면서 빗물이 토양에 흡수되지 못하고 하천으로 빠르게 흘러듦
  ② 곡류 하천을 직선화하면서 하천의 유속이 빨라져 하류 지역에 홍수 피해가 발생함
(2) 인간 활동으로 증가하는 사막화 피해
  ① 사막화: 사막 주변의 초원 지역이 사막과 같은 상태로 변화하는 현상

원인	오랜 가뭄이 주요 원인이지만 과도한 목축이나 농경지 개발, 무분별한 삼림 벌채, 지나친 관개 농업 등 인간 활동으로 가속화되고 있음
주요 발생 지역	사하라 사막 남쪽의 사헬 지대, 중앙아시아의 초원, 중국의 내륙, 오스트레일리아의 내륙, 북아메리카 대륙의 서부 지역 등

  ② 사막화 피해를 줄이기 위한 노력: 사막화 방지 협약 채택, 사막화 위험 지역에 나무 심기, 사막화 위험 지역의 난민 구호 활동하기 등

1 홍수 피해를 증가시키는 인간 활동을 [보기]에서 골라 기호를 쓰시오.

┤ 보기 ├
ㄱ. 도심 녹지 조성　　　　　　　ㄴ. 생태 하천 정비
ㄷ. 곡류 하천의 직선화　　　　　ㄹ. 무분별한 도시 개발

2 다음에서 설명하는 현상을 쓰시오.

사막 주변의 초원 지역이 사막과 같은 상태로 변화하는 현상

3 사막화의 원인으로 옳지 않은 것은?

① 잦은 홍수　② 오랜 가뭄　③ 과도한 목축　④ 농경지 개발　⑤ 무분별한 삼림 벌채

4 ㉠에 들어갈 지역을 쓰시오.

사막화는 사하라 사막 남쪽의 (㉠), 중앙아시아의 초원 지대, 중국의 내륙 지역 등지에서 발생하고 있다.

1 ㄷ, ㄹ 2 사막화 3 ① 4 사헬 지대

주제 27 자연재해의 대응 방안

(1) 지각 변동에 의한 재해 대응 방안

지진	정밀한 예보 체계 구축, 지진 대피 훈련 실시 및 복구 체계 마련, 건물의 내진 설계 강화 등
화산 활동	지속적인 화산 관측, 용암이 거주 지역을 덮치지 않도록 인공 벽이나 인공 하천 만들기 등

(2) 기상에 의한 재해 대응 방안

홍수와 가뭄	· 다목적 댐이나 저수지 건설, 배수 시설 및 저류 시설 정비 · 댐과 같이 빗물을 머금었다가 서서히 흘려보내 홍수와 가뭄을 방지하는 역할을 하는 숲인 녹색 댐 조성
열대 저기압	이동 경로를 예측하여 주민들을 미리 대피시키고, 풍수해를 대비하여 시설물을 관리해야 함, 갯벌을 보존해야 함
폭설	제설 장비 확보 및 신속한 제설 작업, 교통 대책 마련, 붕괴 위험이 있는 시설물에 지지대를 설치해야 함

1 ㉠에 들어갈 자연재해는?

정밀한 예보 체계를 구축하고 주민들을 상대로 대피 훈련을 실시하며 고층 건물의 내진 설계를 의무화한다면 (㉠) 발생 시 피해를 줄일 수 있다.

① 지진 　② 홍수 　③ 폭설 　④ 태풍 　⑤ 가뭄

2 화산 활동에 대한 대응 방안을 [보기]에서 골라 기호를 쓰시오.

┤보기├
ㄱ. 갯벌 보존　　　　　　　ㄴ. 인공 벽 건설
ㄷ. 저류 시설 정비　　　　　ㄹ. 지속적인 화산 관측

3 다음에서 설명하는 용어를 쓰시오.

숲이 댐과 같이 빗물을 머금었다가 서서히 흘려보내 홍수와 가뭄을 방지하는 역할을 하기 때문에 붙여진 이름이다.

4 제시된 대응 방안으로 피해를 줄일 수 있는 자연재해를 두 가지만 쓰시오.

· 녹지 조성　　· 다목적 댐 건설　　· 배수 시설 및 저류 시설 정비

정답 1 ① 2 ㄴ, ㄹ 3 녹색 댐 4 홍수, 가뭄

주제 28 자원의 분포와 소비

(1) 에너지 자원

석유	· 서남아시아의 페르시아만 지역에 많이 매장되어 있으며 편재성이 커서 국제 이동량이 매우 많음 · 현재 세계에서 가장 많이 소비하는 에너지 자원으로 우리나라, 일본, 유럽의 많은 국가가 수입에 의존함
석탄	· 중국, 미국, 인도, 인도네시아 등 지역적으로 고루 분포해 국제 이동량이 적음 · 제철 공업이 발달하고 화력 발전을 많이 하는 중국, 인도, 미국, 일본 등에서 소비량이 많음

(2) 식량 자원

쌀	· 고온 다습한 아시아의 계절풍 기후 지역에서 주로 생산됨 · 생산지에서 대부분 소비되기 때문에 국제 이동량이 적음
밀	· 서늘하고 건조한 곳에서도 잘 자라기 때문에 세계적으로 널리 재배되고 있음 · 소비 지역이 널리 분포하여 국제 이동량이 많음
옥수수	· 브라질, 미국 등이 주요 수출국임 · 사료용 작물로 많이 사용되고, 최근 바이오 연료로 사용되면서 수요가 증가하고 있음

1 다음에서 설명하는 자원은?

> 현재 세계에서 가장 많이 소비하는 에너지 자원으로 서남아시아의 페르시아만 지역에 많이 매장되어 있다.

① 쌀　　　　② 물　　　　③ 석유　　　④ 석탄　　　⑤ 천연가스

2 ㉠에 들어갈 용어를 쓰시오.

> 석유는 자원의 (㉠)이 매우 크다. 반면, 석탄은 중국, 미국, 인도네시아 등 지구상에 고루 분포해 석유보다 (㉠)이 작은 편이다.

3 다음 빈칸에 들어갈 알맞은 말을 [보기]에서 골라 기호를 쓰시오.

> ┤보기├
> ㄱ. 많은　　　ㄴ. 적은　　　ㄷ. 고온 다습　　　ㄹ. 서늘하고 건조

① 밀은 쌀보다 국제 이동량이 (　　　) 편이다.
② 쌀은 (　　　)한 아시아의 계절풍 기후 지역에서 주로 생산된다.

4 최근 바이오 연료로 사용되면서 수요가 증가하고 있으며 사료용 작물로 많이 사용되는 식량 자원을 쓰시오.

정답 1 ③ 2 편재성 3 ① ㄱ ② ㄷ 4 옥수수

주제 29) 자원을 둘러싼 경쟁과 갈등

(1) 석유 자원을 둘러싼 경쟁과 갈등

① 수입국과 보유국 간의 갈등

수입국	석유를 안정적으로 공급받기 원함
보유국	석유를 국유화하거나 석유 수출국 기구(OPEC)를 결성하여 석유 생산량과 가격 조절에 국제적인 영향력을 발휘하는 등 움직임을 통해 정치적 · 경제적 이익을 얻고자 함

② 석유 소유권을 둘러싼 갈등: 석유 매장지가 여러 국가에 걸쳐 있거나 경계가 분명하지 않은 바다에 있는 경우 주변국 간의 갈등이 발생함 ⑩ 페르시아만 연안, 기니만 연안, 북극해, 동중국해, 남중국해, 카스피해 주변 등

(2) 물 자원을 둘러싼 경쟁과 갈등

① 원인: 인구가 늘고 산업이 발달하면서 물 소비량이 증가하고 물 자정 능력이 한계에 이름 → 물 부족 문제에 대한 위기의식 확대

② 국제 하천을 둘러싼 갈등: 국제 하천의 이용을 둘러싸고 상류에 있는 국가와 하류에 있는 국가 간에 갈등이 일어나기도 함 ⑩ 티그리스강, 유프라테스강, 갠지스강, 나일강, 요르단강, 다뉴브강, 메콩강

---

1 다음에서 설명하는 용어를 쓰시오.

> 민족과 국가의 이익을 위해 자국이 가진 자원에 대한 지배권을 확대하려는 태도이다.

2 ㉠에 들어갈 자원은?

> 페르시아만 연안, 기니만 연안, 북극해, 남중국해, 카스피해 주변에서는 (㉠) 소유 권을 둘러싸고 경쟁과 갈등이 발생하고 있다.

① 밀   ② 구리   ③ 석탄   ④ 석유   ⑤ 옥수수

3 여러 국가의 영토를 거쳐 흐르는 하천을 일컫는 용어를 쓰시오.

4 물 자원을 둘러싼 국가 간 갈등이 일어난 하천만을 [보기]에서 있는 대로 골라 기호를 쓰시오.

> **보기**
> ㄱ. 나일강   ㄴ. 양쯔강   ㄷ. 메콩강
> ㄹ. 갠지스강   ㅁ. 티그리스강   ㅂ. 유프라테스강

주제 30 자원과 주민 생활

(1) 풍부한 자원을 바탕으로 부유해진 지역

미국, 캐나다, 오스트레일리아	· 풍부한 자원, 뛰어난 기술력을 바탕으로 경제가 성장함 · 서비스업 비중이 높고 산업 구조가 고도화됨
사우디아라비아, 쿠웨이트, 아랍 에미리트	· 석유가 중요한 에너지 자원이 되면서 경제가 발전함 · 석유 수출로 얻은 수익으로 도로, 항만, 공항 등 사회 기반 시설을 확충하고 교육 및 의료에 투자하여 국민의 생활 수준을 높임
노르웨이	· 북해의 유전이 개발되면서 경제가 빠르게 성장함 · 석유로 창출된 부를 국가가 직접 관리하여 복지 정책 등에 사용함, 모범을 보여준 자원 강국

(2) 자원이 풍부하지만 어려움을 겪는 지역

나이지리아	· 석유와 천연가스 생산량이 많음 · 자원 개발 이후 빈부 격차 및 갈등이 심화됨, 석유 생산 및 운송 과정에서 환경 문제가 발생함
콩고 민주 공화국	· 다양한 광물 자원이 풍부함, 콜탄을 많이 생산함 · 자원을 둘러싸고 오랜 기간 내전을 거치면서 주민 생활이 어려워지고 생태 환경이 파괴됨
시에라리온	· 다이아몬드 등의 자원이 풍부하게 매장되어 있음 · 빈부 격차가 심화되고 자원을 둘러싼 내전이 발생함

1 천연자원이 풍부한 국가만을 [보기]에서 있는 대로 골라 기호를 쓰시오.

보기
ㄱ. 미국　　ㄴ. 캐나다　　ㄷ. 노르웨이
ㄹ. 싱가포르　　ㅁ. 나이지리아　　ㅂ. 오스트레일리아

2 ㉠에 들어갈 국가를 쓰시오.

(㉠)는 북해의 유전이 개발되면서 경제가 빠르게 성장하였다. 석유로 창출된 부를 국가가 직접 관리하여 복지 정책 등에 사용하며 모범을 보여준 자원 강국이다.

3 자원은 풍부하지만 어려움을 겪는 국가만을 [보기]에서 있는 대로 골라 기호를 쓰시오.

보기
ㄱ. 쿠웨이트　　ㄴ. 시에라리온　　ㄷ. 사우디아라비아　　ㄹ. 콩고 민주 공화국

주제 31 신·재생 에너지

(1) **신·재생 에너지:** 화석 연료를 재활용하거나 태양, 바람, 물 등의 재생 가능한 자원을 변환하여 이용하는 에너지
  ① 장점: 고갈되지 않고 환경 문제가 적으며 지구상에 고르게 분포함
  ② 단점: 저장이나 수송이 어려우며 자연환경의 영향을 크게 받음, 개발 초기에 많은 비용이 발생함

(2) **세계 여러 지역의 신·재생 에너지**

수력 에너지	· 유량이 풍부하고 낙차가 큰 하천에서 유리함 📷 브라질 · 부작용: 댐 건설로 상류에 수몰 지구 발생, 하천 생태계 변화
조력 에너지	· 조석 간만의 차가 큰 해안에서 유리함 📷 우리나라 · 부작용: 방조제 건설로 해안 생태계 파괴
지열 에너지	· 화산 활동이 활발한 지역에서 유리함 📷 뉴질랜드, 일본 · 부작용: 지하수를 무리하게 쓸 경우 땅이 꺼짐
풍력 에너지	· 산지, 해안처럼 강한 바람이 지속적으로 부는 지역에서 유리함 📷 덴마크 · 부작용: 산지에 발전기 설치 시 삼림 파괴, 소음 문제
태양광 에너지	· 사막과 같이 일사량이 많은 지역에서 유리함 📷 에스파냐 · 부작용: 발전 단지를 조성하기 위해 삼림 파괴
바이오 에너지	· 원료를 대량 생산할 수 있는 지역에서 유리함 📷 독일 · 부작용: 곡물 가격 상승으로 개발 도상국은 식량 부족 문제 발생, 토양 및 수질 오염

1 다음에서 설명하는 용어를 쓰시오.

> 화석 연료를 재활용하거나 태양, 바람, 물 등의 재생 가능한 자원을 변환하여 이용하는 에너지

2 다음 빈칸에 들어갈 알맞은 말을 [보기]에서 골라 기호를 쓰시오.

> ┤ 보기 ├
> ㄱ. 수력   ㄴ. 풍력   ㄷ. 조력   ㄹ. 태양광

① (   ) 발전은 유량이 풍부하고 낙차가 큰 하천에서 유리하다.
② 우리나라의 서해안과 같이 조석 간만의 차가 큰 해안에서는 (   ) 에너지를 개발하기 유리하다.

3 일본, 뉴질랜드와 같이 화산 활동이 활발한 지역에서 개발하기 유리한 신·재생 에너지를 쓰시오.

답 1 신재생 에너지 2 ① ㄱ ② ㄷ 3 지열 에너지

시험 전 한끝